Georg Christian Ittershagen

Geheime Scheidung der Metallen und derselben Nutzbarkeit

Georg Christian Ittershagen

Geheime Scheidung der Metallen und derselben Nutzbarkeit

ISBN/EAN: 9783743315389

Hergestellt in Europa, USA, Kanada, Australien, Japan

Cover: Foto ©ninafisch / pixelio.de

Manufactured and distributed by brebook publishing software
(www.brebook.com)

Georg Christian Ittershagen

Geheime Scheidung der Metallen und derselben Nutzbarkeit

Die
hebräischen Verba denominativa

insbesondere im theologischen Sprachgebrauch
des Alten Testamentes.

Eine lexikographische Studie

von

Theol. Dr. W. J. Gerber,

a. o. Professor der Theologie an der deutschen Universität in Prag.

Gedruckt mit Unterstützung der Gesellschaft zur Förderung deutscher
Wissenschaft, Kunst und Litteratur in Böhmen.

Leipzig
J. C. Hinrichs'sche Buchhandlung
1896.

Vorrede.

Meine Untersuchungen über die hebräischen Verba denominativa glaube ich nicht der Öffentlichkeit übergeben zu sollen, ohne einige Bemerkungen vorauszuschicken.

Es könnte nach einer ersten Durchsicht des Buches leicht den Anschein gewinnen, dass ich dem Princip, welches mir für die Zuerkennung des denominativen Charakters massgebend war, ein gar zu weites Geltungsgebiet eingeräumt, mit anderen Worten, dass ich zu viele Verba denominativa angenommen habe. In dieser Beziehung möchte ich bitten, jedes einzelne Verbum nicht für sich allein, aus dem Zusammenhang herausgerissen, sondern im Zusammenhalt und unter Berücksichtigung der ganzen dazu gehörigen Familie der Denominativa zu betrachten. Die Sache gewinnt dann vielfach ein anderes Gesicht.

Zu weit werde ich manchem auch darin gegangen sein, dass ich die Konstruktion der einzelnen Verba bis in die kleineren Details unterschieden, den Sprachgebrauch gleichsam bis in die feinsten Verästelungen hinein verfolgt und demgemäss schematisiert habe. Es hängt dies zusammen mit meiner Auffassung vom sogenannten Sprachbeweis in der alttestamentlichen Litterarkritik. Nicht nur jene weiten Kreise, die leider noch immer sich absolut ablehnend gegen jede Litterarkritik verhalten auch dort, wo es sich nicht mehr um Hypothesen, sondern um wissenschaftlich gesicherte Thatsachen handelt, auch selbst viele unter den unbedingten Anhängern der modernen Litterarkritik erblicken im Sprachbeweis ein Argument von sehr untergeordneter, kaum zu beachtender Bedeutung. Ich jedoch glaube, dass selbst auch schon im Gebrauche der Präpositionen, Adverbien, Partikeln sich ebenso die stilistische In-

dividualität gleichzeitig wirkender Schriftsteller verrät, wie andererseits die Verschiedenheit weit auseinander liegender Schriftperioden
am augenfälligsten an diesen Kleinwörtern entgegentritt, welche
gleichsam als die Scheidemünze im sprachlichen Verkehr leichter
abgegriffen, gewechselt und verwechselt werden können. Dass die
Ordnung des weitschichtigen Materiales nicht mühelose Arbeit gewesen sei, brauche ich nicht erst hervorzuheben; das aber glaube
ich betonen zu müssen, dass hinter den gewaltigen Reihen trockener,
dürrer Ziffern sich ein gutes Stück exegetischer Arbeit verbirgt.

Von einer Zusammenfassung jener Beobachtungen, die sich
mir bezüglich der litterarkritischen Fragen bei Ausarbeitung des
vorliegenden Themas ergeben haben, glaubte ich absehen zu müssen,
da eine solche Zusammenfassung ohne eine weitere über den beabsichtigten Rahmen meiner Untersuchung hinausgehende Rechtfertigung meines Standpunktes nicht möglich gewesen wäre.

Schliesslich fühle ich mich verpflichtet, an dieser Stelle eine
Dankesschuld abzutragen. Herr Professor Kautzsch in Halle, der
das Thema der vorliegenden Arbeit an mich abtrat, hat nach Fertig-
stellung derselben durch seinen bewährten Rat die Veranlassung zu
mancher wesentlichen Verbesserung gegeben. Es ist mir Herzens-
bedürfnis, dem Meister der hebräischen Sprachwissenschaft den Ausdruck innigsten Dankes zu übermitteln.

Dem Herrn Verleger und der Gesellschaft zur Förderung
deutscher Wissenschaft, Kunst und Litteratur in Böhmen sei für ihre
Bemühungen um eine würdige Ausstattung des Buches mein bester
Dank ausgesprochen.

Der Verfasser.

Prag im März 1896.

Vorbemerkung.

In den Wörterbüchern wie in den Grammatiken der biblisch-hebräischen Sprache hat bisher ein sprachlicher Prozess wenig oder fast gar keine Beachtung gefunden: die Denomination der Verba. Selbst in den in neuerer Zeit erschienenen Handwörterbüchern von Siegfried-Stade und in der durch Fr. Buhl besorgten 12ten Auflage von Gesenius ist, trotzdem häufiger auf den denominativen Charakter der Verba hingewiesen wird, doch die weitaus grösste Zahl von Denominativen als originale Verba behandelt. Findet sich doch, um nur ein oder das andere Beispiel herauszuheben, noch nirgends, was Kautzsch in seiner bekannten Abhandlung „Über die Derivate des Stammes צדק im Alttestamentlichen Sprachgebrauch" betreffs des Verbums צדק, oder was Baudissin „Studien zur semitischen Religionsgeschichte" II, 19 betreffs קדש nachdrücklich hervorgehoben, dass dieselben nämlich in dem im A. T. vorliegenden Sprachgebrauch nur Derivata von צדיק bzhw. von קדוש seien. In allen Wörterbüchern ist noch immer das gerade umgekehrte Verhältnis angenommen.

In den Grammatiken haben Stade und Kautzsch eingehender die Denomination berücksichtigt. Um so mehr ist es zu verwundern, dass ersterer in seinem Wörterbuche die einen Widerspruch in sich schliessende Benennung der intransitiven Hiph'ilformen beibehalten hat, die, wenn auch nicht durchweg, doch zum grossen Teile denominativer Natur sind. Diesen letzteren Umstand hat übrigens auch König in dem überaus lehrreichen und anregenden „Lehrgebäude der Hebr. Sprache" übersehen, wenn er alle die direkt-kausativen Bedeutungen des Hiph'il, welche eben im Lexikon unter „intransitiv" oder „wie Kal" erscheinen, aus dem Kal entwickeln zu können vermeint.

Schon nach dem bisher Gesagten dürfte daher eine Untersuchung über die Denominativa im Hebr. angezeigt erscheinen. Weil nun die ausschliesslich im rein sinnlichen Sprachgebrauch vorkommenden, von Nominibus abgeleiteten Verba, wie חמר „verpichen“, מלח „salzen“, שבר „Getreide kaufen oder verkaufen“ allgemein als Denominativa erkannt, dagegen die meisten dem theologischen Sprachgebrauche angehörigen denominirten Verba bisher bezüglich ihrer Herkunft verkannt worden sind, so beschränkt sich diese folgende Untersuchung auf die letztere Klasse. Sie bezweckt aber dabei neben der Erforschung der grammatikalischen Gesetze, welche in dem Prozesse der Denominierung zu Tage treten, vor allem anderen durch möglichste Vollständigkeit in der Statistik der einzelnen Denominativa ein Hilfsmittel für die Litterarkritik des A. T. zu bieten.

Auf Grund einer von Prof. Kautzsch gemachten Beobachtung sind nun denominativer Natur:

a) Fast alle diejenigen Verba des theologischen Sprachgebrauches, deren sinnlicher Grundbegriff im Kal nicht mehr vorhanden ist, oder deren Kal überhaupt bereits verloren gegangen ist.

b) Dazu kommen jene denominierten Hiph‘ilformen, von denen oben bereits die Rede gewesen, weiterhin zahlreiche Pi‘el, Niph‘al, Hithpa‘el, welche, wenn das originale Verbum noch vorliegt, gewöhnlich mit demselben gewaltsam zusammengepresst werden.

c) Bei der Untersuchung über diese beiden Klassen der Denominativa fiel mir jedoch noch eine dritte, ziemlich zahlreiche Klasse von Verben auf, welche im Kal eine rein sinnliche Bedeutung aufweisen, daneben aber auch im theologischen Sprachgebrauch Verwendung finden, die ohne Zweifel nicht zu den originalen Verben gerechnet werden können. Ich meine Fälle, wie חתם „siegeln“, אזר „gürten“ und andere, darunter wohl höchst wahrscheinlich auch כתב „schreiben“.

Bevor ich nun zu den nach der Zahl der Konjugationen, in denen sie zu belegen sind, angeordneten Denominativen übergehe, will ich an dieser Stelle gleich einzelne, das Gebiet der Grammatik berührende Erscheinungen hervorheben, die sich mir bei der Beobachtung der denominativen Verba ergeben haben. Dabei will ich bemerken, dass nur in jenen Fällen bei den einzelnen Verben, welche in mehren Konjugationen sich finden, eine im Sprachgebrauche ältere Konjugation konstatiert worden ist, in welchen die Kritiker einer jeden Richtung bezüglich der zeitlichen Aufeinanderfolge der in Frage kommenden sprachlichen Denkmäler des A. T. unter einander einig sind.

1. Es lässt sich nicht behaupten, dass gewisse Nominalformen in einer bestimmten Konjugation regelmässig oder in der überwiegenden Mehrzahl der Fälle denominieren. Zwar scheint es, dass von den sogenannten Segolatformen viele Verba im Kal abgeleitet werden, allein die Denominierungen von denselben auch in anderen Konjugationen sind im Verhältnis dazu doch zu zahlreich, als dass daraus bei Segolatformen eine Vorliebe für Kal erschlossen werden könnte.

2. Wir haben nicht viele, von Nominibus des Ortes bzhw. der Zeit abgeleitete Verba. Diese wenigen sind jedoch in der alttestamentlichen Litteratur sehr gebräuchlich und treten auch in der ältesten Schriftperiode auf. Sie denominieren wie im Arabischen im Hiph'il, und ich möchte dies als das im Hebr. Reguläre hinstellen. Vgl. הגיד, הימין, wogegen nicht das von קבל abgeleitete קבל geltend gemacht werden kann, weil dasselbe aus dem Aramäischen ins Hebräische herübergenommen ist.

3. Für gewisse, unter dieselbe Kategorie fallende Begriffe kommt dieselbe Konjugation in der Denominierung in Anwendung. Dies ist mit Sicherheit zu erweisen wenigstens an den *verbis dicendi*. Dieselben denominieren entweder ausschliesslich in Pi'el, wie בשר, גדף, זמר, חסד, בחש, בזה, מלל, oder wenn in mehren Konjugationen, dann ist Pi'el nachweisbar im Sprachgebrauche die älteste. Vgl. besonders ברך, דבר, ספר, קלל und viele andere.

4. Damit hängt zusammen die dem Pi'el eignende deklarative Bedeutung. Deswegen sind deklarative Hiph'ilformen in der alten Litteratur selten und gehören fast durchweg nur der jüngeren Sprache an.

5. Diejenige Konjugation, die allein sowohl, wie in Verbindung mit anderen am öftesten vertreten ist, ist Kal. In verhältnismässig zahlreichen Fällen lässt sich dasselbe als die älteste Konjugation im Sprachgebrauche nachweisen. Schon dieser Umstand muss auffallen. Dazu kommt aber, dass im Kal allein oder nachweisbar zuerst Verba denominieren, welche nicht nur im gewöhnlichen Verkehre, sondern auch im theologischen Sprachgebrauche so zu sagen zum notwendigsten Inventar gehören: בכר, נגע, שפט, זבח, חרם, und viele andere. Wir schliessen daraus, dass Kal diejenige Konjugation sei, mit der zunächst Verba denominativa gebildet worden sind.

1*

Verba denominativa.

A. In einer Konjugation.

I. Kal.

אָפַד von אֵפוֹד, das Ephod anlegen: Ex. 29, 5 וְאָפַדְתָּ לוֹ בְּחֵשֶׁב הָאֵפֹד; Lev. 8, 7 וַיֶּאְפֹּד לוֹ בּוֹ.

Der Stamm אפד nach allgemeiner Annahme = überziehen, ein bei Statuenverfertigung gebräuchlicher Terminus; gegen diese Ansicht de Lagarde, Übersicht 178.

אָצַל von אֵצֶל, von Gott ausgesagt und mit partitivem מִן konstruiert. Er will wegnehmen Num. 11, 17 מִן־הָרוּחַ, etwas von dem Geiste, der auf Mose ruht; daher dann V. 25 וַיָּאצֶל מִן־הָר׳.

Ausserhalb des theologischen Sprachgebrauches: **Kal** beiseitethun etwas. a) לְ, für jemanden einen Segen Gen. 27, 36. — b) מִן, von den Augen weg, ihnen etwas entziehen Eccl. 2, 10. — **Niph'al** weggenommen werden, von etwas, מִן Ez. 42, 6.

Die Wörterbücher und Grammatiken (ausgenommen Böttcher) pflegen Num. 11, 25 als Imperf. Hiph. zu verzeichnen. Barth*) statuiert mit Recht hier ein i-Imperf. Kal. Der sinnliche Grundbegriff richtig bei Gesen. „verbinden“, Seite als Ort des Anschlusses, der Verbindung.

בָּגַד von בֶּגֶד 1. Eine Treulosigkeit gegen Gott begehen; vom Abfalle Israels von seinem Gott. a) בְּ Gottes: Jer. 3, 20 בִּי; 5, 11 בָּגְדוּ בִי; Hos. 5, 7 בְּיֵיֽ, mit der Begründung כִּי־בָנִים זָרִים יָלָדוּ; 6, 7 בָּגְדוּ בִי (parallel. עָבְרוּ בְרִית). — b) כָּל־בֹּגְדֵי בָגֶד Jer. 12, 1 — c) Absolut: I Sam. 14, 33; Jes. 48, 8 בָּגוֹד תִּבְגּוֹד; Mal. 2, 11 mit der Begründung כִּי חִלֵּל יְהוּדָה קֹדֶשׁ יְיֵ; Ps. 78, 57; das Particip Jer. 3, 8. 11 von Juda, welches fremden Göttern nachlaufend das es mit Jahwe verknüpfende, eheliche Band zerriss. In der Sprache der Psalmen

---

* Z.D.M.G. 43, 179.

das Particip von Gesetzesübertretern Ps. 25, 3; 59, 6; 119, 158; in der der Sprüche besonders als Bezeichnung einer ganzen Klasse von Menschen, die man im allgemeinen als Verletzer des göttlichen Sittengesetzes charakterisieren kann, so schon Hab. 1, 13; dann Prov. 2, 22 (parall. רשׁעים); 11, 3. 6 (Gegens. ישׁרים); 13, 2. 15; 21, 18 (parall. רשׁע); 22, 12; 23, 28; 25, 19*). — 2. Gegen Menschen. a) Vom Bruch der ehelichen Treue. α) ב des Weibes Ex. 21, 8; Mal. 2, 14. 15, während V. 10 אישׁ באחיו die Treulosigkeit eines Volksgenossen gegen den andern auch nur als solche an dem israel. Weibe gemeint sein will. — β) Mit בן des Mannes, dem die Buhlerin untreu wird Jer. 3, 20. — γ) Absolut. Mal. 2, 16. — b) Vom Bruche der durch die Bande der Blutsverwandtschaft oder Freundschaft bedingten Treue. a) ב der Person, an der Treulosigkeit ausüben Jer. 12, 6 גם־אחיך וּבית־אביך; Thr. 1, 2 בל־רעיה (parall. היו לה לאיבים). — β) Absolut Hi. 6, 15 אחי בגדוּ; daher nennt der Prophet seine Landsleute Jer. 9, 1 עצרת בגדים, eine Schar von Leuten, die die Waffen der Lüge und Verleumdung gegen die ihnen missliebigen Personen anwenden. — c) Vom gewaltthätigen Rechtsbruch, dessen der Eroberer den Unterworfenen gegenüber sich schuldig macht. a) ב der Person Jes. 33, 1 (bis). — β) בגד בגדים בוגד ירּ 24, 16. — γ) Absolut 21, 2 (Part.); 24, 16; 33, 1; daher das Particip als Bezeichnung eines solchen Eroberers 21, 2; 24, 16 (bis); 33, 1. — d) Vom Treubruche, an der Gemeinde Gottes begangen durch Verkündigung einer Rechtschaffenheit und Gottvertrauen untergrabenden Lehre Ps. 73, 15 הנה דור בניך בגדתי.

Ausserhalb des theologischen Sprachgebrauches: Vom politischen Treubruche, mit ב der Person Jud. 9, 23**).

Der durchgängigen Bedeutung des treulosen Handelns liegt die durch בגד Decke, Gewand gewährleistete, sinnliche Bedeutung bedecken, verdecken zu Grunde, und passend vergleicht Delitzsch (zu Prov. 2, 22) aus dem Arab. *labbasa, telbis, mulebbis*.

ברך von בֶּרֶךְ, das Knie beugen, Zeichen der Ehrfurcht und Anbetung. Mit לפני Gottes Ps. 95, 6 (parall. נשׁתחוה נכרעה); mit sonstigen näheren Bestimmungen II Chr. 6, 13 ויברך על־ברכיו נגד כל־קהל.

_____

*) Zeph. 3. 4 kann בגדות weibl. Plural von בּגֵד sein, möglich aber auch eine Nominalbildung mit *ûth*. Vgl. Schwally, Z. A. W. X. 198.

**) Mit Hab. 2, 5 יין בּגֵד ואף כי־היין ist nichts anzufangen; der Text ist verderbt.

Ausserhalb des theologischen Sprachgebrauches:
Hiph'il das Knie beugen machen d. i. lagern lassen die Kamele
Gen. 24, 11.

Über das Etymon siehe bei ברך segnen.

בָּרָק von בָּרָק blitzen, nur Ps. 144, 6 בְּרֹק בָּרָק parall. שְׁלַח חִצֶּיךָ
in der Bitte an Jahwe zum Einschreiten behufs Rettung vor den
Feinden.

גּוּר von גֵּר als Gastfreund bei Gott wohnen. Mit Akkusativ
der Person, Ps. 5, 5 לֹא יְגֻרְךָ רָע; mit ב des Ortes, 15, 1 מִי־יָגוּר בְּאָהֳלֶךָ:
61, 5 אָגוּרָה בְאָהָלְךָ עוֹלָמִים.

Ausserhalb des theologischen Sprachgebrauches:
Kal 1. Als Fremdling wohnen. A) Vom nomadischen Umher-
ziehen. a) עִם der Person, Gen. 32, 5. — b) ב des Ortes. α) Allein,
Gen. 20, 1; 21, 23; 26, 3; 47, 4; Ex. 6, 4; Ps. 105, 12 (Part.); 1 Chr. 16, 19
(Part.). β) Dazu eine nähere Bestimmung, Gen. 21, 34 בְּאֶרֶץ פְּ׳ יָמִים
רַבִּים. — c) Mit עִם, Gen. 12, 10; Deut. 26, 5; Jes. 52, 4; das Particip
in dieser Verbindung Gen. 35, 27; Jer. 35, 7. — d) Absolut, Gen. 19, 9;
Jes. 5, 17 גָּרִים =Wanderhirten*). — B) Von Ansiedelung unter Fremden. a) Ansiedelung der Israeliten unter einem fremden Stamme.
α) עִם der Person, II Chr. 15, 9 er sammelte aus Ephraim, Manasse
und Simeon הַגָּרִים עִמָּהֶם. β) ב des Ortes, Jud. 17, 8. 9; 19, 1. 16. -
γ) Mit עִם, Deut. 18, 6; Jud. 17, 7. — b) Ansiedelung der Israeliten
unter einem fremden Volke. a) ב des Ortes, Ps. 105, 23; Ruth 1, 1.
β) Mit עִם, Jer. 42, 15. 17. 22; 43, 2; 44, 8. 12. 14. 28 עִם לָגוּר; das
Particip in dieser Verbindung II Sam. 4, 3. — c) Ansiedelung
Fremder unter den Israeliten. α) אֶת der Person. α') Allein,
Ex. 12, 48 גֵּר אִתְּךָ יָגוּר־כִּי; Num. 9, 14; 15, 14 אִתְּכֶם יָגוּר־כִּי; Lev.
19, 34; Num. 15, 16 הַגֵּר הַגָּר אִתְּכֶם; Ez. 47, 23 הַגֵּר אֲשֶׁר־גָּר.
β') Dazu ב des Ortes, Lev. 19, 33 בְּאַרְצְכֶם גֵּר אִתְּךָ יָגוּר־וְכִי. β) בְּתוֹך
derselben, Lev. 17, 8 הַגָּר אֲשֶׁר־יָגוּר בְּתוֹכָם; sonst noch das Particip in
der Verbindung הַגָּר הַגֵּר בְּתוֹך mit dem betreffenden Suffix, Ex. 12, 49;
Lev. 16, 29; 17, 10. 12. 13; 18, 26; Num. 15, 29; 19, 10; Jos. 20, 9; הַנִּלְוָה
Ez. 47, 22. γ) עִם derselben, Lev. 25, 6. 45 die Bei-
sassen הַגָּרִים עִמָּך bzhw. עִמָּכֶם. δ) ב des Ortes, Ez. 14, 7 הַגָּר
וּמֵהַגֵּר אֲשֶׁר־יָגוּר בְּיִשְׂרָאֵל; das Particip Lev. 20, 2. — ε) Absolut, Num. 15, 15
לָכֶם כַּגֵּר. — d) Ansiedelung Fremder überhaupt unter einem anderen

---

*) Nach LXX aber גֹּרֵב zu lesen: ר und ד sind in der alten Schrift
leicht zu verwechseln.

Volke. *a*) = des Ortes, II Reg. 8,1 בֵּאשֶׁר ... . *β*) Dazu ein
näherer Umstand, 8,2 בָּאָרֶץ ... . *γ*) Absolut, Jes.
23,7. — c) Von vorübergehend Schutz Suchenden, mit = des Ortes
Jes. 16,4. — 2. Wohnen, sich aufhalten, weilen. a) Akkusativ des
Ortes, Jud. 5,17 ; Jes. 33,14 (*bis*) אִשׁ־בֵּלָה bzhw.
; Ps. 120,5 . — b) = des Ortes, Jer. 43,5; 49,18.33;
50,40. — c) Mit = Esr. 1,4. — d) Absolut, Hi. 28,4 (Part.);
Thr. 4,15. — 3. In jemandes Hause als Angehöriger der Sippe
wohnen. a) Im eigentlichen Sinne, Ex. 3,22 ; Hi. 19,15
. — b) Im übertragenen Sinne, vom freundschaftlichen Zu-
sammenleben der Tiere Jes. 11,6 . — **Hithpolel**
als Gastfreund wohnen, I Reg. 17,20 .

Die sinnliche Grundbedeutung ist, wie das Arabische zeigt,
sicher *deflectere, declinare*. Von dem bekannten Nomen *ǧâr* denominiert dann auch das Arabische.

גִיל von גִּיל 1. Subjekt ist Jahwe, der jubelt über seine Stadt
Jes. 65,19 (neben); Zeph. 3,17 . —
2. Jubeln, als religiöser Terminus Ausdruck für den auf Gott oder
seine Heilsthaten bezüglichen Jubel. a) Subjekt ist der Mensch.
α) Mit = des Jubelsgrundes. *α'*) Gottes: Jes. 29,19 ;
41,16 (parall.); 61,10 (neben
; Jo. 2,23 ; Hab. 3,18 (parall.
): Sach. 10,7 ; Ps. 35,9 (parall.);
149,2 (parall.). *β'*) בְּשֵׁם 89,17. *γ'*)
9,15; 13,6; 21,2; Jes. 25,9 ; Ps. 31,8 ;
mit = des der Heilsthaten des Herrn teilhaftig gewordenen Jerusalems
Jes. 66,10, wo parallel steht mit ; endlich בְּ,
der Tag, den der Herr gemacht Ps. 118,24. — *β*) Die Einführung
des Jubelsgrundes geschieht durch 48,12; 97,8. -
γ) Vereinzelte Konstruktionen: Akkusativ des Inhaltes, bezüglich
dessen zum Jubel aufgefordert wird Jes. 65,18 ;
; mit näherer Bestimmung der Art, Jahwe zu huldigen
Ps. 2,11 . -- *δ*) Absoluter Gebrauch: Sach. 9,9 (parall.
); Ps. 14,7; 16,9; 32,11; 53,7 (überall parall.). — b) Leblose Wesen, die an dem freudigen Jubel über Gott und Gottes
Thaten teilnehmen. In absoluter Gebrauchsweise Jes. 35,1; 49,13;
Jo. 2,21; Ps. 51,10; 96,11; 97,1. — 3. Vom Jubel der Eltern über
ein Wahrheit und sittliche Bildung als sein Lebensziel setzendes
Kind, absolut Prov. 23,24 (גִיל Keth.). 25. — 4. Vom Jubel des

Bösen und Gottlosen, sei es wegen des Gelingens seiner Unternehmungen Hab. 1, ₁₅ יגיל ישמח בשעיר; mit ב des Jubelsgrundes
Prov. 2, ₁₄ בתהפכות רע; sei es, um der Schadenfreude Ausdruck zu
geben 24, ₁₇ אל־יגל לבך (parall. בכשל אויבך אל־תשמח); mit Objektssatz Ps. 13, ₅ גל לבי כי תגמל עלי.

Ausserhalb des theologischen Sprachgebrauches:
Von dem Jubel im gewöhnlichen Sinne, beim Beuteteilen Jes. 9, ₂;
mit ב, über jem. Cant. 1, ₄.

Über גיל und seinen etymologischen Zusammenhang vgl. Nöldeke Z. D. M. G. 37, ₅₃₇.

דגל von דֶּגֶל Panier aufrichten, als Freudenbezeugung mit bei-
gefügtem בשם אלהינו Ps. 20, ₆ (parall. נגילה בישועתך).
Ausserhalb des theologischen Sprachgebrauches:
Kal nur das passive Particip, eig. befahnt, dann hervorragend, aus-
gezeichnet Cant. 5, ₁₀. — Niph'al nur das Particip Cant. 6, ₄. ₁₀,
Kriegsscharen mit Panieren.

Gegen diese herkömmliche Deutung des Verbums als Denominativum hat Fried. Delitzsch*) sehr entschieden Einsprache erhoben,
während Nöldeke den denominativen Charakter festhält, übrigens
aber zugibt, dass 'ד, Panier vom Schauen herkommen könne**).

דיג von דג, herausfischen: Jer. 16, ₁₆ הנני שלח לדוגים רבים נאם־יהוה
ודיגום, von der Wegführung des Volkes in die Verbannung.

דין von דין 1. In den Aussagen über Gott. a) Von Gottes
richterlicher Thätigkeit nach jener Seite der Erweisung derselben,
wodurch er Recht schafft den Seinigen, was oft identisch ist mit
Befreiung und Rettung. In diesem Sinne mit Akkusativ der Person:
Gen. 30, ₆ דינני אלהים; Deut. 32, ₃₆ Jahwe wird Recht schaffen עמו
(parall. יתנחם ועל־עבדיו); Ps. 54, ₃ בגבורתך תדינני (parall. בשמך הושיעני);
135, ₁₄ (= Deut. 32, ₃₆). — b) Richtend verurteilen, ins Gericht
mit jemandem gehen: Gen. 15, ₁₄ דן אנכי . . אתהגוי. — c) Richten im
allgemeinen, von Gott als Weltrichter und Regenten. α) Mit persönlichem Akkusativ: Jes. 3, ₁₃ לדין עמים (parall. לריב); Ps. 7, ₉ עמים;
9, ₉ לאמים במישרים (parall. ישפט תבל בצדק); 50, ₄ עמו; 96, ₁₀ עמים
במישרים: Hi. 36, ₃₁ עמים. β) Mit sachlichem Objekte I Sam. 2, ₁₀
אפסי־ארץ. γ) Mit ב bei Zusammenfallen von Ort und Objekt
Ps. 110, ₆ בגוים. — 2. Von Menschen ausgesagt. a) Eine Rechts-

sache führen, mit dem Nebensinn der gerechten Entscheidung, daher = jemandem zu seinem guten Rechte verhelfen. α) דִּין דִּין. Jer. 5, 28 דִּין לַאֲדֹנִי דִּין יָדִים (parall. אֲבִיוֹנִים לֹא שָׁפָטוּ); 22, 16 הֲן דִּין־עָנִי אָבְיוֹן. — β) דִּין מִשְׁפָּט, gerechtes Gericht halten 21, 12. γ) Mit persönlichem Akkusativ Prov. 31, 9 דִּין עָנִי וְאֶבְיוֹן. — b) Das Richteramt führen, regieren. α) Im Gebete für den König Ps. 72, 2 יָדִין עַמְּךָ בְצֶדֶק. β) Mit sachlichem Akkusativ Sach. 3, 7 תָּדִין אֶת־בֵּיתִי von der Verwaltung des Hauses Jahwes durch den Hohenpriester.

Ausserhalb des theologischen Sprachgebrauches: Kal 1. Rein juridischer Terminus: a) Mit dem Akkusativ דִּין, jemandes Sache führen Jer. 30, 13. — b) Mit עִם der Person, einen Rechtsstreit mit jemandem eingehen Eccl. 6, 10. — 2. Das Richteramt führen, regieren: Gen. 49, 16 im Spruche über Dan יָדִין עַמּוֹ. — Niph'al Streit unter einander haben, von dem im politischen Hader sich befindenden Volke II Sam. 19, 10 (Particip).

זָעַם von זַעַם verwünschen, verfluchen: Num. 23, 7 זֹעֲמָה יִשְׂרָאֵל (neben אֶזְעֹם־לִי). יִקְּבֻהוּ עַמִּים יִזְעָמוּהוּ לְאֻמִּים; Prov. 24, 24 מָה אֶזְעֹם לֹא זָעַם יְיָ.

Das originale Verbum „heftig jemanden anfahren" hat das Hebr. erhalten; davon unterscheidet das obige als wahrscheinlich denominiert auch Buhl im H.W.B.[12]

זָרַם von זֶרֶם platzregenartig hinwegschwemmen, von Jahwe ausgesagt, der in seiner Allmacht die Menschen wegrafft wie durch einen Wolkenbruch, Ps. 90, 5 זְרַמְתָּם.

Ausserhalb des theologischen Sprachgebrauches: Pu'al ausgeschüttet werden, von den Wolken Ps. 77, 18.

Der Stamm זָרַם ist verwandt mit ذرف „fliessen, strömen"; der Syrer bildet von eben diesem sein Nomen für Regenguss זַרְמִיתָא. Nach Delitzsch, Proleg. S. 73, ist wegen assyr. zarâmu der Regenguss benannt als der Saaten u. s. w. niederwerfende, alles erdrückende und vernichtende. Vgl. dagegen Barth, Etym. Studien 43 ff.

חָבַב von חֹב, liebend hegen, von Jahwe ausgesagt: Deut. 33, 3 אַף חֹבֵב עַמִּים, wo aber sicher עַמּוֹ herzustellen sein wird. (Dillm.)

חָבַר von חֶבֶר, Schlangenzauber üben. Nur das Particip: Deut. 18, 11 וְחֹבֵר חָבֶר; Ps. 58, 6 חוֹבֵר חֲבָרִים.

Ausserhalb des theologischen Sprachgebrauches: Vielleicht **Hiph'il** Hi. 16, 4 אַחְבִּירָה עֲלֵיכֶם בְּמִלִּים, ich wollte euch mit Worten bezaubern*).

Die sinnliche Bedeutung „verbunden sein", Pi'el „verknüpfen" ist im Sprachgebrauch der Bibel erhalten.

חָגַג von חַג, ein kultisches Fest feiern. 1. Mit dem Akkusativ חַג. a) Allein. Nah. 2, 1 חֻגִּי יְהוּדָה חַגַּיִךְ; Sach. 14, 16. 18. 19 אֶת־חַג־הַסֻּכּוֹת. — b) Dazu ein zweiter Akkusativ. Ez. 12, 14; Lev. 23, 41 וְחַגֹּתֶם אֹתוֹ חַג — לַיהוָה. — c) Verschiedene nähere Bestimmungen. Lev. 23, 39 אַךְ בַּחֲמִשָּׁה עָשָׂר יוֹם... תָּחֹגּוּ אֶת־חַג יְהוָה שִׁבְעַת יָמִים; Num. 29, 12 חַג לַיהוָה שִׁבְעַת יָמִים. — 2. Mit dem Akkusativ des zu feiernden Tages. Lev. 23, 41 בַּחֹדֶשׁ הַשְּׁבִיעִי תָּחֹגּוּ אֹתוֹ. — 3. לְ Gottes. a) Mit Ortsbestimmung. Ex. 5, 1 יָחֹגּוּ לִי בַּמִּדְבָּר; Deut. 16, 15 שִׁבְעַת יָמִים תָּחֹג לַיהוָה אֱלֹהֶיךָ בַּמָּקוֹם. — b) Mit Zeitbestimmung Ex. 23, 14 שָׁלֹשׁ רְגָלִים תָּחֹג לִי בַּשָּׁנָה. — 4. Absolut. Ps. 42, 5 הָמוֹן חֹגֵג.

Ausserhalb des theologischen Sprachgebrauches: Das Particip I Sam. 30, 6 von der Feier eines Freudenfestes gelegentlich der Beuteverteilung.

Was die Bedeutung von חַג anbelangt, so negiert Nöldeke**) wohl mit Recht gegen Wellhausen die des heiligen Reigens und meint, dass man mit Sicherheit nirgends über die Bedeutung Festversammlung hinauskomme. Im Syrischen, das hier gerne im Pa. denominiert, nimmt *haggu* ausser Festversammlung noch die Bedeutung Anhäufung von Menschen überhaupt an.

חָסַם von חֶסֶם, bezähmen; in der Selbstaussage Jahwes: Jes. 48, 9 וּתְהִלָּתִי אֶחֱטָם־לָךְ um meines Namens willen halte ich meinen Zorn hin. Über die Etymologie vgl. Gesenius' H.W.B.¹²

חָנַךְ von חֵךְ eig. in den Mund einflössen. 1. Mit Bezug auf Dinge *initiare*, einweihen. Deut. 20, 5 wer ein neues Haus gebaut לֹא חֲנָכוֹ, mag abtreten und heimkehren, damit nicht ein anderer יַחְנְכֶנּוּ; I Reg. 8, 63; II Chr. 7, 5 וַיַּחְנְכוּ אֶת־בֵּית יְהוָה bzhw. אֱלֹהִים. — 2. Mit Bezug auf Personen, Anleitung geben, unterrichten, Prov. 22, 6 חֲנֹךְ לַנַּעַר עַל־פִּי דַרְכּוֹ.

חֵךְ Gaumen, über dessen Behandlung beim neugeborenen Kinde Wellhausen Skizzen u. Vorarb. 3, 154, wird vielleicht von einer Wurzel mit der Grundbed. „enge sein" abzuleiten sein.

---

* Hoffmann, Hiob z. St.
** Z.D.M.G. 41, 719.

חתם von חֹתָם 1. Von Gott. a) Versiegeln, unter Siegel legen. α) Aufbewahren zu künftiger Bestrafung, nur im passiven Particip gebraucht, wobei aber an Gott als an den Versiegelnden zu denken ist. Deut. 32, 34 באצרתי חתום, gemeint ist das Thuen und Treiben der heidnischen Feinde; Hi. 14, 17 בצרור פשעי. β) Festhalten, hemmen. In der Schilderung seines allmächtigen, auch die Himmelskörper umfassenden Waltens Hi. 9, 7 בעד כוכבים יחתם, die Sterne unter Siegel legen, so dass sie nicht strahlen können; wenn er die Naturwunder der rauhen Jahreszeit hervorbringt 37, 7 ביד־כל־אדם יחתום, legt er ein Siegel an die Menschenhände, so dass sie nicht arbeiten können. — b) Besiegeln = bestätigen, Dan. 9, 24 ולחתם חזון ונביא; in diesem Sinne fasse ich auch Hi. 33, 16 ובמסרם יחתם, Gott drückt ihrer Verwarnung das Siegel auf, d. h. durch Träume und Nachtgesichte gibt er der an die Menschen zu richtenden Mahnung Bezeugung und Bekräftigung*). — 2. Vom Propheten, der versiegelt, d. h. etwas der Mitteilung entzieht auf Befehl Gottes hin. a) Jes. 8, 16 חתם תורה בלמדי, aufbewahren im Herzen jener, welche die Unterweisung gläubig annehmen. — b) Dan. 12, 4 חתם הספר עד־עת קץ neben סתם הדברים; das passive Particip V. 9 סתמים וחתמים עד־עת קץ.

Ausserhalb des theologischen Sprachgebrauches: Kal versiegeln eine Urkunde. a) I Reg. 21, 8 ותחתם; Esth. 8, 8. 10 בטבעת המלך, überall ist der Akkusativ „Brief" zu ergänzen. — b) Jer. 32, 10, wo zum Verbum der Akkusativ את־הספר המקנה zu ergänzen. — c) Absolut, vom Siegeln der Kaufbriefe Jer. 32, 44; das passive Particip vom Buche Jes. 29, 11 (bis); vom Kaufbrief Jer. 32, 11. 14; von Urkunden Neh. 10, 1. 2. Ein versiegelter Quell Cant. 4, 12**). — Niph'al versiegelt werden, der Befehl des Königs בטבעת המלך Esth. 3, 12; 8, 8. — Pi'el nur Hi. 24, 16 חתמו־למו, die Diebe halten sich bei Tage eingeschlossen. Aramaismus. — Hiph'il nur Lev. 15, 3 החתים בשרו מזובו, sein Fleisch hält etwas von seinem Fluss durch Verschluss zurück.

In חתם sehe ich die der Wurzel חת eigentümliche Grundbedeutung des Einschneidens.

——

*) Demnach ist das Verbum hier nicht, wie Delitzsch. Hiob z. St. meint, im gleichen Sinne wie 9, 7; 37, 7 gebraucht. Hoffmann liest יחתם, er erschreckt sie durch Warnung.

**) Ez. 28, 12 חותם תכנית ist unverständlich; vgl. Kautzsch z. St.

מֹהַר von מָהַר Terminus für die Erwerbung einer Frau in der prägnanten Ausdrucksweise Ex. 22, 15 מָהֹר יִמְהָרֶנָּה לּוֹ לְאִשָּׁה *).

מֹהַר arab. *mahr* ist der Kaufpreis für die Frau. Vgl. die Bemerkungen von Nöldeke zu diesem Stamme Z.D.M.G. 40, 154.

מָעַל von מַעַל, einen Treubruch begehen. 1. An Gott. a) מָעַל מַעַל. α) Allein. Es geschieht durch rechtswidrige Aneignung eines Teiles der hl. Abgaben Lev. 5, 15; es bezeichnet das gesammte sündhafte Verhalten des Volkes Ez. 14, 13; 15, 8; 18, 24; den Götzendienst II Chr. 36, 14. β) Dazu בֵּמ; Antastung des Eigentumes des Nächsten Lev. 5, 21; Verletzung der Satzungen Jahwes überhaupt 26, 40; Num. 5, 6; Errichtung eines Altares am Jordan Jos. 22, 16 בֵאלֹהֵי יִשְׂרָאֵל. 31; Eidbruch des Zedekias gegen Nebukadnezar Ez. 17, 20; während der Ausdruck vom Gesammtverhalten des Volkes gilt 20, 27; 39, 26; Dan. 9, 7; von Saul wegen Nichtbefolgung eines göttlichen Gebotes I Chr. 10, 13; vom König Achaz II Chr. 28, 19 neben הָמֵר־פָּנִים בֵּיהוָה **). — b) בְּ מָעַל, von denen, die nicht anerkennen die Grösse und Ehre Jahwes Deut. 32, 51; von Israel wegen seines sündigen Verhaltens im allgemeinen Ez. 39, 23; wegen Annahme ausländischer Weiber Esr. 10, 2; Neh. 13, 27 בֵאלֹהֵינוּ; von denen, die anderen Göttern nachhuren I Chr. 5, 25 בֵאלֹהֵי אֲבֹתֵיהֶם; die die Thora Jahwes verlassen II Chr. 12, 2; von Uzzijjah, der in seinem Übermut Räucheropfer am Rauchopferaltar darbringt 26, 16; vom götzendienerischen Achaz 28, 22; vom sündigen Verhalten der Vorfahren Israels überhaupt 30, 7. — c) Absolut von der Annahme ausländischer Weiber Esr. 10, 10; vom Verlassen der Gebote und Satzungen Gottes Neh. 1, 8; vom Räuchern des Uzzijjah II Chr. 26, 18; vom Götzendienst 29, 6. 19. — 2. Am Ehemanne. Das Weib, das die eheliche Treue nicht hält, Num. 5, 12. 27 וּמָעֲלָה בוֹ מָעַל. — 3. מ׳ מַעַל בַּחֵרֶם Jos. 7, 1; 22, 20, und bloss בֶּחֵרֶם מ׳ I Chr. 2, 7 von Achan, der an dem Gebannten sich vergriff. — 4. In der Aussage vom Könige Prov. 16, 10 בְּמִשְׁפָּט לֹא־יִמְעַל פִּיו, wird wohl der Sinn sein „sich gegen den Rechtsspruch in Reden vergehen".

Für den sinnlichen Grundbegriff bietet der vorliegende Sprachgebrauch keinen positiven Anhaltspunkt mehr; dafür scheint er mir

---

* Ps 16, 4 liegt wohl ein Schreibfehler vor für יְמַהֵרוּ; so Siegfried-Stade unter מָהַר a. a. O.

**) Hieher gehört sicher auch Num. 31, 16, indem statt des sinnlosen לִמְסָר־מַעַל בֵּיהוָה jedenfalls לִמְעֹל zu lesen ist.

aber auf jeden Fall die Grundbedeutung „bedecken, verdeckt handeln" auszuschliessen. Damit wird natürlich auch der Hinweis auf
כְּסִיל gegenstandslos. Sehr ansprechend ist Barth's Kombination mit
غال, zu dem er einen parallelen Stamm مغل wahrscheinlich macht*).

נדר von נֶדֶר, ein Gelübde ablegen. 1. Von Gelübden, die eine
positive Leistung involvieren, sogenannten Versprechungsgelübden.
a) Mit dem Objekte נדר. α) Allein: Deut. 12, 17 כל־נדריך אשר תדר;
Jud. 11, 39 נדר אשר נדר; אח־נדרי; Jon. 1, 16 ויזבחו־זבח ליי וידרו נדר.
β) Dazu ל der Gottheit. α') Num. 21, 2 וידר ישראל נדר ליי; 30, 3. 4 נדר
אשר ידר; bzhw. אשה יגי; Deut. 12, 11 כל מבחר נדריכם אשר תדרו ליי;
23, 22 נדר ליי אשר תדר; Jud. 11, 30 ידר יפתח נדר ליי; Jes. 19, 21 ועבדו זבח
ומנחה ונדרו־נדר ליי. — β') Überdies noch Bestimmung des Ortes:
II Sam. 15, 7 את־נדרי אשר־נדרתי ליי בחברון; Gen. 31, 13 אשר נדרת לי
שם. — γ') Der Zeit: Eccl. 5, 3 כאשר תדר נדר לאלהים. γ) Ein
Infinitiv: Jer. 44, 25 אשר נדרנו לקטר אחרנה. — δ) Ein Objektssatz.
α') Gen. 28, 20 וידר יעקב נדר לאמר. — β') Dazu eine nähere Bestimmung: II Sam. 15, 8 בעבדך נדר־עבדך כי אמר לאמר. — b) Mit anderen
Objekten. α) Allein: Jon. 2, 10 אשר נדרתי אשלמה; Eccl. 5, 3 את אשר־תדר
שלם. — β) Deut. 23, 24 כאשר נדרת ליי אלהיך נדבה. — c) Absolut:
Lev. 27, 8 (Part.); Deut. 23, 23; Mal. 1, 14 (Part.); Ps. 76, 12; Eccl. 5, 4
(bis). — 2. Von Gelübden, die zum Teil wenigstens als Enthaltungsgelübde gelten müssen, wie das Nasiräat. a) Mit dem Objekte נזר:
Num. 6, 2 כי נדר נדר נזיר להזיר ליי. 21 כפי נדרו אשר ידר; I Sam. 1, 11
ותדר נדר. — b) Absolut: Num. 6, 21. — 3. Vom reinen Enthaltungsgelübde: Ps. 132, 2 נשבע ליי נדר לאביר יעקב אשר.

Der sinnliche Grundbegriff ist ohne Zweifel im „Absondern,
Ausscheiden" zu suchen, da das Verbum sicher nahe verwandt ist
mit נזר, dessen Grundbedeutung abgesehen von نذر noch deutlich
im Niph. erkennbar ist**). Das unserem Verbum entsprechende نذر
ist natürlich denominiert von نذر. Aus dieser sinnlichen Grundbedeutung aber den Schluss zu ziehen, dass נדר ursprünglich nur
das Enthaltungsgelübde bezeichne (Delitzsch), gestattet der Befund
des Sprachgebrauches nicht.

נהה von נֶהִי, Totenklage anstimmen. a) Mi. 2, 4 נהה נהי. —
b) Mit על, Ez. 32, 18 נהה על־המון מצרים ***).

*) Etymologische Studien 62 ff.
**) Baudissin, Studien 11, 26.
***) Der masor. Text bietet ausserdem noch eine Niph'alform I Sam. 7, 2

Der Zusammenhang von נֵהַר mit הַר, הָרָה wird wohl anzunehmen sein.

נהר von נָהָר eigentl. strömen. Von der Wallfahrt der Heidenvölker zum Berge Jahwes, Jes. 2, ₂ אֵלָיו בָּל־הַגּוֹיִם וְנָהֲרוּ, wofür die
Parallelstelle Mi. 4, ₁ עַלָּיו עַמִּים hat. Vom Zusammenströmen der von
Jahwe Erlösten zu den von ihm kommenden Gütern, Jer. 31, ₁₂
וְנָהֲרוּ אֶל־טוּב יְהֹוָה; zum Bel im Babel 51, ₄₄ אֵלָיו וְלֹא־יִנְהֲרוּ
עוֹד גּוֹיִם.

עבד von עֶבֶד I. Eine Gottheit durch den Kult verehren, syn.
mit הָיָה עֶבֶד. 1. Den wahren Gott Israels. a) Der Akkusativ
Gottes. α) Allein. α′) אֶת־יְהֹוָה Ex. 10, ₁₁.₂₄; 12, ₃₁; Jos. 24, ₁₄.₁₅.₁₈.
₁₉.₂₁; Jud. 10, ₁₆; II Sam. 15, ₈; Ps. 102, ₂₃.   β′) אֶת־הָאֱלֹהִים Jos. 24, ₁₅
(bis); Mal. 3, ₁₄. עֹבֵד אֱלֹהִים יִשְׂרָאֵל ₁₈ (Part.) '.אֱלֹהִים   γ′) אֱלֹהֵיהֶם אֵת
bzhw. ihren Gott: Ex. 10, ₇.₈.₂₆; 23,₂₅; Jos. 24, ₂₄; Jer. 30, ₉; II Chr.
30, ₈; 34,₃₃; 35,₃; אֱלֹהֵי יִשְׂרָאֵל אֵת 33, ₁₆.   δ′) אֹתוֹ Deut. 6, ₁₃;
10, ₂₀; 13, ₅; Jos. 24, ₂₂. — ε′) Mit Suffixen am Verbum: Ex. 4, ₂₃;
7, ₂₆; 8, ₁₆; 9, ₁.₁₃; 10, ₃; Jud. 10, ₆; I Sam. 12,₁₀; Mal. 3, ₁₈; Hi. 21,₁₅;
Neh. 9, ₃₅ *).   β) Dazu ein zweiter Akkusativ. α′) Der Art und
Weise: Ex. 10,₂₆ אֵת־יְהֹוָה בַּעֲבֹדָתֵנוּ לַעֲבֹד; Zeph. 3, ₉ אֶחָד שְׁכֶם לְעָבְדוֹ.
β′) Der Zeit: Jos. 24, ₃₁; Jud. 2, ₇ יְמֵי כֹּל יִשְׂרָאֵל אֵת־יְהֹוָה.   γ) Mit
לְבָד: I Sam. 7, ₃ לְבַדּוֹ וְעִבְדֻהוּ. ₄ לְבַדּוֹ אֵת־יְהֹוָה.   δ) Eine mit בְ des
Mittels eingeführte Bestimmung: Deut. 10, ₁₂ בְּכָל־לְבָבְךָ אֵת־יְהֹוָה
יִ נַפְשְׁךָ וּבְכָל; 11, ₁₃; Jos. 22, ₅ נַפְשְׁכֶם וּבְכָל לְבַבְכֶם בְּכָל; I Sam. 12, ₂₀ בְּכָל
לְבַבְכֶם. ₂₄ לְבַבְכֶם בְּכָל בֶּאֱמֶת; Deut. 28, ₄₇ לֵבָב בְּטוּב בְּשִׂמְחָה; Jos. 24, ₁₄
בֶּאֱמֶת בְּתָמִים; Ps. 2, ₁₁ בְּיִרְאָה; 100, ₂ בְּשִׂמְחָה; I Chr. 28, ₉ שָׁלֵם בְּלֵב
וּבְנֶפֶשׁ חֲפֵצָה. — ε) Mit בְ des Ortes: Ex. 7, ₁₆ בַּמִּדְבָּר וְיַעַבְדֻנִי; Ez. 20, ₄₀
יַעַבְדֻנִי .. קָדְשִׁי בְּהַר.   ζ) Mit עַל des Ortes: Ex. 3, ₁₂ הָהָר עַל הָאֱלֹהִים אֶת־תַּעַבְדוּן.
— b) Bloss Akkusativ der Opfergabe: Jes. 19, ₂₁ וּמִנְחָה זֶבַח וְעָבְדוּ. —
c) אֵת, in Verein mit jemandem: 19, ₂₃ אַשּׁוּר אֶת־מִצְרַיִם וְעָבְדוּ. — d) Absolut: Jer. 2, ₂₀. — 2. Die heidnischen Götter. a) Akkusativ derselben. α) Allein. α′) אֲחֵרִים אֱלֹהִים Deut. 7, ₄; 11, ₁₆; 13, ₇.₁₄; 17, ₃;
29, ₂₅; Jos. 23, ₁₆; 24, ₂.₁₆; Jud. 10, ₁₃; I Sam. 8, ₈; 26, ₁₉; I Reg. 9,₆;
II Chr. 7, ₁₉; darauf bezieht sich das Suffix in וַיַּעַבְדוּם Deut. 8, ₁₉;
30, ₁₇; וַיַּעַבְדוּ 31, ₂₀; וַיַּעַבְדוּם I Reg. 9,₉; Jer. 16, ₁₁; 22, ₉; II Chr. 7, ₂₂;
וַיַּעַבְדוּ II Reg. 17, ₃₅; וַיַּעַבְדוּם Deut. 13, ₃; לַעֲבֹד 28, ₁₄; Jud. 2, ₁₉;

וְנָהָרוּ die allgemein als Textfehler erkannt und wofür gemäss LXX יֵבֹשׁוּ
oder יַחְפְּרוּ zu lesen sein wird. Vgl. Kautzsch, Textkr. Erl. z. St.
*) Ps. 22, ₃₁ יְעֻבַּד לַאדֹנָי זֶרַע ist unverständlich.

Jer. 11, 10; 13, 10; 25, 6; 35, 15. — β') חחם הנים אלהי‎ Deut. 29, 17;
אלהי‎ Ex. 23, 33; Deut. 7, 16; 12, 30; Jud. 3, 6; auf לאלהים‎ geht
das Suffix in יבד ולא‎ Ex. 23, 24; ישביעי ולא לארובידי אלהיה בש‎
תעבדום ולא‎ Jos. 23, 7; II Reg. 17, 33. γ') כד אלהי‎ Jos. 24, 20; Jer.
5, 19. δ') אדאלהים‎ Jos. 24, 15, vorausgeht in demselben Verse die
Aufforderung עבדו אד־צו .. בחרו.‎ ε') אדהבל‎ I Reg. 16, 31; 22, 51;
II Reg. 17, 16; אדהבעלים‎ Jud. 2, 11; 10, 10; ואדהאשהית אדהבעלים‎ 3, 7;
ואדהעשהרים אדהבעלים‎ 10, 6; I Sam. 12, 10; הבללם‎ II Reg. 17, 12;
21, 21 *(bis)*; גלילהי‎ Ez. 20, 39; אד־בסילהח‎ II Reg. 17, 41 (Part.); אד־עבבהח‎
Ps. 106, 36; ואדהאצעביים‎ II Chr. 24, 18; mit Suffixen, die
sich beziehen auf בכל בלי־הרמי‎ Ex. 20, 5; Deut. 5, 9 תעבדם ולא‎; auf
השמים צבא כל‎ Deut. 4, 19 ועבדהם‎; Jer. 8, 2 עבדו אשר אהבים אשר‎;
II Reg. 21, 3; II Chr. 33, 3 אד ויעבד.‎ — β) Zum Akkusativ der Gottheit = des Ortes: Jos. 24, 14 עבריכם עבדו בעבר אבריכם אשר עד' אדאלהים.‎
γ) Eine adverbielle Bestimmung: בש‎ zu den Akkusativen Deut.
28, 36. 64 אחרים אלהים‎; 12, 2 אדאלהיהם‎; 4, 28 אלהים‎; ausserdem noch
Jer. 16, 13 לילה יום אחרים אלהים אדאלהים בש‎; endlich II Reg. 10, 18 אדהבל ע'‎
הרבה חרבני יעבד יחיא בש.‎ — b) In Participialkonstruktion: II Reg.
10, 19. 21. 22. 23 *(bis)* הבל עבדי. בלי־עברי‎ 19; Ps. 97, 7 בסל בלי־עבבדה.‎ —
c) ל der Gottheit: Jud. 2, 13 בבל בלי־עשהרי ויעבד; Jer. 44, 3 אלהים אחרים. —
II. In abgeblasster Bedeutung: der Gottheit sich fügen, Hi. 36, 11
absolut.

Ausserhalb des theologischen Sprachgebrauches:
Kal 1. עב sein, dienen. 1. Im privaten Leben vom Dienstverhältnis
meist der Leibeigenschaft oder des Lohndienstes. a) Akkusativ der
Person. α) Allein: Gen. 27, 40; Ex. 14, 5. 12 *(bis)*; Mal. 3, 17.
β) Dazu = des Preises: Gen. 30, 26. — γ) = des Mittels: 31, 6
בבלבח.‎ δ) Eine Zeitbestimmung: Ex. 21, 6 יעבדו־ לעבל.‎ — b) Zum
Akkusativ der Person ein zweiter Akkusativ. α) Auf die Art des
Dienens Bezug habend: Gen. 30, 29 את אשר עבדתיך‎; mit einem Adverb
29, 15 חנם עבדתני.‎ — β) Ein Akkusativ der Zeit. α') Deut. 15, 12;
Jer. 34, 14 שש שנים עבדך.‎ β') Dazu noch = des Preises: Gen. 29, 18
בתחל שנים שבע אעבדך‎; 31, 41 בניך בשתי שנה .. עבדתיך.‎ — c) Drei
Akkusative: Deut. 15, 18 שנים שש עבדך שבד בשה משנה.‎ — d) עב der
Person und eine nähere Bestimmung. α) = des Preises: Gen. 29, 25 בחל‎
עבדתי־ עמך.‎ — β) Ein Akkusativ der Zeit: 29, 30 שבע־שנים עבד עוד.‎ —
c) Akkusativ der Zeit: α) Allein: Ex. 21, 2. β) Dazu = des
Preises: Gen. 29, 20 בהבל שבע שנים.‎ — f) Bloss = des Preises: Ez. 29, 20;
Hos. 12, 13. — 2. Im politischen Sinne. a) Das Verhältnis zwischen

unterworfenen Völkern und ihren Besiegern. *a*) Akkusativ der
Person. *a'*) Allein: Gen. 15, 13. 14; 25, 23; 27, 29; Deut. 20, 11; 28, 48;
I Sam. 11, 1; 17, 9; II Sam. 10, 19; 22, 44; II Reg. 18, 7; 25, 24;
Jes. 60, 2; Jer. 27, 7–9. 11 14. 17; 28, 14 *(bis)*; 40, 9; Ps. 18, 44; 72, 11;
I Chr. 19, 19.   *β'*) Dazu ein Akkusativ der Zeit: Gen. 14, 4; Jud.
3, 8. 14; I Reg. 5, 1 (Part.); Jer. 25, 11.   *γ'*) = des Ortes: 5, 19.
β) In Participialkonstruktion: Sach. 2, 13 בהרעבדים werden die Völker
zur Beute.   *γ*) ל der Person: I Sam. 4, 9 *(bis)*. — b) Das Verhältnis zwischen Untergebenen, Unterthanen und Beamten einerseits, dem König andererseits. *a*) Akkusativ der Person: Jud. 9, 28
(ter). 38; I Reg. 12, 4; II Chr. 10, 4.   *β*) ל der Person: II Sam. 16, 19
לבני אבי אחי. — *γ*) לפני derselben: 16, 19 כאשר עבדתי לפני אביך.
3. Von Tieren ausgesagt: Jer. 27, 6 לעבדו; Hi. 39, 9 התאבה רים יעבדך. —
II. In abgeblasster Bedeutung: Zu Willen sein, I Reg. 2, 7 אסדהיה
עבדים. — **Niph'al** nur Eccl. 5, 8 ומלך לשדה נעבד, wenn nicht vielleicht doch das originale Verbum vorliegt. — **Hiph'il**
jemanden zum ע machen: Jer. 17, 4 והעבדתיך איבכם.

Das originale Verbum „arbeiten, thun" ist im Hebr. erhalten.
Delitzsch Friedr., Proleg. 176, Anm. 2, stellt die Sache auf den
Kopf durch die Entwicklungsreihe „dienen (auch Gotte dienen),
Knechtsdienste leisten, arbeiten, machen".

עניק von ענק den Hals umkleiden, Ps. 73, 6 לכן ענקתמו גאוה.
Ausserhalb des theologischen Sprachgebrauches:
Hiph'il jemandem aufhalsen, Deut. 15, 14 העניק תעניק לו מצאנך.

עקב von עקב, Tücke ausüben an jemandem, ihn hintergehen
Gen. 27, 36 ויעקבני זה פעמים; Hos. 12, 4 בבטן עקב את אחיו; ohne per-
sönl. Akkusativ Jer. 9, 3 עקוב יעקב, neben הלך רכיל.
Ausserhalb des theologischen Sprachgebrauches:
Pi'el die Spur verfolgen, nur Hi. 37, 4*), man kann die Spur der
Blitze nicht verfolgen.

---

*) Siegfried-Stade, ebenso Kautzsch („er hält die Blitze nicht zurück")
nehmen ein, von dem im Kal denominierten zu trennendes עקב = hemmen,
zurückhalten an. So auch schon Budde, Beiträge zur Kritik des Buches Hiob,
S. 142. Gegen das daselbst Gesagte wäre zu bemerken, dass im Syr. das
von עקבא denominierte עקב zunächst allerdings bedeutet „die Ferse halten",
dann aber weiter „auf der Ferse, der Spur folgen", weiterhin „suchen"
(Kirsch-Bernstein S. 130, 13), ja auch „ein Examen mit jem. anstellen"
(S. 72, 12). Die obige Hiobstelle erklärt sich demnach leichter mit der im
Aramäischen üblichen Bedeutungsentwicklung des Denominativs, als mit

Das Denominativ kennen auch die anderen, semitischen Sprachen. Die sinnliche Grundbedeutung scheint auf Krümmung zurückzugehen.

עָרַב von עֲרֻבָּה, Bürgschaft leisten, vom mittlerischen Eintreten Gottes zu Gunsten des Bedrängten, daher geradezu beschützen. So in dem Gebete Jes. 38, 14 עָרְבֵנִי; Ps. 119, 122 עֲרֹב עַבְדְּךָ לְטוֹב; ob hieher auch gehöre Hi. 17, 3 שִׂימָה־נָּא עָרְבֵנִי עִמָּךְ, wird zu bezweifeln sein*).

Ausserhalb des theologischen Sprachgebrauches: Kal juridischer Terminus. 1. Bürgschaft leisten für das Leben eines anderen; die Person, für die man das Leben garantiert, folgt im Akkusativ Gen. 43, 9; dazu noch בְּיָד desjenigen, dem gegenüber man die Garantie für einen anderen übernimmt 44, 32. — 2. Bürgschaft leisten für die Verbindlichkeiten eines anderen durch Haftung mit seinem eigenen Vermögen. a) Die Person, für die man haftet: α) Akkusativ; so in der ständigen Formel עָרַב זָר Prov. 11, 15; 20, 16; 27, 13. β) לְ derselben 6, 1. — b) Die Person, vor der man Haftung übernimmt, mit לִפְנֵי 17, 18. — c) Das Darlehen, für das man haftet, im Akkusativ 22, 26 עֹרְבִים מַשָּׁאוֹת. — 3. Da die Bürgschaft im Grunde eine Verpfändung, sei es des eigenen Lebens, sei es seiner Habe zu Gunsten eines Dritten, nimmt das Verbum, verbunden mit dem Akkusativ der Sache, die das Substrat der Bürgschaft bildet, die Bedeutung verpfänden an; so Jer. 30, 21 אֶת־לִבּוֹ; Neh. 5, 3 (Particip) unsere Äcker und Häuser. — Hithpa'el sich durch ein Pfand gegenseitig verbindlich machen, sich in eine Wette einlassen mit (אֶת) jemand II Reg. 18, 23; Jes. 36, 8.

Betreffend das Etymon ist nicht nur auf das Aram. mit seinem Stamme עָרַב „mischen" zu verweisen, sondern auch das Hebr. hat denselben Stamm noch im Hithpa. in der Bedeutung „sich mischen, vermischen" erhalten**). Von hier aus ist leicht der Übergang zum Tauschen des Platzes; die Bürgschaft aber war von Anfang an ein Tausch, eine Substitution der einen Person an Stelle der anderen.

einem eigenen, in der Bibel sonst nicht zu belegenden עָצַם = zurückhalten. Vgl. auch Hoffmann z. St.

*) Ansprechender vielmehr nach Hoffmann: „erlaube wenigstens für mich eine Bürgschaft עָרְבֵנִי bei dir (Gott)".

**) Dagegen ist mit عرب II. IV. arraba dedit nichts anzufangen, dasselbe ist offenbar denominiert von عربون, welches Wort Fränkel, Die aram. Fremdwörter im Arab. S. 190, direkt auf das Griechische zurückführt.

Neuestens stellt aber Barth*) zu unserem Verbum غرم, eine Schuld oder Verpflichtung auf sich nehmen.

עָרֵל von עָרְלָה, nur Lev. 19, 23 וַעֲרַלְתֶּם עָרְלָתוֹ, ihr sollet die Vorhaut der Fruchtbäume wachsen lassen. So Kautzsch in Übereinstimmung mit Dillmann; dagegen Siegfried-Stade: „die Vorhaut entfernen"**).

עָרַף von עֹרֶף das Genick brechen. 1. Im eigentlichen Sinne. a) Gesetzlicher Terminus für die Vernichtung der zum menschlichen Dienst nicht verwendbaren, weil Jahwe eignenden, tierischen Erstgeburt, mit Akk. derselben, Ex. 13, 13; 34, 20; oder der an Stelle des unbekannten Mörders dem Tode verfallenen jungen Kuh, Deut. 21, 4 אֶת־הָעֶגְלָה בַנָּֽחַל וְעָרְפוּ; das Particip V. 6 הָעֲגָלָה הָעֲרוּפָה. — b) Ausdruck für heidnischen Opferbrauch, Jes. 66, 3 עֹרֵף כָּֽלֶב. — 2. Im übertragenen Sinne Hos. 10, 2 mit dem Akkusativ מִזְבְּחוֹתָם vom gewaltsamen Zerstören der Altäre.

עֹרֶף ist wohl zunächst Rückenscheide; die Grundbedeutung == scheiden. Vgl. عرف in der Konstruktion mit doppeltem بين.

עָשֵׁן von עָשָׁן 1. Vom auflodernden Zorne Gottes gebraucht: Deut. 29, 19 אָז יֶעְשַׁן אַף־יְהֹוָה וְקִנְאָתוֹ בָּאִישׁ הַהוּא; Ps. 74, 1 יֶעְשַׁן אַפְּךָ בְּצֹאן מַרְעִיתֶךָ. — 2. Aber auch direkt von Gott selbst ausgesagt: 80, 5 עָשַׁנְתָּ בִּתְפִלַּת עַמֶּֽךָ.

Ausserhalb des theologischen Sprachgebrauches: Von dem in Dampf gehüllten Berg Ex. 19, 18; Ps. 104, 32; 144, 5.

Zur Etymologie vgl. Delitzsch, Jes.³ S. 150.

פָּרַע von פֶּרַע das Haar wachsen lassen. a) Mit Akkusativ: Lev. 10, 6 רָאשֵׁיכֶם אַל־תִּפְרָעוּ; 21, 10 לֹא יִפְרָע אֶת־רֹאשׁוֹ; Num. 5, 18 וּפָרַע אֶת־רֹאשׁ הָאִשָּׁה. — b) Absolut: Lev. 13, 45 פָּרוּעַ יִהְיֶה וְרֹאשׁוֹ. Über פֶּרַע vgl. Gesenius' Hwb.¹² u. d. W.

קָסַם von קֶסֶם Wahrsagerei treiben. 1. Mit einem sachlichen Akkusativ. a) קֶסֶם bzhw. קְסָמִים, Deut. 18, 10 (Part.); II Reg. 17, 17; Ez. 13, 23; 21, 26. — b) כָּזָב הַקְסָמִים 13, 9. — c) בְּקָסָם־שָׁוְא 21, 28. — 2. ל der Person. Hinzutritt: a) Ein sachlicher Akkusativ. 21, 34 בַּקָסָם־לָהֶם כָּזָב; 22, 28 בַּקְסָם לָהֶם כָּזָב. — b) ב des Mittels. 1 Sam. 28, 8 קָסֳמִי־נָא לִי בָּאוֹב. — 3. ב pretii, Mi. 3, 11 וּנְבִיאֶיהָ בְּכֶסֶף יִקְסֹמוּ. —

* Etymolog. Studien. S. 32.
**) Hab. 2, 16 הֵעָרֵל וְהִגָּעֵל נְבִיאָה עָרְפָה ist keine Niph'alform unseres Denominativs. Wellhausen, Skizzen u. Vorarb. V, 165, wird recht haben, dass eine Ableitung von הֵבֵל „taumeln" vorliege.

4. Absolut, Mi. 3, 6; das Particip = Wahrsager, Deut. 18, 14; Jos.
13, 22; 1 Sam. 6, 2; Jes. 3, 2; 44, 25; Jer. 27, 9; 29, 8; Mi. 3, 7; Sach. 10, 2.

Das Nähere über קסם und seine Etymologie: Wellhausen, Skizzen
u. Vorarb. III, 127.

שׂישׂ und שׂושׂ, wahrscheinlich von einer Interjektion*), sich
freuen. 1. Von heiliger, religiöser Freude. a) Von Jahwe ausgesagt.
α) על der Person, über jemanden. α') Dazu ein inneres Objekt.
Jes. 62, 5 וכמשׂושׂ חתן על־כלה ישׂישׂ עליך אלהיך.   β') Ein Infinitiv mit ל.
Deut. 28, 63 (bis) עליכם להרטיב אתכם bzhw. להאביד; Jer. 32, 41 עליהם
להטיב אותם. - γ') Sonst eine nähere Bestimmung. Deut. 30, 9 לשׂישׂ
עליך לטוב כאשר־שׂשׂ על־אבתיך; Zeph. 3, 17 עליך בשׂמחה. — β) ב der Person.
Jes. 65, 19 בעמי (neben וגלתי בירושלם). — b) Von Menschen ausgesagt, von heiliger, in Gott, seinen Gnadenführungen und Heils-
werken begründeter Freude. α) Mit einem Akkusativobjekt. α') Ein
inneres Objekt. Jes. 66, 10 שׂישׂו אתה משׂושׂ.   β') Ein Objekt in Gestalt eines selbständigen Satzes. 64, 4 du bist freundlich entgegen-
gekommen את־שׂשׂ ועשׂה צדק. — γ') Ein Kausalitätsobjekt. 65, 18
שׂישׂו וגילו .. אשר אני בורא.   β) על des Jubelsgrundes. Ps. 119, 162
על־אמרתך. — γ) ב des Jubelsgrundes. α') Derselbe ist Jahwe selbst.
Jes. 61, 10 שׂושׂ אשׂישׂ ביי; Ps. 40, 17; 70, 5 ישׂישׂו וישׂמחו בך. — β') Seine
Gnadenerweisungen. 35, 9 בישׂעתי (parall. וגל ביי); 119, 14 בדרך
עדותיך. - δ) Mit einem näheren Umstande. 68, 4 וישׂישׂו .. וצדיקים
בשׂמחה. — c) Mit dinglichem Subjekte. α) Mit einem Objekte in
Gestalt eines Infinitivs. Von der Sonne, die sich freut, durch ihren
Lauf Jahwes Herrlichkeit zu verkünden, Ps. 19, 6 לרוץ ארח.
β) Absolut. Jes. 66, 14 ישׂושׂ לבם; in der mehr als fraglichen Form
35, 1 ותשׂשׂ**). — 2. Von Freude im schlechten Sinne, welche die
Feinde Gottes und seines Volkes hegen. a) Mit Objektssatz. Thr. 1, 21
כי אתה עשׂית. — b) Absolut. 4, 21 שׂישׂי ושׂמחי.

Ausserhalb des theologischen Sprachgebrauches: Sich
freuen im gewöhnlichen Sinne; mit durch כי eingeleitetem Objektssatze Hi. 3, 22; mit ב 39, 21.

Die Wurzelbedeutung exultare, die Delitzsch statuiert und die
er Hi. 39, 21 noch zu finden glaubt, lässt sich durch nichts erweisen,
wie überhaupt ein etymologischer Zusammenhang von שׂושׂ nicht zu
eruieren ist. Am meisten Wahrscheinlichkeit hat die Vermutung

---

*) Vgl. Nöldeke, Z.D.M.G. 37, 536 ff.
**) Die völlig sinnlose Stelle Ez. 21, 15 lassen wir ausser Betracht.

Nöldekes, der unter Vergleichung von Lockrufen wie شَالَشْ, شَوْشَو die Abstammung des Verbums von einer Interjektion des Frohlockens für möglich hält.

יִשְׂטֵן von שָׂטָן, Widersacher jemandes sein, ihn anfeinden. Der Satan als Ankläger zur Rechten des Hohenpriesters Sach. 3, 1 לְשִׂטְנוֹ; in den Psalmen von der Anfeindung, welcher der leidende Gerechte ausgesetzt ist, Ps. 38, 21 יִשְׂטְנוּנִי תַּחַת רָדְפִי־טוֹב; 109, 4 יִשְׂטְנוּנִי תַּחַת־אַהֲבָתִי; das Particip 71, 13 יִשְׂטְנֵי נַפְשִׁי (parall. מְבַקְשֵׁי רָעָתִי); mit Suffix שֹׂטְנַי 109, 20. 29.

שָׂטַם Nebenform zu שָׂטָן, befeinden. Der leidende Gerechte klagt Ps. 55, 4 שֹׂטְמִים; von Gott gebraucht, der mit den Leiden den Dulder anfeindet, Hi. 16, 9 יִשְׂטְמֵנִי; 30, 21 בְּעֹצֶם יָדְךָ תִשְׂטְמֵנִי.

Ausserhalb des theologischen Sprachgebrauches: Feindselig gegen jemand auftreten, Gen. 27, 41 וַיִּשְׂטֹם עֵשָׂו אֶת־יַעֲקֹב; im Spruche über Josef 49, 23 וַיִּשְׂטְמֻהוּ בַעֲלֵי חִצִּים; nach dem Tode ihres Vaters befürchten die Brüder 50, 15 לוּ יִשְׂטְמֵנוּ יוֹסֵף.

Vielleicht hängt das Verbum doch mit ܣܛܡ „binden mit Stricken, fesseln“ zusammen. Vgl. dagegen Barth, Etym. Stud. 37, der שׂטם mit شَتَمَ „sich schämen“ zusammenstellt.

שָׂעַר von שַׂעַר, Schauder empfinden. a) Mit persönlichem Akkusativ: Deut. 32, 17 לֹא שְׂעָרוּם אֲבֹתֵיכֶם, näml. vor den fremden Göttern*). — b) Mit innerem Objekte. α) Allein: Beim Anblick des Sturzes von Tyrus Ez. 27, 35 שָׂעֲרוּ שָׂעַר (parall. שָׁמֵמוּ). β) Dazu eine nähere Bestimmung: Beim Gerichte Jahwes über Ägypten 32, 10 שְׂעָרוּ שַׂעַר. — c) Absolut: In der Aufforderung wegen des götzendienerischen Frevels Israels Jer. 2, 12 שֹׁמּוּ שָׁמַיִם עַל־זֹאת וְשַׂעֲרוּ.

שָׂרַר von שַׂר, Herrscher sein, herrschen, walten: Jes. 32, 1 וּלְשָׂרִים יָשֹׂרוּ, in dem messianischen Zukunftsbilde von den שָׂרִים im geläuterten Juda ausgesagt; Prov. 8, 16 בִּי שָׂרִים יָשֹׂרוּ, spricht die zur rechten Ausübung der höchsten Gewalt im Staate befähigende Weisheit.

Ausserhalb des theologischen Sprachgebrauches: שָׂרַר und שׂרר **Kal** Herr sein. a) Im politischen Sinne: Jud. 9, 22 וַיָּשַׂר אֲבִימֶלֶךְ עַל־יִשְׂרָאֵל. — b) Im Bereiche des Privatlebens: Esth. 1, 22

---

*) Da jedoch im Parall. dazu steht לֹא יְדָעוּם, so hat wohl Barth Etym. St. 67 recht, wenn er mit Rücksicht auf den Akkusativ und die Übersetzung der LXX einen besondern hebr. Stamm statuiert, der شَعَرَ „kennen, wissen“; ebenso Gesenius' H.W.B.¹²

שֵׁר תִּיַּס. — **Hiph'il** zum Herrscher einsetzen: Hos. 8,4 הִשִּׁירוּ neben הִמְלִיכוּ. — **Hithpa'el** den Herrscher spielen über ein Volk: Num. 16,13 בְּהִשְׂתָּרֵר עָלֵינוּ גַּם־הִשְׂתָּרֵר. Die Etymologie ist zweifelhaft. Delitzsch Friedr., Proleg. 92, spricht sich entschieden gegen die Bedeutungsentwicklung „schneiden, scheiden, ordnen, herrschen" aus; ob aber die von ihm aus dem Assyrischen beigebrachte Deutung „glänzend aufgehen, strahlen" mehr Wahrscheinlichkeit für sich hat, möchte ich bezweifeln.

שָׁפַת das Nomen ist nicht erhalten. Nur in der Aussage über Gott: 1. Setzen d. i. verleihen, verschaffen; im Gebetsrufe an Jahwe Jes. 26,12 תִּשְׁפֹּת שָׁלוֹם לָנוּ. — 2. Hinlegen, den leidenden Gerechten in den Tod betten, Ps. 22,16 וְלַעֲפַר־מָוֶת תִּשְׁפְּתֵנִי.

Ausserhalb des theologischen Sprachgebrauches: Zusetzen, hinstellen הַשֵּׁת, II Reg. 4,38; Ez. 24,3.

Das Nomen wäre nach dem aram. שְׁפָא zu bilden: שְׁפָת, Gestell. Vgl. Fränkel, Die aram. Fremdw. 63.

הְאַב von אָבָה, begehren: Ps. 119,40 הִנֵּה תָּאַבְתִּי לְפִקֻּדֶיךָ. 174 לִישׁוּעָתְךָ.

II. Niph'al.

אָחַז von אֲחֻזָּה, Terminus für die Ansiedelung in dem von Jahwe verliehenen Lande: ansässig werden. a) Jos. 22,19 הֵאָחֲזוּ. — b) Num. 32,30 וְנֹאחֲזוּ בְתֹכְכֶם בְּאֶרֶץ. — c) Jos. 22,9 אֲשֶׁר נֹאחֲזוּ־בָהּ עַל־פִּי יְיָ בְּיַד־מֹשֶׁה.

Ausserhalb des theologischen Sprachgebrauches: Niph'al sich festsetzen in einem Lande, mit בְּ desselben, Gen. 34,10; 47,27.

אָלַם von אֵלֶם 1. Stumm werden, von Personen ausgesagt: a) Gegensatz zu דִּבֵּר, vom Einstellen des prophetischen Redens Ez. 3,26; 24,27; 33,22. — b) Von der resignierenden Ergebung in das eigene Unglück Ps. 39,3 (parall. הֶחֱשֵׁיתִי). 10 (parall. לֹא אֶפְתַּח־פִּי); in diesem Sinne auch einmal im Vergleiche gebraucht mit dem Subjekte רָחֵל Jes. 53,7. — c) Sprachlos werden infolge tiefer, innerer Ergriffenheit Dan. 10,15. — 2. Zum Schweigen gebracht d. h. vernichtet werden, von den Lügenlippen Ps. 31,9, meton. statt der Lügner.

Der sinnliche Grundbegriff ist im Hebr. nicht mehr erhalten, zeigt sich aber noch deutlich in dem Nomen אֲלֻמָּה (wovon ein denom. Pi'el = Garben binden Gen. 37,7), der Getreidebund, woraus

wir auf ein mit נם „verbinden" verwandtes Verbum אלם „binden"
schliessen*).

אנש von אֲנוּשָׁה, von einer 's befallen werden, II Sam. 12, 15
ויגף ה׳ את־הילד .. ויאנש.

Über den Stamm אנש und den hier vorliegenden antiphrastischen
Gebrauch vgl. den Exkurs von Wetzstein bei Delitzsch, Psalmen⁴
S. 883 ff.

בנה von בֵּן, Kinder bekommen: Gen. 16, 2 אולי אבנה ממנה; 30, 3
ואבנה גם־אנכי ממנה.

יאל von אֱוִיל 1. Thöricht sein, handeln. a) Mit Akkusativ,
Num. 12, 11 אשר נואלנו חטאת. — b) Absolut, Jer. 5, 4 mit der Begründung כי לא ידעו דרך ה׳. — 2. Faktisch als ein Thor erwiesen
werden, absolut Jes. 19, 13; Jer. 50, 36.

אויל geht zurück auf אול „stark, dick sein".

לבב von לֵב, Verstand gewinnen, einsichtig werden, Folge des
richterlichen Einschreitens Gottes Hi. 11, 12**).
Ausserhalb des theologischen Sprachgebrauches:
Pi'el Jemanden des Verstandes berauben, seinen Sinn gefangen
nehmen, mit Akk. der Person, Cant. 4, 9 *(bis)*.

Den sinnlichen Grundbegriff von לב bestimmt Delitzsch, Psal-
men⁴ S. 179 nach Fleischer als „fester Punkt, Kernpunkt"; dagegen
Friedr. Delitzsch, Proleg. S. 88 ff., als benannt von der unruhigen
Bewegung.

צמד von צֶמֶד, zusammengejocht sein, nur von der Beteiligung
an unzüchtigem Kulte gebraucht mit לבעל פעור Num. 25, 3. 5;
Ps. 106, 28.

Die Grundbedeutung des Stammes (vgl. Arab. Syr.) ist „binden".

III. Pi'el.

אזן von מאזנים eig. die Wage behandeln, nur Eccl. 12, 9 ואזן יחקר
תקן משלים, entsprechend unserem „erwägen", zum Ausdruck des
geistigen Prozesses, bei dem der Mensch das Für und Wider einer
Sache prüft, um, was richtig und zweckentsprechend, zu ergründen.

אחר von אַחַר 1. Verzögern oder spät machen. a) Subjekt ist
Gott. α) Mit Ellipse des Objektes: Deut. 7, 10 לא יאחר לשנאו. —

---

*) Vgl. auch Delitzsch Friedr., Proleg. S. 100.
**) Andere, wie G. Hoffmann, im privativen Sinne „verstandlos werden".

β) Absolut: In dem Gebete: Ps. 40, ₁₈; 70, ₆; Dan. 9, ₁₉ אל־תּאחר. —
b) Von dem von Gott gesandten Heile, Jes. 46, ₁₃ absolut; vom
Gesichte, das sicher kommen wird, Hab. 2, ₃ absolut. — c) Vom
Menschen: Wer ein Gelübde macht, soll nicht verzögern Deut. 23, ₂₂;
Eccl. 5, ₃ לשׁלּם. — 2. Verweigern, vorenthalten: Ex. 22, ₂₈ מלאתך
ודמעך לא תאחר.

Ausserhalb des theologischen Sprachgebrauches:
Kal verzögern, verziehen: Gen. 32, ₅ ואחר עד־הנה; wahrscheinlich
auch II Sam. 20, ₅ *)ויוחר מן המועד. — Pi'el 1. Jemanden hinhalten.
a) Akkusativ der Person: Gen. 24, ₅₆. — b) Infinitiv mit ל: 34, ₁₉. —
c) Von den zögernden Schritten des Gespannes: Jud. 5, ₂₈ (parall.
בשׁשׁ). — 2. Spät daran sein, nur Particip: Jes. 5, ₁₁; Ps. 127, ₂;
Prov. 23, ₃₀.

Der ursprünglich örtliche Begriff von אחר ist durchweg in den
zeitlichen umgesetzt. Während das Arab. gleich nach dem Hebr.
in II, denominiert das Syr. im Aphel.

בשׂר von בּשָׂר 1. Freudenbotschaft bringen oder melden. a) Akkusativ der Person Jes. 61, ₁ לבשׂר ענוים, von der Botschaft der sicher
kommenden Erlösung. — b) Akkusativ der Sache 52, ₇ מבשׂר טוב;
die Karawanen der Handelsvölker verkünden als frohe Botschaft
60, ₆ תהלּת יי. — c) Das Particip. α) Bezeichnung des das göttliche
Heil verkündenden Boten oder Evangelisten 40, ₉ (bis); 41, ₂₇; 52, ₇.
— β) Die Siegesbotinnen, die Jahwes Sieg über die Feinde besingen Ps. 68, ₁₂. — 2. Verkünden, das Lob Jahwes. Es folgt
Akkusativ der Sache Ps. 40, ₁₀ רב בקהל צדק; 96, ₂ בשׂרו ישׁועתו;
I Chr. 16, ₂₃ בשׂרו מיום־אל־יום ישׁועתו.

Ausserhalb des theologischen Sprachgebrauches:
Pi'el 1. Jemandem eine Freudenbotschaft bringen. a) Akkusativ
der Person. Die Philister nach der siegreichen Schlacht schicken
Boten im Lande umher I Sam. 31, ₉**); I Chr. 10, ₉ לבשׂר את עצביהם
ואת־העם. — b) Zum Akkusativ der Person die Freudenbotschaft selbst
in Gestalt eines Objektssatzes, eingeführt mit כי II Sam. 18, ₁₉; mit
לאמר Jer. 20, ₁₅. — c) Ohne Objekt II Sam. 18, ₂₀ (bis). ₂₆ (Part.);
das substantivierte Particip המבשׂר Freudenbote 4, ₁₀; Nah. 2, ₁. — 2. Die
spezifische Bedeutung des Verbums hat sich bald schon so verloren,

---

*) Vgl. Kautzsch § 68, 2, Anm. 1.
**) Der masoret. Text עצביהם את ist nach der Chronik und LXX zu
korrigieren.

dass das Particip I Sam. 4, 17 den Boten schlechtweg bedeuten konnte, ja dass man das Verbum auch dort zur Anwendung brachte, wo es sich um das Verkünden einer schlechten Botschaft handelte II Sam. 1, 20 (das Objekt ist zu ergänzen); weshalb I Reg. 1, 42 das Verbum den Akkusativ בשׂר zu sich nimmt. — **Hithpaʿel** sich frohe Botschaft melden lassen II Sam. 18, 31.

Betreffs der Etymologie dieses, auch in den übrigen semitischen Sprachen vorliegenden Denominativums vgl. Fleischer bei Delitzsch, Jesaja³ S. 416; Dietrich, Abhandlungen zur semit. Wortforschung S. 116. 209.

גָּדַף von גִּדֻּפָה 1. Hohn bereiten, Gott lästern. a) Akkusativ Gottes. Durch vorsätzliches Handeln gegen seine Gebote Num. 15, 30 מגדף היא את־יי; auf Gottes Person zielt auch hin die Frage II Reg. 19, 22; Jes. 37, 23 את־מי חרפת וגדפת. — b) Mit zwei Akkusativen, II Reg. 19, 6; Jes. 37, 6 אשר גדפו נערי מלך־אשר אותי 'הדברים .. ; Ez. 20, 27 וזאת גדפו אתי־. — 2. Von dem das Volk Gottes höhnenden, heidnischen Feind Ps. 44, 17 (Part.).

Das Denominativ ist im Aram. einheimisch und von dort ins Hebr. gekommen. Vgl. Delitzsch zu Ps. 44, 17; Fränkel, Die aram. Fremdw. 228.

זָמַר von זִמְרָה ein ausschliesslich in gottesdienstlicher Verwendung stehender Ausdruck, Gesang und Musik in sich fassend. 1. Lobsingen. a) Akkusativ des Objektes, dem das Lobsingen gilt. α) Gott. α') Allein. Jes. 12, 5 זמרו יי; Ps. 30, 13 ויזמרך; 47, 7 זמרו; אלהים זמרו; 68, 33 זמרו אדני (neben שׁירו לאלהים); 147, 1 זמרו אלהינו. — β') Dazu eine nähere Bestimmung. 57, 10; 108, 4 אזמרך בל־אמים; 138, 1 נגד אלהים אזמרך. β) Der Name Gottes. α') Allein. 7, 18 שם־יי עליון (parall. אודה); 9, 3 אזמרה שמך עליון; 66, 4 שמך; 68, 5 שמו. β') Dazu eine nähere Bestimmung 61, 9 אזמרה שמך לעד. γ) Andere Objekte des Lobsingens. גבורתך 21, 14; בגבורתך תשׁובב 66, 2. — b) Mit ל. α) Gott. α') Allein. זמרו לי אלהי־ 'שׁי Jud. 5, 3 (neben אשירה); Ps. 9, 12 (parall. הגידו); 30, 5 (parall. הודו לזכר קדשׁי); אשׁירה ואזמרה לי 27, 6; זמרו 47, 7; 75, 10; לאלהי 104, 33; 146, 2; לך 66, 4; 71, 23; 101, 1; 105, 2; I Chr. 16, 9. β') Mit durch ב eingeführte Beifügung des Instrumentes, das die musikalische Begleitung bildet. So בכנור Ps. 71, 22 (parall. אזמרה לך בכל־בבל); 98, 5 זמרו לי; 147, 7 לאלהינו בכנור; 149, 3 יזמרו־לי (parall. במחול); יהללו שמו במחול); 33, 2 בנבל (parall.); 144, 9 אזמרה־לך (parall.

אֲשִׁירָה לָּךְ. β) Der Name Gottes. II Sam. 22, 50; Ps. 18, 50 לְשִׁמְךָ אֲזַמֵּרָה (parall. אִידְךָ בְּנִים); 92, 2 לֹזַמֵּר לְשִׁמְךָ (neben לְהַגִּיד); 135, 3 זַמְּרוּ לִשְׁמוֹ. — 2. Singen. a) Mit dem Objekte מִזְמוֹר 47, 8. — b) Ohne Objekt. 57, 8; 108, 2 אֲזַמֵּרָה אָשִׁירָה; 98, 4 זַמֵּרוּ רַנְּנוּ פִצְחוּ.

Über die Etymologie Hupfeld zu Ps. 7, 18; Zeitschrift für Kunde des Morgenlandes III, 394 ff.

זָרָה von זֶרֶר, abmessen, prüfen: Ps. 139, 3 אָרְחִי וְרִבְעִי זֵרִיתָ.

Zu diesem Stamme vgl. Barths Bemerkung Z.D.M.G. 41, 607.

חָבַל von חֲבָלִים, unter Wehen hervorbringen; im übertragenen Sinne in der Schilderung des Frevlers und der aus seiner Gottlosigkeit entspringenden Folgen Ps. 7, 15 יְחַבֶּל־אָוֶן.

Ausserhalb des theologischen Sprachgebrauches bei ursprünglicher Bedeutung des Verbums noch Cant. 8, 5 (bis).

Das Denominativ findet sich auch im Syr. im Pa'el. Delitzsch, Jes. [3] 181 nimmt als das Stammwort حبل festbinden, zusammenwinden.

חָדֵשׁ von חָדָשׁ, neu machen, d. i. umschaffen, neu schaffen; mit Akkusativ Ps. 51, 12 רוּחַ נָכוֹן; 104, 30 פְּנֵי אֲדָמָה.

Ausserhalb des theologischen Sprachgebrauches: Pi'el 1. Wiederherstellen, erneuern: a) Eine zerstörte Stadt Jes. 61, 4; einen Altar II Chr. 15, 8; das Haus des Herrn 24, 4. 12; aber auch die Tage früheren Glückes Thr. 5, 21. — b) Zeugen erneuern d. i. immer neue Zeugen vorbringen Hi. 10, 17, wenn die Lesart תְּחַדֵּשׁ richtig ist*). — 2. Etwas Neues einrichten I Sam. 11, 14, das Königtum. — Hithpa'el sich erneuern, von der Jugend Ps. 103, 5.

Über die Etymologie Baudissin, Studien II, 21.

חוּב von חוֹב in Schuld und Strafe bringen Dan. 1, 10 וְחִיַּבְתֶּם אֶת־רֹאשִׁי לַמֶּלֶךְ.

Der Stamm ist nicht hebräisch, sondern aus dem Aram. herübergenommen. Einen Versuch der etymologischen Deutung desselben Dietrich, Abhandl. zur sem. Wortforschung S. 255.

חִטֵּא von חַטָּאָה. Terminus im kultischen Sprachgebrauch, synon. עָשָׂה חַטָּאת, Sündopfer veranstalten; vom Priester ausgesagt Lev. 6, 19 אֹתָהּ יְחַטְּאֶנָּה; von Aaron, der als Sündopfer einen Bock darbringt 9, 15 וַיְחַטְּאֵהוּ.

*) Hoffmann liest תָּחֹדֵשׁ würdest erneuern deinen Grimm, was besser in den Parallelismus passt.

Ausserhalb des theologischen Sprachgebrauches ist
רשמ die Busse und Verbum daher die Busse entrichten, um den,
sei es durch vermeintliche, oder wirkliche Schuld einem anderen
zugefügten Schaden zu ersetzen. Mit Umbiegung dieser ursprünglichen Bedeutung nimmt das Verbum den Akkusativ der zu er-
setzenden Sache zu sich. So sagt Jakob zu Laban Gen. 31, 39: was
zerrissen ward, habe ich dir nicht gebracht, sondern אחטנה אנכי, ich
musste es ersetzen.

הסד von הֶסֶד Schimpf, Schande bereiten: Prov. 25, 10 eines
anderen Geheimnis verrate nicht, פן־יחסדך שמע.
Das Substantiv in der Bedeutung „Schimpf, Schande" ist belegt durch Lev. 20, 17; Prov. 14, 31. Es ist das syrische חסדא (mit
Quss.), wovon das Pael denominiert üblich ist. Die sinnliche Grundbedeutung zweifelhaft.

יבם von יָבָם, die Schwagerehe an einer Frau vollziehen. Mit
Akk. der Person: Gen. 38, 8 אתה יבם אתיך אל־אשת בא; Deut. 25, 5
ויבמה לו לאשה 7 יבמי אבה לא.

כהן von כֹּהֵן 1. Als Priester fungieren. a) Mit ל Gottes: Ex. 40, 13
לי־; 28, 41; 40, 15 וכהנו־לי; 28, 1. 3. 4 לכהנו־לי; 29, 1. 44; 30, 30;
Ez. 44, 13 לכהן לי; Lev. 7, 35 לכהן לי; Hos. 4, 6 מכהן לי; II Chr. 11, 14
מכהן לי. — b) Mit תחת der Person, an deren Stelle jemand das
Priesteramt verwaltet Lev. 16, 32. — c) Mit einem sonstigen, näheren
Umstande Num. 3, 4 על־פני אהרן; I Chr. 5, 36 כהן. — d) Absolut
Ex. 31, 10; 35, 19; 39, 41; Num. 3, 3 לכהן; I Chr. 24, 2 ויכהנו. —
2. Priester werden, Deut. 10, 6 sein Sohn Eleasar wurde Priester
תחתיו.

Ausserhalb des theologischen Sprachgebrauches:
Jes. 61, 10 כחתן יכהן פאר; ob aber hier wirklich ein Denominativ von
כהן vorliegt und demnach mit Delitzsch zu übersetzen ist: „wie ein
Bräutigam, der den Priester spielt im Turban, oder welcher priester-
lich macht den Turban", ist doch in Anbetracht dessen, dass כהן
in allen angeführten Stellen den Priesterdienst versehen bedeutet,
mehr als fraglich. Vgl. Dillmann, der der Erklärung Hitzigs כהן
== יהן nicht jede Berechtigung abspricht. Übrigens dürfte Breden-
kamp recht haben, der statt יכהן liest יכין.
Zur Etymologie vgl. Deut. 18, 7 לפני יי שם העמדים הלוים; weiterhin Dillmann zu Ex. 28, 1; Fleischer bei Delitzsch, Jes. ³ S. 625.

כחש von כַּחַשׁ. כ ausüben. 1. Verleugnen. a) כ Gottes. Jos.
24, 27 der Stein soll Zeuge gegen euch sein, פן־תכחשון באלהיכם;

Jes. 59, 13 דבר שׁקר ענו יסגי מאחר אלהינו; Jer. 5, 12 בי יאמרו '־כ‎
איהיא־ל. — b) ל Gottes. Hi. 31, 28 וכחשׁתי לאל ממעל, wo gegen
Delitzsch, der „heucheln" verteidigt, mit Berücksichtigung der hier
geschilderten Idololatrie an der Bedeutung „verleugnen" festzuhalten
sein wird*). — c) Absolut, Prov. 30, 9. — 2. Lügen. a) Von der
gewöhnlichen Lüge durch das Wort. α) ל der Person, jemanden
belügen, I Reg. 13, 18. β) Absolut, Hos. 4, 2. — b) In dem speziellen Sinne: Treue und Ergebenheit lügen, sowohl durch Wort als
durch That. Von der erzwungenen Unterwürfigkeit seitens der
Feinde gegen Jahwe, Ps. 66, 3 יכחשׁו לך איביך עז; 81, 16 משׂנאי '‎
יכחשׁו־לו. — 3. Ableugnen ein einem anderen gehöriges Gut. a) Mit
doppeltem כ, Lev. 5, 21 בעמיתו בפקדון. — b) Bloss כ der abgeleugneten
Sache, V. 22 näml. אבדה בה. — c) Absolut, 19, 11.

Ausserhalb des theologischen Sprachgebrauches:
Niph'al sich gegen jemand verstellen, vom Feinde gegenüber
seinem Sieger, Deut. 33, 29 איביך לך. — **Pi'el** 1. Leugnen. a) Eine
Thatsache, Gen. 18, 15 לאמר לא צחקתי. — b) Einen Menschen = ihn
nicht kennen, Hi. 8, 18 כי לא ראיתיך. — 2. Sich verstellen,
schmeicheln, vom besiegten Feinde, Ps. 18, 45 בני נכר יכחשׁו־לי. —
Hithpa'el sich gegen jemand verstellen, ihm schmeicheln, II Sam.
22, 45 בני נכר יתכחשׁו־לי.

Die Grundbedeutung von כחשׁ ist nicht „deficere, abnehmen";
Ps. 109, 24 כחשׁ משׁמן ובשׂרי, was als einzige Kalstelle zum Beleg jener
sinnlichen Grundbedeutung angeführt wird, halte ich für einen anderen Stamm. Der sinnliche Grundbegriff muss vielmehr „verbergen,
verheimlichen" sein; vgl. כחד.

כנה — 1. Einen Ehrennamen geben. a) Jes. 45, 4 אכנך. —
b) 44, 5 ובשׁם ישׂראל יכנה. — 2. Jemanden einen Schmeichelnamen
geben, ihm schmeicheln. a) Hi. 32, 21 ואל־אדם לא אכנה. — b) Absolut: 31, 22.

Im Arabischen haben wir كَنَّى II. = eine كُنْيَة anwenden,
ebenso ist im Syrischen כני von כניא denominiert. Über die Bedeutung der Kunja Ewald 271, a; über die Wurzel כן Delitzsch zu
Ps. 80, 16.

כשׁף von כשׁף Zauberei treiben, ausgenommen II Chr. 33, 6, wo
das Verbum in Verbindung mit ונחשׁ עונן sich findet, nur das
Particip: Ex. 7, 11; 22, 17; Deut. 18, 10; Mal. 3, 5; Dan. 2, 2.

---

*) Vgl. Hoffmann z. St.

Die ursprüngliche Bedeutung von בָּשָׂר sieht Delitzsch Jes. 47, 9
mit Unrecht in Verhüllung; ebensowenig aber vermag ich Riehm*)
beizustimmen, der Stamm בָּשָׂר sei „die westsemitische, punische
Parallelbildung zu dem ostsemitischen אָשָׂף, das bei den Babyloniern
uns begegnete." Es geht vielmehr unser im Syrischen als ܐܒܠܩ
auftretendes Denominativ auf كَسَف „schneiden" zurück**).

לָחַשׁ von לַחַשׁ Zauberformeln behandeln, beschwören; nur das
Particip Ps. 58, 6 מְלַחֲשִׁים (parall. חֹבֵר חֲבָרִים).

לַחַשׁ Zauberformel eigentlich = das leise Geraunte; denn die
sinnliche Grundbedeutung „flüstern" im Hithpael noch II Sam. 12, 19;
Ps. 41, 8. Vgl. Baudissin, Studien I, 287; dagegen de Lagarde, Übersicht 188: „לַחַשׁ wohl aus נָחַשׁ entstanden."

מִלֵּל von מִלָּה preisend darstellen, Ps. 106, 2 ~~ יַשְׁמִיעַ.

Ausserhalb des theologischen Sprachgebrauches:
Reden, mit לְ zu jemandem Gen. 21, 7; mit Akk. dessen, was man
redet, Hi. 8, 2; 33, 3.

Auch das Aram., dem das Wort eigen, denominiert zunächst
im Pa'el. Eine Vermutung über den Zusammenhang des Wortes
im Arab. Z.D.M.G. 40, 725.

נָאַר — entweihen, Subjekt ist Gott: Ps. 89, 40 חִלֵּל בֵּרוֹ נִזְרוֹ (parall.
חִלֵּל); Thr. 2, 7 וַיִּנְאַץ אֲדֹנָי מִזְבְּחוֹ נִאַר מִקְדָּשׁוֹ.
Hupfeld erklärt das Wort für verdächtig und will den Stamm
נאץ substituieren. Ich glaube, dass es doch irgendwie mit אור zusammenhängen muss.

נָבֵל von נְבֵלָה, mit ': behandeln, damit verunreinigen. In der
Bitte an Gott Jer. 14, 21 אַל־תִּנְאַץ לְמַעַן שְׁמֶךָ; in der Drohrede Gottes
an Nineve Nah. 3, 6, ich will Unrat auf dich schleudern וְהִשְׁלַכְתִּי.

נָהֵל das Nomen nicht erhalten. Ein für die Gnadenleitung
Jahwes vorkommender Terminus, der von der Vorstellung Jahwes
als Hirten Israels ausgeht. Ex. 15, 13 נֵהַלְתָּ בְעָזְּךָ אֶל־נְוֵה קָדְשֶׁךָ; Jes. 49, 10
יְנַהֲלֵם; Ps. 23, 2 עַל־מֵי מְנֻחוֹת יְנַהֲלֵנִי; 31, 4 תַּנְחֵנִי וּתְנַהֲלֵנִי.

Ausserhalb des theologischen Sprachgebrauches:
Pi'el 1. Zur Tränke führen, langsam treiben, Jes. 40, 11 יְנַהֵל. —
2. Jemanden versorgen, Gen. 47, 17 וַיְנַהֲלֵם בַּלֶּחֶם; II Chr.

28, 15 כהרים כהלכים, während 32, 22 כבסם כהלכם nach LXX wohl zu ändern ist in לכם ניח*). — 3. Jemanden geleiten, Jes. 51, 18 לה בהניחיךא. — **Hithpaʻel** für sich weitertreiben, den Marsch fortsetzen, Gen. 33, 14.

Das Substantiv müsste dem arabischen مناخ entsprechen. Gegen die Bedeutung „geleiten" sehr entschieden Delitzsch Friedr. Proleg. 17 ff., indem er die Bedeutung „ruhen" verteidigt. Er muss jedoch zugestehen, dass ausgenommen die Chronikstelle und Gen. 47, 17 man mit „führen, leiten" überall auskommen kann. Der Bedeutungsübergang „zur Tränke führen — versorgen" ist aber durchaus nicht so ungeheuerlich, als Delitzsch meint, vielmehr eine derartige Verallgemeinerung eines offenbar uralten, mit der Viehzucht zusammenhängenden Beduinenwortes nicht ohne Analogie; vgl. z. B. כרבצה. Über den Stamm selbst vgl. Hartmann, Die Pluriliteralbildungen in den semitischen Sprachen, 22 ff.

נחש von נחש**) 1. Eine Vorbedeutung entnehmen durch Beobachtung gewisser, über den Willen der Gottheit Aufschluss gebender Zeichen, Gen. 30, 27 נחשתי; aus den Erscheinungen, welche der flüssige Inhalt des Bechers darbietet, 44, 5 בו ינחש נחש; absolut V. 15; aus der Verwertung eines zur rechten Stunde gesprochenen Wortes als Schicksalswortes, gleichfalls absolut 1 Reg. 20, 33***). — 2. Als technischer Ausdruck für die kunstmässige Mantik, nur absolut Lev. 19, 26; Deut. 18, 10 (Part.); II Reg. 17, 17; 21, 6; II Chr. 33, 6.

Dass das Verbum mit נחש „Schlange" wirklich so zusammenhängt, dass man es zunächst von dem Ausdeuten der an Schlangen zu beobachtenden Zeichen zu verstehen und dann weiterhin anzunehmen hätte, dass der Sprachgebrauch verallgemeinernd das Denominativ auf andere mantische Methoden angewandt hätte, ist eine vielfach vertretene Meinung†), obzwar zugegeben werden muss, dass dieselbe im A. T. selbst eine Stütze insofern nicht findet, als dort nirgends von Schlangenbeobachtung die Rede ist. Daher bezweifelt auch Wellhausen, Skizzen und Vorarb. III, 147, Anm. 1, den Zusammenhang unseres Denominativs mit der Schlange. Vgl. auch Merx, *Chrestom. targ.* unter נחשא.

---

*) Siegfried-Stade, Hebr. Wb. u. d. W.

**) de Lagarde, Übersicht 188.

***) Vgl. jedoch Kautzsch, Hl. Schrift und dazu die textkr. Erl.

†) Riehm, Hwb. unter Wahrsager; Baudissin, Studien 1, 287.

נָסָה von נֵסֶה 1. Subjekt ist Gott. a) Akkusativ der Person, die er versuchen will in Bezug auf Gehorsam, Glauben oder Liebe. Gen. 22, 1 וְהָאֱלֹהִים נִסָּה אֶת־אַבְרָ'; Ex. 15, 25 שָׁם נִסָּהוּ, Subjekt ist nicht Mose und der Sinn nicht der, dass Mose das Volk versuchte, wie weit es in Erkenntnis und Übung seiner Pflichten fortgeschritten sei (Dillm.), sondern, wie der folgende Vers darthut, ist Jahwe Subjekt, und die Versuchung liegt in der Vorlegung von Segen und Fluch behufs freier Wahl; 20, 20 לְבַעֲבוּר נַסּוֹת אֶתְכֶם בָּא הָאֱלֹהִים; Ps. 26, 2 בְּחָנֵנִי יְיָ וְנַסֵּנִי. — b) Dazu ein Objektssatz, Ex. 16, 4 לְמַעַן אֲנַסֶּנּוּ הֲיֵלֵךְ בְּתוֹרָתִי אִם־לֹא; ein Infinitiv mit לְ, Deut. 8, 2 לְמַעַן עַנֹּתְךָ לְנַסֹּתְךָ לָדַעַת אֲשֶׁר בִּלְבָבְךָ. 16 לְמַעַן נַסֹּתְךָ לְהֵיטִבְךָ; 13, 4 מְנַסֶּה יְיָ אֱלֹהֵיכֶם אֶתְכֶם לָדַעַת הֲיֶשְׁכֶם אֹהֲבִים אֶת־יְיָ אֱלֹהֵיכֶם; II Chr. 32, 31 לְנַסֹּתוֹ לָדַעַת כָּל־בִּלְבָבוֹ. — c) Zum persönlichen Akkusativ kommt בְּ des Mittels, Jud. 3, 1 לִבְחֹן בָּם אֶת־יִשְׂרָאֵל; dazu noch ein Objektssatz, 2, 22 לְמַעַן נַסּוֹת בָּם אֶת־יִשְׂרָאֵל הֲשֹׁמְרִים הֵם אֶת־דֶּרֶךְ יְיָ; 3, 4 לְנַסּוֹת בָּם אֶת־יִשְׂרָאֵל לָדַעַת הֲיִשְׁמְעוּ אֶת־מִצְוֹת יְיָ. — 2. Subjekt ist der Mensch. a) Akkusativ Gottes, den der Mensch auf die Probe stellt durch Zweifel an die Zulänglichkeit seiner Macht und Hilfe. Ex. 17, 2 מַה־תְּנַסּוּן אֶת־יְיָ. 7 עַל נַסֹּתָם אֶת־יְיָ; Num. 14, 22 אֹתִי זֶה עֶשֶׂר פְּעָמִים; Deut. 6, 16 לֹא תְנַסּוּ אֶת־יְיָ אֱלֹהֵיכֶם; Jes. 7, 12 לֹא־אֲנַסֶּה אֶת־יְיָ; Ps. 78, 41 וַיָּשׁוּבוּ וַיְנַסּוּ אֵל. 56 וַיְנַסּוּ אֶת־הָאֱלֹהִים עֶלְיוֹן; 95, 9 נִסּוּנִי אֲבוֹתֵיכֶם. — b) Dazu בְּ des Ortes, Deut. 6, 16; 33, 8 בְּמַסָּה; Ps. 106, 14 בִּישִׁימוֹן אֵל; überdies noch ein Infinitiv mit לְ, 78, 18 לִשְׁאָל־אֹכֶל אֵל בִּלְבָבָם.

Ausserhalb des theologischen Sprachgebrauches: 1. Auf die Probe stellen, I Reg. 10, 1; II Chr. 9, 1 לְנַסֹּתוֹ בְּחִידוֹת. — 2. Einen Versuch anstellen. a) Etwas zu thuen. Es folgt Infinitiv mit לְ, Deut. 4, 34 לָבֹא; derselbe ist notwendig zu ergänzen I Sam. 17, 39 (bis) לָלֶכֶת; Infinitiv ohne לְ, Deut. 28, 56 הַרְגְּלָהּ הַצֵּג עַל־הָאָרֶץ. — b) בְּ des Mittels. α) Allein, Jud. 6, 39 בַּגִּזָּה; Eccl. 2, 1 בְּשִׂמְחָה. — β) Dazu ein Akkusativ, 7, 23 בַּחָכְמָה סִירִי זֹאת בַּחָכְמָה. — c) Mit Akkusativ. α) Der Person, einen Versuch mit jemandem machen, Dan. 1, 12 נַס־נָא אֶת־עֲבָדֶיךָ. 14 וַיְנַסֵּם. — β) Der Sache, Hi. 4, 2 דָבָר, einen Versuch anstellen, es an jemanden zu richten.

Die Analyse sämtlicher Belegstellen des Verbums führt auf die Bedeutung eines praktischen Versuches hin. Es liegt nahe, zumal mit Berücksichtigung des sicherlich verwandten נָשָׂא an ein Prüfen durch Heben, also Wägen zu denken. Das Aram. kennt zwar auch nur mehr ein denominiertes ܢܣܝ ܢܣܐ „prüfen, versuchen" im ethischen Sinne, es hat aber andererseits ܡܣܐܬܐ „Wage" erhalten.

עִיֵל von עָוֶל, Unrecht ausüben. a) Jes. 26, 10 בְּאֶרֶץ ... רָשָׁע
בַּל־יָשַׁר. — b) das Particip: Ps. 71, 4 מְעַוֵּל וְחוֹמֵץ.

Das Denominativ, für welches sonst עָשָׂה עָוֶל sich findet, ist
auch im Syr. gebräuchlich (Aph.). Das sinnliche Etymon blickt in
dem Gebrauch bei Jesaja noch durch, wo das Verbum offenbar den
Gegensatz bildet von „gerade handeln", so dass wir auf den Grundbegriff des Krummen, Schiefen schliessen können d. h. des Abbeugens
vom rechten Wege. Thatsächlich sagt der Araber عال عن الحق.

עִטֵּר von עֲטָרָה eig. mit einem Kranz umgeben, daher schmücken.
Mit doppeltem Akkusativ, der Person und der Sache, nur von Gott
ausgesagt, der den Menschen mit Majestät Ps. 8, 6, mit Gnade und
Barmherzigkeit 103, 4 krönet. Mit einfachem Akkusativ 65, 12, wo
Gott das Jahr seiner Güte d. h. mit den Erweisungen seiner Güte
schmückt.

Ausserhalb des theologischen Sprachgebrauches:
Pi'el bekränzen im eigentl. Sinne Cant. 3, 11 בָעֲטָרָה שֶׁעִטְּרָה־לּוֹ, den
Bräutigam am Tage seiner Vermählung. — **Hiph'il** nur Jes. 23, 8
von der Stadt Tyrus, die genannt wird הַמַּעֲטִירָה, Kronengeberin,
„soferne in vielen ihrer Kolonieen ... ebenso in den ihr damals
untergebenen phönik. Städten von ihr eingesetzte und von ihr ab-
hängige מְלָכִים herrschten". (Dillmann z. St.)

Die Krone ist benannt als die umgebende von עָטַר „umgeben",
im Kal noch zu belegen I Sam. 23, 26; Ps. 5, 13.

עֹנֵן — Wahrsagerei treiben. a) Das Verbum fin. Lev. 19, 26
לֹא תְנַחֲשׁוּ וְלֹא תְעוֹנֵנוּ; II Reg. 21, 6; II Chr. 33, 6 וְעוֹנֵן. — b) Das
Particip: Deut. 18, 10. 14; Mi. 5, 11; mit abgeworfenem נ Jes. 2, 6;
57, 3; Jer. 27, 9.

Das Verbum könnte von עַיִן denominiert sein, aber nicht, wie
Delitzsch glaubt[*), von עָנָן Wolke; am wahrscheinlichsten aber liegt
der Stamm غن „flüstern" zu Grunde, غنان „das Summen der
Insekten", so dass ein Wahrsagen aus Lauten und Geräuschen gemeint wäre. Für diese Auffassung vgl. auch Jud. 9, 37 אֵלוֹן מְעוֹנְנִים.

פִּלֵּס von פֶּלֶס 1. Wagerecht machen, ebnen, bahnen. a) Von Gott
ausgesagt. Jes. 26, 7 מַעְגַּל צַדִּיק תְּפַלֵּס, das Geleise des Gerechten bahnen
= seinen Lebensweg zum glücklichen Ziele führen; dagegen soll
Prov. 5, 21 וְכָל־מַעְגְּלֹתָיו מְפַלֵּס dem Gedanken der allseitigen Abhängigkeit des Menschen von Gott Ausdruck gegeben werden in dem

---

[*) Kommentar zu Jes. ³ S. 40; aber auch Baudissin, Studien I, 287 Anm.

Sinne, dass der Mensch ohne Gott nichts unternehmen kann; endlich Ps. 78, 50 ‏כלאי‎ ‏דרך‎, dem Zorne kein Hindernis in den Weg legen. — b) Von Menschen. Prov. 4, 26 ‏במעגל‎ ‏הגלב‎, alles, was dem sittlichen Lebenswandel hinderlich ist, wegräumen; allgemeiner 5, 6 ‏ארח‎ ‏דרך‎. — 2. Darwägen. Ps. 58, 3 ‏תפלסון‎ ‏ידי‎ ‏חמס‎.

Das denominierte Pi'el bedeutet eigentlich „die Wage behandeln, sich mit ihr beschäftigen"; daraus entwickelt sich einerseits die Bedeutung „das Gleichgewicht herstellen, wagerecht machen", andererseits „darwägen". Meines Erachtens ist also eine Scheidung in zwei voneinander verschiedene Stämme, wie Siegfried-Stade dies thuen, nicht notwendig. Welches der Grundbegriff von ‏פלס‎ ist, ist mit Sicherheit nicht anzugeben; manches scheint mir für die Grundbedeutung „schwanken" zu sprechen.

‏פנק‎ — verzärteln, nur Prov. 29, 21 ‏מפנק‎ ‏מנער‎ ‏עבדו‎. Wohl nicht ursprünglich hebr. Denominativ; im Aram. ist das denominierte Pa. „ein verweichlichtes Leben führen" sehr häufig. Denominiert ist auch فنق II.

‏קבל‎ von ‏קבל‎*), hinnehmen etwas; von geistiger Hinnahme und Aneignung, mit dem Akkusativobjekte Prov. 19, 20 ‏מוסר‎; Hi. 2, 10 (bis) ‏נקבל‎־‏את‎ bzhw. ‏את‎־‏הרע‎.

Ausserhalb des theologischen Sprachgebrauches: Pi'el 1. Etwas entgegennehmen, mit Akkusativ und folgendem Infinitiv mit ‏ל‎, um etw. zu thuen: Esr. 8, 30 ‏לקבלו‎; II Chr. 29, 16 ‏לקבל‎. — 2. Annehmen. a) Eine Person d. i. aufnehmen; mit Akkusativ I Chr. 12, 18. — b) Etwas annehmen, Esth. 4, 4 Kleider. — c) Etwas als Brauch annehmen, Esth. 9, 23; mit ‏על‎ des Annehmenden V. 27. — 3. Nehmen, synon. ‏לקח‎; II Chr. 29, 22, Blut zum Sprengen; I Chr. 21, 11 ‏קבל‎־‏לך‎, nimm dir. — Hiph'il Jemand gegenüberstehen, mit ‏אל‎; nur ‏מקבילת‎ Ex. 26, 5; 36, 12, von den einander gegenüberstehenden Schleifen an den Teppichen des Heiligtumes.

Bei dem aus dem Aram. herübergenommenen Denominativ ist von der örtlichen Bedeutung des Vorne auszugehen. Vgl. das syrische ‏קבל‎ vorne, im Anblick des Schauenden, also gegenüber sein, ‏קבל‎ der Angeklagte. Unrichtig also Gesenius H.W.B., dass aus قبل IV angreifen, VIII anfangen, sich die Vorstellung des vorn, vor, gegen gebildet. Der Prozess ist umgekehrt, denn أقبل bedeutet zunächst nach der Vorderseite, قبل gehen.

*) Vgl. Ryssel, De Elohistae Pentateuchici sermone, S. 72.

קִין von קִינָה ein Klagelied singen. a) Mit dem Akkusativ קִינָה. α) Allein: Ez. 32, 16 קִינָה הִיא וְקוֹנְנוּהָ. β) Dazu עַל der Person: II Sam. 1, 17; Ez. 32, 16 (bis). — b) Bloss עַל der Person: 27, 32; II Chr. 35, 25. — c) Bloss אֶל der Person: II Sam. 3, 33. — d) מְקוֹנְנוֹת Jer. 9, 16, Klageweiber.

שִׁוַּע von שַׁוְעָה einen Hilferuf machen, um Hilfe schreien, gebraucht von dem Bedrängten, der in seiner Not zu Gott um Hilfe schreit. a) אֶל Gottes. Ps. 18, 7 אֱלֹהַי אֲשַׁוֵּעַ (parall. אֶקְרָא); 30, 3; 88, 14; Hi. 30, 20 אֵלֶיךָ אֲשַׁוַּע; Ps. 28, 2; 31, 23 בְּשַׁוְּעִי אֵלֶיךָ; 22, 25 בְּשַׁוְּעוֹ אֵלָיו. Von den jungen Raben Hi. 38, 41 יְשַׁוֵּעוּ. — b) עַל Gottes. Ps. 18, 42 יְשַׁוְּעוּ וְאֵין מוֹשִׁיעַ עַל יְהוָה וְלֹא עָנָם. — c) Die Situation, in der sich der Bedrängte befindet, Jon. 2, 3 מִבֶּטֶן שְׁאוֹל שִׁוַּעְתִּי. — d) מַשְׁוֵעַ Hab. 1, 2. — e) Absolut. Jes. 58, 9; Ps. 72, 12 (Part.); 119, 117; Hi. 24, 12; 36, 13.

Ausserhalb des theologischen Sprachgebrauches: Von dem an Menschen gerichteten Hilferuf Bedrängter. a) מִן der Ursache, Hi. 35, 9. — b) Absolut, 19, 7; 29, 12 (Part.); 30, 28.

Der Sprachgebrauch hält konsequent die spezifische Bedeutung des Hilferufes fest, und es schwebt dem Sprachbewusstsein der verwandte Stamm יָשַׁע vor.

שִׁקֵּץ von שֶׁקֶץ 1. Etwas als שֶׁקֶץ behandeln. Lev. 11, 11 אֹתָם תְּשַׁקֵּצוּ. 13 תְּשַׁקְּצֵם; Deut. 7, 26 שַׁקֵּץ תְּשַׁקְּצֶנּוּ neben תְּתַעֲבֶנּוּ. — 2. Etwas zu שֶׁקֶץ machen. Mit dem Akkusativ אֶת נַפְשֹׁתֵיכֶם Lev. 11, 43; 20, 25 בַּבְּהֵמָה וּבָעוֹף וּבְכֹל. — 3. Verächtlich behandeln, verachten. Ps. 22, 25 שִׁקַּץ עֱנוּת (parall. בָּזָה).

Das Denominativ ist dem Hebr. eigen; das in den Targumim vorkommende Paʿel ist von dort entlehnt. Die Etymologie ist unsicher.

שֵׁרֵת — das Nomen nicht erhalten. I. Kulttechnischer Terminus. 1. Es bezeichnet den Dienst der Kultpersonen vor Jahwe. a) Das Objekt ist Gott. α) Akkusativ. Deut. 10, 8 den Stamm Levi sonderte Jahwe aus לְשָׁרְתוֹ לַעֲמֹד לִפְנֵי יְיָ לְבָרֵךְ בִּשְׁמוֹ; 17, 12 הַכֹּהֵן הָעֹמֵד לְשָׁרֶת שָׁם אֶת יְיָ; 21, 5 die Priester, die Söhne Levis, hat Gott erwählt לְשָׁרְתוֹ; Ez. 40, 46 die Söhne Zadoks, die allein von den Levisöhnen Jahwe nahen dürfen לְשָׁרְתוֹ; 43, 19; 44, 15. 16 לְשָׁרְתֵנִי; 45, 4 die Priester, die nahen dürfen לְשָׁרֵת אֶת יְיָ; I Chr. 15, 2 die Leviten hat Jahwe erwählt לָשֵׂאת אֶת אֲרוֹן יְיָ; 23, 13 Aaron und seine Söhne wurden ausgesondert für alle Zeiten, damit sie für

3

alle Zeiten vor Jahwe räucherten, ‎לכהן... ...לכל; 11 Chr. 29, 11 die Priester und Leviten hat Jahwe erwählt, zu stehen vor ihm ‎לשרתו. Das Particip zeigt einmal die auffällige Konstruktion Jer. 33, 22 ‎הלוים משרתי אתי; dagegen V. 21 ‎הלוים משרתים אתי; Jo. 1, 9; 2, 17 ‎המשרתים ... . β) ‎ל der Gottheit, II Chr. 13, 10 ‎מהנים ‎לשרתים לה ... אתם. — b) Ein sachliches Objekt. α) Im Akkusativ. Von den Leviten Num. 1, 50 ‎ישרתוהו näml. ‎המשכן; Ez. 44, 11 ‎משרתים ‎את-הבית: sonst nur das Particip in Genitivverbindung, 45, 4 ‎לכהנים ‎משרתי המקדש; von den Leviten V. 5; 46, 24 ‎בית 'ב ... ‎משרתי; die Priester endlich Jo. 1, 13 'ב ‎מזבח. β) Mit ‎ל. Von der den goldenen Leuchter betreffenden Dienstleistung der Leviten, Num. 4, 9 alle Gefässe, ‎אשר ‎ישרתו להם ‎בהם. γ) Mit ‎על. Wiederum den goldenen Leuchter betreffend, Num. 4, 14 die Gefässe, ‎אשר ‎ישרתו עליו ‎כלי ‎בהם. — c) Ohne Objekt, aber mit näheren Bestimmungen. α) ‎בם ‎שם, Deut. 18, 5 ‎בא לשרת-בשם; der Levit V. 7. β) Mit ‎ב des Ortes. Vom Dienste der Priester, Ex. 28, 43; 29, 30; 35, 19; 39, 1. 41; Ez. 44, 27 durchweg ‎לשרת בקדש; vom priesterlichen Dienste auch V. 17 ‎משרתים ‎בשער ... ‎החצר; 42, 14 ihre Kleider, ‎אשר-ישרתו בהן; 44, 19 ‎אשר-המה ‎משרתים ‎בם; die Stellung der nachmaligen Leviten, die vordem Höhenpriester gewesen, kennzeichnet der Prophet V. 11 ‎במקדשי 'ב ‎ויהיו ...; endlich heissen die Priester Neh. 10, 37 ‎משרתים בבית אלהינו; von den Thorwärtern 1 Chr. 26, 12 ‎לשרת בבית ... ; Priestern und Leviten II Chr. 31, 2 ‎לשרת ... ‎ולהדות ולהלל בשערי ... . γ) Mit ‎ב des Mittels. Vom Dienste der Leviten, Num. 3, 31 die Geräte, ‎אשר ‎ישרתו ‎בהם; alle die ehernen Gefässe, ‎אשר-ישרתו II Reg. 25, 14 ‎בם; Jer. 52, 18 ‎בהם. δ) Mit doppeltem ‎ב, Num. 4, 12 ‎אשר ‎ישרתו-בם בקדש ‎ישרתו-בם בקדש. ε) Mit ‎לפני, sei es der Person, I Chr. 16, 37 ‎לשרת ‎לפני הארון ‎תמיד näml. Asaph und seine Brüder; sei es der Sache, 6, 17 ‎ישרתו ‎לפני משכן אהל-מועד ‎בשיר. ζ) Absolut. Vom Dienste der Priester Ex. 28, 35; 30, 20; 39, 26; I Reg. 8, 11; II Chr. 5, 14 durchweg ‎לשרת; das Particip mit Bezug auf Priester Neh. 10, 40; die Leviten Esr. 8, 17; I Chr. 16, 4; II Chr. 23, 6. — 2. Es bezeichnet den Hilfsdienst am Heiligtume Jahwes und Unterstützung der Priester beim Kulte. a) Von der Hilfsleistung der Leviten beim Kulte, wodurch sie die Priester unterstützen, Num. 3, 6 ‎ישרתו אתו näml. ‎אהרן; ‎הכהן; 8, 26 ‎וישרת את-אחיו באהל מועד לשמר ‎משמרת; 18, 2 ‎וישרתוך, das Suffix geht auf Aaron; II Chr. 8, 14 ‎ללוים במשמרותם ... ‎הכהנים ‎לשרת; die Gemeinde, Num. 16, 9 ‎לשרתם, das Suffix geht auf ‎העדה; Ez. 44, 11 ‎לשרתם, das Suffix geht auf ‎העם. — b) Vom Dienstverhältnis des jungen Samuel am Heiligtume, I Sam. 2, 11 יהוה את משׁרת נער. 18 את משׁרת ; 3, 1 יהוה לפני אדני 'מ. — 3. Vom götzendienerischen Kulte. Ez. 20, 32 אבן ועץ לשׁרת, Subjekt ist Israel; 44, 12 גלוליהם לפני אתם ישׁרתו, Subjekt die Leviten, welche dem Volke in der Ausübung des Götzendienstes beistanden. — II. Im allgemein religiösen Sinne: Gott dienen. Von den Fremdlingen, die sich an Jahwe anschliessen Jes. 56, 6 לשׁרתו; von den aus der Bedrückung Erlösten 61, 6 ישׁרתו אלהינו; die Engel Gottes Ps. 103, 21; die Flammen 104, 4 משׁרתיו.

Ausserhalb des theologischen Sprachgebrauches: Eine Person bedienen, die Dienste des gewöhnlichen Lebens leisten, zu denen untergeordnete Personen verhalten sind. 1. Akkusativ der Person. Vom Dienste des Joseph Gen. 39, 4 אתו וישׁרת; 40, 4 אתם; von der Pflegerin Davids I Reg. 1, 4 ותשׁרתהו; vom Dienstverhältnis des Elisa zu Elia 19, 21 וישׁרתהו; die fremden Völker dem erlösten Israel Jes. 60, 10 ישׁרתונך, während die Aussage V. 7 die Widder der Nabatäer ישׁרתונך am besten zu fassen ist „werden dir zu Diensten stehen"; nur einen redlichen Mann lässt der König zu seiner Bedienung zu Ps. 101, 6 ישׁרתני. Das Particip in Akkusativkonstruktion, nämlich המלך את משׁרת 'מ I Reg. 1, 15; I Chr. 27, 21; 28, 1; II Chr. 17, 19; את פני המלך Esth. 1, 10; häufig aber auch Genitivverbindung, so heisst Josua משׁה 'מ Ex. 24, 13; 33, 11; Num. 11, 28; Jos. 1, 1; der Knappe des Amnon heisst משׁרתו II Sam. 13, 17. 18; die Diener des Salomo משׁרתיו I Reg. 10, 5; II Chr. 9, 4; der Diener des Elisa משׁרתו II Reg. 4, 43 האלהים איש 'מ 6, 15; die Diener eines Herrschers משׁרתיו Prov. 29, 12; Esth. 2, 2; 6, 3. — 2. ל der Person, II Chr. 22, 8 (Part.).

Für das Verbum fehlt uns jeder etymologische Zusammenhang, und auch das von Wünsche, Joel 101, verglichene شرط IV. bringt uns der Lösung nicht näher.

תנה in aramäischer Weise gebildet*), lobpreisend besingen Jud. 5, 11 יד צדקות.

Ausserhalb des theologischen Sprachgebrauches: Besingen, nur Jud. 11, 40 לבת יפתח. Über die sinnliche Grundbedeutung Philippi, Das Zahlwort Zwei im Sem., Z.D.M.G. 32, 77.

IV. Puʻal.

משׁגע von שׁגע, in 'ם versetzt werden. Nur das Particip als schimpfliche Bezeichnung eines Propheten: II Reg. 9, 11; Jer. 29, 26

*) Z.D.M.G. 32, 77, Anm. 5.

אִישׁ בַּעַל וַיְבַהֵל; das dem Propheten feindliche Israel spottet Hos. 9, 7 אֱוִיל הַנָּבִיא מְשֻׁגָּע אִישׁ הָרוּחַ.

Ausserhalb des theologischen Sprachgebrauches: **Pu'al** das Particip = wahnsinnig Deut. 28, 34; I Sam. 21, 16. — **Hithpa'el** sich in Raserei versetzen, toben, I Sam. 21, 15 (Part.). 16.

Das Verbum hat mit شَكَّ nichts zu schaffen, mit dem es im Thesaurus und seither vielfach identificiert wird, sondern es gehört zu dem denominierten سَكَّ I = im سَكَّ reden. Vgl. Wellhausen, Skizzen und Vorarb. III, 130, Anm.

V. Hiph'il.

אָדַם von אָדֹם Rot ausstrahlen, rot sein, Symbol der Befleckung: Jes. 1, 18 אִם־יַאְדִּימוּ כַתּוֹלָע.

Ausserhalb des theologischen Sprachgebrauches: **Kal** rot sein, Thr. 4, 7 אָדְמוּ עֶצֶם מִפְּנִינִים. — **Pu'al** gerötet sein, nur das Particip: Ex. 25, 5; 26, 14; 35, 7. 23; 39, 34; Nah. 2, 4. — **Hithpa'el** rot spielen, vom Wein Prov. 23, 31.

אָזַן von אֹזֶן, im allgemeinen mit dem Ohre thätig sein. 1. Von Gott ausgesagt: erhören. a) Die Person, die Gott erhört, mit אֶל Deut. 1, 45; Ps. 77, 2. — b) Das sachliche Objekt. α) Im Akkusativ: 5, 2 אֲמָרַי; 17, 1; 55, 2; 86, 6 תְּפִלָּתִי; 39, 13 שַׁוְעָתִי; 140, 7 קוֹל תַּחֲנוּנָי; 141, 1; Hi. 9, 16 קוֹלִי. β) Mit אֶל, Ps. 143, 1 אֶל־תַּחֲנוּנַי. γ) Mit לְ 54, 4 לְאִמְרֵי־פִי. — c) Ohne Objekt 80, 2; 84, 9. — 2. Von Menschen, gleichbedeutend mit gehorchen. a) Im guten Sinne. α) Mit לְ, Ex. 15, 26 לְמִצְוֹתָיו. β) Absolut, nur in negativer Aussage Neh. 9, 30; II Chr. 24, 19. — b) Im schlechten Sinne, Prov. 17, 4 שֶׁקֶר מֵזִין עַל־לָשׁוֹן הַוֹּת, wo das Subjekt שֶׁקֶר, die Eigenschaft statt des Trägers derselben.

Ausserhalb des theologischen Sprachgebrauches: Synon. von שָׁמַע, der Poesie eigen. 1. Auf eine Person hören. a) עַד derselben, Num. 23, 18. — b) אֶל Jes. 51, 1. — 2. Mit sachlichem Objekt. a) Im Akkusativ, Gen. 4, 23; Jes. 1, 10; 32, 9; 42, 23; Ps. 78, 1; Hi. 33, 1; 37, 14. — b) Mit לְ 34, 16. — 3. Absolut, besonders bei Propheten beliebte Eingangsformel zur Erregung der Aufmerksamkeit, Deut. 32, 1; Jud. 5, 3; Jes. 1, 2; 8, 9; 28, 23; 64, 3; Jer. 13, 15; Hos. 5, 1; Jo. 1, 2; Ps. 49, 2; Hi. 34, 2.

אָמֵץ von אֹמֶץ, Kraft, Stärke zeigen, vom glaubensstarken Herzen: Ps. 27, 14 חֲזַק וְיַאֲמֵץ לִבֶּךָ; 31, 25 לְבַבְכֶם חִזְקוּ וְיַאֲמֵץ. Das originale Verbum „fest, stark sein" im Hebr. häufig.

אָרַךְ von אֶרֶךְ, Länge gewinnen, lang werden. In der Verheissung langer Lebensdauer: Ex. 20, 12 לְמַעַן יַאֲרִכֻן יָמֶיךָ; Deut. 5, 16
לְמַעַן יַאֲרִיכֻן יָמֶיךָ; 6, 2 לְמַעַן יַאֲרִכֻן יָמֶיךָ; 25, 15 לְמַעַן יַאֲרִיכֻ יָמֶיךָ.
Ausserhalb des theologischen Sprachgebrauches:
1. Länge besitzen, räumlich lang sein, von den בַּדִּים der heiligen
Lade I Reg. 8, 8; II Chr. 5, 9. — 2. Länge geben: Ps. 129, 3 לְמַעֲנִיתָם,
zogen die Furchen lang hin.

גָּבַר von גְּבוּרָה Stärke, Macht ausüben, Ps. 12, 5 לִלְשֹׁנֵנוּ, in An-
schung unserer Zunge.
Das originale Verbum im Kal noch ziemlich häufig.

הָגָה von הֶגֶה eigentlich ein Gesumm machen, nur das Particip
Jes. 8, 19 הַמְהַגִּים, von beschworenen Geistern.
Über das Denominativ, das bei Siegfried-Stade an unrechter
Stelle eingereiht ist, vgl. de Lagarde, Bildung der Nomina 136 ff.

זָכַר von אַזְכָּרָה, als אִשֶּׁה darbringen. a) Mit Akkusativ: Jes. 66, 3
מַזְכִּיר לְבֹנָה. — b) Absolut: Ps. 38, 1; 70, 1; I Chr. 16, 4 לְהַזְכִּיר.

הֵיל von חַיִל, eig. Kraft d. i. Bestand haben, von den Unternehmungen des Frevlers Ps. 10, 5 יָחִילוּ דְרָכָיו; sein irdischer Segen
Hi. 20, 21 לֹא־יָחִיל טוּבוֹ.

טוֹב von טוֹב 1. Gut handeln, von Menschen, die Jahwe wohl-
gefällige, von ihm gebilligte Entschliessungen fassen oder Handlungen vollziehen. Es folgt ein Objektssatz mit כִּי I Reg. 8, 18;
II Chr. 6, 8; ein Infinitiv II Reg. 10, 30 לַעֲשׂוֹת הַיָּשָׁר הֵיטִיבֹתָ. — 2. Gutes
erweisen, von Gott Ez. 36, 11 וְהֵיטִבֹתִי מֵרִאשֹׁתֵיכֶם.
Ausserhalb des theologischen Sprachgebrauches:
Kal schön, lieblich sein; vom angenehmen Eindruck auf das Gesicht Num. 24, 5 מַה־טֹּבוּ אֹהָלֶיךָ; auf die Empfindung Cant. 4, 10
מַה־טֹּבוּ דֹדַיִךְ.
Bezüglich der Etymologie vgl. unter יָטַב. Als Verbalformen zu
Kal gehörig führt Böttcher*) noch an: Num. 11, 18; 24, 1; Deut. 5, 30;
15, 16; 19, 13; I Sam. 16, 16. 23; 20, 12; 25, 36; II Sam. 13, 28; Jer. 32, 39;
Prov. 12, 9; 16, 32; 19, 1; 27, 10; 28, 6; Eccl. 2, 26; 7, 8; 9, 4; Esth.
1, 10. 19; 3, 9; 5, 4. 8; 7, 3; Esr. 3, 11; Neh. 2, 5. 7; 1 Chr. 13, 2; doch
kann טוֹב hier durchweg mit Recht als Adjektiv gelten. Auch
Jud. 11, 25 ist kein absoluter Infinitiv, sondern ein durch Wiederholung gesteigertes Adjektiv**), während das als Beispiel für den

*) Ausführliches Lehrbuch § 1133.
**) Kautzsch § 133, 1, Fussnote.

Infin. kstr. angeführte בֵּט Prov. 11, 10 als Substantiv gefasst werden kann.

טרף von טֶרֶף, Speise, Nahrung gewähren, in der Bitte an Gott Prov. 30, 8 הַטְרִיפֵנִי לֶחֶם חֻקִּי. Es entspricht das arab. Denominativ اتْرَف d. i. تَرِفَة gewähren. Über den Wechsel der Tenuis ר mit dem emphat. ט vgl. Barth, Etym. Studien 36, wo auch das Denom. הטריף besprochen. Es ist demnach in den Wörterbüchern obiger Stamm zu trennen von טרף zerreissen, dem im Syr. ܛܪܦ vom Schlagen an die Brust u. s. w. entspricht. Das arab. Äquivalent dazu bei Barth a. a. O. طرف schlagen.

יאל von einem vorauszusetzenden Nomen, ein relatives, der Ergänzung bedürftiges Verbum, welches in den Aussagen von Gott gebraucht wird im Sinne von „belieben etwas zu thuen"; dabei folgt der ergänzende Verbalbegriff als Infinitiv mit ל I Sam. 12, 22 לַעֲשׂוֹת אֶתְכֶם לוֹ לְעָם; I Chr. 17, 27 לְבָרֵךְ אֶת־בֵּית עַבְדְּךָ; oder er ist mit ו koordiniert II Sam. 7, 29 הוֹאֵל וּבָרֵךְ אֶת־בֵּית; Hi. 6, 9 וִירַדְּאֵנִי יֹאֵל אֱלוֹהַּ.

Ausserhalb des theologischen Sprachgebrauches: 1. In Angriff nehmen, unternehmen etwas zu thuen, mit Infinitiv mit ל Gen. 18, 27. 31; Ex. 2, 21; I Sam. 17, 39 *); der ergänzende Verbalbegriff asyndetisch im gleichen Modus beigefügt Deut. 1, 5. — 2. Mit Erfolg in Angriff nehmen, in der Phrase יֹאֵל לָשֶׁבֶת .. Jos. 17, 12; Jud. 1, 27. 35. — 3. Belieben, etwas zu thuen; der ergänzende Verbalbegriff als Infinitiv mit ל Jud. 17, 11; durch ו koordiniert Jos. 7, 7; Jud. 19, 6; II Reg. 6, 3; asyndetisch im gleichen Modus beigefügt II Reg. 5, 23; Hos. 5, 11; Hi. 6, 28.

Über das hieher gehörige Nomen mit seinem originalen Verbum vgl. Dietrich, Abhandl. S. 337.

ילל von יְלָלָה Wehklage anstellen wegen des hereinbrechenden Strafgerichtes. 1. על über jemanden oder etwas. a) Über jemanden. Jer. 48, 31 עַל־מוֹאָב אֲיֵלִיל עַל־כֻּלֹּה; 51, 8 הֵילִילוּ עָלֶיהָ. — b) Über etwas. Jo. 1, 5 הֵילִילוּ. 11 הֵילִילוּ כֹרְמִים עַל־חִטָּה; mit Bezug auf das vorher geschilderte Erscheinen Jahwes zum Gerichte Mi. 1, 8 אֶסְפְּדָה וְאֵילִילָה. — 2. ל über jemanden. Jes. 16, 7 לָכֵן יְיֵלִיל מוֹאָב לְמוֹאָב. — 3. על des Ortes, wo. Jes. 15, 2 עַל־נְבוֹ וְעַל מֵידְבָא יְיֵלִיל כִּי בְכָל־רֹאשָׁיו גְּדֻעָה; Hos. 7, 14 יְיֵלִילוּ עַל־מִשְׁכְּבוֹתָם; בְּדַרְבֹּתָם כֻּלֹּה יְיֵלִיל. — 4. Mit Angabe

---

*) So wenigstens nach dem mas. Texte; doch lasen LXX וַיֵּלֶא er bemühte sich zu gehen. Vgl. Wellhausen a. a. O. 107; Kautzsch, Textkr. Erl.

des Weherufes. Ez. 30, ₂ הח לם הת הילילו. — 5. Der Grund des Weh-
klagens. a) Mit kausativem כי. Jes. 65, ₁₄ ביש-רוח היליל תשבר. — b) In
einem mit כי eingeleiteten Satze beigefügt. Jes. 13, ₆ כי קרים מי הילילו
כי מי ויום; 23, ₁. ₁. ₁₄ שדד כי כי... הילילו; Jer. 4, ₈ gürtet Trauergewänder um,
klagt יהי-לילו, denn die Glut des Zornes Jahwes hat sich von uns
nicht abgewendet; 25, ₃₄ כבים הרעים ... הרילבאי-הכילו; 49, ₃ כי .. הילילו
שדדה-עי; Ez. 21, ₁₇ schreie יהילל, denn es geht gegen mein Volk;
Zeph. 1, ₁₁ לבל הרבה כי .. הילילו; in der Aufforderung an Cypressen
und Eichen Sach. 11, ₂ (bis). — 6. Absolut. Jer. 47, ₂ הילילו; Am. 8, ₃
יהילילו; Jes. 16, ₇ ילליל לכה; 14, ₃₁; Jer. 48, ₂₀ הילילו; Jes. 23, ₆ הלילו;
Jer. 48, ₃₉; Jo. 1, ₁₃ הילילו.

Ausserhalb des theologischen Sprachgebrauches:
Vom Freudengeschrei oder Siegesgeheul des Tyrannen Jes. 52, ₅, wenn
dort nicht, was wahrscheinlicher, יהילילו oder הלביחו zu lesen ist*).

הלל, wovon auch der Syrer sein *'ailel* denominiert, ist ohne
Zweifel ein schallnachahmendes Wort.

יפע von יפעה 1. Glanz ausstrahlen, Bezeichnung der Theophanie,
hergenommen vom Lichtglanze Gottes. a) מן des Ausgangspunktes:
Deut. 33, ₂ פארן מהר; Ps. 50, ₂ מכלל-יפי בציון. — b) Absolut: 80, ₂;
94, ₁; und so wohl auch Hi. 10, ₂₂, wo zu יברי kaum mit Delitzsch
אריץ als Subjekt ergänzt werden kann**). — 2. Licht ausstrahlen,
Hi. 10, ₃ ועל-עצת רשעים הופעת = diesen fördern und begünstigen.

Ausserhalb des theologischen Sprachgebrauches:
Hiph'il Licht ausstrahlen, mit dem Subjekte Hi. 3, ₄ נהרה; 37, ₁₅
אור עננו.

ירה von ירה 1. Unterweisung, Belehrung geben, von Belehrung
im sittlich-religiösen Sinne im allgemeinen. a) Subjekt ist Gott.
α) Akkusativ der Person. α') Allein: Ex. 24, ₁₂ יחריתם האבן ארלחת
ולחורתם בהבר אשר ... ; Jes. 28, ₂₆ ידני אלחיו; Ps. 119, ₁₀₂ כיאתה
ה. הריתני. β') Dazu ein zweiter, sachlicher Akkusativ: Ex. 4, ₁₂ יהורתיך
אשר-תדבר. 15 חישן אשר את תעשון; I Reg. 8, ₃₆ תורים אתהדרך הטובה
Ps. 27, ₁₁; 86, ₁₁; דרבך הורני יה; 119, ₃₃ הקרך דרך יה הורני; Hi. 34, ₃₂ בלעדי
חזה את חתני אחוה. γ') מן des Ausgangspunktes: Jes. 2, ₃; Mi. 4, ₂ ויירנו
מדרביו. δ') ב des Lehrbereiches: Ps. 25, ₈ בדרך חטאים יורה. 12 יורנו
בדרך; 32, ₈ בדרך-זו תלך אירך. — ε') אל des Lehrgegenstandes: II Chr.

---

*) Siegfried-Stade, Hebr. Wb. u. d. W.
**) Hoffmann übersetzt: „das Land .. der ordnungslosen Finsternis, die
dunkel bleibt, selbst wenn Du (Gott) leuchtest."

6, 27 אל־החרך הטיבה חיי . β) Absolut: Hi. 36, 22 מיהו במהו ביהו . בי . — b) Subjekt sind die falschen Götter. α) Das Particip mit dem Objekte שקר Hab. 2, 18. — β) Absolut: 2, 19 היא יורה . — c) Subjekt ist ein Organ Gottes, ein Engel oder ein Prophet. α) Akkusativ der Person. α') Allein: Jes. 9, 14 מורה־שקר vom falschen Propheten. β') Dazu ein zweiter sachlicher Akkusativ: 28, 9 דעה יורה את־מי; in Gestalt eines Objektssatzes Jud. 13, 8 בה־נעשה לנער . γ') = des Lehrbereiches: I Sam. 12, 23 את־כם בדרך הטובה. β) Absolut: Jes. 30, 20 (bis) מוריך Lehrer. — d) Im allgemeinen der Mensch. α) Akkusativ der Person. α') Allein: Prov. 4, 4; Hi. 6, 24; 8, 10. β') Dazu ein zweiter sachlicher Akkusativ: Ps. 45, 5 יורך נוראות . γ') = des Lehrbereiches: Prov. 4, 11 הוריתיך חכמה בדרך; Hi. 27, 11 אורה אתכם ביד־אל . β) Absolut: Ex. 35, 34; das Particip = Lehrer Prov. 5, 13. — e) Von der vernunftlosen Kreatur: Hi. 12, 7 יורך בהמות. שאל־נא . 8 או שיח לארץ יורך . — 2. Von priesterlicher Unterweisung. a) Akkusativ der Person. α) Allein: II Reg. 12, 3 יהויד הכהן . יורי — β) Dazu ein zweiter, sachlicher Akkusativ: Lev. 10, 11 את כל־החקים את־בני יש'; Deut. 17, 10 ככל אשר יורוך . 11 על־פי התורה אשר יורוך; 24, 8 ככל אצר־יורו אתכם הכהנים; II Reg. 17, 27 וירם את־משפט אלהי הארץ. 28 ויהי מורה אתם איך ירא את־יי . γ') Der mit Präpositionen eingeführte Unterrichtsgegenstand: Ez. 44, 23 ואת־עמי יורו בין קדש לחל . — b) Bloss nähere Bestimmung der Zeit: Lev. 14, 57 להורת ביום הטמא וביום הטהר. — c) = des Preises: Mi. 3, 11 וכהניה במחיר יורו . — d) Absolut: II Chr. 15, 3 (Part.).

Ausserhalb des theologischen Sprachgebrauches: Vorzeigen. a) Doppelter Akkusativ: Ex. 15, 25 וי יורהו יי עץ . — b) = des Instrumentes: Prov. 6, 13 מרה באצבעתיו*).

Die Etymologie ist viel umstritten. Nach Wellhausen, Skizzen und Vorarb. III, 167, wäre ירה „werfen" hieher zu ziehen, so dass ירה mit dem Werfen der Lose durch die Priester oder dem Werfen mit Steinchen zusammenhängen würde, welches bei den Arabern eine Form der Wahrsagung ist. Gegen solche Deutung König, Die Hauptprobleme der altisrael. Religionsgeschichte, 86. Vollers will יורה von ראה ableiten**). Endlich neuestens hat Barth, Etym. St. 13 ff., in dem bekannten روى das Äquivalent zu unserem Verbum aufgestellt. Mir scheint es noch immer das Wahrscheinlichste, dass

---

*) Über Gen. 46, 28 vgl. Kautzsch und Socin, Die Genesis 2, Anm. 221.
**) Z.D.M.G. 41, 396.

allerdings ירה „werfen" in Zusammenhang mit תורה „Weisung" zu bringen sei, aber Weisung vom Ausstrecken der Hand.

כבר von כַּבִּיר gross machen, Hi. 35, 16 יכבּיר, nicht „er macht viel Redens" (Del.), sondern „er bedient sich grosser Worte"*). Ausserdem nur noch 36, 31 לְמַכבּיר „in grossartiger Weise". Die sinnl. Grundbed. nach Ges. H.W.B. [12] wohl „flechten".

מרר von מר Bitternis bereiten, von göttlicher Schickung. a) Hi. 27, 2 שַׁדַּי הֵמַר נַפשי. — b) Ruth 1, 20 הֵמַר שַׁדַּי לִי מאד. Ausserhalb des theologischen Sprachgebrauches: Kal 1. Bitter sein; nur in übertragener Bedeutung in der Verbindung נפש מרה, die Seele ist verbittert: a) Unwillig, I Sam. 30, 6 מרה על־בניו. — b) Bekümmert, II Reg. 4, 27. — 2. Bitter werden, bitter schmecken. Jes. 24, 9 יֵמַר שֵׁכָר לשׁתיו. — Pi'el bitter machen. 1. Akkusativ: a) Einer Person, dieselbe feindselig behandeln. Gen. 49, 23 וַיְמָרֲרֻהו. — b) Das Leben verbittern. Ex. 1, 14 וַיְמָרֲרו את־חייהם בעבדה קשה. — 2. Bloss mit ב. Jes. 22, 4 במר, bitterlich weinen. — Hiph'il bitterlich klagen, Sach. 12, 10 וְהָמֵר עליו כְהָמֵר על־הבכור. Steiner: „Wohl durch בכר zu vervollständigen." — Hithpalpel sich in eine bittere Stimmung versetzen. a) אל gegen jemand, Dan. 8, 7. — b) Absolut 11, 11.

Dass in der Verbindung מר לי nicht ein Verbum, sondern ein Adjektiv vorliegt, woraus erst Verbalbildungen hervorgegangen sind, hat Hupfeld zu Ps. 18, 7 dargethan. Dieselbe Auffassung bei Kautzsch, § 144, Fussnote 1. Über die Wurzel מר vgl. Fleischer bei Delitzsch, Hiob [2] S. 306, Anm. 2.

נוא von הניא 1. Zurückhaltung auferlegen. a) Mit persönlichem Akkusativobjekt, jemanden hindern, ihm wehren; so von der Einsprache gegen die Giltigkeit eines Gelübdes von seiten der dazu berechtigten Personen Num. 30, 6 (bis). 9. 12. — b) Mit sachlichem Objekte von Gott ausgesagt, der die Entwürfe der Nationen verhindert Ps. 33, 10 (parall. הפר). — 2. Als innerlich transitives Denominativ: Zurückhaltung bethätigen, in der schwierigen Stelle Ps. 141, 5 אל־יני ראשי, womit der Dichter sich bereit erklärt, den Tadel des Rechtschaffenen auf sich wirken zu lassen.

Ausserhalb des theologischen Sprachgebrauches nur mit dem Akkusativ את־לב, Zurückhaltung auferlegen betreffs einer

---

*) Budde, Beiträge zur Kritik des B. Hiob, 138.

beabsichtigten Unternehmung; die Gaditen und Rubeniten wollen
ihren Brüdern den Mut benehmen, in das ihnen verliehene Land
hinüberzuziehen Num. 32, 7 בוֹא, wie einst auch ihre Väter ge-
handelt haben V. 9 אל־הֵאיא בנ־לבלב. Im Arab. ist لَجَأ sich zu erheben versuchen gew. ohne Erfolg.
Siehe die ausführliche Erörterung bei Wellhausen, Skizzen u. Vorarb.
III, 174, Note.

סוּת von einem nicht erhaltenen Nomen. Im allgemeinen jemanden anstacheln. 1. Jemanden zur Sünde reizen, mit Akkusativ
der Person. So von der Verleitung zum Götzendienst Deut. 13, 7
כאב־. . אחך הסית־ך; die Isebel verleitete I Reg. 21, 25 את, den Ahab,
zum Götzendienst; Jahwe reizte II Sam. 24, 1 בהם לאמר אדדניד; nach
gewöhnlicher Annahme auch Hi. 36, 18 בשׁ הסית־ך מהה־כ*); endlich der Satan I Chr. 21, 1 אדדיד למית את־ש'. — 2. Jemanden
gegen einen anderen reizen, von Jahwe I Sam. 26, 19 אם יי הסית־ך בי;
vom Satan Hi. 2, 3 בלבל בי תברית־י. — 3. Jemanden weglocken,
von Jahwe ausgesagt. So gewöhnlich Hi. 36, 16 הסית־ך מפי־צ־**); als
die Feinde auf Josaphat eindrangen, II Chr. 18, 31 אלהים בהם בי־סי־.

A u s s e r h a l b d e s t h e o l o g i s c h e n S p r a c h g e b r a u c h e s :
1. Jemanden irre führen: II Reg. 18, 32; Jes. 36, 18; II Chr. 32, 11,
Hiskia führt irre לאב אתכם. V. 15 את־כם מסית; die Freunde den
Zedekia Jer. 38, 22 הסית־ך. — 2. Jemanden aufreizen. a) Gegen andere,
Jer. 43, 3 מסית את־ך בי. — b) Etwas zu thuen, Inf. mit ל Jos. 15, 18;
Jud. 1, 14; II Chr. 18, 2.

עוּד von עֵד 1. Einen zum Zeugen nehmen, nur mit dem
Akkusativ העידתי בכם את־השמים. a) Allein, Deut. 31, 28. — b) Dazu
noch ב der Person, gegen welche Himmel und Erde als Zeugen
aufgerufen werden, und ein den Inhalt des zu Bezeugenden ent-
haltender Objektssatz, eingeführt mit כי, 4, 26 בי־אבד האבדון; ohne
Einführung, 30, 19 העידתי בכם היום את־השמים. — 2. Selbst einen Zeugen
machen, Zeugnis ablegen. a) Von Jahwe, welcher Zeuge war Mal.

---

*) Auch Kautzsch übersetzt: „denn Grimm verführe dich nicht zu
Hohn“; allein ב היה־ח kann das nicht bedeuten. Hoffmann: „es ist zu be-
fürchten, dass (Gott) dich durch (fortgesetzten) Überfluss verleiten würde.“
Aber פן־יה־ב = es ist zu befürchten?

**) Sehr ansprechend Hoffmann: „dich Eigensinnigen hat die Wohlhaben-
heit, an deren Stelle niemals Einschränkung getreten war, und das Be-
hagen .. dazu verführt“, indem er מצב liest als Zustand zu פ.

2, 14 בְּרִיךְ :: אֵשׁ יָבֵן יָבִין בְּרִין. — b) In der Anrede an die Heiden, Zeugen
zu sein יְקֻמ רָבָ :: Am. 3, 13, die Zeugenschaft bezieht sich auf das
im folgenden angedrohte Strafgericht Jahwes. — 3. Allgemein von
feierlicher, weil in den meisten Fällen mit Anrufung Gottes ver-
bundener Aussage. Im einzelnen unterscheiden wir hier: a) Ver-
warnen. α) Subjekt ist Gott selbst. α') = der Person, Jer. 42, 19;
Ps. 50, 7; 81, 9; Neh. 9, 29. — β') Jer. 11, 7 הַשֵּׁב .. הַעִד הַעִדֹתִי בַאֲבוֹתֵיכֶם
לֵאמֹר וָאֹמַר. — γ') II Reg. 17, 13 לֵאמֹר בְּכָל־נְבִיאֵי בְּיַד וּבִיהוּדָה בְיִשְׂרָאֵל.
δ') Neh. 9, 30 בְּיָדְךָ בְּרוּחֲךָ בָם. — ε') Das Volk wollte nichts
wissen von עֵדֹתֵי II Reg. 17, 15 אֲשֶׁר הֵעִיד בָּם; Neh. 9, 34 בָּם.
β) Der Prophet, der auf Befehl Gottes verwarnt. α') = der Person,
I Sam. 8, 9 רְעִיד הָעֵד בָּהֶם; Neh. 9, 26; 13, 21. — β') Ohne Objekt,
Jer. 6, 10; Neh. 13, 15. — b) Einschärfen, von religiöser Unterweisung;
Ex. 19, 21 soll Mose einschärfen בָם, auf dass es nicht (פֶן) sich
unterfange, zu Jahwe vorzudringen; V. 23 hat Jahwe selbst ein-
geschärft בָּנוּ לֵאמֹר. — c) Feierlich ankündigen; im Falle des Götzendienstes Deut. 8, 19 הַעִדֹתִי בָכֶם :: אַבֹד תֹּאבֵדוּן; 32, 46 הַדְּבָרִים אֲשֶׁר אָנֹכִי מֵעִיד
בָכֶם. — d) Die feierliche Zusicherung geben, I Reg. 2, 42 הַשְׁבַּעְתִּיךָ
וָאָעִד בְּךָ לֵאמֹר; der Engel Jahwes gab die feierliche Zusicherung
Sach. 3, 6 בַּיהוֹשֻׁעַ לֵאמֹר.

Ausserhalb des theologischen Sprachgebrauches:
Kal nur Thr. 2, 13 מָה־אֲעִידֵךְ, was soll ich dir bezeugen d. h. als Beispiel anführen? — Hiph'il 1. Forensischer Terminus. a) Zeugen
nehmen, הָעֵד עֵדִים Jes. 8, 2; Jer. 32, 10. 25. 44. — b) Selbst einen Zeugen
machen, Zeugenschaft ablegen; mit folgendem, durch לֵאמֹר eingeführten
Objektssatz I Reg. 21, 10; dazu noch V. 13 Akkusativ der Person,
wider welche הֵעִד בּוֹ Zeugenschaft abgelegt wird. — 2. Jemandem
nachdrücklich etwas einschärfen, Gen. 43, 3 הָעֵד הֵעִד בָּנוּ לֵאמֹר. —
3. Zeugnis geben von Hiobs Glück, Hi. 29, 11 (parall. הֶרְאַתְנִי). —
Hoph'al verwarnt werden, mit ב der Person, Ex. 21, 29 vom Be-
sitzer eines stössigen Rindes.

Der sinnliche Grundbegriff bestimmt sich nach dem Arabischen.
'âda ist „zurückkehren, etwas wieder thun", dann weiterhin „wieder-
holen". Von hier aus erklärt sich leicht עֵד als Zeuge. Gesenius,
H.W.B. 8, weist auf 'âda hin, erklärt aber ganz unrichtig Hiph'il
„etwas wiederholt, nachdrücklich sagen, daher bezeugen".

עֲרַם von עָרְמָה 1. עֹ bethätigen, im schlechten Sinne gemeint
und mit sachlichem Akkusativ verbunden nur Ps. 83, 4 עַל־עַמְּךָ יַעֲרִימוּ
סוֹד, von dem gegen das Volk Gottes Anschläge sinnenden Feinde. —

2. 'שׂ d. i. Besonnenheit, Einsicht gewinnen, nur absolut gebraucht Prov. 15, 5; 19, 25.

Ausserhalb des theologischen Sprachgebrauches: Schlauheit bethätigen, von David in seinem Verhalten gegen Saul I Sam. 23, 22, wo dem Verbum finitum im Imperf. Hiph. der absolute Infinitiv Kal untergeordnet ist*).

Der sinnliche Grundbegriff lässt sich nicht mehr ermitteln. Die Erklärung, die bei Gesenius noch in späteren Auflagen des W.B. zu finden, nämlich abgerieben, abgefeimt sein, ist nicht nur gar zu gekünstelt, sondern beruht auch auf der irrigen Identifizierung unseres Stammes mit عرم abschälen, entblössen. Das Verbum scheint, wie noch im Arab., ausschliesslich im üblen Sinne im Gebrauch gewesen zu sein, doch ist im Hebr. und Syr. diese spezifische Nebenbedeutung verloren gegangen.

עשׁר von עשׁר‎, zum 'שׁ machen. a) Mit Bezug auf Personen, in der Schilderung von Gottes Allmacht I Sam. 2, 7 מעשׁיר מוריש יהוה; der Segen Jahwes Prov. 10, 22 היא תעשׁיר. — b) Etwas reich machen, bereichern, als Folge des göttlichen Segens, in dem Dankgebete Ps. 65, 10 תעשׁרנה רבת אלהים.

Ausserhalb des theologischen Sprachgebrauches: Kal ein 'שׁ werden, Hos. 12, 9; Hi. 15, 29. — **Hiph'il** 1. Jemanden zum 'שׁ machen. a) Akkusativ der Person Gen. 14, 23; Ez. 27, 33. — b) Mit doppeltem Akkusativ, I Sam. 17, 25 יעשׁרנו המלך עשׁר גדל. — c) Absolut Prov. 10, 4. — 2. Reich werden, synon. עשׂה חיל, Jer. 5, 27; Sach. 11, 5; Ps. 49, 17; Prov. 21, 17; 23, 4; 28, 20; mit dem Objekte עשׁר Dan. 11, 2. — **Hithpa'el** sich reich stellen, Prov. 13, 7 (Part. im Gegs. מתרושׁשׁ).

Dem Stamme עשׁר entspricht doch wohl غثم „viel, reichlich sein", eine Zusammenstellung, die schon Dietrich gemacht. Zum Wechsel von r und l vgl. Barth, Etym. Studien 41 ff.

קרב von קֶרֶב, Opfer darbringen. 1. הקרב קרבן. a) Allein, Lev. 9, 15; 22, 18; Num. 7, 12 (Part.). — b) Mit ל Gottes. α) ה' קרבן לֽ‎ Lev. 1, 2; 2, 1; 7, 38; Num. 15, 4 (Part.). β) Dazu מן der Opfermaterie, Lev. 27, 9. 11. γ) Als Akkusativ der Opfermaterie und ל der Opferart, Num. 6, 14 כבשׂ .. החלה עלה לעשׁה לחטאת. — δ) עֽ קרבן משׁכן כֽ

***

Lev. 17, 4, wobei der Akkusativ der Opfermaterie zu ergänzen. —
c) Mit Angabe der Opfermaterie. α) Akkusativ derselben, Lev. 2, 4
זֶבַח הִקְרִיב; 3, 7 (Part.) בקר; 5, 8 die zum Sündopfer bestimmte Taube;
Num. 7, 19 קְרִיב שָׁבַר und die übrigen Opfergaben der Stammfürsten;
31, 50 אִישׁ אֲשֶׁר מָצָא ‏ ‏ אֶת־קָרְבָּן. β) בַּ derselben, Lev. 1, 2 מִכֶּם תַּקְרִיבוּ
בְּהֵמָה. מִן־הַבָּקָר. 14 אִם מִן־הָעוֹף קָרְבָּנוֹ; 3, 14 לּ אִשֶּׁה מִמֶּנּוּ. —
d) Mit Angabe eines näheren Umstandes. α) הַבָּז לֶחֶם עֻלַּת בְּלֹל 7, 13.
β) בָּם בְּרִית עֹלַת בַּמִּשְׁתֶּה Num. 9, 7. בַּמּוֹעֵד 13. — γ) הַמִּזְבֵּחָה לְהַקְטִיר 7, 11. —
2. Mit Akkusativ der Opfergattung. a) Allein. עֹלָה ה' Lev. 7, 8
(bis); 9, 16; מִנְחָה 7, 9 (Part.); 9, 17; זֶבַח Ez. 44, 27; רֵאשִׁית אֲשֶׁר Lev. 21, 6
(Part.). 21; אַלְחֵךְ הֲקָרֵב 21, 8 (Part.); אֶלֹהֶיךָ לֶחֶם 17. 21; אֶת־הָעֹלָה 7, 16;
das Particip in Genitivverbindung Num. 16, 35 מַקְרִיבֵי הַקְּטֹרֶת. —
b) Dazu ל Gottes, לַה' אֲשֶׁר Lev. 7, 25; 23, 8. 25. 27. 36 (bis); Num. 28, 3;
לַה' אֲשֶׁר אֲשֶׁר 15, 13; הַשֶּׁלֶם וְזֹאת Lev. 7, 11. 29 (Part.); 22, 21; מִנְחָה
2, 11. 14; 23, 16; Num. 28, 26; הָעֹלָה Ez. 46, 1. — c) לִפְנֵי Gottes, אֶת־נַפְשָׁם
לִפְנֵי יַהְוֶה וְלַבְּנֵי בָּם הָאֱלֹהִים Lev. 10, 19; לִפְנֵי I Chr. 16, 1. —
d) Mit einem näheren Umstande, Lev. 7, 12 עַל־תּוֹדָה יַקְרִיבֶנּוּ, wenn das
Heilsopfer jem. als Danksagung darbringt. — 3. Akkusativ des
Opfermateriales. a) Allein, Lev. 1, 3. 10; 3, 6 יַקְרִיבֶנּוּ, näml. ein männ-
liches, fehlerloses Thier; 1, 5 אֶת־הַדָּם. 13 אֶת־הַכֹּל; 7, 3 אֵת כָּל־הַחֵלֶב.
18 (Part.) אֹתוֹ, das Heilsopferfleisch. 33 (Part.) הַמַּקְרִיב אֶת־דַּם הַשְּׁלָמִים;
22, 20 כֹּל אֲשֶׁר־בּוֹ מוּם; Num. 17, 14 אֵשׁ, die kupfernen Räucherpfannen;
Ez. 43, 23 אַיִל .. בֶּן; 44, 7 הַלְחִימִי אֶת־לַחְמִי חֵלֶב וָדָם; Hag. 2, 14 אֲשֶׁר; mit partitivem מִן, Lev. 3, 1 מִן־הַבָּקָר הִיא מַקְרִיב. — b) Mit ל Gottes. α) Lev.
22, 22. 24, das Fehlerhafte soll man Jahwe nicht darbringen; Num.
18, 15 die Erstlinge; Ez. 44, 15 הַחֵלֶב וְהַדָּם לִי; II Chr. 35, 12, der Akk.
zu ergänzen. β) Lev. 22, 18 אֲשֶׁר־יַקְרִיב לִי לְבֻלָּה עֹלָה . γ) Num. 28, 2
לִי בְּמוֹעֲדוֹ, der Akk. zu ergänzen. — c) Mit לִפְנֵי ה, Lev. 9, 2, der
Akk. zu ergänzen. — d) Mit ל zur Bestimmung der Opfergattung,
לְחַטָּאת Lev. 4, 14 פַּר; Num. 15, 27 עֵז; Ez. 43, 22 שְׂעִיר־עִזִּים; לְעֹלָה Lev.
14, 12 אֶחָד. β) Lev. 4, 3 לְחַטָּאת פַּר .. בֶּן .. בְּמִצְוֹת הֹ'. γ) Num.
15, 10 לָה' אֲשֶׁר יַקְרִיב אֶת־חֲצִי הַהִין יַיִן נֶסֶךְ הַקְרֵב יַיִן. — e) Mit Angabe eines
sonstigen Umstandes. α) Ex. 29, 3 בַּסָּל אֹתָם. β) Lev. 2, 13 כָּל־קָרְבַּן
מִנְחָתֶךָ בַּמֶּלַח ר'; 7, 12 עֻגוֹת חַלֹּת בְּלוּלֹת תִּהְיֶה עַל־תּוֹדָה; 23, 18 שִׁבְעַת כְּבָשִׂים עֻלַּת הַכֹּל. —
4. Mit dem Akkusativ der Opfergattung und des Opfermateriales.
a) Allein, Lev. 2, 14 du musst geröstete Körner darbringen אֵת קָרְבַּן
בִּכּוּרִים; Num. 15, 4 מִנְחָה סֹלֶת עִשָּׂרוֹן. — b) Dazu ל der Gottheit. α) Lev.
2, 12 als קָרְבַּן רֵאשִׁית מֹגֶת ihr darbringen אֹתָם לָה'; 7, 11 בְּנֵי יִשְׂרָאֵל אֶחָד
לָה' תְּרוּמָה; Num. 28, 11 עֹלָה לָה'; Esr. 8, 35 בְּנֵי יִשְׂרָאֵל עֹלוֹת לֵאלֹהֵי יִשְׂרָאֵל.

β) בזבח הטלבם dem Jahwe ein Feueropfer, nämlich Lev. 3, 3 אֶת־הַחֵלֶב.
9 חלבי.   γ) Etwas als Lev. 6, 14 פרים מנחת darbringen 'ליהוה ליי; רֵיחַ':
Num. 28, 27 לי ': ל ריח; 29, 8 ': ליי ריח ליי כלה; 36 לי ': ריח אשה כלה.
δ) Etwas darbringen Num. 28, 19 אשה כלה ליי, als Feueropfer in Gestalt von Brandopfern; 29, 13 ': ריח אשה כלה. — c) Eine sonstige
nähere Bestimmung, 15, 9 סלת מנחה כל־בן־הבקר. — 5. Der Akkusativ
der Opfergabe ist zu ergänzen: 7, 10 את חנכת המזבה, die Opfergaben
zur Einweihung, wofür wohl mit LXX richtiger להקריב zu lesen und
הקריבם an sich als „Opfer darbringen" zu fassen ist; 15, 7 תקריב ריח
': ל — ': — 6. Absolut 7, 2. 18.

Das originale Verbum ist im Hebr. in der Bedeutung „sich
nahen" noch in vielfacher Verwendung. Das Arab. denominiert von
قربان in II.

רֶגַע von רֶגַע eigentl. mit den Augen zucken. 1. Als selbst-
ständiges Verbum. Die Lügenzunge besteht Prov. 12, 19 עד־ארגיעה
(Gegs. תכון לעד). — 2. Als relatives, der Ergänzung bedürftiges Verbum, wobei das ergänzende Verbum asyndetisch beigefügt wird,
Jer. 49, 19; 50, 44 zur Umschreibung des Begriffes „im Nu".

Vgl. jedoch zu dem ganzen Artikel Ges. H. W. 12. Aufl., wo
auch die etymol. Frage erörtert ist.

ריח von רֵיחַ eig. Hauch, Atem einziehen. 1. Riechen. a) Von
Jahwe ausgesagt: Gen. 8, 21 הניחח את־רריח; I Sam. 26, 19 מנחה. —
b) Vom Götzen, die nicht einmal der animalischen Lebensfunktionen
fähig, also total ohnmächtig sind. Absolut: Deut. 4, 28; Ps. 115, 6. —
2. ב ריח־ה. a) Gerne riechen, sich ergötzen. Von Jahwe, der kein
Ergötzen hat: Lev. 26, 31 בריח ניחחכם; Am. 5, 21 בעצרתיכם. — b) Allgemein Wohlgefallen haben, vom messianischen Könige: Jes. 11, 3
ביראת והריחו.

Ausserhalb des theologischen Sprachgebrauches:
1. Riechen. a) Im eigentl. Sinne: Gen. 27, 27 בגדיו את־רריח. — b) Im
übertragenen: Vom Faden Jud. 16, 9 אש בהריחו; vom Pferde Hi. 39, 25
מלחמה ריח ירריח מרחוק. — 2. Mit ב, sich ergötzen: Ex. 30, 38 am Räucherwerk.

Die sinnliche Grundbedeutung zeigt رَاحَ „wehen". Barth,
Etym. St. 65, unterscheidet ohne genügenden Grund einen doppelten
Stamm רוח.

רחב von רחב, innerlich transitives Denominativ = weiten
Raum schaffen. Von Jahwe ausgesagt: 1. Im eigentl. Sinne. Gen.

26, 22 ין בארץ ‎ ... לב לי ... בארץ ‎; Jahwe wird gepriesen Deut. 33, 20
‎ ... — 2. Hilfe, Befreiung gewähren. Ps. 4, 2 ... בצר הרחבת לי. Ausserhalb des theologischen Sprachgebrauches: Prov. 18, 16 ... מתן אדם ירחיב לו.

רעם von רעם Donner bewirken, donnern. 1. Von Gott ausgesagt als Manifestation seiner Allmacht, aber auch seines Zornes. a) Mit Angabe des Ortes. α) = desselben. I Sam. 2, 10; Ps. 18, 14 ... בשמים. — β) מן desselben. II Sam. 22, 14 ... מן שמים. γ) על desselben. Ps. 29, 3 ... על מים רבים. — b) Ein mit = eingeführter, näherer Umstand der Art und Weise. α) Allein. Hi. 37, 4 ... בקול גאונו. β) 37, 5 ... בקולו נפלאות. γ) I Sam. 7, 10 ... על פלשתים ההוא ביום בקול גדול. — 2. Gott ist nicht direkt Subjekt in der die Ohnmacht Hiobs klar legenden Frage Hi. 40, 9 ... בקול כמהו תרעם.

Die Grundbedeutung des Verbums wird die der heftigen Bewegung im allgemeinen sein, wonach dann im Kal es einerseits „beben" Ez. 27, 35, andererseits „brausen" (vom Meere) bezeichnen kann Ps. 96, 11; 98, 7; I Chr. 16, 32*).

שכל von שכל I. שׂכל, Einsicht auf religiös-sittlichem Gebiete bethätigen. 1. Etwas klug einzurichten wissen, etwas glücklich und erfolgreich durchführen; stets in Verbindung gebracht mit der Beobachtung der Satzungen und Gebote Gottes. a) Akkusativ der Sache, Deut. 29, 8 habt acht auf die Befolgung der Worte dieses Bundes, ... למען תשכילו את כל אשר תעשון; I Reg. 2, 3 ... למען תשכיל את כל אשר תעשה ואת כל אשר תפנה שם. — b) = der Sache, Jos. 1, 7 vom Gesetze Moses weiche nicht ab weder nach rechts noch nach links, ... למען תשכיל בכל אשר תלך; weil Jahwe beständig mit Hiskia war, II Reg. 18, 7 ... בכל אשר יצא ישכיל. — c) Absolut. Durch das beständige Bedachtsein aufs Gesetz Jos. 1, 8 ... תצליח את דרכך ואז תשכיל; weil die Hirten, die Leiter des Volkes, nach Jahwe nicht fragten, Jer. 10, 21 ... כי נבערו לא השכילו. — 2. Weise, klug sein; klug handeln. Jer. 9, 23 ... השכל וידע אותי כי אני ..., dessen soll sich rühmen, wer sich rühmen will; die Feinde des Propheten 20, 11 werden zu Schanden, ... כי לא השכילו; der Spross, den Jahwe erwecken will, 23, 5 ... ישכיל מלך ועשה משפט וצדקה; die Hirten, die Jahwe dem Volke gibt 3, 15 ... ורעו אתכם דעה והשכיל; in der Schilderung der Gottlosen Ps. 36, 4 ... חדל להשכיל להיטיב; Gottes Gesetz macht geistig überlegen 119, 99 ... מכל מלמדי השכלתי. Das

*) I Sam. 1, 6 הרעמה ist bereits von LXX nicht verstanden: vgl. Wellhausen, Der Text der Bb. Sam. S. 36.

Particip zur Bezeichnung einer ganzen Menschenklasse, deren kluges Handeln im sittlichen und religiösen Sinne zu verstehen; so ist ein משכיל Prov. 10, 19, wer seine Lippen zügelt; משכיל עבד 14, 35 steht im Gegensatz zu מביש; damit er ferne bleibe von der Hölle, richtet der 'מ aufwärts seinen Weg 15, 24; der 'מ עבד 17, 2 ist Gegensatz zu מביש בן; 19, 14 מיהוה אשה משכלת; auch geradezu so viel als der Fromme, Rechtschaffene Ps. 14, 2; 53, 3 an beiden Stellen neben דרש את־אלהים; Hi. 22, 2; die frommen Führer des Volkes heissen משכילי־עם Dan. 11, 33. 35; 12, 3. 10. — 3. Etwas beachten, bedenken. a) Akkusativ der Sache. Deut. 32, 29, wo das das Vorhergehende zusammenfassende Objekt זאת die Notwendigkeit der göttlichen Züchtigung wegen der Untreue des Volkes besagt; eine Folge des göttlichen Gerichtes für die Menschen, dass sie betrachten Ps. 64, 10 ישכילו. — b) Mit folgendem Objektssatze, eingeführt mit כי, Jes. 41, 20 כי יד־יהוה עשתה זאת nach den vier in charakteristischer Reihenfolge verbundenen Verbis למען יראו וידעו וישימו וישכילו; ohne einführende Partikel Dan. 9, 25. — 4. Die Bethätigung der Einsicht hinsichtlich einer Sache zeigt sich in der wahren Würdigung derselben; daher auf sie achthaben. a) Nachdenkend und nachstrebend. α) Akkusativ der Sache. Hi. 34, 27, wo die Gottlosen, die Verächter der Gebote Gottes bezeichnet werden als diejenigen, die nicht achten כל־דרכיו.   β) ב der Sache, Ps. 101, 2 אשכילה בדרך תמים; Dan. 9, 13 באפך. γ) ל derselben, Prov. 21, 12 משכיל צדיק לבית רשע.   δ) על derselben, 16, 20 משכיל על־דבר 'מ.   ε) אל der Person, Ps. 41, 2 אשרי משכיל אל־דל. — b) Nachdenkend und betrachtend. α) Akkusativ der Sache, Ps. 106, 7 unsere Väter in Ägypten hatten nicht acht auf die נפלאות.   β) אל derselben, Neh. 8, 13 אל־דברי התורה. — 5. Die Bethätigung der Einsicht ist in rein praktischer Hinsicht bezüglich des Gottesdienstes zu verstehen II Chr. 30, 22 המשכילים שכל־טוב ליהוה. — II. Einsicht, Klugheit gewinnen. Absolut gebraucht Gen. 3, 6; Ps. 2, 10; 94, 8; mit komparativem מן 119, 99; der absolute Infinitiv statt eines Substantivs — Einsicht, Klugheit, Prov. 21, 16 דרך השכל. — III. 'מ verschaffen. 1. Belehren. a) Akkusativ der Person, Ps. 32, 8 אשכילך ואורך בדרך; Neh. 9, 20 du verliehest ihnen einen guten Geist להשכילם. — b) ל der Person, von allgemein sittlicher Belehrung, infolgedeeren Erteilung Prov. 21, 11 לקח דעת חכם. — 2. Klug machen, Prov. 16, 23 לב חכם ישכיל פיהו; der absolute Infinitiv als Substantiv 1, 13 השכל הבין. — 3. Das Verständnis für etwas erschliessen. a) Mit zwei Akkusativen, Dan. 9, 22 להשכילך בינה. — b) על der

Person und Akkusativ der Sache, I Chr. 28, 19 ‏עלי השכיל כל בלאכת‎ ‏התבנית.‎

Ausserhalb des theologischen Sprachgebrauches: **Kal** nur I Sam. 18, 30, wo erzählt wird, dass in den Kriegszügen mit den Philistern ‏שכל דוד מכל עבדי ש'‎; das Verbum kann hier nicht mit „klug handeln" (Ges. [8]), sondern nur mit „erfolgreich, glücklich sein" übersetzt werden. — **Hiph'il** 1. ‏ש'‎ bethätigen. a) Etwas klug einzurichten wissen, Erfolg haben in kriegerischen Unternehmungen; von David I Sam. 18, 5 ‏בכל אשר ישלחנו ש'‎; daher ist wohl V. 14 anstatt ‏בכל דרכיו משכיל‎ zu lesen ‏בכל‎, während V. 15 das Particip absolut gebraucht ist. — b) Klug sein, Am. 5, 13; Prov. 10, 5 von dem die gewöhnliche Lebensklugheit Bethätigenden; Dan. 1, 4 ‏ש' בכל־חכמה‎ von Einsicht in den verschiedenen Wissensgebieten; der Infinitiv als Substantiv = Verständnis Hi. 34, 35; Dan. 1, 17. — 2. ‏משכיל‎ als Überschrift Ps. 32; 42; 44; 45; 52—55; 74; 78; 88; 89; 142; im Kontext 47, 8 ist mit Sicherheit nicht mehr zu deuten.

Das Verbum zeigt in den älteren Stellen, namentlich klar ausserhalb des theolog. Sprachgebrauches, eine Verwendung, derzufolge eine Fähigkeit, in irgend einer Situation alle massgebenden Umstände in Rechnung zu ziehen und klug auszunützen, ‏שכל‎ bethätigen genannt wird. Es darf also wohl mit Recht für unser auch im Aramäischen heimisches Denominativ die im arabischen *šakala* noch erhaltene Grundbedeutung „verbinden, verflechten" angenommen werden.

‏שכם‎ von ‏שכם‎, ein relatives, zum Ausdruck eifrigen Thuens verwendetes Verbum. 1. Der ergänzende Verbalbegriff ist asyndetisch beigefügt Zeph. 3, 7 ‏השכימו השחיתו‎. — 2. Besonders gebräuchlich der zum Adverbium gewordene Infinitiv, der in Verbindung mit dem Infinitiv des regierenden Verbums vorkommt. Jer. 7, 13 ‏ואדבר אליכם השכם ודבר‎; ebenso, nur das Verbum fin. ‏דברתי‎ 35, 14; dagegen dürfte 25, 3 ‏ואדבר אליכם אשכם ודבר‎ ein Schreibfehler für ‏השכם‎ vorliegen; 7, 25; 35, 15; 44, 4 ‏ואשלח אליכם .. השכם ושלח‎; ebenso, nur das Verbum fin. ‏ושלח‎ 25, 4; ‏שלחתי‎ 29, 19; ferner 26, 5 ‏אשר אנכי שלח אליכם השכם ושלח‎; II Chr. 36, 15 ‏וישלח .. השכם ושלוח‎; Jer. 11, 7 ‏העד השכמתי בכם .. העדתי‎; 32, 33 ‏ולמד אתם השכם ולמד‎.

Ausserhalb des theologischen Sprachgebrauches: 1. Das selbständige Verbum: sich frühe aufmachen. a) Mit Angabe des Ortes. α) ‏אל‎ desselben. Gen. 19, 27 ‏אל־המקום‎ .. ‏וישכם‎. β) Mit ‏ל‎. Jud. 19, 9 ‏ונשכמתם למחר לדרככם‎; Cant. 7, 13 ‏נשכימה לכרמים‎. — b) Ohne An-

gabe des Ortes. Gewöhnlich ist beigefügt בָּמָקוֹם Jos. 3, 1; Jud. 6, 28;
19, 5; I Sam. 29, 10 *(bis)*; II Reg. 3, 22; 19, 35; Jes. 37, 36, sonst findet
sich noch Jos. 6, 15 כַּמִּשְׁפָּט בִּלְתִּי; I Sam. 5, 3 מִמָּחֳרָת. 4 בַּבֹּקֶר מִמָּחֳרָת;
dagegen scheint 9, 26 מִמָּחֳרָת תַּחַת נִלְוֶה יְהִי יַחְדָּו ein Schreibfehler für
יַחְדָּו zu sein. — 2. Das relative Verbum. Der die Ergänzung bil-
dende Verbalbegriff: a) Durch · koordiniert. α) Mit בָּמָקוֹם. Gen.
20, 8; 21, 14; 22, 3; 26, 31; 28, 18; 32, 1; Ex. 8, 16; 9, 13; 24, 4; 34, 4;
Num. 14, 40; Jos. 7, 16; 8, 10; Jud. 9, 33; I Sam. 1, 19; 15, 12*); 17, 20;
Hi. 1, 5; II Chr. 20, 20. β) Mit מִמָּחֳרָת. Ex. 32, 6; Jud. 6, 38.
γ) Ohne solche nähere Bestimmung. Gen. 19, 2; Jos. 8, 14; Jud. 7, 1;
21, 4; II Sam. 15, 2; II Chr. 29, 20. — b) Asyndetisch im gleichen
Modus beigefügt. Nur in der Redensart Hos. 6, 4; 13, 3 מַשְׁכִּים יַעֲבֹר
הֹלֵךְ. — c) Subordiniert. α) Infinitiv mit לְ. Jud. 19, 8 בַּבֹּקֶר וַיֵּשֶׁב
לָלֶכֶת ..; I Sam. 29, 11 לָלֶכֶת בַּבֹּקֶר ... וַיַּשְׁכֵּם; II Reg. 6, 15 לָקוּם.
β) Infinitiv ohne לְ. Ps. 127, 2 קוּם מְשַׁכְּמֵי. γ) Im Imperfekt. Jes.
5, 11 יִרְדְּפוּ שֵׁכָר בַּבֹּקֶר מְשַׁכְּמֵי. — 3. Der für das Sprachbewusstsein
bereits zum Adverbium gewordene Infinitiv. I Sam. 17, 16 וְהַעֲרֵב הַשְׁכֵּם;
Prov. 27, 14 בַּבֹּקֶר הַשְׁכֵּם.

Die Etymologie von שׁכם ist schwierig. Neben der allgemein
bekannten Ableitung sei noch verwiesen auf Goldziher, Der Mythos
bei den Hebräern, S. 145. Darnach wäre in שׁכם der Verbalbegriff
„vorwärtsschreiten“, denn שׁכם = كَمْ = Weg.

שָׁלַט von שַׁלִּיט, mächtig machen, die Macht geben. 1. Von sittlicher Gewalt: Ps. 119, 133 אַל־תַּשְׁלֶט־בִּי בְלִיַּעַל. — 2. Von physischer
Macht, die Gott jemandem gibt: Eccl. 5, 18 וְהִשְׁלִיטוֹ לֶאֱכֹל; 6, 2 וְלֹא־יַשְׁלִיטֶנּוּ
הָאֱלֹהִים לֶאֱכֹל.

Ausserhalb des theologischen Sprachgebrauches:
Kal 1. Machthabend sein, Macht bekommen, von physischer Gewalt.
a) Über Menschen, mit בְּ Eccl. 8, 9; Esth. 9, 1 *(bis)*. — b) Über
Sachen, frei schalten und walten können, mit בְּ Eccl. 2, 19. — 2. Den
Herrn spielen, Neh. 5, 15 יִשְׁלְטוּ.

Das Denominativ, das im Aram. häufig, gehört im Hebr. der
spätesten Schriftperiode an. Der sinnl. Grundbegriff „gedrückt, ge-
presst, hart sein“ ist im Arab. erhalten.

---

*) Nach 'ש וַיֵּשֶׁב stand, wie LXX, Vulg. zeigen, וַיֵּלֶךְ.

VI. Hithpaʿel.

אפק von אָפֵק, an sich halten bezüglich seiner Empfindungen.
1. Von Gott gebraucht. a) Mit Angabe des Grundes: Jes. 64, 11
הכלאלה תתאפק. — b) Absolut vom Zurückdrängen des Eifers für
sein Volk, 42, 14. — 2. Von Gottes Erbarmen ausgesagt: 63, 15
אלי הראפק תחתיך.

Ausserhalb des theologischen Sprachgebrauches:
Vom Menschen, der gewaltsam zurückdrängt die Gefühle der Liebe
Gen. 43, 31; 45, 1; der Furcht I Sam. 13, 12; des Zornes Esth. 5, 10.
אפק ist vielleicht „herauskommen, herausragen", daher אפיק Ableitung des Wassers. (Gesenius' H.W.B. ¹²)

ברר von בַּר, sich als ein ʿ: zeigen; von Gott ausgesagt II Sam.
22, 27; Ps. 18, 27 תתברר עם־נבר (neben תתפל עם־עקש).
Das originale Verbum „absondern, ausscheiden, sichten" ist im
Hebr. selbst noch erhalten.

גבר von גִּבֹּר 1. Sich als ein Held beweisen, von Jahwe ausgesagt: Jes. 42, 13 יתגבר. — 2. Den Gewaltthätigen spielen, vom
Menschen, der im freventlichen Übermut sich Gott gegenüber über-
hebt. a) אל Gottes: Hi. 15, 25 (parall. משה אל־אל ידו). — b) Absolut: 36, 9.

חסד von חָסִיד, sich als ʿח beweisen, von Gott: II Sam. 22, 26;
Ps. 18, 26 עם־חסיד תתחסד.
Über חסיד vgl. Hupfeld zu Ps. 4, 1.

התן von חָתָן, sich zum ʿח machen d. i. sich verschwägern. Die
Person, mit der man sich verschwägert: a) את Gen. 34, 9; I Reg. 3, 1.
— b) ב Deut. 7, 3; Jos. 23, 12; I Sam. 18, 21. 22. 23. 26. 27; Esr. 9, 14. —
c) ל II Chr. 18, 1.
Die Grundbedeutung des Stammes ist im Arab. خَتَن „beschneiden" noch erhalten, so dass der Eidam als der Beschnittene,
der Schwiegervater aber mit חתן bezeichnet wird als der, welcher
besonders bei der Beschneidung des zukünftigen Schwiegersohnes
eine Rolle spielte*). De Lagarde, welcher lehrt**), dass خَتَن den
ganz allgemeinen Begriff „er verband" besass, und, weil die Beschneidung אזי ב־ריה, خِتْنَة nur übersetzt werden sollte „er nahm

---

*) Wellhausen, Skizzen u. Vorarb. III, 154; Stade, Z.A.W. VI, 142 ff.
**) Übersicht über die .. Bildung der Nomina, 116 ff.

ihn in die Gemeinde auf", kehrt wohl die Bedeutungsentwickelung um. Der mit sehr entschiedener Ablehnung der Berufung auf خَتَن verbundene Nachweis von Fried. Delitzsch[*]), dass das Stammwort vielmehr im Assyr. *ḫatânu* „schützen" erhalten sei, begegnet berechtigtem Zweifel[**]).

הִתְיַחֵשׂ von יַחַשׂ 1. In ein Geschlechtsregister eingetragen werden. a) Mit לְ der Beziehung: I Chr. 5, 1 וְלֹא לְהִתְיַחֵשׂ. 7 בְּהִתְיַחֵשׂ לְדֹרֹתָם. — b) Eine Zeitbestimmung: 5, 17 diese alle wurden aufgezeichnet בִּימֵי יוֹתָם. — c) Absolut. α) Das Verb. fin.: Neh. 7, 5; I Chr. 9, 1. β) Das Particip הַמִּתְיַחְשִׂים als Titel des Verzeichnisbuches: Esr. 2, 62; Neh. 7, 64. — 2. Das Geschlecht verzeichnen. Nur der substantivierte Infinitiv = Geschlechtsverzeichnis: Esr. 8, 1. 3; I Chr. 4, 33; 7, 5. 7. 9. 40; 9, 22; II Chr. 31, 16. 19; לְהִתְיַחֵשׂ, nach Art der Verzeichnisse 12, 15.

הִתְיַלֵּד von יֶלֶד, sich der Abstammung nach stellen behufs Eintragung in die Geschlechtsregister: Num. 1, 18 וַיִּתְיַלְדוּ עַל מִשְׁפְּחֹתָם לְבֵית אֲבֹתָם בְּמִסְפַּר שֵׁמוֹת.

הִתְיַהֵד von יְהוּדִי, sich zum Judentume bekennen: Esth. 8, 17 רַבִּים מֵעַמֵּי הָאָרֶץ מִתְיַהֲדִים.

נִסָּס von נֵס vielleicht = sich um die Signalstange sammeln. So nach der allerdings geschraubten Deutung von Delitzsch zu Ps. 60, 6 נָתַתָּה לִּירֵאֶיךָ נֵּס לְהִתְנוֹסֵס מִפְּנֵי קֹשֶׁט.

Ausserhalb des theologischen Sprachgebrauches: Sich wie ein Zeichen, sichtbar emporheben: Sach. 9, 16 כִּי אַבְנֵי נֵזֶר מִתְנוֹסְסוֹת עַל אַדְמָתוֹ.

הִסְתּוֹלֵל von סֹלְלָה sich zu einem Wall oder Damm gegen jemanden erheben, sich widersetzen; nur Ex. 9, 17 עוֹדְךָ מִסְתּוֹלֵל בְּעַמִּי לְבִלְתִּי שַׁלְּחָם. Das originale Verbum „aufschütten" im Kal im Gebrauch.

הִתְעַמֵּר — sich als einen Gewaltthätigen benehmen: Deut. 21, 14 וְלֹא תִתְעַמֵּר בָּהּ, näml. die kriegsgefangene Frau; 24, 7 וְהִתְעַמֶּר בּוֹ וּמְכָרוֹ, einen Volksgenossen.

Der sinnliche Grundbegriff ist wohl in غمر zu suchen, das von Wassermassen, die eine Fläche ganz überdecken, gebraucht wird.

הִתְפַּתֵּל von פָּתַל, sich als ein ': zeigen, von Gott: II Sam. 22, 27; Ps. 18, 27 תִּתְפַּתָּל.

Der sinnl. Grundbegriff „drehen, flechten" in den übrigen semitischen Sprachen erhalten.

B. In zwei Konjugationen.

I. Kal — Niph'al.

בָּעַל von בַּעַל Kal 1. Eheherr werden, heiraten im eigentlichen Sinne. a) Akkusativ der Person: Deut. 21, 13 וּבְעַלְתָּהּ; 24, 1 יִבְעָלֶנָּה; Jes. 62, 5 יִבְעָלֵךְ בָּחוּר בְּתוּלָה; Mal. 2, 11 בָּעַל בַּת־אֵל נֵכָר. — b) Das Particip בַּעַל בְּעֻלַת Gen. 20, 3; Deut. 22, 22. — 2. In bildlicher Anwendung. a) Von Jahwe ausgesagt = Eheherr sein. α) Mit בְּ der Person: בָּעַלְתִּי בָם Jer. 3, 14; 31, 22 בָּם*). β) Das Particip: Jes. 54, 5 בֹּעֲלַיִךְ, der Eheherr Jerusalems, der Repräsentantin Israels, ist Jahwe. — b) Das Land unter dem neuen, ewigen Gnadenbunde. α) Akkusativ des Landes, dem sich seine Kinder vermählen: 62, 5 יִבְעָלוּךְ בָּנָיִךְ. β) Das Particip. Das Land wird deswegen genannt בְּעוּלָה 54, 1; 62, 4. — Niph'al 1. Geehelicht werden im eigentl. Sinne: Prov. 30, 23. — 2. Bildlich vom Lande in dem oben angedeuteten Sinne: Jes. 62, 4.

Ausserhalb des theologischen Sprachgebrauches: Kal Herr sein, über jemanden herrschen. a) Akkusativ der Person: Jes. 26, 13. — b) Mit בְּ: I Chr. 4, 22.

Das Denominativ, das im Syr. und Arab. häufig ist, zunächst im Kal abgeleitet. Die Grundbedeutung des Stammes ist wohl kaum mehr zu eruieren.

בָּעַר von בַּעַר Kal dumm sein, nicht allein im intellektuellen, sondern zugleich auch im ethischen Sinne: Jer. 10, 8 neben יִוָּסֵרוּ von den Götzendienern; das Particip Ez. 21, 36; Ps. 94, 8 (parall. כְּסִילִים). — Niph'al dumm werden, von den Ratschlägen der Berater Pharaos Jes. 19, 11; vom Götzendiener Jer. 10, 14; 51, 17; von den Hirten, weil sie nach Jahwe nicht fragten 10, 21.

חָבַל von חָבַל Kal als Pfand nehmen, pfänden. a) Mit sachlichem Akkusativobjekt. α) Ez. 18, 16 חֲבֹל לֹא חָבָל. β) Ex. 22, 25 אִם־חָבֹל תַּחְבֹּל שַׂלְמַת רֵעֶךָ; Deut. 24, 6 (bis) לֹא יַחֲבֹל רֵחַיִם הוּא חֹבֵל; 17 בֶּגֶד אַלְמָנָה; Hi. 24, 3 יַחְבְּלוּ שׁוֹר אַלְמָנָה. — b) Mit persönlichem Akkusativobjekt. Prov. 20, 16 כִּי־עָרַב זָר בְּגָדִים תַּחְבְּלֵהוּ; 27, 13 וּבְעַד נָכְרִיָּה חַבְלֵהוּ; Hi. 22, 6

---

*) Vgl. jedoch Baudissin, Studien I, 78.

חִבֵּל אֹתָם. — c) בְּ der Person. Hi. 24, ₉ יְחַבֵּל־שִׁי*). — d) Ohne Objekt. Am. 2, ₈ בְּגָדִים חֲבֻלִים. — **Niph'al** verpfändet werden. Prov. 13, ₁₃ חֻבַּל לֹו לִדְבַר בֹּו.

Kal ist im Sprachgebrauche älter. Wenn zur Eruierung des sinnlichen Grundbegriffes auch das Sach. 11, ₇. ₁₄ sich findende Part. Kal חֹבְלִים nicht herbeigezogen wird, weil ja immerhin gestritten werden kann, ob hier die Bedeutung „erfassen" oder „übel handeln" vorliegt, so zeigt doch das Nomen חֵבֶל, arab. حَبْل, syr. ܚܒܠܐ, dass wir auf das Verbum حَبَل „festbinden" zurückzugehen haben.

יָרֵא — **Kal** Furcht empfinden und dann mit Umbiegung dieser intransitiven Bedeutung in die transitive = fürchten. I. Intransitiv. 1. Sich fürchten vor Gott. a) Infolge überwältigender sinnlicher Eindrücke. α) Ex. 9, ₃₀ מִפְּנֵי יְ אֱלֹהִים. β) Absolut: Jakob infolge des ihm gewordenen Gesichtes Gen. 28, ₁₇; das Volk, als Jahwe Gewitter und Regen sendet, I Sam. 12, ₂₀. — b) Infolge der Erweisungen der Macht Gottes, besonders als des Bestrafers des Unrechtes und Bösen. α) מִן Gottes: Lev. 19, ₁₄. ₃₂; 25, ₁₇. ₃₆. ₄₃ וְיָרֵאתָ מֵאֱלֹהֶיךָ; Mi. 7, ₁₇ מִמֶּךָ; Ps. 33, ₈ יִירְאוּ מֵיְ כָּל־הָאָרֶץ (parall. 'ר יֵחַשְׁבוּ). β) יָ מִפְּנֵי הַיָּ Hag. 1, ₁₂. γ) מִלִּפְנֵי אֱלֹהִים Eccl. 8, ₁₃; מִלְּפָנָיו 3, ₁₄; 8, ₁₂. δ) Absolut: Deut. 13, ₁₂ יִשְׁמְעוּ וְיִרָאוּן; 17, ₁₃; 19, ₂₀; 21, ₂₁ יִשְׁמְעוּ וְיִרָאוּ; Jer. 3, ₈ וְלֹא יָרְאָה בֹּגֵדָה; 44, ₁₀ בְיִרְאָתִי וְלֹא יִרְאוּ יָלֹא־נִכְנְעוּ; Hab. 3, ₂ שָׁמַעְתִּי שִׁמְעֲךָ יָרֵאתִי; Ps. 40, ₄ יִרְאוּ רַבִּים וְיִירָאוּ; 52, ₈ יִרְאוּ; 64, ₅. ₁₀ וַיִּירְאוּ כָל־אָדָם; Prov. 14, ₁₆ חָכָם יָרֵא וְסָר מֵרָע; Hi. 11, ₁₅. Auch von Unbelebtem: Jes. 41, ₅ רָאוּ אִיִּים וְיִירָאוּ; Askalon beim Anblick des in Trümmer gestürzten Tyrus Sach. 9, ₅ תֵּרֶא אַ וְתִירָא; Ps. 76, ₉ אֶרֶץ יָרְאָה. — 2. Sich fürchten vor Menschen. a) Fromme Scheu, Ehrfurcht vor ihnen haben. α) מִן der Person: Deut. 28, ₁₀ מִמֶּךָ, vor dem Volke Israel als dem unter Jahwes besonderen Schutze stehenden. β) מִפְּנֵי derselben: I Reg. 3, ₂₈ 'מִפְּ הַמֶּלֶךְ, als das Volk dessen weises Urteil hörte. — b) Menschenfurcht, insofern dieselbe jener Gottesfurcht entgegengesetzt ist, welche sich gründet auf Gottes Macht und Güte, daher der direkte Gegensatz vom Gottvertrauen. α) Mit Akkusativ: Jes. 57, ₁₁ דָּאַגְתְּ וַתִּירְאִי וְאֹתִי. β) Absolut. Jer. 51, ₄₆ יִפְחַדְךָ לְבַבְכֶם וְתִירְאוּ; Ps. 27, ₃; 46, ₃; 56, ₅. ₁₂**); 112, ₈; 118, ₆; daher dann weiter häufig als religiöses Trostwort in Ver-

---

*) Hoffmann, der hinter V. 4 den V. 9. 10ª stellt, liest statt יְחַבֵּל־שִׁי mit Kamphausen וְחָבַל.

**) Ps. 56, 4 ist offenbar der Text verderbt.

wendung: אל־תירא Jes. 41, 10. 13; 43, 1. 5; Ps. 49, 17; אל־תירא עבד יעקב Jes. 44, 2; Jer. 30, 10; 46, 27. 28; אל־תירא דניאל Dan. 10, 12. 19: אל־תירא רחם־יש I Chr. 22, 13; 28, 20; אל־תירא Jes. 40, 9; 51, 4; אל־ת' אל־תירת יעקב 41, 14; אל־ת' ציון Zeph. 3, 16; אל־ת' אדמה Jo. 2, 21; אל־תירא Jes. 35, 4; Hag. 2, 5; Sach. 8, 13. 15; אל־ת' בהמית שדי Jo. 2, 22. — 3. Sich fürchten vor etwas. a) Infolge überwältigender sinnlicher Eindrücke. α) בְּ mit dem Infinitiv: Ex. 3, 6 וַיַּרְא אל־האלהים; 34, 30 מִגֶּשֶׁת אליו. β) מִפְּנֵי הָאִישׁ Deut. 5, 5. — b) Wegen der von Gott zu befürchtenden Strafe. a) Infinitiv mit לְ: Num. 12, 8 לדבר בעבדי; II Sam. 1, 14 לֹא יָרֵאתָ לִשְׁלֹחַ יָדְךָ לְשַׁחֵת ‥. — β) מִן der Sache: Ps. 65, 9 מֵאוֹתֹתֶיךָ; 119, 120 מִמִּשְׁפָּטֶיךָ. — II. Transitiv. 1. Gott fürchten. a) Infolge überwältigender sinnlicher Eindrücke. α) Akkusativ Gottes: I Sam. 12, 18 וַיִּירָא אֶת־יהוה. β) Dazu eine Zeitbestimmung: II Sam. 6, 9 וַיִּרָא דָוִד אֶת־יהוה בַּיּוֹם הַהוּא; I Chr. 13, 12 וַיִּירָא דָוִיד אֶת־הָאֱלֹהִים בַּיּוֹם הַהוּא לֵאמֹר. — b) Die Furcht Gottes leitet sich ab aus den Erweisen seiner Macht, seiner Gerechtigkeit im Bestrafen des Unrechtes, aus seiner Gerichtsoffenbarung. a) Akkusativ Gottes: Als Israel die grosse Wunderthat erkannte, fürchtete es Ex. 14, 31 וַיִּירְאוּ; Amalek überfiel das erschöpfte Israel Deut. 25, 18 וְלֹא יָרֵא אלהים; infolge der Grossthaten Jahwes Jes. 25, 3 (parall. יִירָאוּךָ); קרית גוים עריצים יִירָאוּךָ weil Jahwe schweigt seit längster Zeit 57, 11 וְאוֹתִי לֹא תִירָאִי; Jer. 5, 22 הַאוֹתִי לֹא־תִירָאוּ אם ‥ וְלֹא תְחִילוּ ‥; 10, 7 מִי לֹא יִרָאֲךָ מֶלֶךְ הַגּוֹיִם; Hiskia statt den Unheil verkündenden Propheten zu töten, 26, 19 הֲלֹא יָרֵא אֶת־יהוה; im Geständnis des ungetreuen Israel Hos. 10, 3 כִּי לֹא יָרֵאנוּ אֶת־יהוה; Jahwe wird Gericht halten über die, welche die Ungerechtigkeiten verüben Mal. 3, 5 וְלֹא יְרֵאוּנִי; Eindruck der Macht Gottes Ps. 67, 8 וְיִירְאוּ אוֹתוֹ כָּל־אַפְסֵי־אָרֶץ; 102, 16 וְיִירְאוּ גוים אֶת־שֵׁם יהוה; Hi. 9, 35 וְלֹא אִירָאֶנּוּ אֲדַבְּרָה. β) Dazu eine nähere Bestimmung: Jes. 59, 19 וְיִירְאוּ מִמַּעֲרָב אֶת־שֵׁם יהוה ‥ מִמִּזְרַח־שֶׁמֶשׁ אֶת־כְּבוֹדוֹ. γ) Ein inneres Objekt: Jon. 1, 16 וַיִּירְאוּ ‥ יִרְאָה גְדוֹלָה אֶת־יהוה. — c) Gott fürchten = Inbegriff des gesammten religiös-sittlichen Verhaltens, des frommen Lebens. a) Akkusativ Gottes. a') יִרְאֵי־הָאֱלֹהִים Gen. 42, 18 (Part.); Ex. 1, 17. 21; Eccl. 5, 6; 12, 13; Neh. 7, 2; dagegen sind die Worte Ps. 55, 20 וְלֹא יָרְאוּ אלהים in einem ganz sinnlosen Kontext. β') אֶת־יהוה Jos. 24, 14 in Verbindung mit הָסִירוּ . . . אֶת־אֱלֹהֵי : וְעִבְדוּ אֹתוֹ; I Sam. 12, 14 neben וַעֲבַדְתֶּם אֹתוֹ בֶאֱמֶת . . . 24 אַךְ יְראוּ אֶת־יהוה neben בְּכָל־לְבַבְכֶם; II Reg. 4, 1 עַבְדְּךָ הָיָה יָרֵא אֶת־יהוה; Ps. 34, 10; 112, 1; Prov. 3, 7; 24, 21. γ') יְראוּ אֶת־יהוה אֱלֹהֵיכֶם bzhw. unseren, eueren Gott: Deut. 6, 2 לְמַעַן תִּירָא אֶת־יהוה אֱלֹהֶיךָ . . . ; 13, 5 אֶת־יהוה אֱלֹהֵיכֶם תִּירָאוּ; 31, 12 neben וְשָׁמְרוּ לַעֲשׂוֹת אֶת־כָּל־דִּבְרֵי הַתּוֹרָה; Jer. 5, 24 אֶת־יהוה אֱלֹהֵינוּ; die

Formel 'א ־־־־־ ליראה את Deut. 6, 24; 10, 12; 17, 19.   δ') Der Infinitiv
ל־־־אה mit dem Objekte: Deut. 28, 58 הזה הנורא יהוה את־שם־הנכבד; Ps.
86, 11 שמך; Neh. 1, 11 את־שמך.   ε') ל־־־אה את־ Deut. 8, 6; ליראה את־ד
I Reg. 8, 43; II Chr. 6, 33; ל־־־אה את Deut. 5, 26; את־־ר אדני־־־־־יאו Zeph. 3, 7;
־־־יראה Hi. 37, 24; ־־יראך Ps. 119, 63; ־־יראו: Mal. 2, 5.   β) Das Particip
in Genitivverbindung: α') ־־יראי אלהים Gen. 22, 12; Hi. 1, 1. 8; 2, 3; Eccl.
7, 18; יראי־אלהים Ex. 18, 21; Ps. 66, 16; Eccl. 8, 12.   β') ־־יר את־ Jes.
50, 10; Ps. 25, 12; 128, 1. 4; Prov. 14, 2; ־־ר־־ Mal. 3, 16 (bis); Ps. 15, 4;
22, 24; 115, 11. 13; 118, 4; 135, 20.   γ') ־יאי־ שמך 61, 6; ־שמי Mal. 3, 20.
δ') ־־־ר Ps. 22, 26; 25, 14; 33, 18; 34, 8. 10; 85, 10; 103, 11. 13. 17; 111, 5;
145, 19; 147, 11; ־־יראיך 31, 20; 60, 6; 119, 74. 79.   γ) Zum Akkusativ
Gottes eine Zeitbestimmung. α') ־־ביללה־בכ: Deut. 14, 23; 31, 13 ליראה
את־: 4, 10; Jer. 32, 39 ־־־ר את; Jos. 4, 24 אל־־ריא; ־לבימן יראים אתל־;
I Reg. 8, 40; II Chr. 6, 31 לבימן יראיך. — β') ביתורי I Reg. 18, 12 את־־־.
δ) Eine Bestimmung der Art und Weise: Hi. 1, 9 החנם ירא 'א אלהים. —
d) Die Furcht Gottes ist gleichbedeutend mit dem Bekenntnisse
Jahwes. daher Jahwe fürchten = ihn verehren. α) Akkusativ Gottes:
Die ostjordanischen Stämme befürchten, die westlichen könnten ihnen
abstreiten, an Jahwe einen Anteil zu haben, und die Folge könnte
für ihre Söhne sein Jos. 22, 25 ־־ריא את־ לבלתי; in der Aussage über
Obadja I Reg. 18, 3 ירא את־־־ באד היה; über die von Assyrien in
Israel Angesiedelten II Reg. 17, 28. 32 (Part.). 33 (Part.). 34 (Part.).
11 (Part.) ־־־את; 17, 39 תיראו אלהיכם את־־ר. 36 את־; die Auskunft des
Jonas über seine Person Jon. 1, 9 אני ירא אלהי השמים את־־ר יאכי אנכי עברי.
Von der Verehrung fremder Götter: Jud. 6, 10 לא תיראי את־אלהי האבירי;
II Reg. 17, 7. 35. 37. 38 אלהים אחרים ותיראי. — β) Dazu eine Zeitbestim-
mung: II Reg. 17, 25 לא יראי את־־ר שם בתם שבתם בתחלת. — 2. Menschen.
a) Fromme Scheu, Ehrfurcht vor ihnen haben. α) Akkusativ der
Person: Lev. 19, 3 אבי אמי איש את־אביו תיראו 'ה. β) Dazu eine Zeitbestimmung:
Jos. 4, 14 את־־ר יראי כל־ימי באשר בלתי ייראו היי. — b) Menschenfurcht:
Ez. 3, 9 מפניהם לא־תחת אותם אירא לא־־ר. — 3. Etwas fürchten. a) Infolge
überwältigender sinnlicher Eindrücke: Ex. 9, 20 את־דבר ירא היה. —
b) Eine fromme Scheu haben. α) Objektsakkusativ: Lev. 19, 30;
26, 2 מקדשי; I Sam. 14, 26 את־השבעה; Eccl. 9, 2 שבועה; Jes. 8, 12
את־־־־. β) Das Particip in Genitivverbindung: Prov. 13, 13 ירא
מצוה. — Niph'al 1. Furchtbar sein. a) Jahwe. α) Sachlicher
Akkusativ: Ex. 15, 11 נורא תהלת; Ps. 66, 5 נורא עלילה על־בני־אדם 'נ.
β) Mit על. Zeph. 2, 11 'נ: על־ עליהם; Ps. 89, 8 נערץ על־כל־סביביו; 96, 4; 1 Chr.
16, 25 על־כל־אלהים. γ) Mit ל, jemandem: Ps. 76, 13 למלך־א־־רין.

δ) מק des Ortes: 68, 36 אלהים במקדשיך ‛ב. ε) Absolut: Deut. 10, 17; Neh. 9, 32 יתנורא; האל הגדל הגבר נורא; Dan. 9, 4; Neh. 1, 5 יתנורא האל הגדל; Deut. 7, 21 גדול ונורא אל; Neh. 4, 8 הגדול והנורא אדני; Ps. 47, 3 יהוה נורא; עליון; 76, 8 את נורא ‛ה. — b) Der Name Jahwes. α) ב des Ortes: Mal. 1, 14 שמי נורא בגוים. β) Absolut: Deut. 28, 58 הנכבד והנורא שם יהוה; Ps. 99, 3 גדול ונורא; שמך; 111, 9 שמו קדוש ונורא. — c) Ein Bote Gottes, wie der Engel Jud. 13, 6 כמראה ‛ה; das Volk der Chaldäer als Strafwerkzeug Jahwes Hab. 1, 7 איום ונורא היא. — d) Sachliches: Gen. 28, 17 מה נורא המקום הזה; Ex. 34, 10 היא אשר נורא עמך; Ps. 66, 3 מה נורא; Hi. 37, 22 על אלוה נורא הוד; vom Tage Jahwes Jo. 2, 11 גדול יום יהוה ונורא מאד; 3, 4; Mal. 3, 23 הנורא הגדול יום ‛ה; endlich נוראות entweder die Grossthaten Gottes für das Volk Israel, Deut. 10, 21; II Sam. 7, 23; Jes. 64, 2; Ps. 106, 22; oder im weiteren Sinne hohe, wunderbare Gottesthaten, 145, 6; I Chr. 17, 21; oder endlich im adverbiellen Gebrauche = auf ausserordentliche Weise, Ps. 65, 6; 139, 14. — 2. Gefürchtet = verehrt werden: Ps. 130, 4 bei Jahwe ist Vergebung, למען תורא.

Ausserhalb des theologischen Sprachgebrauches: **Kal I. Intransitiv.** 1. Sich fürchten. a) Angst haben vor jemandem. α) Akkusativ der Person. α') Allein: Num. 21, 34; Deut. 3, 2; I Sam. 15, 24; II Sam. 3, 11; I Reg. 1, 51. β') Dazu ein Objektssatz: Gen. 32, 12 כי ירא אנכי אתו פן יבוא. — γ') Ein Infinitiv mit מן: Jud. 6, 27 וירא ... לעשות יומם. β) מן derselben: Deut. 1, 29; 2, 4; 7, 18; 20, 1; Jos. 10, 8; II Reg. 25, 24; Jes. 10, 24; 51, 12; Jer. 10, 5; 42, 11; Ez. 2, 6; Ps. 3, 7; 27, 1. γ) מפני derselben: Deut. 7, 19 (Part.); Jos. 11, 6; I Sam. 7, 7; 18, 29; 21, 13; I Reg. 1, 50; II Reg. 1, 15; 25, 26; Jer. 1, 8; 41, 18; 42, 11 (bis); Neh. 4, 8. δ) מלפני derselben I Sam. 18, 12. — b) Vor Tieren Angst haben: Hi. 5, 22 אל תירא; לחית הארץ. — c) Vor etwas. α) Ein sachlicher Akkusativ. α') Objektssatz mit כי Gen. 43, 18. β') Ein Infinitiv mit ל: Gen. 19, 30; 26, 7; Jud. 7, 10 (Part.); II Sam. 10, 19. β) Mit מן: Gen. 46, 3 אל תירא מרדה מצרימה; I Sam. 28, 20 מדברי; Jer. 40, 9 אל תיראו מעבוד הכשדים; 42, 16 (Part.); Ez. 2, 6 (bis) אל תירא מדבריהם; Ps. 91, 5; 112, 7; Prov. 3, 25; Hi. 5, 21; Eccl. 12, 5. γ) מפני הרבים II Reg. 19, 6; Jes. 37, 6. — d) Mit einer näheren Bestimmung. α) Des Ortes: I Sam. 23, 3 פה ביהודה נראים. β) Der Zeit: Ps. 49, 6 בימי רע. — e) Mit innerem Objekte: Jon. 1, 10 וייראו האנשים יראה גדולה. — f) Mit מאד: Gen. 20, 8; 32, 8; Ex. 14, 10; Jos. 10, 2; I Sam. 17, 11 (neben ויחתו). 24; 31, 4; I Chr. 10, 4; ויראו מאד II Reg. 10, 4; ויראו מאד מאד Neh. 2, 2. — g) Absolut: Gen. 3, 10; 18, 15; 31, 31; 42, 35;

Ex. 2, 11; Deut. 20, 8 (Part.); Jud. 7, 3; 8, 20; I Sam. 4, 7; 28, 5; Jes.
54, 11; Jer. 23, 4 (neben אל־תּירא): 26, 21; Am. 3, 8; Jon. 1, 5; Neh.
6, 13. 16; II Chr. 20, 3. Besonders häufig das Trost- und Beruhigungs-
wort: אל־תּירא Gen. 15, 1; 26, 24; Jud. 4, 18; 6, 23; I Sam. 22, 23; 23, 17;
II Sam. 9, 7; II Reg. 6, 16; Jes. 7, 4; אל־תּירא יאל־תּירא Deut. 1, 21;
Jos. 8, 1; לא תירא אל תחת Deut. 31, 8; אל־תּירא Gen. 21, 17; 35, 17;
I Sam. 4. 20; 28, 13; I Reg. 17, 13; Ruth 3, 11; אל־תּירא Gen. 43, 23;
50, 19. 21; Ex. 14, 13; 20, 20; Deut. 20, 3; 31, 6; I Sam. 12, 20; II Sam.
13, 28; אל־תּירא יאל־תּירא אל־תּירא Jos. 10, 25; II Chr. 20, 15. 17; 32, 7. — 2. Sich
scheuen, Bedenken tragen. a) Infinitiv mit ל: II Sam. 12, 18 להגיד.
— b) Mit מן, vor etwas: I Sam. 3, 15 יָרֵא מהגיד אתהמראה; Hi. 32, 6 יראתי
מחות אתכם. — c) Absolut: Hi. 6, 21. — II. Transitiv: fürchten. 1. Jemanden: Num. 14, 9 (bis) אל־תּיראו את עם הארץ bzhw. אל־תּיראם; Deut. 3, 22
לא תיראום; Dan. 1, 10 ירא אני את אדני. — 2. Für jemanden: Jos. 9, 24
ונירא מאד לנפשתינו; Prov. 31, 21 לא תירא לביתה. — 3. Etwas fürchten:
Jes. 51, 7 אל תיראו חרפת אנוש; Ez. 11, 8 חרב; Ps. 23, 4 לא אירא רע. — Pi'el jemanden
einschüchtern, Akkusativ der Person: II Sam. 14, 15 כי יראני העם;
Neh. 6, 9 כלם מיראים אתנו. 14 'מ' איהת. 19 לייראני; II Chr. 32, 18 לייראם.

Ohne Zweifel ist im theologischen Sprachgebrauch Kal am
frühesten gebildet. Was die sinnliche Grundbedeutung anbelangt,
so lässt sich für das so häufig angenommene „Zittern" ein Beweis
nicht erbringen. Auf die feine Bemerkung Hoffmanns (Liter. Cen-
tralbl. 1882, 321), der unser Verbum denominiert von רֵאָה „Lunge"
und auf رءى „kurzatmig sein" hinweist, werde ich aufmerksam durch
Ges. Hwb. 12. Dagegen scheint mir die Beiziehung von رءل „schrecken"
zum hebr. ירא (Barth, Etym. St. 16, Anm. 2) aus mehrfachen Gründen
bedenklich.

כָּסַף von כֶּסֶף Kal bleich werden vor Sehnsucht, sich sehnen;
vom Liebessehnen des Schöpfers gegenüber seinem Geschöpfe Hi.
14, 15 למעשה ידיך. — Niph'al 1. Bleich werden vor Sehnsucht,
Ps. 84. 3 נכספה וגם כלתה נפשי לחצרות. — 2. Vor Scham über sein
Thun, Zeph. 2, 1 הגוי לא נכסף.

Ausserhalb des theologischen Sprachgebrauches:
Kal verlangen, begehren, vom Löwen Ps. 17, 12 לטרף. — Niph'al
sich sehnen, nach der Heimat Gen. 31, 30 נכספתה לבית.

Die Ableitung des Verbums von כֶּסֶף stellt, allerdings nur vermutungsweise, Steiner zu Zeph. 2, 1 auf. Die Bedeutung „fahl, blass
werden" spricht natürlich nicht gegen die Verwendung des Verbums

in dem Sinne von „sich schämen"; vgl. Goldziher, Der Mythos bei den Hebräern S. 237. Wenn aber Schwally Z.A.W. X, 181 meint, die Bedeutung „fahl, blass" sei unerweislich, so verweise ich auf الوجه كاسف „bleich von Antlitz", wofür Freytag „austerus vultu" hat.

לֹחֵם von נלחם Kal kämpfen, von Jahwe ausgesagt in dem Gebete an ihn Ps. 35, 1 לחם את־לחמי (parall. ריבה את־ריבי). — Niph‘al kämpfen, streiten. 1. Von Jahwe ausgesagt. a) Mit ל der Person, für die er streitet. α) Allein. Ex. 14, 14; Deut. 1, 30; 3, 22 (Part.); יי נלחם לישראל Jos. 10, 14. 42; יי אלהיכם הוא הנלחם לכם 23, 3. 10; unser Gott wird streiten Neh. 4, 14 לנו. — β) Dazu ב des Feindes, Ex. 14, 25. γ) עם des Feindes Deut. 20, 4. — b) ב des Feindes, Jes. 30, 32; Sach. 14, 3. — c) עם desselben, II Chr. 20, 29. — d) את desselben, Jer. 21, 5 ואתכם mit ausgereckter Hand und starkem Arm und im Zorn und im Grimm und in gewaltiger Wut. — e) Mit seinem Nomen, II Chr. 32, 8 להלחם מלחמתינו. — f) Mit einer Zeitbestimmung, Sach. 14, 3 ביום קרב. — 2. Subjekt sind Menschen. a) יי מלחמות ‘ל, heilige Kriege führen, I Sam. 18, 17; 25, 28. — b) Wider Jahwe streiten, II Chr. 13, 12 עליי.

Ausserhalb des theologischen Sprachgebrauches: Kal kämpfen, nur im Particip Ps. 35, 1; 56, 2; mit ל wider jemand, V. 3. — Niph‘al einen Krieg führen, streiten. 1. מלחמה ‘ל: I Sam. 8, 20. — 2. Mit jemandem kriegen oder streiten. a) ב der Person. Ex. 1, 10; 17, 9. 10; Num. 21, 1. 23. 26; 22, 11; Jos. 24, 9. 11; Jud. 1, 1. 3. 5. 9; 8, 1; 9, 38. 39; 10, 9. 18; 11, 6. 8. 9. 25. 27. 32; 12, 1. 3; I Sam. 12, 9; 14, 47; 15, 18; 19, 8; 23, 5; 28, 1. 15 (Part.); 29, 8; 31, 1 (Part.); II Sam. 8, 10; II Reg. 3, 21; 6, 8 (Part.); Jes. 19, 2; 63, 10; I Chr. 10, 1; 18, 10; II Chr. 26, 6; 35, 22. — b) עם der Person. α) Allein. Jos. 9, 2; 10, 29; 11, 5; Jud. 5, 20; 11, 4. 5. 20; I Sam. 13, 5; 17, 19 (Part.). 32. 33; II Sam. 10, 17; I Reg. 12, 21. 24; Jer. 41, 12; Dan. 10, 20; 11, 11; I Chr. 19, 17; II Chr. 11, 1. 4; 17, 10; 27, 5. β) Dazu ב des Ortes, Ex. 17, 8. — c) את α) Allein. Jud. 12, 4; II Sam. 11, 17; 21, 15; I Reg. 22, 31; II Reg. 8, 29; 9, 15; Jer. 32, 5; 33, 5; II Chr. 18, 30; 22, 6; את I Sam. 17, 9; אתהם II Reg. 19, 9; Jes. 37, 9; ואתם Jos. 24, 8; Jer. 37, 10; אתם Jos. 10, 25. β) Dazu noch ב des Ortes, I Reg. 20, 23 אתם. 25 אתם. γ) ב des Mittels Jer. 21, 4 (Part.). — d) אל Jer. 1, 19; 15, 20. e) על 21, 2. — f) Akkusativ der Person, Ps. 109, 3 וילחמוני. — 3. Für jemanden kämpfen, על der Person, Jud. 9, 17; II Reg. 10, 3; Neh. 4, 8. — 4. Ist das feindliche Objekt sachlicher Natur, so kann das Verbum spezielle, kriegerische Operationen, wie „berennen, bestürmen", oder im allgemeinen „die Feindseligkeiten eröffnen" bezeichnen. a) ב des feindlichen Objektes, Jos. 10, 31; Jud. 1, 8; 9, 45. 52; 11, 12; I Sam. 23, 1 (Part.); II Sam. 12, 26. 27. 29; I Reg. 20, 1; Jes. 20, 1; Neh. 4, 2; II Chr. 35, 20. — b) על desselben, Deut. 20, 10. 19; Jos. 10, 5. 34. 36. 38; II Reg. 12, 18; 19, 8 (Part.); Jes. 7, 1; 37, 8 (Part.); Jer. 34, 22; 37, 8; und im Particip 32, 24. 29; 34, 1. 7. — 5. Mit blosser durch ב eingeführter Ortsbestimmung, Jud. 5, 19; Sach. 14, 14; II Chr. 35, 22. — 6. ב zur Einführung des begleitenden Umstandes, II Chr. 20, 17 בזאת, bei diesem Anlasse kämpfen. — 7. Absolut, Deut. 1, 41. 42; Jud. 5, 19; I Sam. 4, 9. 10; II Sam. 2, 28; 11, 20; I Reg. 22, 32; II Reg. 16, 5; Jer. 51, 30; Sach. 10, 5; II Chr. 18, 31.

Die Priorität des Niph'al im Sprachgebrauche steht ausser Zweifel. Der sinnliche Grundbegriff wird nach dem arabischen *lahama* von Fleischer (bei Delitzsch, Hiob[2], S. 195, Anm.) bestimmt als „fest und dicht an einander drängen"; vgl. auch Delitzsch, Psalmen[4], S. 301; Delitzsch Friedr. Proleg. 192 ff.; das Richtige wohl Nöldeke, Z.D.M.G. 40, 721: „zusammenfügen, ordnen, מלחמה Schlachtreihe".

מַל von מול? **Kal** 1. Beschneiden im eigentlichen Sinne. a) Akkusativ der Person. α) Allein: Gen. 21, 4 אברהם את־יצחק; Ex. 12, 44 ומלתה אתו näml. jeglichen um Geld erkauften Sklaven; Jos. 5, 5 בדרך. 7 כל העם. β) Dazu irgend eine nähere Bestimmung: 5, 3 את־בני־ישראל אל־גבעת הערלות. 7 את־הם ברדך. — b) Akkusativ der Sache: Gen. 17, 23 את־בשר ערלתם בעצם היום הזה. — c) Mit Akkusativ des Grundes: Jos. 5, 4 זה הדבר אשר־מל יהושע. — d) Das passive Particip: 5, 5; בל־העם הילוד במלבר Jer. 9, 24. — 2. Im übertragenen Sinne: Deut. 10, 16 את; 30, 6 ומלתם את ערלת לבבכם. ומל יי אלהיך את־לבבך. — **Niph'al** 1. Im eigentlichen Sinne. a) Sich beschneiden lassen. α) Mit *dat. com.*: Gen. 34, 15. 22 להמל לכם. בהמל להם כל־זכר. — β) Eine sonstige nähere Bestimmung: Lev. 12, 3 ימול בשר ערלתו. השמיני. — γ) Absolut: Gen. 34, 17. — b) Beschnitten werden. α) Mit Akkusativ 17, 14. 24. 25 בשר ערלתו. β) Mit *dat. com.*: 17, 10. 12 לכם כל־זכר; Ex. 12, 48 לו כל־זכר. γ) Sonst eine nähere Bestimmung: Gen. 17, 26 בעצם היום הזה. 27 ומלי את־. δ) Absolut: 17, 13; 34, 22; Jos. 5, 8. — 2. Im übertragenen Sinne: Jer. 4, 4 המלו ליי והסרו ערלות לבבכם*).

---

*) Als Hiph. = zur Beschneidung bringen, Ps. 118, 10. 11. 12 כי יי אמילם; jedoch zweifelhaft.

Über בִּיל richtig Olshausen 223, c = בָּאִיל, Stamm אִיל „vorne sein". Vgl. auch Buhl im H.W.B. [12]

מֶלַל Nebenform zu מוּל **Kal** beschneiden, Jos. 5, 2 בֶּן־ישראל. שֵׁנִית. — **Niph'al** sich beschneiden lassen, Gen. 17, 11 בְּמֵבַל אֶת בְּשַׂר עָרְלַתְכֶם *).

סָפַד von מִסְפֵּד **Kal** im allgemeinen = בָּכָה נָשָׂא. 1. Die Toten-klage halten. a) Mit Akkusativ seines Nomens, Gen. 50, 10 ס' מִסְפֵּד גָּדוֹל יָבֵד מְאֹד. — b) עַל des Toten, Sach. 12, 10 וְסָפְדוּ עָלָיו כְּמִסְפֵּד עַל־הַיָּחִיד. — 2. Den bei der Totenklage gebräuchlichen Klageruf הוֹ־ anstimmen. a) Mit Angabe des Klagerufes. α) Dazu לְ der Person, Jer. 22, 18 (bis), man wird keine Totenklage halten לֹא־יִסְפְּדוּ לוֹ הוֹי אָחִי וְהוֹי אָחוֹת, man wird nicht klagen לֹא יִסְפְּדוּ לוֹ הוֹי אָדוֹן וְהוֹי הֹדֹה; 34, 5 וְהוֹי אָדוֹן יִסְפְּדוּ־לָךְ. β) עַל der Person, I Reg. 13, 30 וַיִּסְפְּדוּ עָלָיו הוֹי אָחִי. — b) Bloss Angabe der Person. α) לְ derselben, Gen. 23, 2; I Sam. 25, 1; 28, 3; I Reg. 14, 13. 18; Jer. 16, 6. β) עַל des Toten, II Sam. 11, 26. γ) לִפְנֵי 3, 31. — c) Absolut II Sam. 1, 12; I Reg. 13, 29; Jer. 16, 5; Ez. 24, 16. 23; Sach. 12, 12; Eccl. 3, 4; 12, 5 (Part.). — 3. Den Klageruf beim hereinbrechenden oder drohenden Strafgerichte Gottes an-stimmen. a) Mit עַל, Jes. 32, 12 עַל־שָׁדַיִם סֹפְדִים **); Mi. 1, 8 עַל־זֹאת אֶסְפְּדָה וְאֵילִילָה. — b) Absolut Jer. 4, 8 (neben הֵילִילוּ); 49, 3. — 4. Trauern im allgemeinen, Jo. 1, 13 סִפְדוּ הַכֹּהֲנִים (parall. הֵילִילוּ); Sach. 7, 5 (neben וְצוֹם). — **Niph'al** die Totenklage gehalten bekommen, Jer. 16, 4; 25, 33.

Dass ursprünglich im Kal denominiert ist, ist klar. Schwierig ist die Entscheidung bezüglich der Grundbedeutung. „Schlagen", wie man gewöhnlich annimmt, halte ich für wenig berechtigt, wage aber keine Vermutung. Im Syr. ist ‏ܣܦܕ‎ *Pe. timuit: Pa. saliit.*

עָנַשׁ von עֹנֶשׁ **Kal** 1. Geldstrafe auferlegen. a) Doppelter Akku-sativ. Deut. 22, 19 וְעָנְשׁוּ אֹתוֹ מֵאָה כֶסֶף wegen böswilliger Verleumdung einer israel. Jungfrau. — b) Ohne Objekt. Am. 2, 8 וְיֵין עֲנוּשִׁים „Wein ge-büsster". — 2. Strafe auferlegen. a) Prov. 21, 11 בַּעֲנָשׁ־לֵץ. — b) 17, 26 עֲנוֹשׁ לַצַּדִּיק. — **Niph'al** 1. An Geld gestraft werden. Wer bei einem Raufhandel ein schwangeres Weib gestossen, Ex. 21, 22 עָנוֹשׁ יֵעָנֵשׁ כַּאֲשֶׁר יָשִׁית עָלָיו בַּעַל הָאִשָּׁה. — 2. Strafe erleiden, Schaden leiden als Schicksal des gegen drohende Gefahr blinden Einfältigen, in den gleichlautenden Stellen Prov. 22, 3; 27, 12.

<hr>

*) Das Hithpo. Ps. 58, 4 ist in diesem Kontext nicht mehr zu erklären.

**) Statt שָׁדַיִם ist doch wohl zu lesen שֹׁדְדִים Siegfried-Stade. Hebr. Wb. unter ספד.

Ausserhalb des theologischen Sprachgebrauches:
Kal Geldbusse auflegen, vom Auferlegen eines Tributes II Chr. 36, 3
בהם וכל יבכו בכסף מאה ארהארין.

Die sinnliche Grundbedeutung scheint doch wohl nach dem
nahe verwandten عنش, عنس zu urteilen im „Niederdrücken" zu
liegen.

פֹּשֵׁעַ von פָּשַׁע Kal Treubruch begehen, an Gott. a) ‍= Gottes.

α) Der Treubruch wird begangen durch gewaltsame Lösung des
Pflichtverhältnisses gegen Jahwe, welche, wenn auch vorzüglich,
doch nicht allein durch Abfall zu den heidnischen Göttern, sondern durch Missachtung der sittlichen Gebote herbeigeführt wird:
Jes. 1, 2; 43, 27; 66, 24 (Part.); Jer. 2, 8. 29; 3, 13; Ez. 2, 3; 20, 38 (Part.);
Hos. 7, 13 (parall. נדדו בני). β) Hinzukommt ein sachlicher Akkusativ, I Reg. 8, 50 פשעיהם אשר פשעו־בך; Jer. 33, 8, wo der Akkusativ
אשר sich bezieht auf כי־ירהם; Zeph. 3, 11, derselbe Akkusativ auf
עלילתיך*). — b) ‍= der Sache, wodurch man 'פ begeht, Ez. 18, 31
פשעיכם אשר פשעתם בם; Esr. 10, 13 לפשע בדבר הזה. — c) בל der Sache,
Hos. 8, 1 על־תורתי פשעו (parall. עברו בריתי). — d) Absolut, Jes. 59, 13;
Am. 4, 4 (bis); Prov. 28, 21; Thr. 3, 42. Das Particip zur Bezeichnung
einer ganzen Klasse von Menschen, die durch Götzendienst, wie
durch Missachtung aller Schranken des Sittengesetzes äusseren, wie
inneren Abfall von Jahwe vollzogen haben: Jes. 1, 28; 46, 8; 48, 8;
53, 12 (bis); Hos. 14, 10; Ps. 51, 15; Dan. 8, 23. — Niph'al nur Prov.
18, 19, wo die besser bezeugte Lesart נִפְשָׁע hat, das einen impersonellen Attributivsatz darstellend von Fleischer übersetzt wird: per-
fide actum est sel. בו in eum (אח).

Ausserhalb des theologischen Sprachgebrauches:
Kal von der gewaltsamen Lösung eines Pflichtverhältnisses, das
politischer Natur ist. a) ‍= der Person, I Reg. 12, 19; II Reg. 1, 1;
3, 5. 7; II Chr. 10, 19. — b) 'פ דד מתחת II Reg. 8, 20. 22; II Chr. 21, 8. 10. —
c) Absolut, II Reg. 8, 22; II Chr. 21, 10.

Kal ist offenbar die ältere Konjugation. Das Verbum besagt
überall die gewaltsame Lösung eines bestehenden Pflichtverhältnisses,
weshalb Delitzsch mit Berufung auf das wurzelverwandte fasaka
die Grundbedeutung „abbrechen, losreissen" statuiert.

---

*) Schwally Z.A.W. X, 201, meint, dass אשר hier wie Gen. 3, 11; 43, 27;
45, 6 absolut stehe „in Bezug auf welche". Diese Auffassung scheitert an
I Reg. 8, 50, wo das Verbum mit dem Akk. פשע steht, und die oben angeführten zwei übrigen Stellen zeigen ein dem letzteren synonymes Objekt.

שֹׁפֵט von שָׁפַט **Kal** ׳שׁ sein. I. Subjekt ist Gott. 1. Schiedsrichter sein. a) בֵּין .. בֵּין Gen. 16, 5; Jud. 11, 27; 1 Sam. 24, 13. 16;
Ez. 34, 20. — b) ל ... בֵּין Ez. 34, 17. 22 בֵּין שֶׂה לְשֶׂה. — c) Mit einfachem בֵּין Gen. 31, 53 בֵינֵינוּ .. ׳: ׳א אֱלֹהֵי אֲבִיכֶם; Jes. 2, 4; Mi. 4, 3. —
2. Nach den zwei Seiten der Erweisung der richterlichen Thätigkeit
Gottes: a) Zum Rechte verhelfen, Recht schaffen. α) Akkusativ der
Person 1 Reg. 8, 32 לְהַצְדִּיק צַדִּיק הַשָּׁמַיִם תִּשְׁמַע בָּרֲשָׁעִים; Ps. 7, 9 שָׁפְטֵנִי
יְיָ כְצִדְקִי; 10, 18 יָדִין יָתוֹם; 26, 1 שָׁפְטֵנִי יְיָ; 35, 24 שָׁפְטֵנִי כְצִדְקְךָ יְיָ; 43, 1
שָׁפְטֵנִי אֱלֹהִים; II Chr. 6, 23 אַתָּה תִשְׁפּוֹט. β) Zum Akkusativ der Person
דִּין desjenigen, dem gegenüber Gott zum Rechte verhilft I Sam. 24, 16;
II Sam. 18, 19. 31. — γ) שָׁפַטְתָּ מִשְׁפָּטִי im Gebete zu Jahwe Thr. 3, 59.
δ) Absolut Ex. 5, 21. — b) Verurteilen, bestrafen. α) Mit Akkusativ
I Sam. 3, 13 שֹׁפֵט אֲנִי אֶת בֵּיתוֹ; Ez. 11, 10. 11; 21, 35. β) Zum persönlichen Akkusativ noch die für den Urteilsspruch massgebende
Norm Ez. 7, 3. 8; 18, 30; 33, 20; 24, 14 כִּדְרָכַיִךְ וְכַעֲלִילוֹתַיִךְ; 36, 19
כְּדַרְכָּם יִשְׁפָּטֵם; 35, 11 כַּאֲשֶׁר אֲשָׁפֵט; 7, 27 בְּמִשְׁפָּטָם אֶשְׁפְּטֵם; 16, 38
וּשְׁפַטְתִּיךְ מִשְׁפְּטֵי נֹאֲפוֹת וְשֹׁפְכֹת דָּם. — γ) Bloss בְּ der Person II Chr. 20, 12
הֲלֹא תִשְׁפָּט בָּם. — c) In doppelsinniger Bedeutung, der des Recht-
schaffens und des Strafvollstreckens zugleich Eccl. 3, 17 אֶת הַצַּדִּיק
וְאֶת הָרָשָׁע יִשְׁפֹּט. — 3. Gericht halten im allgemeinen, von Gott als
dem Weltrichter und Weltregenten. a) Mit einem Akkusativ. α) Völker Jes. 51, 5 יָדִין עַמִּים; Jo. 4, 12 אֶשְׁפּוֹט אֶת כָּל; die Himmlischen,
יִדִּין Hi. 21, 22*). β) הָאָרֶץ Ps. 82, 8; 96, 13; 98, 9; I Chr. 16, 33. —
b) Zum Akkusativ tritt, um Gottes richterliche Thätigkeit zu
charakterisieren, eine nähere Bestimmung. α) יָדִין עַמִּים בְּמֵישָׁרִים Ps. 67, 5;
von den heidnischen Göttern 58, 2 אֱמֶת אָדָם תִּשְׁפְּטוּ מֵישָׁרִים. β) בְּ
בְּצֶדֶק 9, 9 (parall. לְאֻמִּים בְּמֵישָׁרִים (יָדִין); 96, 13; 98, 9. — c) Bloss mit
einer näheren Bestimmung 75, 3 מֵישָׁרִים אֶשְׁפֹּט; 58, 12 אֱלֹהִים שֹׁפְטִים בָּאָרֶץ;
82, 1 בְּקֶרֶב אֱלֹהִים; Hi. 22, 13 בְּעַד עֲרָפֶל. — d) Absolut Ps. 50, 6; 51, 6;
75, 8. — II. Subjekt sind Menschen, aber im Namen und als Or-
gane Gottes. 1. Schiedsrichter sein. a) בֵּין .. בֵּין Ex. 18, 16, Subjekt Mose. — b) Dazu עַל zur Angabe der Norm Num. 35, 24. Subjekt הָעֵדָה und die Norm עַל הַמִּשְׁפָּטִים הָאֵלֶּה. — c) Oder ein das Ergebnis der richterlichen Thätigkeit ausdrückender Akkusativ Deut.
1, 16 צֶדֶק, in der Anweisung an die von Mose eingesetzten Vor-
stände. — 2. Rechtsprechen, im Namen Gottes und als sein Organ.

*) So Kautzsch; Hoffmann: „Will man denn Gott Weisheit vorschreiben,
der, wie er Lust hat, den Himmel verwaltet". Bickell dagegen: „Lehrt Gott
den Thoren Einsicht — Und richtet er den Blutmann?"

a) Akkusativ der Person Ex. 18, ₁₃, Subjekt ist Mose; dagegen V. ₂₂. ₂₆ die zu diesem Behufe eigens ausgewählten Gehilfen des Mose; Ez. 20, ₄ *(bis)*: 22, ₂ *(bis)*: 23, ₃₆, Subjekt der Prophet. — *b)* Akkusativ der Sache Ex. 18, ₂₂. ₂₆ הקם הדבר־לכל, die Gehilfen des Mose; Ez. 44, ₂₄, die levitischen Priester. — *c)* Zum Akkusativ der Person noch die Norm des Richtens Ez. 23, ₂₄ במשפטיהם: dagegen V. ₄₅ כי משפט שפכת דם ואשה נאף משפט אתהן. — *d)* אל לאדם כי לי־ II Chr. 19, ₆. — 3. Das Richteramt versehen, die geistlichen, wie die weltlichen Angelegenheiten Israels leiten, Bezeichnung für die Wirksamkeit der nach dem Tode des Josua vom Geiste Gottes berufenen Männer. *a)* את־ישראל 'פ Jud. 4, ₄ (Part.); 10, ₂. ₃: 12, ₇. ₈. ₉. ₁₁ *(bis)*. ₁₃. ₁₄: 15, ₂₀: 16, ₃₁: I Sam. 4, ₁₈: II Reg. 23, ₂₂. — *b)* Absolut Ruth 1, ₁. — III. In der Verwendung als allgemein religiös-sittliche Forderung von der Gerechtigkeitspflege im Lande. 1. Rechtsprechen, richten. *a)* Zum Akkusativ der Person eine nähere Bestimmung der Art des Rechtsprechens Lev. 19, ₁₅ תשפט עמיתך בצדק; Jes. 11, ₄ בצדק דלים; Prov. 29, ₁₄ מלך שופט באמת דלים; die Richter und Amtleute Deut. 16, ₁₈ משפט־צדק את. — *b)* Bloss mit einem näheren Umstande Jes. 11, ₃ למראה ולא־; die Häupter Jerusalems sprechen Recht Mi. 3, ₁₁ בשחד. — *c)* Mit einem, das Ergebnis der richterlichen Thätigkeit zum Ausdruck bringenden Akkusativ Sach. 7, ₉ משפט אמת; 8, ₁₆ אמת ומשפט שלום; Ps. 82, ₂ עול; Prov. 31, ₉ צדק. — 2. Nach den verschiedenen Seiten der Erweisung dieser richterlichen Thätigkeit: *a)* Recht schaffen, zum Rechte verhelfen. *(a)* Akkusativ der Person Jud. 3, ₁₀ את־ישראל, Subjekt ist der Richter Othniel; Jes. 1, ₁₇. ₂₃ יתום; Ps. 72, ₄ עניי־עם (parall. לבני־אביון יושיע): 82, ₃ דל ויתום (parall. עני ורש הצדיקו). — *(β)* ומשפט אביונים לא שפטו Jer. 5, ₂₈, den Armen verhelfen sie nicht zum Rechte. — *b)* Verurteilen, strafen, vielleicht Ob. 1, ₂₁. — Niph'al zur Rechenschaft ziehen, ins Gericht gehen. 1. Subjekt ist Gott, der ins Gericht geht mit jemandem. *a)* את der Person. *(a)* Allein. Ez. 20, ₃₆ *(bis)* אתכם . . נשפטתי־אתכם. *(β)* Dazu ב des beim Vollzug des Strafgerichtes dienenden Mittels Jes. 66, ₁₆ נשפט .. באש ובחרבו־את: Ez. 38, ₂₂ בדבר ובדם את. *(γ)* Ein näherer Umstand in Gestalt eines Zustandssätzchens 20, ₃₅ אתכם פנים אל־פנים. *(δ)* Ein Akkusativ der Verursachung 17, ₂₀ אתו שם מעלו־. *(ε)* על der Verursachung Jer. 2, ₃₅ אותך על־אמרך. — *b)* Bloss ל der Person 25, ₃₁ לכל־בשר. *c)* עם der Person und על der Verursachung Jo. 4, ₂ עמם שם ונשפטתי. — 2. Subjekt ist Jehu, der Gottes Strafgericht vollzieht II Chr. 22, ₈ בהשפט אתא.

Ausserhalb des theologischen Sprachgebrauches: Kal 1. Schiedsrichter sein Gen. 19, 9 *); Jes. 5, 3. — 2. Jemandem das Urteil sprechen. a) Akkusativ der Person Deut. 25, 1: I Sam. 7, 6. 15. 16. 17; 8, 20. — b) בִּשְׁפֹט 'שׁ I Reg. 3, 28. — c) בְּ des Ortes I Sam. 8, 2. — d) Absolut I Reg. 7, 7. — 3. Regieren, mit Akkusativ der Person I Sam. 8, 5. 6; I Reg. 3, 9 (bis); II Reg. 15, 5 (Part.): Dan. 9, 12; II Chr. 1, 10. 11; 26, 21 (Part.). — Niph'al sich in einen Rechtsstreit einlassen, forensischer Terminus: אֵת der Person I Sam. 12, 7; Prov. 29, 9; mit יַחַד Jes. 43, 26; mit בְּאֵיבָה 59, 4; בְּהִשָּׁפְטִי Ps. 37, 33; 109, 7. — Po'el nur Hi. 9, 15 nach der gewöhnlichen Vokalisation לְמִשְׁפָּט, die Delitzsch festhält mit der Bedeutung richterlich bekämpfen. Richtiger wohl לְמֹשְׁפֵט **).

Über das frühere Auftreten des Kal im theol. Sprachgebrauche kann kein Zweifel sein. Um so unsicherer verhält es sich mit der Etymologie des Verbums. Reuss ***) will in 'שׁ zunächst die allgemeine Bedeutung des mit „herrschen" gleichbedeutenden „Waltens" finden; davon abgeleitet wäre erst die auf das Schiedsrichteramt gehende Bedeutung. Allein gerade das Umgekehrte ist der Fall. Gerade in den ältesten Belegstellen findet sich „Schiedsrichter sein" mit der charakteristischen Konstruktion בֵּין .. וּבֵין, während „walten, regieren" einer späteren Litteraturperiode angehört. Die Frage nach der sinnlichen Grundbedeutung wird bei dem Mangel jedes Anhaltspunktes in anderen semitischen Sprachen immer unentschieden bleiben †).

שָׁקַל von שֶׁקֶל Kal wiegen. a) Von Gottes unparteiischer Prüfung, Hi. 31, 6 יִשְׁקְלֵנִי בְמֹאזְנֵי־צֶדֶק. — b) Von der Unmöglichkeit für den Menschen, Gottes Werke zu erfassen, Jes. 40, 12 wer hat gewogen בַפֶּלֶס הָרִים וּגְבָעוֹת בְּמֹאזְנָיִם. — Niph'al gewogen werden, bildlich nur Hi. 6, 2 לוּ שָׁקוֹל יִשָּׁקֵל כַּעְשִׂי.

Ausserhalb des theologischen Sprachgebrauches: Kal 1. Darwiegen. a) Akkusativ der Sache. α) Allein. Ex. 22, 16 כֶּסֶף; I Reg. 20, 39 כִכַּר־כָּסֶף; Sach. 11, 12 שְׁלֹשִׁים שְׁבֵר 'כ־אֶת־שְׂכָרִי. — β) Dazu לְ der Person, jemandem. Gen. 23, 16 כֶּסֶף אֶת־עֶפְרֹן לְעֶפְרֹן; Jer. 32, 9 כֶּסֶף־אֶת לוֹ;

---

*) Zur Vokalisation des Textes vgl. Kautzsch-Socin, Die Genesis², Anm. 78.

**) Vgl. Hoffmann z. St.

***) Die Geschichte der hl. Schriften des A. T., wenigstens in der 1. Aufl. S. 112.

†) Vgl. eine gelegentliche Bemerkung Nöldekes Z.D.M.G. 40, 724, Anm.

Esr. 8, 25 לְהָם אַרְהֵהַצֵק. — γ) ב des Instrumentes. Jes. 46, 6 זָקַל בַּקָנֶה: Jer. 32, 10 חֶסֶּךְ בְּמֹאזְנָיִם.   δ) ב des Wertes. Jes. 55, 2 חֶסֶּךְ בְּלוֹא־לֶחֶם. ε) Etwas in die Hände darwiegen. II Sam. 18, 12 חֶסֶּךְ אֶלֶף בַּל־כַּפַּי: zehntausend Talente Silbers Esth. 3, 9 חַמְלָאכָה אֲשֶׁר עֹשֵׂי עַל־יְדֵי; Esr. 8, 26 עַל־יָדָם חֶסֶּךְ 'בְּ.   ζ) Andere nähere Bestimmungen. Esth. 4, 7 בְּלִי־גְנָזֵי הֶבֶל den Betrag an Silber: Esr. 8, 29 לִפְנֵי שָׂרֵי הַכֹּהֲנִים, der sachliche Akkusativ ist aus dem Kontext zu ergänzen. — b) Absolut. Das Particip als Bezeichnung eines Staatsbeamten Jes. 33, 18. — 2. Wiegen. II Sam. 14, 26 das geschorene Haupthaar. — **Niph'al** zugewogen werden. Hi. 28, 15 חֶסֶּךְ בְּחִירָה; Esr. 8, 33 עַל יְדֵי 'בְּ Gold und Silber und Geräte zur Aufbewahrung.

Sicher ist Kal in der Denominierung früher gebildet. Den Grundbegriff von שָׁקַל leitet Delitzsch, Proleg. 183 ff., aus dem Assyrischen her: „in der Schwebe, im Gleichgewichte halten". Da aber im Arab. ثَقُلَ „schwer sein" entspricht, halte ich es für richtiger, in diesem das originale Verbum zu sehen.

II. Kal — Pi'el.

אהב — **Kal** I. Ursprünglich intransitiv = Liebe empfinden, dann mit Umbiegung dieser ursprünglichen Bedeutung transitiv = lieben. 1. Subjekt ist Jahwe. a) Das persönliche Objekt seiner Liebe. α) Akkusativ der Person. α') Allein: Deut. 4, 37 אֲהֵבְךָ; 7, 13 וַאֲהֵבְךָ וּבֵרַכְךָ; zu deinen Vätern allein hat sich Jahwe geneigt, 10, 15 לְאַהֲבָה אֹתָם; nur 23, 6 כִּי־אֲהֵבְךָ יי אֱלֹהֶיךָ ist der Grund des Misserfolges des Bileam; andererseits ist diese Liebe der Grund, dass Gott sein Volk loskaufen und wiedersammeln will Jes. 43, 4 אֲנִי אֲהֵבְתִּיךָ: von der Erweisung dieser Liebe in der Vorzeit Hos. 11, 1 וָאֹהֲבֵהוּ כִּי נַעַר יִשְׂרָאֵל; sie wird dem Volke wieder verheissen 14, 5 אֹהֲבֵם נְדָבָה: Mal. 1, 2 (bis) אָהַבְתִּי אֶתְכֶם bzhw. וָאֹהַב. Der Einzelne ist Objekt dieser Liebe, wenn ein ganz spezielles Verhältnis desselben zu Gott zum Ausdruck kommen soll; so Salomo II Sam. 12, 24 יְי אֲהֵבוֹ: derjenige, der Jahwes Willen an Babel erfüllen wird, Jes. 48, 14 יְי אֲהֵבוֹ: Grund der Erwählung Jakobs Mal. 1, 2 וָאֹהַב אֶת־יַעֲקֹב: Ps. 47, 5 אֶת גְּאוֹן יַעֲקֹב אֲשֶׁר אָהֵב: von väterlicher, durch Züchtigung sich bethätigender Liebe Prov. 3, 12 אֶת אֲשֶׁר יֶאֱהַב יְי יוֹכִיחַ: dagegen ist hinwiederum Objekt 15, 9 מְרַדֵּף צְדָקָה: 22, 11 טְהָר־לֵב*).

β') Dazu als zweiter Akkusativ: Jer. 31, 3 וְאַהֲבַת עוֹלָם אֲהַבְתִּיךְ.

*) Vgl. Kautzsch, Textkr. Erl. z. St.

β) In Participialkonstruktion: Deut. 10, 19 גר ואהבתם: Ps. 146, 8 יי אהב
צדיקים: das passive Particip von Salomo Neh. 13, 26 'א. לאלהיו —
b) Das sachliche Objekt. α) Akkusativ: Ps. 11, 7 צדקה: 78, 68 אירהו
צרם: 87, 2 בחרריקדשי יסורתי. β) In Participialkonstruktion: Jes. 61, 8:
Ps. 37, 28 אהב משפט: 33, 5 צדקה ומשפט יאהב. — 2. Subjekt ist der Mensch.
a) Jahwe lieben: von der Zuneigung der Gesinnung, die sich manifestiert durch treues Verharren in seinem Dienste. α) Akkusativ
der Person. α') Allein: Deut. 11, 1: I Reg. 3, 3; Ps. 31, 24; לאהבה
אהבי אל Deut. 11, 13. 22: 19, 9: 30, 16. 20: Jos. 22, 5; 23, 11: לאהבה אתו
Deut. 10, 12: יי לאהבה את Jes. 56, 6. β') Dazu eine nähere Bestimmung: Deut. 6, 5 בכל־לבבך בכל־נפשך ובכל־מאדך אהבת־יי; 30, 6
ובכל־נפשך בכל־לבבך אלהיך את־יי לאהבה: Jahwe stellt euch auf die
Probe 13, 4 בכל־לבבכם בכל־נפשכם אלהיכם את־יי אהבים הישכם. β) In
Participialkonstruktion: Ps. 97, 10 אהבי יי: Ex. 20, 6: Deut. 5, 10 לאהבי:
7, 9: Jud. 5, 31; Ps. 145, 20; Dan. 9, 4: Neh. 1, 5 לאהבי: Ps. 5, 12:
119, 132 אהבי שמך; 69, 37 אהבי שמו. Das substant. Particip = der
Freund Gottes, Ehrenname Abrahams: Jes. 41, 8 אהבי: II Chr. 20, 7
אהבך. — γ) Das absolute אהביי Ps. 116, 1 dürfte ein Textfehler
sein. — b) Fremde Götter: Jer. 2, 25 זרים אהבתי: 8, 2 אהבים, näml.
Sonne, Mond und das ganze Himmelsheer. — c) Liebe gegen den
Nächsten. α) Akkusativ der Person: Deut. 10, 19 ואהבתם את־הגר.
β) ל derselben: Lev. 19, 18 ואהבת לרעך כמוך; in der Ausdehnung dieses
Gebotes auf den גר V. 34 לו. כמוך — d) Allgemein von Liebe im
sittlichen Sinne. α) Akkusativ der Person: Prov. 9, 8 tadle den
Weisen, ויאהבך: 13, 24 ואהב ist auf Züchtigung seines Sohnes bedacht: der König liebt 16, 13 דבר ישרים. β) ל derselben: II Chr.
19, 2 לשנאי יי ולאהב. — e) Mit dinglichem Objekte. Das Verbum
dient zur Schilderung des sittlichen und religiösen Verhaltens der
Menschen oder drückt die darauf bezüglichen Forderungen aus.
α) Ein Akkusativobjekt. α') Ein Nomen: Jes. 57, 8 משכב, Ausdruck für eifriges Betreiben des Götzendienstes; ein ähnlicher Ge-
danke Hos. 9, 1 אזנ, vom hurerischen Israel; praktische Frömmig-
keit fordert Am. 5, 15 ואהבו־שוב ושנאו־רע; Sach. 8, 17 שקר לא־ראהבי;
19 יאהבו השלם; daher in der Frage Ps. 4, 3 wie lange noch תאהבון
ריק; im Lobe über die Gerechtigkeitsliebe des Königs 45, 8 אהב
צדק; in der Beteuerung der treuen Anhänglichkeit an Jahwe sind
Objekte 26, 8 מעון ביתך יקום מישכן ביתך: בישן: 119, 47. 48. 127 במצותיך.
97. 113. 163 תורתך. 119. 167 עדותיך. 159 פקודיך. 140 אהבה näml. אברתך; wer
zugänglich der Verführung zum Bösen, liebt Prov. 1, 22 פתי: die

5*

Weisheit soll man lieb gewinnen 4, 6 אהבה; die redend eingeführte
Weisheit sagt selbst 8, 17 אהביה אהב; der Spötter liebt nicht 15, 12
‏־לֹ תכחת: wer Verstand erwirbt, liebt 19, 8 נפשׁ:*). — β') Ein Infinitiv
mit בְ: Jer. 14, 10 בן אהבו לנוע; das Verhalten gegen Nebenmenschen
ist gemeint Hos. 12, 8 'א לרשׁק. γ') Ein Adverbium: Propheten
und Priester üben Trug, allein das Volk Jer. 5, 31 כן אהבו; von der
Werkheiligkeit Am. 4, 5 'א כן. β) In Participialkonstruktion: Jes.
1, 23 שׁחד אהב כל; Mi. 3, 2 שׁחד יאהבי טוב שׁנאי; Ps. 11, 5 חמס אהב;
119, 165 דירתך אהבי; Prov. 17, 19 אהב פשׁע בצה אהב; 29, 3 אישׁ־אהב
חכמה; mit Suffixen, von den Anhängern Zions Jes. 66, 10 כל־אהביה;
Ps. 122, 6 אהביך; die Weisheit nennt die nach ihr Strebenden Prov.
8, 17. 21 אהבי. — II. Verlangen, begehren: Ps. 40, 17; 70, 5 אהבי ישׁועתך
(parall. בל־מבקשׁיך). — III. Wollen, nicht vom indifferenten, sondern
sittlich qualificierten Wollen: In der Schilderung des Frevlers Ps. 52, 5
אהבת רע מטוב. 6 בל־דברי־בלע; der gegen Arme und Unterdrückte vor-
geht, 109, 17 ויאהב־קללה; wer die Weisheit hasst, der will Prov. 8, 36
מות; dagegen 12, 1 אהב דעת אהב מוסר. — Pi'el nur das Particip.
1. Die Abgötter des ungetreuen Volkes: Ez. 23, 5. 9; Hos. 2, 9. 12. 15
מאהבה; Ez. 16, 33. 36. 37; 23, 22 מאהביך; Hos. 2, 7. 14; Thr. 1, 19 מאהבי. —
2. Die verbündeten Völker, um deren Gunst Israel gebuhlt, heissen
Jer. 22, 20. 22 מאהביך.

Ausserhalb des theologischen Sprachgebrauches:
Kal I. Liebe empfinden, lieben. 1. Das natürliche Gefühl der Zu-
neigung, das beim Vater seinem Kinde gegenüber sich zeigt.
Akkusativ der Person: Gen. 22, 2; 25, 28; 37, 3. 4; 44, 20; von der
Mutterliebe 25, 28. — 2. Die Liebe im geschlechtlichen Sinne.
a) Akkusativ der Person: Gen. 24, 67; 29, 18. 30. 32; 34, 3; Jud. 14, 16;
16, 4. 15; I Sam. 1, 5; 18, 20. 28; II Sam. 13, 1. 4 (Part.); I Reg. 11, 1;
Ez. 16, 37; Hos. 3, 1; Mal. 2, 11; Cant. 1, 3. 4. 7; 3, 1-4; Ruth 4, 15;
Eccl. 9, 9; Esth. 2, 17; II Chr. 11, 21. — b) Dazu ein sachlicher
Akkusativ: II Sam. 13, 15 אהבה אשׁר אהבה. — c) Absolut: Das
passive Particip von der bevorzugten Gattin, Deut. 21, 15 (bis). 16;
ob Hos. 3, 1 רע אהבת richtig überliefert ist, ist zu bezweifeln. —
3. Von der Liebe zwischen Freunden. a) Akkusativ der Person:
I Sam. 18, 1; 20, 17; Hi. 19, 19. — b) Dazu ein zweiter Akkusativ:
I Sam. 20, 17 אהבת נפשׁ אהבו. — c) Absolut: Prov. 17, 17 (Part.); das

---

*) Ps. 99, 4 ist unverständlich und offenbar verderbt; ebenso muss
Prov. 18, 24 אהבה־, das Suffix geht auf לשׁון, ein Schreibfehler sein.

substant. Particip = Freund, I Reg. 5, 15; Jer. 20, 4. 6; Ps. 38, 12; 88, 19; Prov. 14, 20; 18, 24; 27, 6; Thr. 1, 2; Esth. 5, 10. 14; 6, 13. — 4. Von der Zuneigung des Vorgesetzten gegen den Untergebenen und der Liebe der Untergebenen gegen die Vorgesetzten. a) Akkusativ der Person: I Sam. 16, 21; 18, 16 (Part.). 22; II Sam. 19, 7 *(bis)*; in zusammenfassender Rede von dem Sklaven, der aus Liebe zu seinem Herrn, Weib und Kindern Ex. 21, 5, zu seinem Herrn und dessen Haus Deut. 15, 16 auf seine Freiheit verzichtet. — b) Absolut, im zusammenfassenden Sinne: Ecel. 3, 8. — II. Wünschen, begehren: Ps. 34, 13 טוב ימים לראת אהב. — III. Etwas gerne haben oder thuen. a) Akkusativ der Sache. α) Prov. 20, 13 שנה; 21, 17 *(bis)* שמחה bzhw. ושמן יין; Ecel. 5, 9 (Part.) כסף; II Chr. 26, 10 היה אדמה אהב. — β) Infinitiv mit ל: Jes. 56, 10; Hos. 10, 11. — b) ב der Sache: Ecel. 5, 9 (Part.) בהמון. — **Niph'al** II Sam. 1, 23 Saul und Jonathan הנאהבים. — **Pi'el** nur das Particip: Sach. 13, 6 מאהבי בית, im Hause meiner Eltern.

Dass die Denominierung von Kal ausging, ist klar; dagegen ist der etymolog. Zusammenhang nicht zu eruieren.

אלף von אֶלֶף **Kal** vertraut werden, lernen, mit Akkusativobjekt nur Prov. 22, 25 in der Warnung, nicht Umgang zu pflegen mit einem Zornigen, damit man sich nicht aneigne ארחתו. — **Pi'el** vertraut machen d. i. belehren, unterrichten. a) Von Gott ausgesagt, Hi. 35, 11 ארץ יחכמנו מבהמות מלפנו. — b) Von Menschen, mit doppeltem Akkusativ, 33, 33 חכמה ואאלפך. — c) Von der Schuld ausgesagt, 15, 5 כי־יאלף עונך פיך.

Aus dem Aramäischen entlehntes Wort, dessen Wurzel לף auf die sinnliche Grundbedeutung „binden" zurückgeht; vgl. الِفَ.

דלה von דְּלִי **Kal** schöpfen, vom Heraufholen der in der Brust des Mannes verborgenen עצה Prov. 20, 5. — **Pi'el** von Gott ausgesagt, jemanden aus der Tiefe des Leidens emporziehen Ps. 30, 2. Ausserhalb des theologischen Sprachgebrauches: **Kal** Wasser schöpfen Ex. 2, 16. 19.

Das originale Verbum ist im Kal Prov. 26, 7*) in der Bedeutung schlaff herabhängen noch erhalten.

חבל von חֵבֶל **Kal** 1. Übel handeln, sündigen. a) Mit ל Gottes, Neh. 1, 7 לך חבלנו חבל**). — b) Absolut, vom Sündigen durch Un-

---

*) Vgl. Kautzsch § 75, Anm. 4 zu Kal.

**) Zu punktieren חָבֹל חָבַלְנוּ, Siegfried-Stade, Hebr. Wb.; anders Kautzsch § 113, 3, Anm. 5.

geduld wegen Gottes Schickungen Hi. 34, ₃₁. — 2. Gegen einen
Menschen schurkisch handeln, 24, ₉ וַיִּתְעַלְּלוּ‎*). — **Pi'el** Verderben
bereiten. a) Von Gott ausgesagt, der am Gerichtstage mit seinem
Heere kommt, Jes. 13, ₅ לְחַבֵּל כָּל־הָאָרֶץ‎; der menschliches Vorhaben
zunichte macht Eccl. 5, ₅ אֶת־מַעֲשֵׂה יָדֶיךָ‎. — b) Vom Menschen, der
in seiner Ränkesucht darauf ausgeht Jes. 32, ₇ לְחַבֵּל עֲנָוִים בְּאִמְרֵי שֶׁקֶר‎. —
c) Die schwierige und unsicher überlieferte Stelle Mi. 2, ₁₀ ist nach
dem mas. Texte punktiert בֶּחֶבֶל נִמְרָץ תְּחַבֵּל וְחֶבֶל‎, während nach
LXX Pu'al zu lesen ist mit hinzugezogenem נ‎ des folgenden Wortes,
also חֻבַּלְתֶּן‎, ihr seid vernichtet worden, zu Grunde gegangen **).
    Ausserhalb des theologischen Sprachgebrauches:
Pi'el das Particip Cant. 2, ₁₅ מְחַבְּלִים כְּרָמִים‎ als Bezeichnung der
Füchse. — **Pu'al** verderbt sein im physischen Sinne. Von dem
die Abhängigkeit Judas versinnbildlichenden Joche, das unbrauchbar
wird חֻבַּל־עֹל‎ Jes. 10, ₂₇; als Krankheitserscheinung vom verdorbenen Atem Hi. 17, ₁***).
    Der theolog. Sprachgebr. denominiert zuerst im Pi'el, ent-
sprechend dem Syr., wo Pa. häufig. Im Arab. findet sich خَبَّل‎
mit der sinnlichen Bedeutung „verletzen, verstümmeln".

חָרַף‎ von חֶרְפָּה‎ **Kal** 1. Schelten, Bezeichnung für die Äusserung
des Gewissens, wo wir von Gewissensbissen reden, Hi. 27, ₆ לֹא־יֶחֱרַף‎
לְבָבִי‎. — 2. Das Particip von den Schmähern Gottes Ps. 69, ₁₀;
des leidenden Gerechten 119, ₄₂. — **Pi'el** 'ח‎ hervorbringen. 1. Gott
lästern. a) Akkusativ Gottes. α) Allein. II Reg. 19, ₄. ₁₆; Jes. 37, ₄. ₁₇
אֱלֹהִים חָי‎; Ps. 74, ₁₈ יְהֹוָה‎; auf Gott bezieht sich auch die Frage
II Reg. 19, ₂₂; Jes. 37, ₂₃ אֶת־מִי חֵרַפְתָּ‎. β) Dazu ein näherer Umstand. II Reg. 19, ₂₃ בְּיַד מַלְאָכֶיךָ חֵרַפְתָּ אֲדֹנָי‎; Jes. 37, ₂₄ בְּיַד עֲבָדֶיךָ‎. —
γ) Der Akkusativ seines Nomens. Ps. 79, ₁₂ חֶרְפָּתָם אֲשֶׁר חֵרְפוּךָ‎. —
b) Mit לְ‎ Gottes. II Chr. 32, ₁₇ לְחָרֵף לַיהֹוָה אֱלֹהֵי יִשְׂרָאֵל‎. — c) Absolut
Ps. 74, ₁₀. — 2. Gott verunehren, lästern durch die That. a) Akkusativ Gottes. Prov. 14, ₃₁; 17, ₅ חֵרֵף עֹשֵׂהוּ‎. — b) Dazu ein näherer
Umstand Jes. 65, ₇ עַל־הַגְּבָעוֹת חֵרְפוּנִי‎. — 3. Das Volk oder den Gerechten Gottes höhnen als Bezeichnung des feindseligen Gebahrens
der Jahwe-Gegner. a) Akkusativ der Person. Zeph. 2, ₈ אֶת־עַמִּי‎;

---

*) Siehe dagegen Hoffmann, Hiob z. St.
**) Ryssel, Untersuchungen S. 55 ff.
***) Barth, Etymolog. Studien S. 42, sieht hier ein vom obigen verschie-
denes חבל‎ und übersetzt: „mein Geist ist verwirrt."

Ps. 42, 11 צררי חרפוני; 55, 13 יחרפני לא־אויב; 102, 9 אויבי חרפוני; Neh.
6, 13 לבען יחרפני. — b) Mit zwei Akkusativen Ps. 89, 52 (bis) חרף
בקבות אשר .. עבדך חרפו אשר .. — c) Absolut, vom höhnischen Gebahren
der Feinde des Volkes Gottes Zeph. 2, 10; des Gerechten Ps. 44, 17
(Part.); 57, 4.

Ausserhalb des theologischen Sprachgebrauches:
Kal nur das Particip Prov. 27, 11 חרפי. — Pi'el 1. Hohn sprechen,
von der Verhöhnung Israels oder seines Kriegsvolkes von seiten
der Feinde, Jud. 8, 15; I Sam. 17, 10. 25. 26. 36. 45; II Sam. 21, 21; I Chr.
20, 7. — 2. Etwas für einen Gegenstand der 'ח halten, daher als
Geringes preisgeben. Jud. 5, 18 Sebulon ist ein Volk חרה נפשו למות.

Dass Kal selten und spät und dem Piel die Priorität im
Sprachgebrauche gebühre, lehrt ein Blick auf den statistischen Aus-
weis. Für den sinnlichen Grundbegriff ist mit Fleischer auf حرف
„scharf, spitz sein" zurückzugehen.

יחד (bzhw. אחד) von אֶחָד Kal eins sein. a) Mit anderen Ge-
meinsamkeit und daher auch sittliche Verantwortung haben bei ihren
Thaten. Mit ב der Sache, auf welche die Gemeinsamkeit sich bezieht, Gen. 49, 6 בקהלם אל־יחד כבדי*). — b) Das gleiche Geschick mit
anderen teilen, Jes. 14, 20 לא־יחד אתם בקבורה. — Pi'el eins machen,
einigen im moralischen Sinne. In der Bitte um ein nicht zwischen
Gott und der Welt geteiltes, sondern ersterem allein angehöriges
Herz, Ps. 86, 11 יחד לבבי ליראה שמך**).
Ausserhalb des theologischen Sprachgebrauches***):
Hithpa'el sich einen, an Kräften zusammennehmen, Ez. 21, 21, falls
der Text richtig. Vgl. Smend z. St.

משל von מָשָׁל Kal 1. Einen sentenziösen oder verspottenden
Spruch reden. a) מָשַׁל 'מ. α) Mit ב des Ortes: Ez. 12, 23 השבתי
אפ־יהיה לכם עוד משל; 18, 3 את־המשל הזה ולא־ימשלו אתי עוד בישראל
המשל הזה בישראל. β) Mit על, über jemand, und folgendem Objektssatze: 18, 2 משלים את־המשל הזה על־אדמת ישראל לאמר. — b) Das Verbum mit על: 16, 44 כל־המשל עליך ימשל לאמר. — c) Absolut: Hi. 17, 6
ותצגני למשל עמים; das Particip = Spruchdichter Num. 21, 27; Spott-

---

*) Falls der Text richtig; vgl. Dillmann z. St.
**) Gemäss LXX jedoch יַחַד; vgl. Kautzsch, Textkr. Erl. z. St.
***) Nach G. Hoffmann liegt ein Kal davon vor Hi. 3, 6, denn er über-
setzt: „Jene Nacht, sie nehme fort Dunkelheit, nicht eine sie sich des Jahres
Tagen."

dichter Ez. 16, 44. — 2. Ein Gleichnis reden, als Einkleidung
einer dem Volke von Jahwe vorgehaltenen Wahrheit: 17, 2 וּמְשֹׁל
מָשָׁל אֶל־בֵּית יִשְׂרָאֵל; 24, 3 וּמְשֹׁל אֶל־בֵּית־הַמֶּרִי מָשָׁל. — **Pi'el**
das Particip Ez. 21, 5 הֲלֹא מְמַשֵּׁל מְשָׁלִים הוּא, der Prophet redet in lauter
Rätseln.

Über die Etymologie Delitzsch, Spruchbuch 43 ff., Fleischer,
Kl. Schriften I, 2. S. 592.

נָאַף von נָאַף: **Kal** Ehebruch treiben. 1. Im eigentlichen Sinne.
a) Akkusativ der Person. Vom Manne, der ehebrecherisch das Weib
eines anderen beschläft Lev. 20, 10 (bis); in Participialkonstruktion
Prov. 6, 32 נֹאֵף אִשָּׁה. — b) Absolut. In dem Verbote לֹא תִנְאָף Ex.
20, 14; Deut. 5, 17; in der Schilderung der allgemeinen Sittenverderbnis ist unter den hauptsächlichsten Lastern genannt נָאֹף Jer.
23, 14; Hos. 4, 2. Das Particip נֹאֵף Lev. 20, 10 (bis); Hi. 24, 15; הַנֹּאֵף
Lev. 20, 10 (bis); Ez. 16, 38; 23, 45. — 2. Im geistigen Sinne von
jeglicher Untreue Israels gegen Jahwe. a) Mit Akkusativ וַתִּנְאַף
אֶת־הָאֶבֶן וְאֶת־הָעֵץ Jer. 3, 9. b) Absolut 5, 7; das Particip Ez. 23, 45. — **Pi'el**
Ehebruch treiben. 1. Im eigentlichen Sinne. a) Akkusativ der
Person. Jer. 29, 23 וַיְנַאֲפוּ אֶת־נְשֵׁי רֵעֵיהֶם. — b) Absolut. Von den beim
Götzendienst sich öffentlich preisgebenden Frauen Hos. 4, 13. 14; das
Particip מְנָאֲפִים in der Schilderung allgemeiner Sittenverderbnis
Jer. 9, 1; 23, 10; vielleicht auch Hos. 7, 4*); in der Aufzählung der
Frevler, über die das Gericht Gottes ergeht Mal. 3, 5; zu denen
Gott spricht Ps. 50, 18 וְעִם מְנָאֲפִים חֶלְקֶךָ. Das weibl. Particip Prov.
30, 20. — 2. Im geistigen Sinne. a) Akkusativ Ez. 23, 37 אֶת־גִּלּוּלֵיהֶן
von den unter dem Bilde der zwei ungetreuen Weiber dargestellten
beiden Reichen. — b) Absolut. Von dem beharrlich abtrünnigen
Israel Jer. 3, 8; von den beiden, falschem Kulte ergebenen Weibern
Ez. 23, 37; das Particip Jes. 57, 3 זֶרַע מְנָאֵף als Bezeichnung eines
schon durch seine Abstammung der Abgötterei ergebenen Ge-
schlechtes; Ez. 16, 32 הָאִשָּׁה הַמְּנָאָפֶת.

Die Etymologie, die Gesenius im Thesaurus vertritt und die
seither im Handwörterbuch wiederholt wird, ist bekannt; bezüglich
der Richtigkeit derselben sind aber wohl starke Zweifel berechtigt.
Zu einer Sicherheit wird man kaum je gelangen. Nach Barth**)
hängt נָאַף mit خَبَّ „begatten“ zusammen.

_____

*) Vgl. Wellhausen, Skizzen u. Vorarb. V, 115 ff.
**) Etymolog. Studien, S. 22.

נבל von נָבֵל **Kal** ': sein, absolut Prov. 30, 32, wo es im Gegensatze steht zu חכם und demgemäss einen bezeichnet, der ein unüberlegtes Gebahren hat. — **Pi'el** jemanden als ': hinstellen durch die That, ihn verächtlich behandeln. Vom Menschen ausgesagt, der sich von Gott lossagt, Deut. 32, 15 נבל יעשׂרון; von dem die Auktorität des Vaters nicht mehr respektierenden Sohne Mi. 7, 6 (Part.).

Über נבל vgl. Hupfeld zu Ps. 14, 1.

פסח von פָּסַח **Kal** nur das Particip I Reg. 18, 21 פסחים על־שׁתי, was irgendwie das Schwanken zwischen Jahwe und Baal ausdrücken soll. — **Pi'el** nur I Reg. 18, 26 ויפסחו על־המזבח, vom kultischen Reigen der Baalspriester.

Ausserhalb des theologischen Sprachgebrauches: **Niph'al** lahm werden, II Sam. 4, 4.

שׂיח von שִׂיח **Kal** 1. Von religiöser Meditation, dem Versenken des Geistes in Gott und göttliche Dinge. a) ב des Meditationsobjektes, Ps. 77, 13 בכל־פעליך (parall. יחתיך; בכל־מעלל); 119, 15. 78 בפקדיך; 23. 48 בחקיך; 27 בנפלאותיך; 148 באמרתך. — b) על־לבבי 77, 7. — c) Absolut 77, 4. — 2. Vom religiösen Gesang, besingen. a) Mit ב, 105, 2; I Chr. 16, 9 בכל־נפלאתיו. — b) Mit Akkusativ, Ps. 145, 5 ודברי נפלאותיך*). — 3. Im Gebete vom *soliloquium* der bekümmerten Seele, daher klagen. a) Ps. 55, 18 אשׂיחה ואהמה יצחק בקר וערב. — b) Hi. 7, 11 אשׂיחה במר נפשׁי**). — **Polel** von religiöser Meditation: 1. Sinnen, nachdenken, Ps. 143, 5 במעשׂה ידיך. — 2. Bedenken, Jes. 53, 8 כי נגזר מארץ חיים.

Ausserhalb des theologischen Sprachgebrauches: **Kal** sprechen, reden. a) ב der Person, über jemanden, Ps. 69, 13. — b) Zu jemandem sprechen. α) Mit Akkusativ, Prov. 6, 22. β) Mit ל, Hi. 12, 8.

Bezüglich der Etymologie ist über Vermutungen nicht hinauszukommen. Nöldeke in Z.D.M.G. 37, 537 ff. meint, dass unser Verbum zur Wurzel شمخ „eifrig sein" gehöre.

שׁחר von שָׁחַר **Kal** auf etwas bedacht sein, es erstreben: Prov. 11, 27 שׁחר טוב (Gegens. דרשׁ רעה). — **Pi'el** 1. Subjekt ist Gott: Angelegentlich suchen, nach anderen = heimsuchen, nur Hi. 7, 21

---

*) Wahrscheinlich doch wohl Textfehler für כדברי; Siegfried-Stade, Hebr. Wb.

**) Was Jud. 5, 10 יהלכי על־דרך שׂיחו bedeuten soll, ist nicht mehr zu erkennen.

יאשׁר ישׁרהרנ. — 2. Subjekt ist der Mensch. a) Früh mit etwas heimsuchen: Prov. 13,₂₄ ואהבו שׁחרו מוסר. — b) Suchen. α) Gott. α') Ihn herzlich, innig ersehnen: Jes. 26,₉ אׁשׁחרך בקרבי אׁסירוּחי; Hos. 5,₁₅ ישׁחרנני; Ps. 63,₂ אׁשׁחרך neben בקשׁ צמאה לך.   β') Ihn angelegentlich nachgehen, sich zu ihm hinwenden: Ps. 78,₃₄ ידרשׁיהו ישׁבוּ ושׁחרו אל; mit der Präposition אל, die aber wohl aus Dittographie herzuleiten sein wird, Hi 8,₅ אׁם אׁתה תשׁחר אל־אל.   β) Die Weisheit: Prov. 1,₂₈ ישׁחרנני ולא ימצאנני: 8,₁₇ משׁחרי ימצאנני.

Ausserhalb des theologischen Sprachgebrauches: Pi'el 1. Eifrig suchen: Prov. 7,₁₅ die Dirne פׁניך. — 2. Vom Tiere: Hi. 24,₅ משׁחרי לבׁרף.

Die ursprüngliche Bedeutung dieses im Pi. zunächst denominierten Verbums ist „am frühen Morgen handeln", daher „sich frühe aufmachen, jemandem angelegentlich nachgehen, ihn suchen". Während im Hebr. jene ursprüngliche Bedeutung im Sprachgebrauche sich verloren, hat das Arab. sie in seinem Denominativ سَاكَرَ II. IV. noch erhalten.

שׁקר von שֶׁקֶר Kal Treulosigkeit an jemandem begehen, mit ל der Person Gen. 21,₂₃, von Abraham ausgesagt. — Pi'el 'שׁ ausüben. 1. Von Gott. a) Mit ב der Sache Ps. 89,₃₄ ולא אׁשׁקר באׁמוּנחי (parall. לא־אׁכזב). — b) Absolut = lügen I Sam. 15,₂₉. — 2. Subjekt sind Menschen. a) Mit ב der Person Lev. 19,₁₁ אׁישׁ בׁעׁמיחו, den Nächsten betrügen. — b) Mit ב der Sache Ps. 44,₁₈ בׁבריחך, dem Bunde untreu werden (parall. שׁכׁחנוּך). — c) Absolut, von Israel Jes. 63,₈.

Betreffs des Etymons wage ich keine Entscheidung; im Hebr. findet sich kein Anhaltspunkt, das Aram. aber hat das Verbum nur als Denominativ. Die im Wörterbuch von Gesenius herkömmliche, auch im Thesaurus beigebrachte Berufung auf شَقِرَ „rot sein", kausativ „schminken", ist von vornherein als gegen die Lautgesetze verstossend abzuweisen.

III. Kal — Hiph'il.

אׁלה von אׁל Kal eigentl. allgemein bei Gott beteuern; jedoch nur gebraucht vom Aussprechen eines Fluches oder einer Beschwörung, sei es, dass es sich handelt um Ermittlung eines Diebes, Jud. 17,₂, oder bei Verträgen, Hos. 4,₂; אׁלה שׁוא 10,₄. — Hiph'il machen, dass jemand eidlich bekräftiget. a) I Sam. 14,₂₄ ויׁאׁל

שאול את־הַדְּכֶם לֵאמר אָרוּר אָרֹור הָאִישׁ וגו' *). — b) I Reg. 8, 31; II Chr. 6, 22 לְהַאֲלֹתוּ.

Über die Etymologie von אֵל Öhler, Theologie des A. T., S. 130; Riehm, A. T. Theologie, S. 49, Anm. 1; dann weiterhin Lagarde, Übersicht S. 159 mit reicher Litteraturangabe.

בטח בָּטַח von בָּטַח **Kal** I. Vertrauen. 1. Auf den wahren Gott Israels. a) Mit בּ. α) Der Person Gottes selbst. α') Allein: II Reg. 18, 5 בִּי אֶל־יִשְׂרָאֵל; 19, 10 (Part.); Jes. 37, 10 בִּי näml.; אֱלֹהֶיךָ; Jer. 17, 7 בָּרוּךְ הַגֶּבֶר אֲשֶׁר יִבְטַח בַּיי (Gegensatz V. 5 אֲשֶׁר יִבְטַח בְּאָדָם); 39, 18 בָטַחְתָּ; בִּי נֶאֱבֵיי; von Jerusalem, der treulosen Stadt, Zeph. 3, 2 בַּיי לֹא בָטָחָה אֶל־אֱלֹהֶיהָ לֹא קָרֵבָה. In den Psalmen wird das Vertrauen auf Gott und die Rettung aus der Gefahr mit Vorliebe in Folgezusammenhang gestellt, zu dem die Erfahrung und die Verheissungen Gottes berechtigen: Ps. 21, 8 (Part.); 26, 1; 32, 10 (Part.; Gegensatz רָשָׁע); 37, 3; 40, 4; 115, 9. 10. 11; 125, 1 (Part.) בַּיי; 56, 5. 12 בֵאלֹהִים; 28, 7; 62, 9; 91, 2; 1 Chr. 5, 20 בּוֹ; Ps. 9, 11; 22, 5. 6; 25, 2; 55, 24; 84, 13 (Part.); 143, 8 בָּךְ; das aktive Particip in der Verbindung Prov. 16, 20; 29, 25 בּטֵחַ בַּיי, der durch das Band des Glaubens mit seinem Gott Vereinigte, da in dem Vertrauen auf Jahwe an sich ein Glaubensbekenntnis liegt; das passive Particip Jes. 26, 3 בָּטֻחַ בָּךְ, Subjekt יֵצֶר; Ps. 112, 7 נָכוֹן לִבּוֹ בָּטֻחַ בַּיי. β') Dazu eine nähere Bestimmung: Jes. 26, 4 בְּיָה עֲדֵי־עַד. — β) Sonstige Vertrauensgründe. α') Allein: Jes. 50, 10 בְּשֵׁם יי; Ps. 33, 21 בְשֵׁם קָדְשׁוֹ; 13, 6 בְּחַסְדְּךָ; 78, 22 וְלֹא בָטְחוּ בִּישׁוּעָתוֹ (parall. בֵאלֹהִים הֶאֱמִינוּ כִּי לֹא); 119, 42 בִדְבָרֶךָ. β') Dazu eine nähere Bestimmung: 52, 10 בְּחֶסֶד־אֱלֹהִים יִלּבֶ יָד. — b) אֶל Gottes. a) Allein: II Reg. 18, 22; Jes. 36, 7 אֶל־יי אֱלֹהֵינוּ; Ps. 4, 6 אֶל־יי; 31, 7 אֶל־יי (Gegensatz הַשֹּׁמְרִים הַבְלֵי־שָׁוְא); 56, 4; 86, 2 (Part.) אֵלֶיךָ. β) Dazu eine nähere Bestimmung: Prov. 3, 5 אֶל־יי בְּכָל־לִבְּךָ. — c) עַל Gottes: Jer. 49, 11 וּבָטַח עָלָי; וְאַלְמְנֹתֶיךָ עָלַי תִּבְטָחוּ; Ps. 31, 15 עָלֶיךָ בָטַחְתִּי יי; 37, 5 neben גֹּל עַל־יי דַּרְכֶּךָ; Prov. 28, 25 (Part.) בּוֹטֵחַ עַל־יי. — d) Absolut: Jes. 12, 2; Ps. 22, 5; Hi. 11, 18 **). — 2. Vertrauen auf die Götter. a) Mit בּ derselben: Ps. 115, 8; 135, 18 בָּהֶם כֹּל אֲשֶׁר־בֹּטֵחַ בָּל. — b) Mit עַל: Hab. 2, 18 כִּי־בָטַח יֹצֵר יִצְרוֹ עָלָיו. — 3. Auf Menschen, insofern das Vertrauen auf sie entgegengesetzt ist dem rechten Vertrauen auf

---

*) Wellhausen, Der Text der Bb. Sam. S. 90 meint, dass יֵאָצֵל zu lesen; vgl. aber Kautzsch § 76, 2, c.

**) Nach Hoffmann wäre aber בְּיֵשׁ תִּקְוָה Objektssatz; er übersetzt: „Vertrauen gewinnst du, dass es gibt eine Hoffnung.“

Gott und seine Hilfe. a) Mit בְּ der Person: Jer. 17, 5 אָרוּר הַגֶּבֶר
אֲשֶׁר יִבְטַח בָּאָדָם; Gott sucht heim den Pharao 46, 25 הַבֹּטְחִים בּוֹ;
Ps. 118, 8. 9 טוֹב לַחֲסוֹת בַּיְהֹוָה מִבְּטֹחַ בָּאָדָם bzhw. בִּנְדִיבִים; 146, 3 אַל־תִּבְטְחוּ
בִנְדִיבִים. — 4. Auf irdische Machtmittel im Gegensatz zum Ver-
trauen auf Gott. a) Mit בְּ: Deut. 28, 52 אֲשֶׁר אַתָּה בֹּטֵחַ בָּהֵן בְּכָל־אַרְצֶךָ
הַגְּבֹהֹת וְהַבְּצֻרוֹת; Jes. 30, 12 וַתִּבְטְחוּ עָלָיו; 42, 17 (Part.) הַבֹּטְחִים בַּפָּסֶל; 47, 10 בְּרָעָתֵךְ;
Jer. 5, 17 אֲשֶׁר אַתָּה בֹּטֵחַ בָּהֵנָּה; 7, 14 לַבַּיִת אֲשֶׁר נִקְרָא־שְׁמִי עָלָיו אֲשֶׁר אַתֶּם בֹּטְחִים בּוֹ; 13, 25 אֲשֶׁר בָּטַחַתְּ בַּשֶּׁקֶר; שַׁכַחַתְּ אֹתִי וַתִּבְטְחִי; in dem Orakel
wider Moab 48, 7 יַעַן בִּטְחֵךְ בְּמַעֲשַׂיִךְ וּבְאוֹצְרוֹתַיִךְ; Ammon 49, 4 (Part.)
הַבֹּטְחָה בְּאֹצְרֹתֶיהָ; das ungetreue Israel Ez. 16, 15 וַתִּבְטְחִי בְיָפְיֵךְ; Hos. 10, 13 בָּטַחְתָּ בְדַרְכְּךָ
בְרִכְבְּךָ*); der Fromme Ps. 44, 7 כִּי לֹא בְקַשְׁתִּי אֶבְטָח: der Frevler 52, 9
יִבְטַח בְּרֹב (parall. לֹא יָשִׂים אֱלֹהִים מָעוּזּוֹ); daher die Warnung nicht zu
vertrauen 62, 11 אַל־תִּבְטְחוּ בְעֹשֶׁק וּבְגָזֵל; Prov. 11, 28 (Part.) בּוֹטֵחַ בְּעָשְׁרוֹ; ein Thor ist,
wer vertraut 28, 26 (Part.) בּוֹטֵחַ. — b) Mit אֶל. Dazu ein dat. comm.:
Jer. 7, 4 אַל־תִּבְטְחוּ לָכֶם אֶל־דִּבְרֵי הַשֶּׁקֶר. — c) Mit עַל. a) Allein: Jes. 31, 1 וַיִּבְטְחוּ עַל־רֶכֶב
(parall. וְלֹא שָׁעוּ עַל־קְדוֹשׁ יִשְׂרָאֵל); Ez. 33, 13 בָּטַח עַל־צִדְקָתוֹ; Ps. 49, 7 הַבֹּטְחִים עַל־חֵילָם.
β) Dazu ein dat. comm.: Jer. 7, 8 הִנֵּה אַתֶּם בֹּטְחִים לָכֶם עַל־דִּבְרֵי הַשֶּׁקֶר. —
II. Sich sicher fühlen. 1. Im guten Sinne = gutes Mutes sein, von
jener Zuversicht der Gläubigen, die die Folge ist des Bewusstseins,
unter Gottes Schutz zu stehen. Absolut: Ps. 27, 3 (parall. לֹא יִירָא
לִבִּי); Prov. 28, 1. — 2. Im schlechten Sinne. a) Mit בְּ des Ortes:
Am. 6, 1 הַבֹּטְחִים בְּהַר שֹׁמְרוֹן (parall. הַשַּׁאֲנַנִּים בְּצִיּוֹן). — b) Absolut:
Jes. 32, 9. 10. 11 בֹּטְחוֹת בָּנוֹת; Prov. 14, 16. — Hiph'il 1. Jemanden vertrauen machen. a) Auf Gott; mit dessen Hilfeleistung man jemanden
vertröstet: II Reg. 18, 30; Jes. 36, 15 אַל־יַבְטַח אֶתְכֶם חִזְקִיָּהוּ אֶל־יְהֹוָה. —
b) In falsches Vertrauen einwiegen: Jer. 28, 15 הִנֵּה יְהֹוָה לֹא שְׁלָחֶךָ וְאַתָּה הִבְטַחְתָּ אֶת־הָעָם הַזֶּה
עַל־שָׁקֶר; 29, 31 וַתִּבְטְחוּ אֶתְכֶם עַל־שָׁקֶר. — 2. Jemanden in eine sichere
Lage bringen. Subjekt ist Gott: Ps. 22, 10 מַבְטִיחִי עַל־שְׁדֵי אִמִּי.

Ausserhalb des theologischen Sprachgebrauches:
Kal 1. Vertrauen. a) Auf Menschen. a) בְּ derselben: Jud. 9, 26;
Mi. 7, 5; Ps. 41, 10; Prov. 31, 11. — β) אֶל derselben: Jud. 20, 36. —
γ) עַל derselben: II Reg. 18, 20. 21. 24; Jes. 36, 5. 6. 9; Jer. 9, 3. — b) Auf
ein sachliches Objekt. a) בְּ desselben: Hi. 39, 11. — β) עַל desselben:
II Reg. 18, 21; Jes. 36, 6; II Chr. 32, 10. — c) בָּטַח בְּ II Reg. 18, 19;
Jes. 36, 4. — d) Absolut: Hi. 6, 20**). — 2) Sicherheit haben vor

_____
*) Wellhausen streicht den ganzen Satz als unecht. Skizzen u. Vorarb.
V. 123.
**) Hoffmann liest בְּבֹשֶׁת und übersetzt: „weil sie voll Vertrauen dahin
kamen".

äusseren Gefahren; daher ein sorglos dahinlebendes Volk: Jud.
18, 7. 10. 27; in der Frage an den Propheten Jer. 12, 5 אֶרֶץ שָׁלוֹם וּבְאֶרֶץ
בּוֹטֵחַ; wer für andere keine Rechtsverpflichtungen übernimmt, Prov.
11, 15 בּוֹטֵחַ. Vom Tiere, dem äussere Gefahren die behagliche Ruhe
nicht zu stören vermögen Hi. 40, 23.

Der Sprachgebrauch bedient sich zunächst des Kal. Das Substantiv בֶּטַח ist objektiv das Freisein von äusseren Gefahren, sub-
jektiv die getroste, sichere Lage des Menschen. Die allgemeine
Beobachtung, dass, wie der sinnliche Begriff „enge sein" für den
psychologischen der Beklommenheit, so „weit, ausgeweitet sein" für
den der wohlgemuten, zuversichtlichen Stimmung verwendet wird,
findet auch hier Anwendung.

גָּנַן von כֹּן Kal beschirmen, beschützen, nur vom göttlichen
Schutz. a) עַל der Stadt, die er beschirmt: In der Verheissung Gottes
וְגַנּוֹתִי עַל־הָעִיר הַזֹּאת Jes. 38, 6, zu der die Motivierung kommt II Reg.
20, 6; Jes. 37, 35 לְמַעֲנִי וּלְמַעַן דָּוִד עַבְדִּי. — b) Mit אֶל der Stadt: II Reg.
19, 34 וְגַנּוֹתִי אֶל־הָעִיר הַזֹּאת לְהוֹשִׁיעָהּ לְמַעֲנִי וגו'. — Hiph'il in derselben
Bedeutung wie Kal. a) עַל des Objektes des göttlichen Schutzes:
Jes. 31, 5 יָגֵן יי עַל־יְרוּשָׁלִַם גָּנוֹן; Sach. 9, 15 יָגֵן עֲלֵיהֶם. — b) בְּיַד desselben: 12, 8 יָגֵן יי בְּעַד יוֹשֵׁב.

Der Wurzel גן dieses auch im Aram. heimischen Denominativs
ist die Bedeutung „trennen, abhalten" eigen. Die unter Hiph. registrierten Formen sind ohne Ausnahme Imperfekta mit der Bedeutung des Kal; es dürfte richtiger sein, dieselben als wirkliche
Kal-Imperfekta mit dem Bildungsvokal i anzunehmen*).

הבל von הֶבֶל Kal 1. Der Nichtigkeit verfallen, eitel, nichtig
handeln. Bezeichnung des Götzendienstes. a) II Reg. 17, 15 וַיֵּלְכוּ
אַחֲרֵי הַהֶבֶל וַיֶּהְבָּלוּ וְאַחֲרֵי הַגּוֹיִם אֲשֶׁר**). — b) Absolut: Jer. 2, 5 וַיֵּלְכוּ
אַחֲרֵי הַהֶבֶל וַיֶּהְבָּלוּ. — 2. Eitles Vertrauen auf etwas setzen: Ps. 62, 11
אַל־תֶּהְבָּלוּ (parall. אַל־תִּבְטְחוּ בְעֹשֶׁק). — 3. Eitlen Wahn hegen: Hi.
27, 12 וְלָמָּה־זֶּה הֶבֶל תֶּהְבָּלוּ. — Hiph'il jemanden bethören. Subjekt
die falschen Propheten: Jer. 23, 16 מַהְבִּלִים הֵמָּה אֶתְכֶם.
Den sinnlichen Grundbegriff zeigt das Nomen, das in der Bedeutung „Hauch, Windhauch" vorkommt und wie רוּחַ zur Bezeichnung des Leeren, Nichtigen verwendet werden kann.

זָיד von זֵד **Kal** sich übermütig erzeigen. Von Babel Jer. 50,₂₉
אֶל־קדִישׁ יִשׂ־אֵל זדה אֵלַידִּי*). — **Hiph'il** einen Übermütigen machen,
vermessen handeln. 1. Gegen Gott. a) Infinitiv mit לְ. Deut. 18,₂₀
הנביא אשׁר יזיד לדבר דבר בשׁמי. — b) Absolut. Als vermessenes Handeln wird bezeichnet der thatsächliche Ungehorsam und die Wider-
setzlichkeit gegen ein Gebot Gottes Deut. 1,₄₃; gegen das im Namen
Gottes waltende Gericht 17,₁₃ (vorausgeht im V.12 בזדון עשׂה); gegen
Gott und sein Gebot Neh. 9,₁₆.₂₉. — 2. Gegen einen Menschen
durch freventliche Verletzung seiner natürlichen Rechte. Mit עַל
der Person Ex. 21,₁₄ אִישׁ עַל־רֵעֵהוּ להרגו; die Ägypter gegen Israel
Neh. 9,₁₀.

Der in allen Gebrauchsweisen des zunächst im Hiph. denominierten Verbums gemeinsame Grundbegriff ist der der Überhebung;
doch ist die Bezeichnung nicht nach der sehr verbreiteten Meinung
vom Aufwallen des kochenden Wassers hergenommen, sondern das
originale Verbum ist ‫زاد‬, *i*, = mehren, mehr sein.

חלם von חָלַם **Kal** einen Traum haben, träumen. Die alt-
testamentl. Theologie unterscheidet: 1. Den vorbedeutenden, also
gottgewirkten Traum. *α*) חלם חֲלֹם Gen. 37, ₅. ₆. ₉ (bis). ₁₀; 40, ₈;
41, ₁₁ (bis). ₁₅; 42, ₉; Jud. 7,₁₃; Dan. 2, ₁. ₃.   *β*) Absolut Gen. 28,₁₂;
40, ₅; 41, ₁ (Particip). — 2. Den offenbarenden, unter den Begriff
der Prophetie fallenden Traum. *α*) חלם חֲלוֹם Deut. 13,₂. ₄. ₆, durchweg Participien, von falschen Propheten gebraucht, die sich dieses
Mittels gerne bedienen; jedoch kann der Traum auch Sache der
Gotteserleuchtung sein Jo. 3, ₁ חֲלֹמוֹת יַחֲלֹמוּן.   *β*) Absolut Jer. 23,₂₅
von Lügenpropheten. — **Hiph'il** nur Jer. 29, ₈ אשׁר אתם מחלמים
מַחֲלמִים, wo nur bei Annahme des Hiph'il in der Bedeutung des
Kal ein Sinn sich gewinnen lässt**).

Ausserhalb des theologischen Sprachgebrauches:
Kal von dem natürlichen Traume, absolut Jes. 29, ₈ (bis); Ps. 126, ₁
(Particip).

Das allgemein semitische Denominativ ist hergenommen von
חֲלֹם, was nach Fleischer zunächst den geschlechtlichen, wollüstigen
Traum bezeichnet, weshalb man im Arab. diese Benennung des

---

*) Ex, 18.₁₁ בדבר אשׁר זדו עֲליהם ist verstümmelt und gibt kaum
mehr einen erträglichen Sinn: vgl. Dillm. z. St.
**) Daher wird wohl durch vorausgehendes מ veranlasste Dittographie
vorliegen und das Particip Kal gemeint sein; Kautzsch, § 53, Anm. 5.

Traumes „wegen des ihr anklebenden Geschlechtlich-Sinnlichen da, wo von Prophetie, geistigen, reinen und wahren Traumgesichten die Rede ist, meidet und *manam* oder *ruja* sagt*).

חֵנֵ von חָנֵף Kal profaniert, unheilig sein. 1. Vom Lande. a) Jes. 24, 5 ישביה תחת הנפה והארץ mit der Begründung כי־עברו ברית חפי הק הלפו. — b) Mit ב des Mittels, Ps. 106, 38 בדמים. — c) Jer. 3, 1 החיא הארץ תחנף חניה הלוא; dagegen ist V. 9 Kal mit dem Akkusativ את־הארץ unmöglich richtig. Graf streicht את; richtiger wohl Ewald, Kautzsch ותחנף als Hiph. zu lesen. Die Völker, die wider Zion sich versammelt, sprechen Mi. 4, 11 תחנף. — 2. Von Personen, Jer. 23, 11 חנפו גם־כהן גם־נביא כי. — **Hiph'il** profan machen. 1. Vom Lande. a) את־הארץ Num. 35, 33 (*bis*). — b) Dazu noch ב des Mittels, Jer. 3, 2 ותחניפי בזנותיך ארץ. — 2. Israeliten durch Verleitung zur Bundesübertretung, Dan. 11, 32 יחניף בחלקות ברית ומרשיעי.

Aus dem Sprachgebrauch erhellt, dass 'ה sein oder machen durch Verletzung des Charakters der Heiligkeit, sei es der Person oder des Landes geschieht; daher 'ה = vom Heiligen abgesondert. Da nun aber حَنِيف das gerade Gegenteil, nämlich den dem wahren Gott Zugewendeten bezeichnet, so muss der Wurzel eine allgemeine Bedeutung zu Grunde liegen, welche der jeweilige Sprachgebrauch eigenartig gewendet. Das Arab. bestätiget dies, denn حنف ist == „abbiegen", und Sache des Sprachgebrauches ist es nun, wie dieser Begriff speziell gewendet wird. Beim Araber ist eben حَنِيف, wie Beidhawi zu Sure 2, 129 erklärt: مائل عن الباطل الى الحق.

חפר ohne Nomen. Kal 1. Erröten, sich schämen. a) Von Personen, Folge der Enttäuschung falschen, religiösen Vertrauens und solcher Hoffnungen. α) מן des Grundes. Das götzendienerische Volk Jes. 1, 29 מחננת (parall. ותבשו מאלים). β) Absolut, von den Wahrsagern Mi. 3, 7 neben ובשו החזים. — b) Von dinglichem Subjekte. Infolge des auch über das Heer des Himmels ergehenden Gerichtes Jes. 24, 23 וחפרה הלבנה ובשה החמה; aber die vertrauend auf Jahwe blickten, Ps. 34, 6 פניהם אל־יחפרו. — 2. Zu Schanden, mit Scham bedeckt werden. a) Absolut. Infolge des über Jerusalem ergangenen Gerichtes von der nun kinderlosen Mutter Jer. 15, 9 בושה חפרה; gewöhnlich von Vereitlung der Unternehmungen und Hoffnungen der Bösen, 50, 12 חפרה יולדתכם (parall. בושה); Ps. 35, 4 neben יסגו אחור (parall. ויכלמו יבשו); 70, 3 neben יבשו (parall. יסגו אחור); 71, 24 neben

---

*) Delitzsch, Biblische Psychologie S. 282, Anm. 2.

בכר ; 83, 18 (parall. רבשו). — b) Mit יהדר, 35, 26 neben רבשי (parall. רבשו–ולבש; ר ; mit יהד 40, 15 neben רבשי (parall. אהרו ;רסנ). — **Hiph'il** 1. Erröten, durch thatsächliche Enttäuschung der religiösen Hoffnungen, Jes. 54, 4 von Jerusalem in negativer Aussage (parall. אל רבכר ;). — 2. Schande bereiten, oder, was in beiden vorkommenden Fällen möglich ist, schändlich handeln, Prov. 13, 5 ירבאש ורחפיר ;ורשע; 19, 26 שביש ימחפיר בן.

Ausserhalb des theologischen Sprachgebrauches: **Kal** enttäuscht werden bezüglich einer Erwartung, von den Karawanen Hi. 6, 20 (parall. רבש). — **Hiph'il** erröten in Scham, dahinwelken und absterben, vom Libanon Jes. 33, 9.

Den älteren Sprachgebrauch hat Kal für sich. Ich halte חפר entschieden für ein Farbwort, wofür namentlich die ältesten Kalstellen noch sprechen, und setze es in die nächste Verwandtschaft mit arab. *aḥmar*.

חרש von הרש **Kal** 1. Wie Hiph. eigentlich *mutum agere*, sich ruhig verhalten. Ein in Bezug auf Gott gebrauchter Ausdruck, der, wenn Gott angegangen wird, nicht zu schweigen zu den Bitten Israels, die Erhörung derselben besagen will, wie andererseits die Bitte, nicht zu schweigen zu den Frevelthaten der Bösen, gleichbedeutend ist mit der Aufforderung an Gott, aus seiner Unthätigkeit herauszutreten. a) Mit מן in prägnanter, den Begriff des Verlassens bezeichnender Konstruktion: Ps. 28, 1 ממני אל-תחרש. — b) Absolut: 50, 3 ואל-יחרש ;יבא אלהינו; 35, 22; 39, 13; 83, 2; 109, 1 אל-תחרש. — 2. Taub werden. In der Schilderung der Grossthaten Jahwes: Mi. 7, 16 אזניהם תחרשנה, das Suffix geht auf גוים. — **Hiph'il** 1. Von Gott ausgesagt = *mutum agere*. a) Gegenüber den Leiden seines Volkes d. h. unthätig zuschauen: Jes. 42, 14 אחריש ואתאפק. — b) Gegenüber den Sünden d. h. sie nicht strafen. α) Mit einem näheren Umstande: Hab. 1, 13 תחריש בבלע רשע צדיק ממנו; Zeph. 3, 17 יחריש באהבתו*). β) Absolut: Ps. 50, 21. — 2. Von Menschen ausgesagt. a) Gegensatz zu הגיא, sich schweigend zu jemand verhalten, d. h. keine Einwendungen machen gegen eine Gelobung oder Ablobung. α) Num. 30, 15 כי-החרש לה ביום שמעו. — β) 30, 15 ואם-החרש יחריש לה. γ) 30, 5. 8. 12 והחריש לה. — b) Im prägnanten Sinne

verstockt schweigen, die Sünden nicht gestehen wollen, absolut:
Ps. 32, 3.

Ausserhalb des theologischen Sprachgebrauches:
Hiph'il 1. Einen Stummen machen, schweigen. a) Akkusativ der
Sache, von etwas: Hi. 41, 4 בדיו. — b) Prägnant. α) Mit מן, sich
schweigend von jemand wegwenden: I Sam. 7, 8. β) אל, zu jemand
sich hinwenden: Jes. 41, 1. — c) Mit einem näheren Umstande:
Esth. 4, 14 אם־החרש תחרישי בעת הזאת. — d) Absolut: Gen. 24, 21
(Part.); Jud. 18, 19; II Sam. 13, 20; II Reg. 18, 36; Jes. 36, 21; Jer. 4, 19;
Prov. 11, 12; 17, 28 (Part.); Hi. 6, 24; 13, 5. 19; 33, 31. 33; Esth. 7, 4;
Neh. 5, 8. — 2. Sich still verhalten, unthätig sein. a) Infinitiv mit ל,
zögern etwas zu thun: II Sam. 19, 11 (Part.). — b) Prägnant mit מן,
jemanden in Ruhe lassen: Jer. 38, 27: Hi. 13, 13. — c) Absolut: Gen.
34, 5; Ex. 14, 14. — 3. Einen Tauben machen: I Sam. 10, 27 (Part.). —
4. Effektiv: jemanden stumm machen, Akkusativ der Person: Hi.
11, 3. — **Hithpa'el** sich still, ruhig verhalten, Jud. 16, 2.

Die Denominierung im Hiph. tritt früher auf, als jene im Kal.
Betreffend die Etymologie vgl. die gute Darlegung von Delitzsch
Proleg. 100.

חשה wahrscheinlich von einer Partikel. **Kal** Stille, Ruhe halten.
1. Von Gott ausgesagt. a) Ruhe halten im Handeln, unthätig sein.
α) Mit Angabe des Grundes, von Unthätigkeit Jahwes in Betreff
des noch nicht verwirklichten Heiles: Jes. 62, 1 למען ציון (parall.
ולא אשקוט). β) In prägnanter Konstruktion mit מן der Person:
Ps. 28, 1 von Gottes schweigender Abkehr gegenüber den Bittenden. —
γ) Absolut. Von Unthätigkeit in Betreff der Wiederherstellung
Israels Jes. 64, 11 (parall. תתאפק); oder der Vergeltung für alle Misse-
that 65, 6. — 2. Von Menschen: 62, 6 כל־היום ולכל־הלילה תמיד לא יחשו,
von den zu Gott um Erfüllung seiner Weissagungen flehenden Wäch-
tern. — **Hiph'il** Bedeutung wie Kal. 1. Von Gott in Bezug auf
seine Unthätigkeit gegenüber den Bedrückern seines Volkes: Jes.
42, 14 החשיתי מעולם (neben אחריש אתאפק); 57, 11 מעולם ומחשה.—אני
2. Von Menschen. Von der Resignation und Ergebung des Frommen: Ps. 39, 3 החשיתי מטוב.

Ausserhalb des theologischen Sprachgebrauches:
Kal still, ruhig sein. a) Menschen: Eccl. 3, 7 (Gegens. לדבר). —
b) Unbelebtes: Ps. 107, 29 die Wellen, falls der Text richtig. —
Hiph'il 1. Stille, Ruhe halten. a) Im Handeln. α) Mit מן: I Reg.
22, 3 ואנחנו מחשים מקחת אתה. β) Absolut: Jud. 18, 9. — b) Im

82   Verba denominativa in zwei Konjugationen.

Sprechen: II Reg. 2, 3. 5; 7, 9 (Part.). — 2. Zur Ruhe bringen. Mit ל der Person: Neh. 8, 11 (Part.).

Bezüglich der Ableitung des Verbums halte ich es noch immer für das Wahrscheinlichste, dass eine Partikel zu Grunde liegt. Schon Ewald § 106, a bringt es mit dem Gefühlsausrufe הַ in Verbindung; dagegen Barth, Etym. St. 3 ff., mit سكىٰ.

יָטַב von טוב **Kal** nur das Imperfekt. 1. Gut, wohlgefällig sein. a) Das sachliche Subjekt ist ein allgemeiner Begriff, dessen aus dem Kontext zu ergänzender Inhalt etwas Gott Wohlgefälliges ist. So in der Frage Lev. 10, 19 יי הייטב בעיני; oder in der Erzählung I Reg. 3, 10 וייטב הדבר בעיני אדני; geistiges Dankesopfer ist gemeint Ps. 69, 32 ותיטב לײ מ־ קרן, das dem Herrn wohlgefälliger sein wird als Schlacht- opfer. — b) In der Anrede an das personifizierte Ninive ist wohl Nah. 3, 8 התיטבי מנא אמון nicht lediglich besser sein in physischer Hinsicht, sondern zusammenfassend physische Stärke und sittlicher Lebenswandel. — 2. Impersonell, ייטב ל, als Folge der treuen Beob- achtung der Satzungen Gottes, daher der Mahnung zur gewissen- haften Befolgung derselben beigegeben mit אשר Deut. 4, 40; 6, 3; mit למען 5, 16. 26; 6, 18; 12, 25. 28; 22, 7; Jer. 7, 23; mit למען אשר 42, 6; nach einem Imperativ יי בקיל שמעו 38, 20 ייטב לך יתחי ונפשך. — **Hiph'il** 1. Sittlich gut handeln; als innerlich transitives Denominativum in absolutem Gebrauche. So vielleicht Gen. 4, 7 (bis)*); Jes. 1, 17; Jer. 4, 22; 13, 23; Ps. 36, 4. — 2. Etwas gut machen, mit Akkusativ der Sache, um sittlich gutes Wollen und Thuen zum Ausdruck zu bringen; so דרכיכם ומעלליכם Jer. 7, 3. 5; 18, 11; 26, 13; מעלליכם 35, 15; ebenso kommt das ethische Moment in Betracht an den zwei Stellen, wo das Verbum sich einen Objektssatz unterordnet, Deut. 5, 25; 18, 17, indem dort Gott seine Zufriedenheit mit der Furcht Gottes bezeugenden Worten des Volkes zum Ausdruck bringt. — 3. Gutes anthun, Wohlthaten erweisen. a) Subjekt ist Gott. α) Akkusativ der Person, Deut. 8, 16; 28, 63 (Gegens. להאדיב ארבכ); 30, 5; I Sam. 2, 32**); Jer. 18, 10; 32, 40. 41; Sach. 8, 15; Ps. 51, 20. β) ל der Person, Ex. 1, 20; Jos. 24, 20; Jud. 17, 13; I Sam. 25, 31; Ps. 125, 4. — γ) עם derselben, Gen. 32, 10. 13 (היטב אייטב עמך); dazu noch Akkusativ der Sache Num. 10, 32 הטיב ההיא איך; die in mehrfacher Hinsicht schwierige Stelle Mi. 2, 7 הלא דברי ייטיבו עם הישר הילך wird wohl als Hiph.

---

*) Vgl. Kautzsch-Socin, Die Genesis 2. Aufl. Anm. 15.
**) Vgl. Kautzsch, Textkr. Erl. z. St.

kaum richtig punktiert, sondern vielmehr als Kal zu lesen sein. — δ) Absolut, Ps. 119, 68; ferner in der Verbindung weder Gutes noch Böses d. h. überhaupt nichts thuen Zeph. 1, 12; daher auch in der Aufforderung an die Götzen Jes. 41, 23 והרעו ותיטיבו, und in der Schilderung der Ohnmacht derselben Jer. 10, 5 גם־היטיב.. לא ידעו אתם אין*). — b) Subjekt ist der Mensch. α) Akkusativ der Person, Hi. 24, 21. — β) ל derselben, Gen. 12, 16; Num. 10, 29. 32**). — γ) Absolut, Lev. 5, 4, wenn jemand schwört להרע או להיטיב.

Ausserhalb des theologischen Sprachgebrauches: Kal nur Imperfekt. 1. Gut sein. a) Das sachliche Subjekt. α) In der ständigen Phrase בטוב לב כי ייטב zum Ausdruck des Wohlgefälligen ist es דבר Gen. 34, 18; 41, 37; Deut. 1, 23; Jos. 22, 33; Esth. 1, 21; 2, 4; אשר I Sam. 24, 5; II Sam. 18, 4, oder ein allgemeiner, aus dem Kontext zu ergänzender Begriff in der Verbindung וייטב בעיני פ Gen. 45, 16; Lev. 10, 20; Jos. 22, 30; II Sam. 3, 36. — β) וייטב לבם mit dem Subjekte הדבר Esth. 5, 14; mit allgemeinem Subjektsbegriff Neh. 2, 6. — γ) ייטב לב, Ausdruck behaglicher, sorgloser Gemütsstimmung Jud. 18, 20; 19, 6. 9; I Reg. 21, 7; Ruth 3, 7; Eccl. 7, 3. — b) Mit persönlichem Subjekte. α) בעיני פ, bei jemand beliebt sein, I Sam. 18, 5; ihm gefallen, Esth. 2, 4. 9. β) לפני פ passend, tauglich erscheinen vor jemandem Neh. 2, 5. — 2. Impersonell, ל es geht einem wohl, Gen. 12, 13; 40, 14; II Reg. 25, 24; Jer. 40, 9; Ruth 3, 1. — Hiph'il gut machen. 1. Zur näheren Bestimmung irgend einer Handlung. a) Mit sachlichem Akkusativ in der Weise verbunden, dass es einen, je nach dem Kontext verschieden gefärbten, adverbiellen Nebenbegriff enthält. Ex. 30, 7 את־הנרות, die Lampen herrichten; I Reg. 1, 47 את־שם, den Namen berühmt machen; II Reg. 9, 30 את־ראשה, ihr Haupt schmücken; Jer. 2, 33 תיטבי דרכך, den Weg trefflich einrichten; Hos. 10, 1 היטיבו מצבות, schöne Malsteine machen; Mi. 7, 3 כל־הרע כפים להיטיב, aufs Böse die Hände einüben***); Ruth

---

*) I Sam. 20, 13 haben die Punktatoren ייטיב als Hiph. mit Jahwe als Subjekt gefasst; offenbar aber ist Kal zu lesen (Wellhausen, Der Text der Bb. Sam. 116) und der folgende Akkusativ zu erklären nach Kautzsch § 117, 1, Anm. 7.

**) Ps. 49, 19 ist der Text nicht mehr verständlich.

***) Wellhausen, Skizzen u. Vorarb. V. 146: „In להיטיב steckt wohl eine dritte Person Pl., wozu כפים (so richtig die Septuaginta) Objekt ist." Vgl. auch Ryssel, Untersuchungen über die Textgestalt und die Echtheit des B. Micha, 119 ff.

3, 10 בֹ הֵיטִב הַרְבֵּה, besser machen; Prov. 17, 22 מִיטִב, gute Besserung schaffen. — b) Mit Infinitiv, entweder mit לְ, I Sam. 16, 17 מֵיטִיב לְנַגֵּן, ein geschickter Saitenspieler; ohne לְ, wie נֵגֵן Jes. 23, 16; Ez. 33, 32 (Part.); Ps. 33, 3 vom wackeren, schönen Saitenspiel; הֵיטִב Prov. 15, 2 meisterlich wissen; לְבֹא 30, 29 schön einherschreiten. — c) Aus dieser vielseitigen Verwendung des Verbums erklärt es sich, dass im Sprachgebrauche der absolute Infinitiv geradezu zu einem Adverbium werden konnte und in dieser Eigenschaft dem Hauptverbum nachgestellt, die Bedeutung desselben verschieden modifiziert, so: vollständig zermalmen Deut. 9, 21; gründlich untersuchen 13, 15; 17, 4; 19, 18; deutlich, sorgfältig schreiben 27, 8; gänzlich zerstören II Reg. 11, 18. Dem Hauptverbum vorangestellt, um eine Steigerung des Affektes zum Ausdruck zu bringen, Jon. 4, 4. 9 (bis) sehr zürnen. — 2. Mit dem Akkusativ פָּנִים, das Antlitz heiter machen, Jud. 19, 22; Prov. 15, 13. — 3. Mit persönlichem Objekte, Eccl. 11, 9 יְטִיבְךָ לִבְּךָ.

Bezüglich des theologischen Sprachgebrauches kann man wohl mit einiger Sicherheit sagen, dass Hiph'il in früherer Schriftperiode auftritt als Kal. Da im Arabischen ṭôb wohlriechend, ṭâba (i) nachweisbar den angenehmen Eindruck auf den Geruchs-, aber auch den Tastsinn ausdrückt, so führt das auf die allgemeine Bedeutung des Wohligen. Ryssel*) spricht der Wurzel טב die Bedeutung palpare zu, „mit der flachen Hand berühren, und zwar: sanft berühren, daher طَلَب durch sanfte Berührung mit der Hand heilen (wovon طَبِيب Arzt und طَبّ die Heilkunde).“ Dieses „daher“, das den Übergang vom „Berühren“ zum „Heilen“ vermitteln soll, würde ich auch dann für unberechtigt halten, wenn ṭabba „heilen“ nicht denominativ wäre, was es aber thatsächlich ist. Dass syrisch טב „vorbereiten, herrichten“, das sich in dieser Bedeutung auch im Hebr. im Hiph. Ex. 30, 7 findet, von טאב „sich gut befinden“ ein verschiedener Stamm sein soll, wie Barth**) will, kann ich nicht einsehen.

יֹתֶר von יָתַר Kal nur das substant. Particip als technischer Ausdruck im Opferrituale gebraucht: Ex. 29, 13; Lev. 3, 4. 10. 15; 4, 9; 7, 4 הַיֹּתֶרֶת עַל־הַכָּבֵד; Ex. 29, 22; Lev. 8, 16. 25 יֹתֶרֶת הַכָּבֵד; 9, 10 מִן־הַכָּבֵד. —

Hiph'il Überfluss verleihen an irdischen Gütern, Folge des göttlichen Segens für das richtige Verhalten des Volkes gegen seinen
Gott: ־־ יהיר֯ Deut. 28, 11 בפרי בבטנך; 30, 9 ידך משה בבל
בבטן ־־בב.

Ausserhalb des theologischen Sprachgebrauches:
Kal nur Particip. 1. Verbalform: Eccl. 12, 12 ־־־, es ist übrig;
V. 9 ־ ־־־, es ist übrig zu sagen, dass. — 2. Mit nominalem Charakter. a) Substantiv. α) Das Übrige I Sam. 15, 15. β) Vorteil
Eccl. 6, s. 11; 7, 11. — b) Adverbium ־־־, übermässig, gar sehr, 2, 15;
7, 16; מ ־, mehr, Esth. 6, 6. — **Niph'al** 1. Übrig bleiben. a) Personen. α) Mit partitivem מ־ Num. 26, 65; II Sam. 13, 30; Ps. 106, 11;
das Particip Lev. 10, 12. 16; Jud. 8, 10; 21, 7. 16; I Reg. 9, 20; 20, 30
(bis); Sach. 14, 16; II Chr. 8, 7. β) Mit ל II Sam. 9, 1, ist noch
jemand, der übrig geblieben ־ש ל־בב־, vom Hause des Saul. Etwas
anders Gen. 44, 20, היא לבדו לאמי, er ist allein von seiner Mutter
übrig geblieben. - γ) Mit partitiv gebrauchtem ב II Sam. 17, 12, es
soll nicht einer übrig bleiben בב־האלבישרא; das Particip I Sam.
2, 36. δ) Jemandem übrig bleiben, mit ל 25, 34. - ε) ב des Ortes
I Reg. 9, 21; Ez. 14, 22; Am. 6, 9; Sach. 13, 8; Prov. 2, 21; II Chr. 8, 8;
das Particip Jes. 4, 3; 7, 22; בל des Ortes Ez. 39, 14. — ζ) אבי לבדי
I Reg. 19, 10. 14. η) Absolut Jos. 11, 11. 22; Jud. 9, 5; Jes. 1, 8;
30, 17. — b) Sachliche Subjekte. α) Mit partitivem מ־ Ex. 29, 34;
das Particip 12, 10; Lev. 2, 3. 10; 6, 9; 7, 16. 17; 10, 12; 14, 29. β) Mit
partitivem ב das Particip 8, 32; 14, 18. — γ) ב des Ortes Ex. 10, 15;
Neh. 6, 1; das Particip I Reg. 15, 18; Jer. 27, 18. 19. — δ) Mit Orts-
akkusativ 27, 21 (Part.). ε) Absolut II Reg. 20, 17; Jes. 39, 6; das
Particip Ex. 29, 34; Lev. 19, 6; II Reg. 4, 7; Jer. 34, 7; Ez. 34, 18 *). —
2. Übrig sein. a) Belebtes. α) Mit partitivem Gebrauch des ב Jos.
18, 2. β) לבד־ I Reg. 18, 22. γ) Absolut das Particip Gen. 30, 36;
Jos. 17, 2. 6; 21, 5. 20. 26. 34. 39; I Sam. 30, 9; I Chr. 6, 46. 55. 62; 24, 20. —
b) Sachliches; nur das Particip. α) Übrig בהרב, von der Breite,
Ez. 48, 15; באר־ך 18. — β) Die Zahl der Jahre, die übrig sind שב שני
הנ־בל Lev. 27, 18. — γ) Absolut Ex. 28, 10; Ez. 48, 21. — 3. Zurück-
bleiben. a) Personen, mit לבד־ Gen. 32, 25. — b) Sachliches Subjekt
I Reg. 17, 17. — 4. Allein bleiben Dan. 10, 13. — **Hiph'il** 1. Einen
Rest machen, übrig lassen. a) Mit partitivem מ־. α) Allein: Ex.

---

*) II Chr. 31, 10 ist statt ־־־־ mit LXX zu lesen הני֯ת; Kautzsch § 121,
S. 376, Fussnote.

12, ₁₀; 16, ₁₉. ₂₀; Lev. 22, ₃₀; Ez. 39, ₂₈ *).   β) Dazu noch ein Akku-
sativ Num. 33, ₅₅; II Sam. 8, ₄; Ez. 12, ₁₆; I Chr. 18, ₄. — b) ל der
Person und Akkusativ Jes. 1, ₉ ל־בריד; Jer. 44, ₇ לכם מאריד. —
c) Mit blossem Akkusativ Ex. 10, ₁₅; Ruth 2, ₁₈. — d) Absolut
Ex. 36, ₇; II Reg. 4, ₄₃. ₄₄; Ruth 2, ₁₄; II Chr. 31, ₁₀. — 2. Einen
Rest besitzen, übrig haben Deut. 28, ₅₄ יתיר אשר בניו יתיר. — 3. Einen
Vorzug haben, erster sein Gen. 49, ₄.

Der Grundbegriff von יתר ist „spannen, strecken“; יֶתֶר ist
Sehne, im Syr. ירתא, der Araber nennt die Saite der Lyra وَتَر. Vgl.
auch Dietrich, Abhandl. zur sem. Wortforschung, 122.

ברע von כָּרְעַיִם Kal 1. Sich beugen. a) Im Kulte der Gottheit. α) I Reg. 8, ₅₄ מכרע על־ברכיו ובפיו פרשית השמים; Esr. 9, ₅ יאברכה
על־ברכי ואפרשה כפי אל־ייי. — β) II Chr. 7, ₃ אפים ארצה. — γ) Absolut:
Ps. 95, ₆; II Chr. 29, ₂₉. — b) Zeichen der Huldigung und Ehrerbietung. α) Subjekt sind die Menschen: Ps. 22, ₃₀ לפניו יכרעי כל־יורדי
עפר (parall. וישתחוו); 72, ₉ לפניו יכרעי ציים.   β) Unbelebtes: Jes. 45, ₂₃
כל־ברכים לי תכרע כל־ברך; auch mit Bezug auf Götzen I Reg. 19, ₁₈ אשר
לא־כרעי לבעל. — 2. Niedersinken. a) Vom Sturz der Götter Babels:
Jes. 46, ₁ כרע בל קרם נבו. ₂ כרעי יחדו. — b) Als vom Herrn verhängte Strafe über die Abtrünnigen: 65, ₁₂ תכרעו לטבח. — Hiph'il
niederwerfen den Feind. Subjekt ist Jahwe: a) Ps. 17, ₁₃ הכריעהי;
78, ₃₁ ובחורי ישראל הכריע. — b) Zum persönlichen Akkusativ eine
nähere Bestimmung: II Sam. 22, ₄₀; Ps. 18, ₄₀ תכריע קמי תחתי.

Ausserhalb des theologischen Sprachgebrauches:
Kal 1. Sich beugen. a) Zeichen der Ehrerbietung. α) II Reg. 1, ₁₃
ויכרע על־ברכיו לנגד א'.   β) Absolut: Esth. 3, ₂ (bis). ₅ (Part.). — b) Sich
beugen behufs irgend einer Verrichtung. α) כל־הכרע Jud. 7, ₅. ₆.
β) Über das Weib, Hi. 31, ₁₀ תכרעין אחרין ועליה. — γ) Absolut: Gen.
49, ₉; Num. 24, ₉ um zu lagern. — 2. In die Kniee sinken, zusammensinken vor Mattigkeit. a) Subjekt sind Lebewesen. α) Mit einer
Ortsbestimmung: Jud. 5, ₂₇ (bis) בין רגליה כרע נפל; 5, ₂₇ באשר כרע
שם נפל; II Reg. 9, ₂₄ ויכרע; vielleicht auch Jes. 10. ₄ כרע תחת אסיר.
β) Absolut: I Sam. 4, ₁₉ ותכרע ותלד; Ps. 20, ₉ כרעי ונפלי; vom Tiere
Hi. 39, ₃ תפלחנה ילדיהן תכרענה. — b) Die zusammensinkenden Kniee:
Hi. 4, ₄ כרעות כשלות. — Hiph'il jemanden niederbeugen vor Be-
trübnis, Jud. 11, ₃₅.

Kal ist die ältere Konjugation. Ob כרע mit כשל verwandt ist?

מֶלֶךְ von מָלַךְ **Kal** 1. König sein, von Jahwes Königtume.
a) עַל der Person. α) Allein: 1 Sam. 8, 7. β) Dazu כ des Mittels:
Ez. 20, 33 עֲלֵיכֶם אֶמְלוֹךְ שְׁפוּכָה וּבְחֵמָה נְטוּיָה וּבִזְרוֹעַ חֲזָקָה בְּיַד. -- γ) ב des
Ortes und eine Zeitbestimmung: Mi. 4, 7 וְעַד־עוֹלָם מֵעַתָּה צִיּוֹן בְּהַר עֲלֵיהֶם. —
b) ב des Ortes: Jes. 24, 23 וּבִירוּשָׁלַם צִיּוֹן בְּהַר. — c) Mit einer Zeitbestimmung: Ex. 15, 18 וָעֶד לְעֹלָם יִמְלֹךְ; Ps. 146, 10 לְעוֹלָם. — d) Absolut:
Jes. 52, 7. — 2. König werden. a) עַל der Person: Ps. 47, 9 מָלַךְ
אֱלֹהִים עַל־גּוֹיִם. — b) Absolut: 93, 1; 96, 10; 97, 1; 99, 1 מָלָךְ יְי. —
Hiph'il zum Könige machen. Subjekt ist Jahwe, die Person aber,
die von Jahwes Gnaden König wird, folgt im Akkusativ. a) I Sam.
15, 11 לְמֶלֶךְ אֶת־שָׁאוּל. — b) 15, 35 עַל־יִשְׂרָאֵל אֶת־שָׁ'; I Chr. 28, 4 בִּי רָצָה
הַמְלַכְתִּיךָ עָלָיו 11. הִמְלִיכַתְנִי עַל־כֵּן; II Chr. 1, 9 לְהַמְלִיכֵנִי עַל־עַם. —
c) I Reg. 3, 7 'ר תַּחַת עַבְדְּךָ אֶת; II Chr. 1, 8 הִמְלַכְתַּנִי תַּחְתָּיו.

Ausserhalb des theologischen Sprachgebrauches:
Kal 1. König sein. a) עַל der Person, über jemand. α) Allein:
Jud. 9, 8. 10. 12. 14; 1 Sam. 8, 9. 11; 12, 12. 14; 16, 1; II Sam. 8, 15; I Reg. 6, 1;
12, 17; I Chr. 18, 14; 29, 26; II Chr. 1, 13; 10, 17; 20, 31. β) Dazu ein
Akkusativ der Zeit: I Sam. 13, 1; I Reg. 2, 11; 15, 25; 22, 52;
II Reg. 3, 1; I Chr. 29, 27. -- γ) Überdies noch ב des Ortes: II Sam.
5, 5 (bis); I Reg. 11, 42; 16, 29; II Reg. 10, 36; 12, 2; 15, 13; II Chr.
9, 30. — b) תַּחַת der Person, an jemandes Stelle König sein: I Reg.
1, 35. — c) אַחֲרֵי der Person: 1, 13. 17. 24. 30. — d) Das Land, über
das jemand König ist. α) Mit עַל: I Reg. 11, 25; II Reg. 11, 3 (Part.);
II Chr. 22, 12 (Part.). - β) Mit ב: Gen. 36, 31. 32; II Sam. 3, 21; I Reg.
11, 37; I Chr. 1, 43. γ) Eine vereinzelte Konstruktion: Esth. 1, 1
(Part.) בְּמֶדִינָה וְעַד־כּוּשׁ מֵהֹדּוּ. — e) An einem Orte
König sein. α) Mit ב. α') Allein: Jos. 13, 12. 21; Jud. 4, 2; II Reg.
23, 33. β') Dazu ein Akkusativ der Zeit: I Reg. 2, 11 (bis); 14, 21;
15, 2. 10; 16, 23; 22, 42; II Reg. 8, 17. 26; 12, 2; 14, 2; 15, 2. 13. 33; 16, 2;
18, 2; 21, 1. 19; 22, 1; 23, 31. 36; 24, 8. 18; Jer. 52, 1; I Chr. 3, 4; 29, 27
(bis); II Chr. 12, 13; 13, 2; 20, 31; 21, 5. 20; 22, 2; 24, 1; 25, 1; 26, 3;
27, 1. 8; 28, 1; 29, 1; 33, 1; 34, 1; 36, 2. 5. 9. 11. — β) Mit עַל: Jer. 33, 21
(Part.) עַל־כִּסְאוֹ. — f) Blosser Akkusativ der Zeit: II Sam. 2, 10; 5, 4;
I Reg. 14, 20; II Reg. 3, 1; I Chr. 3, 4. — g) Eine sonstige nähere
Bestimmung: I Reg. 14, 19 מָלַךְ אֲשֶׁר; Jes. 32, 1 לְצֶדֶק; Prov. 8, 15 מְלָכִים בִּי
יִמְלֹכוּ. — h) Absolut: Gen. 36, 31; Jer. 22, 15; 23, 5; Hi. 34, 30; I Chr.
1, 43; II Chr. 23, 3; sonst nur לִמְלֹךְ II Reg. 24, 12; 25, 1; Jer. 1, 2;
51, 59; 52, 4; Esth. 1, 3; Dan. 9, 2; II Chr. 16, 13; 17, 7; 29, 3; 34, 3. 8. —
2. König werden. a) עַל der Person. α) Allein: Gen. 37, 8; I Sam.

11, 12; בְּמַלְכִי־אֵל ‏‎ II Sam. 2, 10.   β) Dazu eine Zeitbestimmung eingeführt mit בִּמְלֹךְ: I Reg. 15, 1. 9. 25; 16, 29; 22, 41. 52; II Reg. 3, 1; 9, 29; 12, 2; 15, 13; II Chr. 13, 1.   γ) In einer gewissen Prägnanz des Ausdruckes nach dem Schema: ... בְּמַלֹךְ .. לֹא אֶסָּא .. בְּמַ מֶלֶךְ ... בְּצֵדָה .. עַל I Reg. 15, 33; 16, 8. 15. 23; II Reg. 13, 1. 10; 14, 23; 15, 8. 17. 23. 27; 17, 1. — b) רְחָר der Person, an Stelle jemandes. α) Allein: II Sam. 16, 8 (Part.); II Reg. 3, 27; Jer. 22, 11 (Part.); 37, 1; Esth. 2, 4; sonst nur noch תַּחַת יִמְלֹךְ Gen. 36, 33–39; II Sam. 10, 1; I Reg. 11, 43; 14, 20. 31; 15, 8. 24. 28; 16, 6. 10. 28; 22, 40. 51; II Reg. 8, 15. 24; 10, 35; 12, 22; 13, 9. 24; 14, 16. 29; 15, 7. 10. 14. 22. 25. 38; 16, 20; 19, 37; 20, 21; 21, 18. 26; 24, 6; Jes. 37, 38; I Chr. 1, 44 46. 48 50; 19, 1; 29, 28; II Chr. 9, 31; 12, 16; 13, 23; 17, 1; 21, 1; 24, 27; 26, 23; 27, 9; 28, 27; 32, 33; 33, 20; 36, 8.   β) Dazu eine Zeitbestimmung mit בִּמְלֹךְ: II Reg. 1, 17; 15, 30; dieselbe widerspricht an beiden Stellen den sonstigen chronologischen Angaben. — c) Mit בְּ des Ortes: II Sam. 15, 10; I Reg. 11, 24; 14, 21. — d) Mit בְּ der Zeit: II Reg. 8, 16. 25; 14, 1; 15, 1. 32; 16, 1; 18, 1. — e) Absolut: I Sam. 24, 21 בְּלֹךְ תִּמְלֹךְ; I Reg. 1, 5. 11. 13. 18; 2, 15; 16, 22; II Reg. 9, 13; Prov. 30, 22; Eccl. 4, 14; I Chr. 4, 31; II Chr. 25, 1; 29, 1; בְּמָלְכֹ I Reg. 15, 29; בְּמָלְכוֹ II Reg. 25, 27; sonst nur noch בְּמַלְכֹ I Sam. 13, 1; II Sam. 5, 4; I Reg. 14, 21; 16, 11; 22, 42; II Reg. 8, 17. 26; 14, 2; 15, 2. 33; 16, 2; 18, 2; 21, 1. 19; 22, 1; 23, 31. 36; 24, 8. 18; Jer. 52, 1; II Chr. 12, 13; 20, 31; 21, 5. 20; 22, 2; 24, 1; 26, 3; 27, 1. 8; 28, 1; 33, 1. 21; 34, 1; 36, 2. 5. 9. 11. — **Hiph'il** 1. הִמְלִיךְ, einen König einsetzen. a) Mit לְ, für jemanden: I Sam. 8, 22. — b) עַל, über jemanden: 12, 1; II Reg. 8, 20; II Chr. 21, 8. — c) Akkusativ der Person, einen als König einsetzen: Jes. 7, 6 וּנַמְלִיךְ 'מֶלֶךְ אֵת בֶּן־טָבְאַל. — 2. הַמְלִיךְ. a) Akkusativ der Person. α) Allein: Jud. 9, 16; I Sam. 11, 15; I Reg. 1, 43; 12, 1; 16, 21; II Reg. 10, 5; 11, 12; 17, 21; Ez. 17, 16 (Part.); I Chr. 11, 10; 12, 31. 38; II Chr. 10, 1; 11, ?; 23, 11.   β) Dazu עַל, über jemanden: Jud. 9, 18; I Reg. 12, 20; 16, 16; I Chr. 12, 38; 23, 1; II Chr. 36, 4–10.   γ) אֶל, offenbar verschrieben aus עַל, über jemanden: II Sam. 2, 9.   δ) רְחָר, jemanden an Stelle eines anderen: II Reg. 14, 21; 21, 24; 23, 30. 34; 24, 17; Esth. 2, 17; II Chr. 22, 1; 26, 1; 33, 25; 36, 1.   ε) לְבָלֹךְ 'אֶרֶא יַמְלִיכֵי Jud. 9, 6.   ζ) בְּ des Ortes: Jer. 37, 1. — b) לְ der Person, jemanden zum Könige machen: I Chr. 29, 22. — c) Absolut: Hos. 8, 4. — **Hoph'al** zum Könige gemacht werden: Dan. 9, 1 הָמְלַךְ בְּמַלְכֹ.

Für die Eruierung des sinnlichen Grundbegriffes ist مَلَك „halten, besitzen" massgebend. Das Adjektiv *malik*, auf das unser *malk* zurückgeht*), bezeichnet den, der dauernd der Besitzende, Mächtige ist. Delitzsch, Proleg. 30, tritt mit Berufung auf das Assyr. und Aram. für die ursprüngliche Bedeutung „beraten" ein, die aber in keinem Fall die Grund-, sondern im Gegenteil erst eine sehr entfernt abgeleitete Bedeutung sein kann**).

מעט von מעט **Kal** gering sein an Bedeutung, in dem an Jahwe gerichteten Gebete: Neh. 9, 32 אל־ימעט לפניך את כל־התלאה***). — **Hiph'il** an Macht oder Bedeutung verringern, von Gott verhängte Strafe: Jer. 10, 24 פן־תמעטני; Ez. 29, 15 והמעטתים.

Ausserhalb des theologischen Sprachgebrauches: **Kal** 1. Gering sein an Zahl. Von der Familie: Ex. 12, 4 ואם־ימעט הבית מהיות משה; der Zahl der Jahre Lev. 25, 16 לפי מעט השנים; der Bogen der Krieger Jes. 21, 17. — 2. Gering werden. a) Von Menschen = an Zahl wenig werden: Jer. 29, 6; 30, 19, an beiden Stellen im Gegensatz zu רבה; Ps. 107, 39. — b) Vom Vermögen = hinschwinden: Prov. 13, 11. — **Pi'el** an Zahl wenig werden, von den Müllerinnen Eccl. 12, 3. — **Hiph'il** wenig machen. 1. Mit Akkusativobjekt, das nominaler Natur ist. a) Lebewesen: Lev. 26, 22; Ps. 107, 38. — b) Einen bestimmten Kaufpreis Lev. 25, 16; ein Grundstück Num. 26, 54; 33, 54; mit einer gewissen Prägnanz 35, 8 Städte d. h. dieselben weniger zu Abgaben heranziehen. — 2. Ein Infinitiv mit ל. a) Ausdrücklich: Ex. 30, 15 להרבת. — b) Es ist beim Particip הממעיט Ex. 16, 17. 18; Num. 11, 32 הממעיט; II Reg. 4, 3 אל־תמעיטי der Infinitiv לקבץ zu ergänzen.

Zur Etymologie vgl. Gesenius, Thesaurus u. d. W.

נשך von נשך **Kal** eine Sache auf Zinsen leihen, Deut. 23, 20 כל־דבר אשר ישך †). — **Hiph'il** Zins auflegen. a) 23, 20 לא־תשיך לאחיך. — b) 23, 21 לנכרי תשיך ולאחיך לא תשיך; ינג כסף ישך. — b) 23, 21.

Das originale Verbum ist in Kal und Pi. noch erhalten.

עבט von עבט **Kal** Pfand geben. a) Wer dem Nächsten ein Darlehen gewährt, darf nicht in sein Haus hineingehen Deut. 24, 10 לעבט עבטו. — b) Infolge des von Jahwe verliehenen Segens 15, 6 ואתה לא תעבט. — **Hiph'il** auf Pfand leihen. a) Akkusativ der

---

*) De Lagarde, Übersicht 72 ff.

**) Nöldeke, Z.D.M.G. 40, 727.

***) Zur Konstruktion Kautzsch § 117, 1; Anm. 7.

†) Siegfried-Stade, Hebr. Wb., bemerken mit Recht, dass wahrscheinlich Hiph. zu lesen sei.

Person. 15, 6 רשע יהוַבֵּם. — b) Mit doppeltem Akkusativ. Im Gebote die Hand nicht vor dem armen Volksgenossen zu verschliessen, 15, 8 יהוַבֵּשׁ דר מחסר.

Die Etymologie ist unsicher. Jo. 2, 7 יעבמו ist ein anderer Stamm, daher die Bedeutungsentwickelung „verflechten, verwechseln" falsch. Mir kommt bei dem obigen Verbum trotz mancher Bedenken immer wieder ضبط in den Sinn.

עָוָה von עָו **Kal** im Sinne des Hiph'il עָ bethätigen, von der Sünde Israels Dan. 9, 5 חטאנו ועוינו והרשׁ... — **Hiph'il** עָ bethätigen. a) Von Verfehlungen gegen Gott gebraucht, sündigen: II Sam. 7, 14; 24, 17 (in Verbindung mit חטא); und in dem Bekenntnis חטאנו העוינו הרשׁענו I Reg. 8, 47; Ps. 106, 6; II Chr. 6, 37. — b) Von sittlichen Verfehlungen gegen Menschen, Jer. 9, 4 החוה ולא. Ausserhalb des theologischen Sprachgebrauches: **Kal** an jemandem übel handeln. Vasthi an (עַל) Fürsten und Völkern Esth. 1, 16. — **Hiph'il** von der Verfehlung des Simei gegen David II Sam. 19, 20.

Erst durch Abschwächung des Sprachbewusstseins ist es zu erklären, dass im Sinne des denominierten Hiph'il ein Kal mit der Bedeutung „freventlich handeln" in Aufnahme kam; in der That zeigt sich Kal selten und spät. Unsere hebr. Wörterbücher werfen, wie so häufig, auch hier wieder zwei von einander verschiedene Stämme zusammen. In עָו ist der Stamm غوى „irren"; davon ist zu unterscheiden עוה, das im Niph., Pi., Hiph. sich findet und dem arabischen عوى „beugen, biegen" gleichkommt.

פָּרָה von פָּרָה **Kal** 1. Terminus für die Fortpflanzungsfähigkeit; daher in der charakteristischen Segensformel Gen. 1, 22. 28; 9, 1. 7 פרו ורבו; 35, 11 פרה ורבה; in der Verheissung 8, 17; Jer. 23, 3 ופרו ורבו; Ez. 36, 11 ופרו ורבו; Jer. 3, 16 כי רבו ופרו; daher dann in der Erzählung Gen. 47, 27 ויפרו וירבו; Ex. 1, 7 פרו וישׁרצו וירבו ויעצמו במאד מאד. — 2. Eine davon etwas verschiedene Bedeutungswendung: Gen. 26, 22 כי אשׁר הפרה יהוה לנו ופרינו בארץ; Ex. 23, 30 עד אשׁר תפרה ונחלת הארץ. — 3. Im übertragenen Sinne: Deut. 29, 17 פרה ראשׁ ולענה; Jes. 45, 8 תפרח ישׁע ... הארץ; zweifelhaft 11, 1 יצא ... ונצר משׁרשׁיו יפרה*). — **Hiph'il** fruchtbar machen. a) פרה ורבה kausativ

---

*) Wenn diese Lesart beibehalten wird, dann = ein Schössling ist fruchtbar, grünt hervor, nicht aber = bringt Frucht (Delitzsch, Dillm.), was פּ יִפְרֶה wäre. Die LXX scheinen aber יפרח gelesen zu haben.

gewendet: Gen. 17, ₂₀ ‏באד בנאד אתי והרביתי אתי והפריתי‎ ‏ברכתי אתי‎;
28, ₃ ‏ויפרך ויריך‎ ‏ויפרך אתך יבוך שדי ואל‎; 48, ₄ ‏והרביתיך מפרך‎ ‏חנני‎; Lev. 26, ₉
‏אתכם יהביתי אתכם‎ ‏והפריתי‎. — b) ‏הפרה‎ mit persönlichem Akkusativ.
α) Gen. 17, ₆ ‏באד במאד אתך‎ ‏והפריתי‎; Ps. 105, ₂₄ ‏באד‎ ‏עמו אדני ויפר‎. —
β) Gen. 41, ₅₂ ‏באריך עני‎ ‏אלהים הפרני‎.

Ausserhalb des theologischen Sprachgebrauches:
Kal nur das Particip. Ein fruchtbarer Weinstock: Jes. 32, ₁₂: Ex.
19, ₁₀; Ps. 128, ₃. Als Substantiv = Fruchtbaum: Gen. 49, ₂₂ (bis);
Jes. 17, ₆.

Bezüglich der Etymologie trennt Barth*) ‏פרה‎ „Frucht bringen"
als ‏לׄ׳ה‎ von ‏פרה‎ „viel sein", welches ‏לׄ׳י‎ sein soll und identisch wäre
mit ‏فرى‎. Wie aber die Verbindung ‏ורבה פרה‎ beweisen soll, dass ‏פרה‎
„zahlreich werden" bedeutet, kann ich nicht ersehen. ‏רבה‎ ist für
sich allein = zahlreich werden, es kann also das vorausgehende ‏פרה‎
nicht dasselbe besagen. Zur Vorstellung selbst vgl. ‏בטן פרי‎. Der
Wurzel ‏פר‎ eignet die Bedeutung „durchbrechen".

‏צר לׄ׳ י‎ eine aus ‏צר לׄ׳‎ hervorgegangene Verbalbildung. Kal
von der als Strafe von Gott verhängten Not: Jud. 10, ₉ ‏לישראל ותצר‎
‏מאד‎; vielleicht auch Hi. 20, ₂₂ ‏לׄ׳ יצר כפו מלאת**‎), von der den
reichen Sünder überkommenden Angst. Dagegen muss Jud. 2, ₁₅
‏מאד להם ותצר‎ mit LXX Hiph. gelesen werden. — Hiph'il von ‏צר לׄ׳‎
aus gebildet. a) Subjekt ist Jahwe: Jer. 10, ₁₈ ‏להם והצרותי‎; Zeph. 1, ₁₇
‏לאדם והצרותי‎. — b) Ein von Jahwe geschickter Feind. α) Bloss der
Dativ ‏להם‎ Neh. 9, ₂₇; ‏לׄ׳‎ II Chr. 28, ₂₀. ₂₂; 33, ₁₂. β) Dazu eine
nähere Bestimmung: Deut. 28, ₅₂ (bis) ‏לך בכל־שעריך‎; I Reg. 8, ₃₇;
II Chr. 6, ₂₈ ‏לׄ׳ איבו באחד שעריו‎, wie nach LXX gelesen werden muss.
Ausserhalb des theologischen Sprachgebrauches:
Kal ‏לׄ׳ יצר‎ Gen. 32, ₈; ‏לאבין ייצר‎ II Sam. 13, ₂; ‏מאד לדוד ותצר‎ I Sam. 30, ₆.

‏ריב‎ von ‏ריב‎ Kal I. Subjekt ist Gott. 1. Jemandes Sache
führen, von Gottes richterlicher Thätigkeit sowohl gegenüber seinem
Volke, als einzelnen Gliedern desselben. Da Gott naturgemäss nur
eine gerechte Sache führt, so wird der Ausdruck gleichbedeutend
mit Rettung oder Hilfe, die unschuldig Bedrängten zu teil wird.
a) ‏ריב את־דברי‎ mit dem entsprechenden Genitivsuffix I Sam. 24, ₁₆;
Juda und Jerusalem schmachten noch in fernem Lande, aber der

---

*) Etym. Studien 12 ff.
**) Dagegen Hoffmann: ‏יצר לׄ׳‎ oder ‏יְצֻר‎ = „sein Brüten ist", geht dahin,
wie sein Reichtum voll wird.

Herr wird ihnen zu ihrem Rechte verhelfen Jer. 50, 34 ריב יריב אדריבם;
51, 36 את־ריבך כי הנני; Mi. 7, 9; im Gebete des Bedrängten ריבה ריבי
Ps. 43, 1 (mit dem näheren Umstande ריבי מגוי־לא־חסיד; parall. שפטני);
119, 154 (neben גאלני); die Aufforderung an Jahwe, die eigene Sache
zu führen, in der Bitte 74, 22 ריבה ריבך (neben זכר חרפתך); die Sache
der Geringen und Elenden wird Jahwe führen Prov. 22, 23; wie die
Sache der Waisen 23, 11. Statt des Suffixes ein anderer Genitiv
I Sam. 25, 39 רב את־ריב חרפתי מיד נבל; Thr. 3, 58 רבת ריבי נפשי. —
b) Ohne das Substantiv ריב von dem die Sache seines Volkes
führenden Gott Jes. 51, 22 ריב עמו יאלהיך. — 2. Streiten, vom Ein-
greifen Gottes nach seiner doppelten Erweisung. a) Im freundlichen
Sinne: für jemanden streiten. Mit ל der Person Deut. 33, 7 ידיו
רב לו*); vom Baal, der für sich selbst streiten soll Jud. 6, 31 הריב לו. —
b) Feindlich: jemanden bestreiten, befehden, angreifen. α) Akkusativ
der Person Jes. 27, 8 בשלחה תריבנה; 49, 25 את־יריבך; Ps. 35, 1
(parall. לחם את־לחמי); Hi. 10, 2 על־מה־תריבני. β) ב der Person;
Subjekt ist Baal, dessen Altar Gideon niedergerissen, darum Jud. 6, 32
ירב בו הבעל. γ) Mit einem näheren Umstande der Zeit; von
Jahwe, welcher anfeindet Jes. 57, 16 לא לעולם אריב; Ps. 103, 9 לא לנצח יריב; der
Art und Weise Am. 7, 4 לרב באש **). — c) Hadern, Vorwürfe machen,
mit את der Person Jer. 2, 9 (bis). — 3. Allgemein ins Gericht gehen,
von Jahwe als Völkerrichter Jes. 3, 13 (neben לדין עמים). — II. Subjekt ist der Mensch. 1. Die Sache jemandes führen, von der Gerechtigkeitspflege als religiös-sittlicher Forderung im Lande. Mit
Akkusativ der Person Jes. 1, 17 ריבו אלמנה (neben שפטו יתום). — 2. Streiten
mit Worten. a) Vom sündhaften Murren wider Gott und Gottes
Wege, hadern, sei es, dass sich dasselbe direkt gegen Gott kehrt,
oder gegen den Vollzieher seines Willens. α) Hadern mit Gott.
α′) Mit persönlichem Akkusativ, vielleicht Deut. 33, 8 תריבהו על־מי
מריבה. β′) את Num. 20, 13; הי רב את־יצרו Jes. 45, 9. γ′) Mit אל
Gottes Jer. 2, 29; 12, 1; Hi. 33, 13. δ′) עם־שדי 40, 2. β) Hadern
mit Mose, dem Vollzieher des göttlichen Willens; mit עם der Person
Ex. 17, 2 (bis), was eine Herausforderung Gottes selbst ist, daher
die folgenden Worte כסתכם את־יהוה; Num. 20, 3. — b) Von sittlicher
Zurechtweisung: Vorwürfe erheben. α′) ב der Person Hos. 2, 4 (bis).
β′) את Neh. 5, 7; 13, 11. 17. γ′) עם 13, 25. δ′) Mit einem näheren

---

Umstande Mi. 6, 1, der Prophet soll seine Vorwürfe erheben את־ההרים, angesichts der Berge. ε') Absolut Hos. 4, 4 (neben ריב). — b) Streiten durch die That: der von Gott auf ihr Geschrei gesendete Helfer Jes. 19, 20 ריב והציל־כם. Für den Baal streiten לבעל Jud. 6, 31 (bis). — **Hiph'il** streiten wider Gott, ihn bestreiten; 1 Sam. 2, 10 מריביו, wo übrigens der Text in Unordnung und in vielfacher Hinsicht zweifelhaft. Ausserdem das Particip nur noch Hos. 4, 4 in einer offenbar verderbten Stelle*).

Ausserhalb des theologischen Sprachgebrauches: **Kal** 1. Im allgemeinen vom aussergerichtlichen Streit. a) In Streit geraten. α) עם der Person Gen. 26, 20; Jud. 11, 25. β) על der Ursache Gen. 26, 21. 22. γ) Absolut Ex. 21, 18**). — b) Hadern, Vorwürfe machen. α) ל der Person Gen. 31, 36. β) את Jud. 8, 1. γ) אל 21, 22. δ) עם Prov. 3, 30. — 2. Vom Gerichtsstreite. a) ריבך את ריב, führe deinen Streit mit jem. Prov. 25, 9. — b) Das Verbum: α) Mit את Jes. 50, 8. - β) עם Hi. 9, 3; 13, 19; 23, 6. γ) ל, für jemand, seine Partei ergreifen 13, 8. δ) Absolut Prov. 25, 8.

Über ריב und seinen etymologischen Zusammenhang vgl. Nöldeke Z.D.M.G. 37, 534 ff.

רשע von רשע **Kal** 'ר sein, freveln, sündigen. a) In prägnanter Konstruktion mit מן, II Sam. 22, 22; Ps. 18, 22 מאלהי לא־רשעתי (parall. רשעתי דרכי). — b) Absolut I Reg. 8, 47; Eccl. 7, 17 (Gegs. אל־תהי צדיק הרבה V. 16); Dan. 9, 15; II Chr. 6, 37. — **Hiph'il** 1. Als einen 'ר erklären; das Verbum schliesst dabei ethische Wertschätzung ein, so dass also der juridische und ethische Begriff sich gegenseitig durchdringen. a) Subjekt ist Gott. Bei Eidesleistung von seiten der Menschen I Reg. 8, 32 להרשיע רשע (Gegs. להצדיק צדיק); Jahwe überliefert den Frommen nicht in die Gewalt des Gottlosen Ps. 37, 33 ולא ירשיענו בהשפטו; während der Gute Jahwes Wohlgefallen erringt, Prov. 12, 2 ואיש מזמות ירשיע; im Gebete Hi. 10, 2 אל־תרשיעני. — b) Subjekt sind Menschen. In der Schilderung des Treibens der Frevler Ps. 94, 21 ודם נקי ירשיעו; mit stärkerem Überwiegen der juridischen Seite des Begriffes, ohne dass dabei das ethische Werturteil ausgeschlossen werden könnte, Hi. 9, 20 פי ירשיעני; 15, 6 פיך ירשיעך; 32, 3 וירשיעו את־איוב; 34, 17 צדיק כביר הרשיע; 40, 8 תרשיעני; mit zu

---

ergänzendem, persönlichen Akkusativ 34, 29. — 2. Einen 'ר darstellen.
a) Von Gott ausgesagt, Hi. 34, 12 אל לא‌ירשיע, Gott handelt nicht
ungerecht; vielleicht besser noch mit Berücksichtigung des parall.
Satzes ושדי לא‌יעוה משפט nach G. Hoffmann ganz prägnant zu verstehen: Gott verurteilt nicht unschuldig. — b) Von demjenigen, der
den Forderungen Gottes gemäss nicht handelt. α) Mit Infinitiv
II Chr. 20, 35 הרשיע לעשות. — β) Absolut Ps. 106, 6; Dan. 9, 5; 12, 10;
Neh. 9, 33; II Chr. 22, 3.   γ) Streitig Dan. 11, 32 מרשיעי ברית; nach
einigen „die am Bunde Frevelnden"; nach anderen „die Verdammer
des Bundes".

Ausserhalb des theologischen Sprachgebrauches:
Kal 'ר sein; forensischer Terminus zur Bezeichnung dessen, der
juristisch das Unrecht auf seiner Seite hat. So Hi. 9, 29; 10, 7. 15,
doch soll nicht bestritten werden, dass wohl auch an diesen Stellen
der juristische Begriff rein d. h. ohne jedes ethische Werturteil kaum
besteht. — Hiph'il als einen 'ר, einen solchen, der juristisch das
Recht nicht auf seiner Seite hat, erklären. Mit Akkusativ der
Person, bei Streitigkeiten über Aneignung fremden Eigentumes
Ex. 22, 8 אשר ירשיען אלהים; wenn streitende Parteien vor Gericht
treten, so gilt für den Richter Deut. 25, 1 והצדיקו את‌הצדיק והרשיעו
את‌הרשע; im forensischen Sinne wohl auch Jes. 50, 9 מי‌הוא ירשיעני,
im Rechtsstreite des Knechtes Jahwes mit seinen Gegnern; 54, 17,
wo das Objekt לשון ist, die, wenn sie sich zum Rechtsstreite wider
Israel erhebt, als schuldig erwiesen wird; in Participialkonstruktion
Prov. 17, 15 מ' צדיק.

Hiph'il ist ältere Konjugation. Das Denominativ ist durchweg
reiner Gegensatz zu צדק; es wird sich annehmen lassen, dass dieser
auch im sinnlichen Grundbegriff zum Ausdruck kommt. Ist nun
צדק = normgemäss, so רשע = was nicht an eine feste Norm sich
hält, haltlos. Das Aram. bietet für diese sinnliche Bedeutung keinen
Beleg, denn es kennt nur ein denominiertes רَשׁِی, wohl aber das
Arab. in رَسِع und غَسِع.

IV. Kal — Hithpa'el.

אנף von אף Kal zürnen, nur von Gottes Zorn. a) ב der Person.
α) Allein: I Reg. 8, 46; II Chr. 6, 36 בם; Jes. 12, 1 בי.   β) Dazu
eine nähere Bestimmung: Ps. 85, 6 תאנף‌בנו הלעולם; Esr. 9, 14 הלא
תאנף‌בנו עד‌כלה. — b) Mit einer Bestimmung der Zeit: Ps. 79, 5
עד‌מה יי תאנף לנצח. — c) Absolut: 2, 12; 60, 3. — Hithpa'el zürnen,

nur von Gott, mit ‎ܥ‎ der Person. a) Allein: I Reg. 11, 9 בשלמה; II Reg. 17, 18 באר בישראל. — b) Dazu die Ursache des göttlichen Zornes. α) Deut. 1, 37 בגללכם; גם־בי התאנף יי‎ ‎לאמר‎. ‏ β) 4, 21 בי עלי‎ ‎על־דבריכם‎. — c) Zu ‎ܥ‎ der Person ein Infinitiv: 9, 8 בכם‎ ‎להשמיד אתכם‎. ‏20 ‏ובאתחן התאנף יי‎ ‎באר להשמידו‎.

לון לין‎, ‏ לין von לבל*) **Kal** 1. Von Menschen ausgesagt. a) Verweilen, Ausdruck eines dauernden, sittlich guten oder sittlich schlechten Zustandes. Mit ‎ܥ‎ des Ortes: Jes. 1, 21 צדק ילין בה; Jer. 4, 14 עד־מתי תלין בקרבך מחשבות אונך; in der Schilderung der Folge der Gottesfurcht Ps. 25, 13 נפשו בטוב תלין. — b) Bestand haben. Der Mensch in seiner Herrlichkeit 49, 13 בל־ילין. — 2. Im übertragenen Sinne. a) Mit ‎ܥ‎. Vom Fluche ausgesagt Sach. 5, 4 ולנה בתוך ביתו. — b) Mit את. Hi. 19, 4 אתי תלין משוגתי. — **Hithpolel** weilen, ruhen, Ps. 91, 1 בצל שדי יתלונן.

Ausserhalb des theologischen Sprachgebrauches: Kal 1. Die Nacht verbringen. a) Lebewesen. α) ‎ܥ‎ des Ortes. Gen. 19, 2; 31, 54; 32, 22; Jos. 4, 3; 6, 11; Jud. 19, 11. 13. 15. 20; Jes. 21, 13; 65, 4; Hi. 31, 32; Cant. 7, 12. β) Verschiedene andere Präpositionen. ברחב Jos. 8, 9; Neh. 4, 16; את II Sam. 19, 8; על Hi. 39, 9; בחוץ Neh. 13, 20; עם 21; בבתים I Chr. 9, 27. γ) שם Gen. 28, 11; 32, 14; Jos. 3, 1; Jud. 18, 2; 19, 4. 7; I Reg. 19, 9. δ) פה Num. 22, 8; Jud. 19, 9. ε) Absolut. Das Perfekt וילן II Sam. 12, 16; das Imperf. וילינו Gen. 24, 54**); der Imper. לין Jud. 19, 6; לינו Gen. 19, 2; Jud. 19, 9; der Infinitiv ללין Gen. 24, 23; ללון V. 25; Jud. 19, 10. 15; 20, 4; Jer. 14, 8. — b) Unbelebtes = über Nacht liegen bleiben. Das Fett des Opfers Ex. 23, 18 ולא־ילין ... הדר; das Opferfleisch des Paschafestes 34, 25; Deut. 16, 4 ללבקר; der Leichnam 21, 23 תלין נבלתו. — 2. Wohnen, verweilen. a) Lebewesen. Mit ‎ܥ‎ des Ortes Zeph. 2, 14; Ps. 55, 8; Ruth 1, 16. — b) Synekdochisch für die Person das Subjekt און Prov. 15, 31 תלין; בקרב חכמים תלין; das Subjekt עין Hi. 17, 2 ובהמרותם תלן עיני***). — c) Von Unbelebtem. α) ‎ܥ‎ des Ortes. Der Tau auf dem Gezweige Hi. 29, 19; Stärke auf seinem Nacken 41, 14. β) בין. Ein Myrrhenbüschel zwischen den Brüsten Cant. 1, 13. — 3. Einkehr halten. Ps. 30, 6 בערב ילין בכי. — **Hiph'il** 1. Nachtruhe halten, II Sam. 17, 8 לא ילין

---

*) Nöldeke in Z.D.M.G. 37, 535.

**) Ps. 59, 16 ist mit LXX ילינו oder ילינו „sie murren" zu lesen. Kautzsch, Textkr. Erl. z. St.

***) Sehr ansprechend Hoffmann: תלן = תלאינה, meine Augen ermatten ob ihrer Verletzung.

אָהַרְהָמ. — 2. Übernachten lassen, über Nacht zurückbehalten. Vielleicht Lev. 19, 13 לֹא־תָלִין פְּעֻלַּת שָׂכִיר אִתְּךָ עַד־בֹּקֶר. — **Hithpolel** wohnen,
von Tieren mit עַל des Ortes Hi. 39, 28.

נָדַב von נָדִיב **Kal** antreiben, vom Antrieb des Herzens aus
religiösen Motiven: Ex. 25, 2 לְבֹּי; 35, 21 כָּל־אִישׁ אֲשֶׁר־; כָּל־אִישׁ אֲשֶׁר יִדְּבֶנּוּ לִבּוֹ; בָּל־אִישׁ.
— **Hithpa'el** 1. Sich willig erweisen betreffs freiwilliger Gaben = frei-
willig spenden. a) Ein sachlicher Akkusativ. α) Allein: I Chr. 29, 14
זֹאת. — β) Dazu לְ der Person: Esr. 3, 5 מִתְנַדֵּב נְדָבָה לַיהֹוָה. γ) Sonst
eine nähere Bestimmung: I Chr. 29, 17 בְּיֹשֶׁר לְבָבִי הִתְנַדַּבְתִּי כָל־אֵלֶּה. —
b) Ein Infinitiv: 29, 5 מִתְנַדֵּב לְמַלֹּאות יָדוֹ הַיּוֹם לַיהֹוָה. — c) Mit לְ dessen,
für den gespendet wird. α) Allein: Esr. 2, 68 לְבֵית הָאֱלֹהִים. – β) Dazu
eine nähere Bestimmung: I Chr. 29, 9 בְּלֵב שָׁלֵם הִתְנַדְּבוּ לַיהֹוָה. — d) Absolut: Esr. 1, 6; I Chr. 29, 6. 9. — 2. Sich willig erweisen betreffs
des Tempeldienstes: Amasja II Chr. 17, 16 הַמִּתְנַדֵּב לַיהֹוָה.

Ausserhalb des theologischen Sprachgebrauches:
Hithpa'el sich willig erweisen. a) Mit Rücksicht auf den Kriegs-
dienst: Jud. 5, 2 בְּהִתְנַדֵּב עָם. 9 בְּעָם הַמִּתְנַדְּבִים. — b) Neh. 11, 2 הַמִּתְנַדְּבִים
לָשֶׁבֶת בִּירוּשָׁלָ‍ִם.

Der Stamm נדב hat nach Barth, Die Nominalbildung 184, die
Bedeutung „rufen"; נָדִיב ist daher „Ausrufer", von dem aus sich
leicht ein Verbum „antreiben" ergibt.

עוּף von עוּף **Kal** fliegen, Bild der Vergänglichkeit des menschlichen Lebens Ps. 90, 10; des Frevlers Hi. 20, 8. — **Hithpolel** ver-
fliegen, vom Dahinschwinden der Herrlichkeit Hos. 9, 11.

Ausserhalb des theologischen Sprachgebrauches:
Kal 1. Fliegen im eigentlichen Sinne. a) Vom Vogel, der Deut. 4, 17
בַּשָּׁמָיִם, vom Seraph, der Jes. 6, 6 gegen (אֶל) den Propheten hin fliegt;
mit blossem Akkusativ der Richtung vom Adler Prov. 23, 5 יָעוּף
הַשָּׁמָיִם. — b) Absolut II Sam. 22, 11; Ps. 18, 11 von Jahwe; 55, 7
vom Menschen; Jes. 31, 5 (Part.); Nah. 3, 16; Prov. 26, 2 vom fliegenden
Getiere; aber auch von Unbelebtem Sach. 5, 1. 2 כִּצְבִי יָעֻף; vom Pfeile
Ps. 91, 5; von den Feuerfunken, בְּנֵי רֶשֶׁף Hi. 5, 7. — 2. Als Bezeichnung schneller Bewegung überhaupt; so wird das Einstürmen feind-
licher Menschenmassen fliegen genannt Jes. 11, 14; Hab. 1, 8; oder
die Bewegung eilig dahinjagender Schiffe Jes. 60, 8; auch der flüch-
tige Blick der Augen Prov. 23, 5. — **Polel** 1. Fliegen im eigentl.
Sinne von Lebewesen, mit עַל des Ortes Gen. 1, 20; mit בּ des Mittels

Jes. 6, 2; absolut 14, 29; 30, 6 שָׂרָף מְעוֹפֵף. — 2. Fliegen machen, vom Schwerte Ez. 32, 10 בְּעוֹפְפִי חַרְבִּי עַל־פְּנֵיהֶם.

קוֹשֵׁשׁ von קַשׁ Kal nur Zeph. 2, 1. — **Hithpolel** ebenda in der Aufforderung הִתְקוֹשְׁשׁוּ וָקוֹשּׁוּ, sammelt euch, d. h. geht in euch! So nach einer häufigen Erklärung, aber unsicher[*]).

Ausserhalb des theologischen Sprachgebrauches: **Polel** Strohhalme zusammenlesen, mit dem Akkusativ קַשׁ Ex. 5, 12; übertragen auch von anderen Stoffen: תֶּבֶן 5, 7; עֵצִים Num. 15, 32. 33; I Reg. 17, 10. 12.

רָעָה von רֵעַ Kal Genosse sein, Umgang mit jemand haben, nur das Particip mit folgendem Akkusativ Prov. 13, 20 כְסִילִים; 28, 7 זוֹלְלִים; 29, 3 זֹנוֹת. — **Hithpa'el** sich jemanden zum Genossen nehmen, Prov. 22, 24 אֶת־בַּעַל אָף.

Ausserhalb des theologischen Sprachgebrauches: **Pi'el** jemanden zum Festgenossen nehmen, Jud. 14, 20 מֵרֵעֵהוּ אֲשֶׁר רֵעָה לוֹ.

Die Verwendung des Verbums in der Sprache der Chochma weist die wohl nicht zufällige Erscheinung auf, dass es nur vom Umgang mit schlechten Menschen im Gebrauche ist. Was die Ableitung betrifft, so halte ich an Wetzsteins obsoletem Stamm רעע „eng verbunden sein" fest; die Behauptung von Delitzsch zu Prov. 13, 20, das Verbum sei mit רעה „weiden" zusammenzustellen, bedarf keiner Widerlegung.

V. Niph'al — Pi'el.

נֵכָּר von נָכַר Niph'al eigentl. sich als ': hinstellen, daher sich verstellen; vom heuchlerischen Gebahren des Hassers, der sich verstellt Prov. 26, 24 בִשְׂפָתָו. — **Pi'el** als ': hinstellen: a) Verkennen eine Wahrheit, mit einem allgemeinen, aus dem Kontext zu entnehmenden Objekte es näml. den wahren Grund der Vernichtung Israels Deut. 32, 27. — b) Verkennen eine Sache, Jer. 19, 14 אֶת הַבָּקָר הַזֶּה, den Ort in seiner Heiligkeit.

Ausserhalb des theologischen Sprachgebrauches: **Pi'el** nur Hi. 21, 29 mit dem Objekte אֹתֹתָם, die Fingerzeige, Erfahrungen Weitgereister verwerfen[**]). — **Hithpa'el** sich als ': hinstellen; von Josef, der sich Gen. 42, 7 gegen (אֶל) seine Brüder fremd

---

*) Vgl. Schwally Z.A.W. X, 181.
**) I Sam. 23, 7 gibt נִכַּר absolut keinen Sinn; es ist doch wohl aus סִכֵּר verschrieben.

Gerber, Die hebr. Verba denominativa. 7

stellt; ähnlich I Reg. 14, 5. 6 (Participia) von der Gemahlin Jero-
beams.

Das Denominativ ist im Arab. besonders IV. V. häufig. Der
Syrer denominiert von نُكَّر ein Verbum نَكَر. Betreffs der sinnlichen Grundbedeutung habe ich die Bedeutungsentwicklung „fixieren,
verwundert ansehen, fremd finden, fremd sein" (Gesenius H.W.) nie
geglaubt. Ich halte vielmehr הִכִּיר „ansehen" für einen, von unsrigem
verschiedenen Stamm. Bezüglich des letzteren weist Delitzsch*) hin
auf assyrisch *nakaru* anders, fremd sein.

נָקַשׁ Nebenform zu יָקשׁ von קושׁ. **Niph'al** verstrickt werden,
von der Verführung zur Abgötterei Deut. 12, 30 פֶּן־תִּנָּקֵשׁ אַחֲרֵיהֶם. —
Pi'el Schlingen legen. a) Von den Feinden, die hinterlistig das
Verderben des Leidenden beabsichtigen, in absoluter Gebrauchsweise Ps. 38, 13. — b) Vom Wucherer, der des Nächsten Habe an
sich zu reissen sucht, Ps. 109, 11 יְנַקֵּשׁ נוֹשֶׁה לְכָל־אֲשֶׁר־לוֹ.

Ausserhalb des theologischen Sprachgebrauches:
Hithpa'el eine Schlinge zu legen suchen. I Sam. 28, 9 אַתָּה מִתְנַקֵּשׁ
בְּנַפְשִׁי.

Die Grundbedeutung scheint mir das Syrische erhalten zu
haben, wo נקשׁ „einschlagen" und, wie das Bibl.-Aram. Dan. 5, 6,
auch „anschlagen" bedeutet.

VI. Niph'al — Hiph'il.

אָדַר von אַדִּיר **Niph'al** nur im Particip = verherrlicht: Ex. 15, 6
כִּי בְמִי נֶאְדָּר בַּקֹּדֶשׁ. 11 יְמִינְךָ יי נֶאְדָּרִי בַּכֹּחַ, zum Ausdruck der unver-
gleichlichen Erhabenheit Gottes. — **Hiph'il** herrlich machen, von
Gott: Jes. 42, 21 יַגְדִּיל תּוֹרָה וְיַאְדִּיר.

Auf den sinnlichen Grundbegriff weist noch das Adjektiv אַדֶּרֶת
„weit" hin.

בָּדַל -- **Niph'al** 1. Sich abgesondert halten. a) Im Gegensatz
zur Vermischung des heiligen Samens mit den heidnischen Be-
wohnern des Landes. Mit מִן: Esr. 9, 1 מֵעַמֵּי הָאָרָצֹת; 10, 11 מֵעַמֵּי הָאָרֶץ
וּמִן־הַנָּשִׁים הַנָּכְרִיּוֹת; Neh. 9, 2 מִכֹּל בְּנֵי נֵכָר; das Particip als Bezeichnung
jener israelitischen Einwohner, die ihre Verbindung mit den Heiden
abbrechend sich zu den zurückgekehrten Exulanten schlugen, Esr. 6, 21
כֹּל הַנִּבְדָּל מִטֻּמְאַת גּוֹיֵי־הָאָרֶץ אֲלֵהֶם; Neh. 10, 29 מֵעַמֵּי הָאֲרָצֹת אֶל־תּוֹרַת
הָאֱלֹהִים. — b) Von dem sündhaften Teile der Gemeinde Jahwes:

---

*) Proleg. S. 195, Anm.

Num. 16, ₂₁ הזאת העדה מתוך בדלו. — 2. Ausgesondert werden. a) Zum
heiligen Dienst. α) Mit folgendem Infinitiv: I Chr. 23, ₁₃ להקדישו
קדש קדשים. — β) Von einer Aussonderung zu kultischer Versammlung ist auch die Rede Esr. 10, ₁₆ אבות הבתן עזרא ויבדלו. — b) Ausgeschlossen werden aus dem Verbande der religiösen Gemeinde 10, ₈
מקהל הגולה. — **Hiph'il** 1. Eine Sonderung machen, aussondern.
a) Subjekt ist Gott. α) Die Sonderung geschieht mit Rücksicht auf
die Verleihung des Heiligkeitscharakters. α') Lev. 20, ₂₄ אתכם בין
העמים. — β') Dazu ein Infinitiv: 20, ₂₆ לי להיות בין־העמים אתכם; Num.
16, ₉ אלּיו אתכם בני־ישראל מעדת להקריב; Deut. 10, ₈ לשאת הלוי אל־שבט
את־הארן. — γ') I Reg. 8, ₅₃ הארץ עמי מכל לנחלה לך הבדלתם. — β) Zur
Strafe für den Götzendienst: Deut. 29, ₂₀ 'יש שבטי מכל לרעה יי ויהבדילו;
der Proselyt soll nicht mehr der Befürchtung Raum geben Jes. 56, ₃
עמו מעל יי יבדילני הבדל. — b) Ein Organ Gottes. α) Objekt sind
Personen. α') Im Akkusativ: Num. 8, ₁₄ 'ה בני מתוך את־הלוים. —
β') Mit ל: David, welcher aussonderte I Chr. 25, ₁ אסף לבני לעבדה. —
β) Sachliches Objekt: Deut. 4, ₄₁ הירדן בעבר ערים שלש; 19, ₂. ₇ שלש
ערים תבדיל לך. — c) Die Gemeinde, welche aussondert Ez. 39, ₁₄
אנשי תמיד, um durch Wegschaffung der Leichen das Land zu reinigen;
Neh. 13, ₃ מישראל כל־ערב ויבדילו. — 2. Einen Unterschied machen. a) Mit
doppeltem בין: Lev. 10, ₁₀ החל ובין הקדש בין הטהר ובין הטמא ובין;
11, ₄₇ תאכל לא אשר החיה ובין הנאכלת החיה ובין הטהר ובין הטמא בין. —
b) Mit ל . . בין: 20, ₂₅ לטמאה הטהרה הבהמה בין־הבהמה; Ez. 22, ₂₆ בין־קדש
לחל. — 3. Eine Scheidewand bilden im geistigen Sinne: Jes. 59, ₂
עונתיכם היו מבדילים ביכם לבין אלהיכם.

Ausserhalb des theologischen Sprachgebrauches:
Niph'al prägnant, von jemandem sich absondernd zu einem anderen
übergehen: 1 Chr. 12, ₈ אל־דויד נבדלי. ומן־הגדי. — **Hiph'il** 1. Absondern: II Chr. 25, ₁₀ להגדוד 'א ויבדילם. — 2. Auswählen: Esr. 8, ₂₄
מישרי הכהנים שנים עשר לשׂריה. — 3. Eine Scheidewand bilden.
a) Mit doppeltem בין: Gen. 1, ₄. ₁₈ החשך ובין האור בין 7 בין חים ובין.
חים. ₁₄ הלילה ובין היום בין; der Vorhang Ex. 26, ₃₃ קדש ובין הקדש בין
קדשים. — b) ל . . בין: Gen. 1, ₆ למים ממים בין מבדיל; die Mauer Ez.
42, ₂₀ לחל הקדש בין. — 4. Eine Trennung machen, abtrennen, absolut
Lev. 1, ₁₇; 5, ₈.

Älteren Sprachgebrauch weist Hiph'il auf. Die Grundbedeutung
ist „schneiden, trennen"; vgl. das nahe verwandte فَصَلَ.

זהר — **Niph'al** sich warnen lassen. a) Von prophetischer
Mahnung. α) Mit ⸢ב⸣ des Mittels: Ps. 19, ₁₂ בהם נזהר עבדך גם־ näml.

‒‒‒נשׁביע.   β) Absolut: Ez. 3, 21.   b) Allgemein von sittlicher
Mahnung: Eccl. 4, 13 עיר להזהר לא־ידע אשׁר näml. ein alter und thörichter König. — **Hiph'il** 1. Jemandem Verwarnung geben, vom
Propheten ausgesagt. Es folgt Akkusativ der Person. a) Allein:
Ez. 3, 19 רשׁע. 18. 20 הזהרתו näml. den רשׁע bzhw. צדיק. — b) 3, 17;
33, 7 אזהיר רשׁע, von Jahwes wegen. — c) 3, 18 להזהיר רשׁע מדרכי;
33, 8. 9 רשׁע מדרכו. — d) Lev. 15, 31 את־בני־ישׂראל מטמאתם. — e) Ez.
3, 21 צדיק לבלתי חטא. — 2. Jemandem Belehrung geben über etwas.
Es folgt Akkusativ der Person. a) Allein: II Chr. 19, 10 יהוהזהרתם אתם
von Belehrung über Satzungen und Rechte. — b) Dazu ein sachlicher Akkusativ: Ex. 18, 20 והזהרתה אתהם את־החקים ואת־התורה.

Ausserhalb des theologischen Sprachgebrauches:
Niph'al 1. Sich warnen lassen, nur absolut. Wegen einer äusseren
Gefahr Ez. 33, 4. 5 (bis); vor der Vielschreiberei Eccl. 12, 12. —
2. Gewarnt werden, absolut: Ez. 33, 6. — **Hiph'il** jemanden warnen
bezüglich einer äusseren Gefahr. Akkusativ der Person: II Reg. 6, 10;
Ez. 33, 3.

Der etymologische Zusammenhang ist nicht erkennbar. Von זהר
„glänzen" scheint das Denominativ doch getrennt werden zu müssen.

זרע von זֶרַע **Niph'al** 1. Besamt werden, vom Weibe Num. 5, 28
ונזרעה זרע. — 2. Es wird Same d. i. Nachkommenschaft hervor-
gebracht, Nah. 1, 14 לא־יזרע משׁמך עוד. — **Hiph'il** Nachkommenschaft
hervorbringen, Lev. 12, 2 אשׁה כי תזריע.

Ausserhalb des theologischen Sprachgebrauches:
Kal Samen tragen, Gen. 1, 29 (Part.) זרע זרע את־כל־עשׂב. — **Hiph'il**
Samen tragen, 1, 11. 12 עשׂב מזריע זרע.

Das originale Verbum זרע „ausstreuen, säen" im Hebr. selbst
besonders im Kal noch häufig.

יעד von מוֹעֵד **Niph'al** eigentl. an einem מ׳ zusammentreffen.
1. Subjekt ist Jahwe: Sich für jemanden an einem Orte einstellen
zum Zwecke der Selbstoffenbarung, daher wir geradezu übersetzen
„sich offenbaren". Ex. 25, 22 לך שׁם; 29, 43 ונעדתי שׁמה לבני ישׂראל; 30, 6. 36
אשׁר אִוָעד לך שׁם; ebenso, nur mit dem Pluralsuffix לכם 29, 42; Num.
17, 19, welches aber nach dem Zeugnis der LXX gleichfalls in לך
zu ändern ist. — 2. Subjekt sind Menschen. a) Sich versammeln,
kultischer Terminus für die Versammlung vor dem Zelte oder dem
Tempel. α) אל der Person. Beim Blasen der silbernen Trompete
Num. 10, 4 ונועדו אליך הנשׂיאים. β) על derselben. Vor der Lade,
indem sie opferten, standen der König I Reg. 8, 5; II Chr. 5, 6

בלי הנישבע אל־ישראל מבלעדי‎. — b) Sich zusammenthuen, zusammen-
rotten wider Jahwe. Durchweg ausgesagt von der עדה, Num. 16, 11;
27, 3 הנישבע בלי ...‎; 14, 35 בלי 'הנ‎. — c) Sich versammeln zum gemeinsamen Zuge wider Jahwes Stadt, Ps. 48, 5 יחד ...‎ הנקבצים‎. —
Hiph'il jemanden an den Gerichtsort bestellen, ihn zur Rechenschaft
ziehen. In der Frage Jahwes, da er im Vollzuge seines Strafgerichtes begriffen ist, Jer. 49, 19; 50, 44 מי כמוני ומי יועידני‎, an zweiter
Stelle mit Pleneschreibung יועידני‎; dem allmächtigen Gott gegenüber
ist das Geschöpf immer im Unrechte, denn wenn es sich auch rechtfertigen wollte, Hi. 9, 19 כי... יועידני‎.

Ausserhalb des theologischen Sprachgebrauches:
Niph'al 1. Sich mit einander verabreden. Absolut Jos. 11, 5; Am.
3, 3; mit יחדו Hi. 2, 11. — 2. Eine Zusammenkunft abhalten, Neh. 6, 2
יחדו בכפירים‎. 10 אל־בית האלהים‎.
Das originale Verbum im Kal erhalten Ex. 21, 8. 9; II Sam. 20, 5;
Jer. 47, 7; Mi. 6, 9; im Hoph'al Jer. 24, 1; Ez. 21, 21. Die sinnliche
Bedeutung ist „stellen, feststellen, bestimmen".

ישע von ישועה וישע **Niph'al** in den Zustand der ' versetzt werden.
1. Diese ' ist nicht bloss äusserliche, das leibliche, sondern auch
innerliche, das geistige Leben betreffende Erlösung. a) Israel ist
erlöst Jes. 45, 17 בייי נושע ישראל‎. — b) Absolut. 45, 22 wendet euch
zu mir בל־אפסי־ארץ והושעו *)‎. — 2. Befreit, erlöst werden durch göttliche Hilfe aus äusserer Bedrängnis. a) מן‎. α) Des Feindes. Wenn
Israel sich durch Blasen mit den Trompeten vor Gott in Erinnerung
bringt, wird es gerettet Num. 10, 9 מאיביכם‎; in dem Ausdruck der
Glaubenszuversicht II Sam. 22, 4; Ps. 18, 4 Jahwe, den Preiswürdigen,
rufe ich ומאיבי אושע‎. β) Der von Gott verhängten צרה־נושע, bezüglich deren er selbst verheisst Jer. 30, 7 וממנה יושע‎. — b) ב des
von Jahwe selbst gezeigten Mittels. Jes. 30, 15 בשובה ונחת‎. —
c) Absolut. Jer. 4, 14; 17, 14. — 3. In mehr positiver Wendung des
Begriffes: Hilfe erlangen, der göttlichen Hilfe teilhaftig werden.
a) ב des Mittels. Deut. 33, 29 נושע בייי עם‎. — b) ב der Zeit. Jer. 23, 6
בימיו‎; 33, 16 בימים ההם‎. — c) Absolut. Jer. 8, 20; Sach. 9, 9; Ps.
80, 4. 8. 20; 119, 117; Prov. 28, 18. — **Hiph'il** I. ' bereiten. Subjekt

---

*) In Jes. 64, 4 ist der Text ganz verderbt; im Anschluss an LXX liest
Kautzsch בבלעדיך ישעו und übersetzt ansprechend: „Fürwahr, du zürntest
und wir mussten es büssen — über unsere Untreue und wir wurden ver-
dammt."

ist Gott. 1. ישׁיעה ist nicht bloss materielle, sondern geistige Not aufhebendes Heil. a) Akkusativ der Person. Jes. 35, 4; Sach. 8, 13. — b) Dazu מן des Übels. Ez. 36, 29 אֶתְכֶם בְּכֹל וְהוֹשַׁעְתִּי; 37, 23 אֹתָם בְּכֹל אֵיךְ וְהוֹשַׁעְתִּי מוֹשָׁבֹתֵיהֶם. — c) מוֹשִׁיעַ, stehende Bezeichnung Gottes Jes. 43, 3. 11; 45, 15. 21; 49, 26; 60, 16. — 2. יְ' ist Befreiung aus materieller Not, daher jemanden retten, ihm helfen. a) Subjekt ist die Person Gottes selbst. α) Akkusativ der Person. α') Allein. Jos. 22, 22; Jud. 10, 13; II Sam. 22, 28; II Reg. 6, 27; Jes. 25, 9; 33, 22; 38, 20; 49, 25; 63, 9; Jer. 15, 20; 30, 11; 42, 11; Zeph. 3, 19; Sach. 12, 7; Ps. 18, 28; 20, 7; 31, 3; 34, 19; 36, 7; 37, 40; 55, 17; 57, 4; 69, 36; 71, 3; 72, 13; 76, 10; 86, 2; 145, 19; Hi. 22, 29; im Gebete als Ausdruck des Wunsches הוֹשִׁיעֵנִי Jer. 17, 14; Ps. 3, 8; 6, 5; 69, 2; 71, 2; 106, 47; 109, 26; 119, 94. 146; הוֹשִׁיעָה Jer. 2, 27; I Chr. 16, 35; als Ausdruck des Glückwunsches Jer. 31, 7 אֶת־עַמְּךָ ה' הוֹשַׁע; Ps. 28, 9 אֶת־עַמֶּךָ הוֹשִׁיעָה. Spottweise von den Götzen: Sie mögen sich doch aufmachen, Jer. 2, 28 וְיוֹשִׁיעֻךָ. In Participialkonstruktion von Jahwe ausgesagt: II Sam. 22, 3 מוֹשִׁיעִי; Jer. 14, 8 בְּמוֹשִׁיעוֹ; Ps. 106, 21 מוֹשִׁיעָם; 7, 11 עַל־אֱלֹהִים יְשֻׁעָתִי; 17, 7 חוֹסִים מ'. β') Dazu מִיַּד des Feindes. Ex. 14, 30 אֶת־יִשְׂרָאֵל מִיַּד מִצְרָיִם; Jud. 2, 18 אֹיְבֵיהֶם מִיַּד וַיּוֹשִׁיעֵם; 10, 12 מִיָּדָם אֶתְכֶם; I Sam. 7, 8 פְּלִשְׁתִּים מִיַּד וְיוֹשִׁיעֵנוּ; II Reg. 19, 19 מִיָּדוֹ נָא הוֹשִׁיעֵנוּ; Jes. 37, 20 מִיָּדוֹ הוֹשִׁיעֵנוּ; Ps. 106, 10 מִיַּד שׂוֹנֵא (parall. מִיַּד אוֹיֵב וַיִּגְאָלֵם); II Chr. 32, 22 מִיַּד סַנְחֵרִיב. — γ') כַּף des Feindes I Sam. 4, 3. — δ') מִן des Feindes. Ps. 7, 2 מִכָּל־רֹדְפַי הוֹשִׁיעֵנִי (neben הַצִּילֵנִי); 59, 3 מֵאַנְשֵׁי דָמִים תּוֹשִׁיעֵנִי (parall. הַצִּילֵנִי); 109, 31 מִשֹּׁפְטֵי נַפְשׁוֹ. ε') מִן der materiellen Bedrängnis. II Sam. 22, 3 תֹּשִׁעֵנִי מֵחָמָס; Jer. 30, 10; 46, 27 מֵרָחוֹק מוֹשִׁיעֲךָ הִנְנִי; Sach. 8, 7 מֵאֶרֶץ אֶת־עַמִּי מוֹשִׁיעַ הִנְנִי; Ps. 22, 22 מִפִּי אַרְיֵה; 34, 7 מִכָּל־צָרוֹתָיו; 107, 13. 19 מִמְּצֻקוֹתֵיהֶם; Hi. 5, 15 מִחֶרֶב מִפִּיהֶם; vom Götzen Jes. 46, 7 מִצָּרָתוֹ לֹא יוֹשִׁיעֶנּוּ. Das Particip = Helfer, Retter als Bezeichnung Jahwes, 1 Sam. 10, 19 מִכָּל־רָעוֹתֵיכֶם מ' וְצָרֹתֵיכֶם הוֹשִׁיעַ. — ε') בְּיַד der Person, durch welche der Herr Rettung schafft. Jud. 6, 36. 37 בְּיָדִי אֶת־יִשְׂרָאֵל; II Sam. 3, 18 אֶת־עַמִּי ... בְּיַד עַבְדִּי דָוִד; II Reg. 14, 27 בְּיַד יָרָבְעָם וַיּוֹשִׁיעֵם. — η') בְּ des Mittels. Hos. 1, 7 (bis) וְהוֹשַׁעְתִּים בַּיהוָה אֱלֹהֵיהֶם bzw. in negativer Aussage בְּקֶשֶׁת וְלֹא־בְחֶרֶב; bei dem Hilferufe הוֹשִׁיעֵנִי Ps. 31, 17 בְּחַסְדֶּךָ; 54, 3 בְּשִׁמְךָ. θ') II Reg. 19, 34; Jes. 37, 35 דָוִד עַבְדִּי וּלְמַעַן לְמַעֲנִי לְהוֹשִׁיעָהּ; Ps. 106, 8 שְׁמוֹ לְמַעַן וַיּוֹשִׁיעֵם. — β) לְ desjenigen, dem Jahwes Hilfe zu teil wird. Ez. 34, 22 לְצֹאנִי; Ps. 86, 16 לְבֶן־אֲמָתֶךָ וְהוֹשִׁיעָה; 116, 6 לִי; Prov. 20, 22 לָךְ. Von Götzen Jud. 10, 14 בְּעֵת צָרַתְכֶם לָכֶם; Jer. 11, 12 לָהֶם לֹא יוֹשִׁיעוּ בְּעֵת רָעָתָם. — γ) Bloss בְּ des Mittels I Sam. 14, 6; 17, 47. — δ) Absolut. Jes. 43, 12; 63, 1; Hab. 1, 2; II Chr. 20, 9; im Gebete

הישועה Ps. 12, 2; 20, 10; אל הישועה 118, 25. Von Götzen Jes. 45, 20.
Das Particip = Retter, Bezeichnung Jahwes 63, 8. — b) Subjekt ist
Jahwes Rechte, sein Arm. α) Akkusativ der Person. Ps. 138, 7
ותושיעני ימינך. — β) ל der Person. Jes. 59, 16 זרעו לו; 63, 5 זרעו לי;
Ps. 98, 1 הושיעה־לו ימינו. — γ) Absolut Jes. 59, 1 die Hand Jahwes
ist zu kurz מהושיע; im Gebete Ps. 60, 7; 108, 7 הושיעה ימינך. — 3. In
positiver Wendung des Begriffes: den Sieg verleihen. a) Akkusativ
der Person. α) Allein. Deut. 20, 4; I Sam. 14, 23. 39 (Part.); Sach.
10, 6. β) Dazu מן des Feindes. Ps. 44, 8 הושעתנו מצרינו. — γ) Sonst
eine nähere Bestimmung. II Sam. 8, 6. 14; I Chr. 18, 13 בכל אדרור
אשר־הלך; Sach. 9, 16 והושיעם.. ביום ההוא בצאן עמו; — b) ל der Person.
I Chr. 18, 6 לדויד בכל אשר הלך. — c) Mit innerem Objekte. I Chr.
11, 14 ויושע ה' תשועה גדולה. — d) Absolut Zeph. 3, 17. — II. Subjekt
ist eine von Gott erweckte Person, die im Namen und Auftrag
Jahwes die Befreiung, Rettung eines Volkes oder Staatswesens durch-
führt. 1. Mit folgendem Akkusativ. a) Allein. Jud. 3, 9. 31; 10, 1;
I Sam. 23, 2. 5. — b) Dazu מיד des Feindes. Jud. 2, 16; 8, 22; 13, 5;
I Sam. 9, 16; Neh. 9, 27. — c) בכף des Feindes Jud. 6, 14. — d) ב des
Mittels 6, 15. — 2. ל der Person. In der Aussage vom theokra-
tischen Könige, dass er Hilfe schaffen möge Ps. 72, 4 לבני אביון
(parall. ישפט עניי עם). — 3. Absolut. מושיע als Bezeichnung eines
von Gott erweckten Retters des Volkes Jud. 3, 9. 15; II Reg. 13, 5;
Jes. 19, 20; Ob. 21*); Neh. 9, 27; אין מ' II Sam. 22, 42; Jes. 43, 11;
47, 15; Hos. 13, 4; Ps. 18, 42. — III. Von der zu göttlicher Hilfe in
Gegensatz gesetzten menschlichen Hilfe. 1. Subjekt ist die Person
des Menschen; es folgt Akkusativobjekt. Jes. 47, 13 יושיעך חברו
עלים; Hos. 13, 10 wo ist nun dein König ויושיעך; 14, 4 אשור לא
יושיענו. — 2. Subjekt ist des Menschen Hand, seine Rechte u. a.
a) Akkusativ: Ps. 44, 7 לא תושיעני. — b) Mit ל. Jud. 7, 2
ידי הושיעה לי; I Sam. 25, 26. 33 הושע ידך לך bzhw. ידי־לי; in dem de-
mütigen Bekenntnis der eigenen Unzulänglichkeit Ps. 44, 4 זרועם
לא־הושיעה למו; Hiob in der Aufforderung von seiten Gottes, seine
Macht zu zeigen, Hi. 40, 14 לך ימינך.

Ausserhalb des theologischen Sprachgebrauches:
Hiph'il ' bereiten, helfen, retten, sei es ein Volk aus einer äusseren
Bedrängnis, oder eine einzelne Person aus hilfloser Lage. 1. Akkusa-
tiv der Person. a) Allein. Ex. 2, 17; Jud. 6, 31; I Sam. 10, 27; II Sam.

---

*) Vgl. Wellhausen, Skizzen und Vorarb. V, 204.

10, 19; II Reg. 6, 27; Hi. 26, 2; I Chr. 19, 12. 19. Das Particip I Sam.
11, 3 אֲרֹ׳ב׳ וַאֲבִיאֵין. — b) Dazu בֵּיד des Feindes Jud. 12, 2. —
c) בַּבֵּב des Feindes II Reg. 16, 7. — 2. לְ der Person. Jos. 10, 6
הִיםִׁיעָה לָֽנוּ; I Sam. 25, 31; II Sam. 10, 11. — 3. Absolut. Jer. 14, 9;
Thr. 4, 17; in der Anrede הַמֶּלֶךְ הֹוםִׁיעָה II Sam. 14, 4; II Reg. 6, 26;
אֵין יָ׳ Deut. 22, 27; 28, 29. 31; כִּי אֵרֹוךְ ב׳ Jud. 12, 3.

Die negative Wendung des Begriffes im Hiph'il „Befreiung,
Rettung verschaffen" erweist sich als die ursprünglichere und ältere
im Sprachgebrauche. Betreffs des sinnlichen Etymons kann hier
um so weniger ein Zweifel sein, als zu dem Umstande, dass die
Begriffe des Freiseins von Gefahr, des Wohlergehens und Glückes
durchweg durch „weit sein" ausgedrückt werden, noch das Arab. in
وسع die rein sinnliche Bedeutung erhalten hat.

בּלם von בָּלַם Niph'al 1. Sich von כ׳ überkommen lassen,
sich beschämt fühlen im religiös-sittlichen Sinne. a) Mit מִן als der
Ursache der ב׳: Ez. 16, 27 זִמָּה מִדַּרְכֵּךְ הִכְלַמְתְּ; 36, 32 בֹּושׁוּ וְהִכָּלְמוּ
מִדַּרְכֵיכֶם; 43, 10 מֵעֲוֹנֹתֵיהֶם. 11 מִכֹּל אֲשֶׁר עָשׂוּ. — b) Mit einem Infinitiv
Esr. 9, 6 אֱלֹהַי לְהָרִים אֱלֹהַי פָּנַי אֵלֶיךָ. — c) Absolut: Vom Knechte
Jahwes Jes. 50, 7 עַל־כֵּן לֹא נִכְלָמְתִּי; die Gemeinde, die sich von
der durch den Strafzustand bedingten ב׳ nicht überwältigt zu fühlen
braucht, 54, 4 אַל־תִּירְאִי כִּי־לֹא תֵבֹושִׁי וְאַל־תִּכָּלְמִי כִּי־לֹא תַחְפִּירִי; das hart-
näckige Volk fühlt die ב׳ des sündhaften Wandels nicht, Jer. 3, 3
מֵאַנְתְּ הִכָּלֵם; 8, 12 וְהִכָּלֵם לֹא יָדָעוּ neben גַם־בֹּושׁ לֹא־יֵבֹושׁוּ; wohl aber das
zur Einsicht gekommene 31, 19 בֹּשְׁתִּי וְגַם־נִכְלַמְתִּי; Ez. 16, 61 וְזָכַרְתְּ אֶת־דְּרָכַיִךְ
וְנִכְלַמְתְּ; die Priester und Leviten, die im Gegensatz zu der eigenen
Nachlässigkeit den Eifer des Volkes sehen, II Chr. 30, 15 נִכְלָמוּ. —
2. Beschämt werden. Mit מִן als der Ursache der ב׳: Jer. 22, 22
כִּי תֵבֹושִׁי וְנִכְלַמְתְּ מִכֹּל רָעָתֵךְ; Ez. 16, 54 מִכֹּל אֲשֶׁר עָשִׂית. — 3. Zu Schanden
werden. a) Mit einer näheren Bestimmung. α) Jes. 45, 17 לֹא־תֵבֹשׁוּ
וְלֹא־תִכָּלְמוּ עַד־עֹולְמֵי עַד von Israel, weil es dauernd Rettung erlangt.
β) Ps. 69, 7 אַל־יִכָּלְמוּ בִי מְבַקְשֶׁיךָ. — b) Absolut, von den Feinden
Gottes oder seines Volkes, deren Vorhaben durch Jahwes Erweisung
schmählich misslingt: Jes. 45, 16 בֹּושׁוּ וְגַם־נִכְלְמוּ; 41, 11; Ps. 35, 4 יֵבֹשׁוּ
וְיִכָּלְמוּ; 40, 15; 70, 3 יֵבֹשׁוּ יַחַד וְיִכָּלְמוּ; in dem Gebete 74, 21 אַל־יָשֹׁב דַּךְ
נִכְלָם. — Hiph'il 1. ב׳ bereiten, göttliche Strafe; daher von Gott
ausgesagt Ps. 44, 10 אֲדֹנָחְתָּ וַתַּכְלִימֵנוּ. — 2. ב׳ empfinden, im sittlich-
religiösen Sinne: Jer. 6, 15 גַּם־הַכְלִים לֹא יָדָעוּ *).

---

*) Wegen 8, 12 wohl gleichfalls als Niph. zu lesen.

Ausserhalb des theologischen Sprachgebrauches: **Niph'al** 1. Sich beschämt fühlen. Von der Tochter, der der Vater ins Gesicht spuckt, Num. 12, 14 הֲלֹא תִכָּלֵם שִׁבְעַת יָמִים. — 2. Sich mit Schimpf bedecken: II Sam. 19, 4 הִתְכַּלֵּם בְּיוֹם וַיִּתְגַּנֵּב. — 3. Mit Schimpf bedeckt werden: II Sam. 10, 5; I Chr. 19, 5 (Part.). — **Hiph'il** 'ב bereiten. 1. Mit Worten beschimpfen: I Sam. 20, 34 כִּי הִכְלִמוֹ אָבִיו*); 25, 7 וְלֹא הִכְלַמְנוּם; Hi. 19, 3 תַּכְלִימוּנִי**). — 2. Beschämung bereiten. a) Akkusativ der Person: Prov. 25, 8; 28, 7. — b) Absolut: Hi. 11, 3 (Part.). — 3. Jemandem etwas zuleide thun: Ruth 2, 15 וְלֹא תַכְלִימוּהָ. — **Hoph'al** 1. Beschimpft werden: I Sam. 25, 15. — 2. Beschämt werden: Jer. 14, 3.

Bezüglich der sinnlichen Grundbedeutung ist vielleicht كَلَم „verwunden" zur Vergleichung herbeizuziehen. Was Delitzsch Proleg. 99 zur Erklärung der Grundbedeutung beibringt, hält in mehrfacher Hinsicht nicht Stich. Dass הִכְלִם das genaue Synonym von קָלַל wäre, ist unmöglich. Die Bedeutungsentwicklung des letzteren Denominativums, das nicht „gering achten" heisst, ist an anderer Stelle gegeben. Dass im Aram. כְּלֵמָא mit קְלֵמָא wechselt, erkläre ich mir daraus, dass der Stamm im Aram. nicht einheimisch, sondern aus dem Hebr. herübergenommen ist.

לון von תְּלֻנָּה **Niph'al** untereinander ein Murren anstellen, Zeichen der Widerspenstigkeit gegen die von Jahwe bestellte Obrigkeit. a) עַל der Person. Ex. 16, 7 תַלִּינוּ עָלֵינוּ, wider Mose und Aaron: Num. 14, 2 וַיִּלֹּנוּ עַל מֹשֶׁה וְעַל אַהֲרֹן; 16, 11 (Keth.) תַלּוֹנוּ עָלָיו, wider Aaron; Jos. 9, 18 וַיִּלֹּנוּ כָל הָעֵדָה עַל הַנְּשִׂיאִים. — b) Dazu ein Objektssatz mit לֵאמֹר. Ex. 15, 24 וַיִּלֹּנוּ עַל מֹשֶׁה לֵאמֹר; Num. 17, 6 וַיִּלֹּנוּ עַל מֹשֶׁה וְעַל אַהֲרֹן לֵאמֹר. — **Hiph'il** 1. Ein Murren wider jemanden richten. a) Wider Jahwe. α) Ex. 16, 8 בִּשְׁמֹעַ יְהוָה אֶת תְּלֻנֹּתֵיכֶם אֲשֶׁר אַתֶּם מַלִּינִם עָלָיו; Num. 14, 27 אֲשֶׁר הֵמָּה מַלִּינִים עָלַי אֶת תְּלֻנּוֹת בְּנֵי יִשְׂרָאֵל אֲשֶׁר. β) 14, 27 הִלֹּנוּ עָלָי. 29 עָלַי הֲלִינֹתֶם, הֵמָּה מַלִּינִם עָלַי. — b) Wider Mose und Aaron. α) 17, 20 אֶת תְּלֻנּוֹת בְּנֵי יִשְׂרָאֵל אֲשֶׁר הֵם מַלִּינִם עֲלֵיכֶם. — β) Ex. 16, 2 (Keth.) וַיִּלּוֹנוּ כָל עֲדַת בְּנֵי יִשְׂרָאֵל עַל מֹשֶׁה וְעַל אַהֲרֹן; 17, 3 וַיִּלֶן הָעָם עַל מֹשֶׁה. — 2. Jemanden zum Murren bewegen. Num. 14, 36 (Qere) וַיַּלִּינוּ עָלָיו אֶת כָּל הָעֵדָה.

Die Wörterbücher führen das Verbum in der Regel als mittenvokalisch und als identisch mit לִין „über Nacht bleiben" an, um

*) Vgl. Thenius z. St.; ferner Wellhausen, Der Text der Bb. Sam. 120.
**) Jud. 18, 7 passt nicht in den Kontext; vgl. Kautzsch, Textkr. Erl. z. St.

ausgehend vom „Beharren" zum „widerspenstig sein" zu gelangen*).
Da jedoch לֵל auf einen Stamm לִיל zurückgeht, während aus dem
Nomen לֵלָה auf לֵן geschlossen wird, so müssen wir auf einer
Trennung dieser beiden Verba bestehen**). In der Frage nach der
Etymologie kommt man wohl über Vermutungen nicht hinaus, unter
denen jene Ewalds (§ 114, c) beachtenswert ist, der in הֵלִיל eine aus
לֵ „rufen, Geräusch machen" erweichte Wurzel sieht.

מָטַר von מָטָר **Niph'al** beregnet werden, was auf Veranlassung
Jahwes geschieht. Am. 4, 7 הַחֶלְקָה אַחַת תִּמָּטֵר. — **Hiph'il** Regen machen
oder fallen lassen. 1. Von Jahwe ausgesagt. a) Mit verschiedenen
Akkusativobjekten, sei es zum Erweis eines göttlichen Strafgerichtes,
sei es zum Erweis von Gottes Fürsorge und Liebe. Dazu kommt:
α) עַל. α') Der Person. Ez. 38, 22 אֵשׁ וְגָפְרִית אַמְטִיר עָלָיו; Ps. 11, 6
יַמְטֵר עַל־רְשָׁעִים פַּחִים; 78, 24 וַיַּמְטֵר עֲלֵיהֶם מָן לֶאֱכֹל. 27 וַיַּמְטֵר עֲלֵיהֶם שְׁאֵר. —
β') Des Ortes: Gen. 19, 24 הִמְטִיר עַל־סְדֹם וְעַל־עֲמֹרָה גָּפְרִית וָאֵשׁ; Ex. 9, 23 בָּרָד
עַל־אֶרֶץ. β) לְ der Person. Ex. 16, 4 לֶחֶם לָכֶם מִן־הַשָּׁמָיִם. γ) Sonst
eine nähere Bestimmung. 9, 18 מָטָר אַחַר בָּרָד. — b) עַל des Ortes.
α) Allein. Gen. 2, 5 יְהֹוָה אֱלֹהִים עַל־הָאָרֶץ לֹא הִמְטִיר; Am. 4, 7 (bis) עַל־עִיר. —
β) Dazu eine Zeitbestimmung. Gen. 7, 4 אַרְבָּעִים יוֹם עַל־הָאָרֶץ. — c) In
der schwierigen Stelle Hi. 20, 23 יַמְטֵר עָלֵימוֹ בִּלְחוּמוֹ wird wohl am
besten ב des Mittels anzunehmen sein***). — 2. Auch dort, wo
Jahwe nicht direkt als Subjekt namhaft gemacht ist, wird der Regen
doch auf ihn zurückgeführt. a) Jahwe befiehlt den Wolken Jes. 5, 6
מֵהַמְטִיר עָלָיו מָטָר. — b) In der impersonellen Gebrauchsweise Am. 4, 7
חֶלְקָה אֲשֶׁר־לֹא־תִמָּטֵר עָלֶיהָ, nachdem unmittelbar vorher die Rede davon
war, dass Gott nach freiem Ermessen Regen verteilt†); in der Frage
Hi. 38, 26 לְהַמְטִיר עַל־אֶרֶץ wer spaltet der Regenflut Kanäle.

Wie im Aram. und Arab., so kommt auch im Hebr. zunächst
Hiph. für den Sprachgebrauch in Betracht. Zur Etymologie Delitzsch,
Hiob² S. 527, Anm. 2.

נִרְאָה von רָאָה **Niph'al** ausschliesslich kultischer Terminus. 1. Sich
als נִרְאָה zeigen, sich weihen. a) לְ der Gottheit. Hos. 9, 10 הֵמָּה בָּאוּ

---

*) Siegfried-Stade nehmen לֵל an, trennen aber die beiden Verba als
zwei verschiedene Stämme.

**) Nöldeke, Z.D.M.G. 37, 535.

*** Vgl. Hoffmann z. St. Übrigens ist der Text verdächtig: Nöldeke,
Z.D.M.G. 40, 721.

†) Nach dem Kontexte wird אַמְטִיר gelesen werden müssen; Kautzsch
§ 144, Anm. 2.

בעל־פעור יהודו לבשת. — b) Mit מאחרי, Ez. 14, 7, von Jahwe abfallen. —
2. Abschwächung des ursprünglichen Sprachgebrauches: sich enthalten. a) בנדריישאל בקדשי Lev. 22, 2. — b) Absolut im adverb. Infinitiv Sach. 7, 3. — **Hiph'il** als ': handeln oder leben. a) ל der
Gottheit. α) Allein לי־, Num. 6, 2. 5. 6.   β) זירו: ידהיבי לי־ יהזר־
V. 12. — b) Mit בן, von einer Sache abstehen, V. 3 נזיר בין*).

Die Grundbedeutung von נזר und seinem arabischen Äquivalent
نذر ist allerdings nicht „geloben", aber auch nicht „weihen", wie
Wellhausen meint**), sondern, wie aus Niph'al noch zu ersehen,
„ausscheiden, aussondern".

פלה Nebenform zu פלא Niph'al wunderbar ausgezeichnet werden
von Gott. a) Ex. 33, 16 בבלהחנו אני יבטך נפלינו. — b) Von der
wunderbaren Bereitung des Menschen: Ps. 139, 14 נפלאתי נוראית. —
Hiph'il 1. Eine Scheidung machen, von durch göttliche Handlung
vollzogener Scheidung, die stets den Begriff des Wunderbaren in
sich schliesst. a) Mit doppeltem בין: Ex. 9, 4 בין מקנה ישראל בין
מקנה מצרים; 11, 7 בין מצרים ובין ישראל. — b) Mit Akkusativ, eine
ehrende Ausnahme machen: 8, 18 ביום ההיא את־ארץ גשן. — 2. In
wunderbarer Weise auszeichnen. a) Persönliches Objekt: Ps. 4, 4
הפלה יי חסיד לו. — b) Sachliches Objekt: 17, 7 חסדיך, sie in wunderbarer Weise bethätigen.

צמד von צמד Niph'al sich anjochen, verächtliche Bezeichnung
des Götzendienstes, nur mit folgendem פעיר לבעל Num. 25, 3. 5 (Part.);
Ps. 106, 28. — **Hiph'il** ein Joch machen, einjochen oder anjochen.
Ps. 50, 19 לשינך תצמיד מרמה, deine Zunge jocht ein Betrug, wobei
eine doppelte Vorstellung möglich: Entweder die Zunge legt als
Joch 'כ sich an, oder die Zunge legt der 'כ ein Joch an, um damit
zu arbeiten. Die gewöhnliche Übersetzung „flicht Betrug" ist nicht
zu erweisen und wird übrigens auch dem Hiph'il nicht gerecht.
Die sinnliche Grundbedeutung ist „binden", die im Arab. und
Syr. sich noch findet und auch im Hebr. in dem Pu'al - Particip
II Sam. 20, 8 חרב מצמדת על־מתניו noch zu belegen ist.

קהל von קהל Niph'al sich zu einem 'ק zusammenthuen. 1. Von
der legitimen Versammlung der Kultusgemeinde. a) אל Gottes, dazu
Bestimmung des Ortes: Jud. 20, 1 אליי המצפה.. אחד כאיש השדה. —
b) אל der Person, dazu eine nähere Bestimmung: I Reg. 8, 2 אל־המלך

---

*) Lev. 15, 31 ist mit Sam. LXX zu lesen והזהרתם; vgl. Dillmann z. St.
**) Skizzen u. Vorarb. III, 118.

בית האנשים בית־ישראל בלי־איש 'ש; II Chr. 5, 3 בלי־איש אל־המלך ישראל בתב. — c) Bestimmung der Zeit und des Ortes: II Chr. 20, 26 ובית עמק בית לעמק '; חירוש. — d) Bloss Bestimmung des Ortes. α) Im Akkusativ: Jos. 18, 1; 22, 12 שלה בני־ישראל בל־עדת.   β) Mit אל: Lev. 8, 4 ביד אהל אל־פתח העדה. — 2. Von der Versammlung der Gemeinde oder eines Teiles derselben mit einem allerdings revolutionären, aber doch auf den Kult bezüglichen Zweck. a) Um jem. sich zu einer Versammlung zusammenfinden: Ex. 32, 1 בל־אהרן העם. — b) Wider jemand. α) על־משה בלי־עדה Num. 16, 3 Korah und seine Rotte; 17, 7 העדה. — β) אל־ירמיה בבית־יהוה בל־העם Jer. 26, 9. — **Hiph'il** zu einen ק' zusammenrufen. 1. Von der Versammlung der Kultusgemeinde. Es folgt Akkusativ der Person. a) Allein: Ex. 35, 1; Num. 8, 9 בני ישראל את־בל־עדת; 20, 8 את־העדה; 10, 7 את־הקהל; Deut. 31, 12 את־העם; I Reg. 12, 21 את־בל־בית יהודה; II Chr. 11, 1 את־בית יהודה ובנימן. — b) Dazu ein *dativ. comm.*: Deut. 4, 10 הקהל־לי את־העם. — c) Eine Ortsbestimmung. α) Mit אל: Lev. 8, 3 את בל־העדה אל־פתח אהל ב'; Num. 20, 10 את־הקהל אל־פני הסלע; Deut. 31, 28 אלי את־בל־זקני ובשרים־עם; I Reg. 8, 1 אל־המלך .. 'ש יש־ישלם 'ש בלשם; mit der Bestimmung אל־ירושלם I Chr. 15, 3; 28, 1 'ש את־בל־שרי; II Chr. 5, 2 את־זקני יש' .. β) ... בן בל־ישראל את־בל־ישראל I Chr. 13, 5. — d) Eine Zeitbestimmung: Num. 1, 18 הקהלו באחר לחרש את בל־העדה. — 2. Von der Rotte Korahs: 16, 19 עליהם את־בל־העדה אל־פתח .. אהל מ'.

Ausserhalb des theologischen Sprachgebrauches: **Niph'al** von der Ansammlung feindlichen Volkes. a) Mit על der Person: Num. 20, 2; Ez. 38, 7. — b) Absolut: II Sam. 20, 14; Esth. 8, 11; 9, 2. 15. 16. 18. — **Hiph'il** 1. Vom Ansammeln feindlichen Volkes: Ez. 38, 13 קהלך הקהלת. — 2. Forensischer Terminus, vor die Gerichtsversammlung bringen, Hi. 11, 10 absolut.

Zur Etymologie vgl. Delitzsch, Hoheslied und Koheleth 211 ff. Anders dagegen de Lagarde Übersicht 51.

שׁבע von שׁבע **Niph'al** schwören. I. Subjekt ist Gott. 1. Mit ב desjenigen, bei dem er schwört. a) ב der eigenen Person Gottes. α) Dazu kommt ein Objektssatz: Gen. 22, 16 בי רכן כי .. אשר נשבעתי בי; Jes. 45, 23 נשבעתי בי בלי־בך ... כי יצא מפי אברך; Jer. 22, 5; 49, 13 בי־לחיהיה יחיה הבית הזה בצרה נשבעתי .. תהיה לשמה.   β) ל der Person: Ex. 32, 13 נשבעת להם בך. — b) ב in anderen Verbindungen. Dazu tritt ein Objektssatz. α) Direkt untergeordnet: Jes. 62, 8 בימיני בשמי הגדול .... אם־יהיה עוד שמר ; Jer. 44, 26 יבוריע שׁי אם־אק אבראק את־דגנך.

בִּקְרָא; Am. 6, 8 יִעֲקֹב אֹנִי אֲדֹנָי נִשְׁבַּע .. בְּמֹשֶׁה; 8, 7 אֱלֹהֵי־אַבְרָהָם רֶגֶל בְּאֹץ; Ps. 89, 36 אִם אֲכַזֵּב בְּקָדְשִׁי. β) Eingeführt mit בְּ: Jer. 51, 14 צְבָאֹתאֲ בְנַפְשׁוֹ בְּ נִשְׁבַּע; Am. 4, 2 בָּאִים יָמִים הִנֵּה בְּ בְּקָדְשׁוֹ. — 2. לְ der Person, der er schwört. a) Allein: Ez. 16, 8. — b) Hinzukommt Akkusativ der Sache, welche er eidlich zusichert. α) Der Akkusativ ist הָאָרֶץ. α′) לְ: נִשְׁבַּע הָאָרֶץ Gen. 50, 24 לְיַעֲקֹב לְיִצְחָק לְאַבְרָהָם; Num. 14, 16; Deut. 31, 23 לָהֶם; 6, 18 לַאֲבֹתֵיךָ; Num. 14, 23 לַאֲבֹתָם; Deut. 8, 1; Jud. 2, 1 לַאֲבֹתֵיכֶם; Deut. 6, 23 לַאֲבֹתֵינוּ. β′) הָאָרֶץ אֲשֶׁר לְ: לְאַבְרָהָם לְיִצְחָק לְ אֲבֹתֵיכֶם יַעֲקֹב Ex. 33, 1; Deut. 34, 4. γ′) לְ: אֲשֶׁר: Ex. 13, 5 לָתֶת לַאֲבֹתֶיךָ לְ; Deut. 6, 10 לְ לָתֶת לְ וְלִי לִי לְאָב; לַאֲבֹתֶיךָ; 10, 11; 31, 7; Jos. 1, 6; Jer. 32, 22 לָהֶם לָתֵת לַאֲבֹתָם; Jos. 5, 6 כִּי לָתֶת לַאֲבֹתָם; Deut. 1, 8 לַאֲבֹתֵיכֶם לָהֶם לָתֵת לִי־לְ לָ; 35 לַאֲבֹתֵיכֶם לָתֵת; 26, 3 כִּי לָתֵת לַאֲבֹתֵינוּ. — β) Der Akkusativ ist הָאֲדָמָה. α′) לְ: אֲשֶׁר הָאֲדָמָה: Num. 32, 11 לָ לִי לָתֵת; 11, 12; Deut. 31, 20 לַאֲבֹתָם. β′) Deut. 11, 9. 21 לַאֲבֹתֵיכֶם לָתֵת לָהֶם; 7, 13; 28, 11 לָתֵת לַאֲבֹתֶיךָ; 30, 20 לָתֵת לָהֶם לְיַעֲקֹב לִי לְאָב לַאֲבֹתֶיךָ.

γ) Der Akkusativ ist בְּרִית in der Verbindung: 4, 31 בְּרִית אֲבֹתֶיךָ; 7, 12 לָהֶם אֲשֶׁר: לַאֲבֹתֶיךָ אֲשֶׁר וְאֶת־הַחֶסֶד וְאֶת־הַבְּרִית; 8, 18 אֲשֶׁר אֲבֹתֶיךָ לַאֲבֹתֶיךָ לְ. δ) Der Akkusativ ist הַשְּׁבֻעָה. α′) לְ: אֲשֶׁר: Gen. 26, 3 לַאֲבֹתֶיךָ אֲבִיךָ; Deut. 7, 8 לַאֲבֹתֵיכֶם. β′) אֶרֶץ לָתֵת לָהֶם לַאֲבֹתֵיכֶם Jer. 11, 5. ε) Andere Akkusative: Deut. 9, 5 לַאֲבֹתֶיךָ אֲשֶׁר: 'יָי אֲשֶׁר; Jos. 21, 42 לַאֲבֹתָם אֲשֶׁר: בַּכֹּל; Mi. 7, 20 קֶדֶם מִימֵי לַאֲבֹתֵינוּ אֲשֶׁר: nämlich חַסְדֶּךָ הָרִאשֹׁנִים חֶסֶד לְיַעֲקֹב אֱמֶת; Ps. 89, 50 לְדָוִד ... הָרִאשֹׁנִים בְּאֱמֻנָתֶךָ. ζ) Ein Objektssatz: Gen. 24, 7 אֶרֶץ לְזַרְעֲךָ לָאמֹר לִי נִשְׁבַּע; Jos. 5, 6 לַאֲבֹתָם חָרָה אֲשֶׁר לָהֶם לְבִלְתִּי; I Sam. 3, 14 לְבֵית עָוֹן יִתְכַּפֵּר אִם עֵלִי; Ps. 89, 4 זַרְעֲךָ אֶבֶן בְּרִית מִשָּׁ .. בְּנַפְשִׁי נִשְׁבַּע; 132, 11 לְדָוִד; ן) לְאַבְרָהָם לְ: אֲשֶׁר Deut. 13, 18; 19, 8; 'יִי נִ לְאַבְרָהָם 29, 12; לַאֲבֹתָם 26, 15; וּלְאַבְרָהָם לְךָ Ex. 13, 11; לְךָ Deut. 28, 9; לָהֶם 2, 14; Jud. 2, 15; לְדָוִד II Sam. 3, 9. — 3. Akkusativ der eidlich zugesicherten Sache. a) לְ: אֲשֶׁר הָאָרֶץ Deut. 31, 21. — b) Ein Infinitiv: Jes. 54, 9 (bis) מֵעֲבֹר מֵי־נֹחַ bzhw. קְצֹף עָלַיִךְ. — c) Ein Objektssatz, eingeführt mit לֵאמֹר: Num. 32, 10; Deut. 1, 34; Jes. 14, 24; mit לְבִלְתִּי Deut. 4, 21; direkt untergeordnet Ps. 95, 11; 110, 4. — II. Subjekt ist der Mensch. 1. Schwören. a) Mit בְּ desjenigen, bei dem er schwört. α) Allein: Gen. 31, 53 יִצְחָק אָבִיו בְּפַחַד; Deut. 6, 13; 10, 20 תִּשָּׁבֵעַ. — β) Dazu לְ der Person: Jos. 9, 18. 19 יִשְׂרָאֵל אֱלֹהֵי יָי בַּ לָהֶם. — γ) Akkusativ der Sache. α′) בַּ יָי ... לְ: אֲשֶׁר I Sam. 20, 42*). — β′) Ein Objektssatz: Jud. 21, 7

בֵּי לֵאמֹר בֵּי לְבִלְתִּי־רִדְלֹֽה; II Sam. 19, 8 בְּדִרְאֵינְךָ רֵצֵא; I Reg. 2, 23 בֵּי ןֹ בְּדִי; בְּתִי הָעוֹלָם כִּי וְגוֹ׳. בַּח יְשַׁחֲחִלִי אֱלֹהֵ—; Jer. 12, 16 בִּשְׁמִי חֵי־יְיָ; Dan. 12, 7 וְגוֹ׳.

d) לְ der Person und Akkusativ der Sache: I Sam. 28, 10 לָהּ שָׁאוּל לֵאמֹר בֵּי־: ; I Reg. 1, 30 לָךְ בֵּי אַלֹהֵי יִשְׂרָאֵל לֵאמֹר; לוֹ בֵּי; 2, 8 בֵּי לֵאמֹר חֵי־וְגוֹ׳; 1, 17 אֱלֹהֶיךָ לֵאמֹר בֵּי־כִּי; direkt untergeordneter Objektssatz Gen. 21, 23 לְ בֵּי כְּרֵי־עָשִׂיתִי..; Jos. 2, 12 וְעֲשִׂיתֶם גַּם־אַתֶּם.. לִי בֵאלֹהִים הִנֵּה אֲבִי־הַשֶּׁקֶר; I Sam. 24, 22 וְאַבְ־הַשֶּׁמִיד.. לִי בֵּי אֲבִי־חַכְרִית; 30, 15 לִי בֵאלֹהִים אֲבִי־תְּמִיתֵנִי וְאַבְּ־. -- b) Mit לְ desjenigen, dem er schwört. α) Gott dem Herrn. α') Dazu ein Objektssatz: Ps. 132, 2 לֵיְיָ נָדַר לֵאמֹר אֲבִי־אַבָּא בְּאֹהֶל. β') Sonst eine nähere Bestimmung: II Chr. 15, 14 לֵיְיָ בְּקוֹל גָּדוֹל יַבְרִיעָה וְגוֹ׳. β) Einem Menschen. α') לְ allein: Gen. 25, 33; 26, 31; 47, 31 (bis); Jos. 9, 15; I Sam. 24, 23; II Sam. 19, 24; 21, 2; II Reg. 25, 24. β') Dazu ein sachlicher Akkusativ: Jos. 9, 20 לָהֶם הַתְּבוּעָה אֲשֶׁר־נ. — γ') Ein Objektssatz. Eingeführt mit לֵאמֹר II Sam. 21, 17; I Reg. 1, 13; Jer. 40, 9; mit כִּ Jud. 15, 12; direkt untergeordnet I Reg. 1, 51. — δ') Sonst eine nähere Bestimmung: Gen. 24, 9 לוֹ עַל־הַדָּבָר הַזֶּה; 25, 33 הִשָּׁבְעָה לִּי כַּיּוֹם. ε') בַּאֲשֶׁר נ לָהּ Jos. 6, 22. — c) Mit אֶל der Person: Jer. 38, 16 אֶל־יִרְמְיָהוּ בַּסֵּתֶר לֵאמֹר חֵי־יְיָ. הַמֶּלֶךְ ׳צ — d) Mit Akkusativobjekt. α) Allein. α') Ein Nomen: Num. 30, 3 יִדֹּר נָדֶר לֵיְיָ אִי־הִשָּׁבַע שְׁבֻעָה. β') Ein Infinitiv: Lev. 5, 4 לֶבְטָא בִשְׂפָתַיִם לְהָרַע אוֹ לְהֵיטִיב; Ps. 15, 4 לְהָרַע; 109, 106 לִשְׁבֹּר מִשְׁפְּטֵי צִדְקֶךָ. -- γ') Ein Objektssatz. Eingeführt mit לֵאמֹר Jud. 21, 18; II Sam. 3, 35; direkt untergeordnet ist der Schwur חֵי־יְיָ I Sam. 19, 6; Jer. 4, 2; Hos. 4, 15; beigeordnet derselbe Schwur mit וַיֹּאמֶר I Reg. 1, 29*). β) Dazu eine nähere Bestimmung: Jos. 14, 9 בַּיּוֹם הַהוּא לֵאמֹר אִב־לֹא וְגוֹ׳; Jud. 21, 1 בַמִּצְפָּה לֵאמֹר. — e) Bloss eine Ortsbestimmung: Gen. 21, 31 שָׁם; Jos. 65, 16 בָאָרֶץ (Part.). — f) Absolut: Gen. 21, 24; Esr. 10, 5. — 2. Einen Meineid schwören. a) לַשֶּׁקֶר נ. α) Allein: Jer. 5, 2; 7, 9; Mal. 3, 5 (Part.). β) Dazu בַשֶּׁקֶר: Lev. 19, 12; Sach. 5, 4 (Part.). — γ) עַל des Grundes: Lev. 5, 24 עָלָיו. — b) עַלּ־שֶׁקֶר: 5, 22 אֲשֶׁר־יַעֲשֶׂה עַל־אַחַת מִכֹּל הָאָדָם. — c) לְמִרְמָה Ps. 24, 4. — d) Das absolut gesetzte Verbum ist im Sinne von „meineidig schwören" genommen Sach. 5, 3 (Part.), während Eccl. 9, 2 הַנִּשְׁבָּע im Gegensatz steht zu אֲשֶׁר שְׁבוּעָה יָרֵא, also den leichtfertig Schwörenden bezeichnet. — 3. Der Schwur als Anrufung Gottes involviert: a) Ein Glaubensbekenntnis, daher zum Ausdruck einer besonders feierlichen Form des Bekenntnisses ge-

---

*) I Sam. 20, 3 ist וַיִּשָּׁבַע עוֹד verschrieben aus וַיֹּשֶׁב עוֹד; vgl. Wellhausen a. a. O. 114.

braucht. *a*) Bezüglich des wahren Gottes Israels: Jes. 48, 1 (Part.)
יהוה בשם neben תזכירו יש׳ ובאלהי; 65, 16 אמן באלהי; Ps. 63, 12 בו בלתהנשבע,
jeder Fromme. *β*) Bezüglich der heidnischen Gottheiten: Jer. 5, 7
אלהים בלא; 12, 16 בבעל; Am. 8, 14 (Part.) שמרון באשמת; Zeph. 1, 5 (Part.)
במלכם. — b) Die eidliche Zusage der Treue: Jes. 19, 18 (Part.) לה־
צבאות; 45, 23 בלילשון תשבע ... לי; Zeph. 1, 5 לי הנשבעים*). — 4. Einen
Unheilsschwur bilden mit dem Namen jemandes: Ps. 102, 9 בי מהוללי
בי נשבעו (parall. חרפוני אירבי). — **Hiph'il** 1. Jemanden schwören
lassen. a) Akkusativ der Person. *a*) Allein: 1 Sam. 14, 27 העם בהשביע
אביו ארדהעם**). *β*) Dazu = der Gottheit: *a′*) 1 Reg. 2, 42 ביהוה השבעתיך;
II Chr. 36, 13 באלהים השביעו. *β′*) Gen. 24, 3 השמים אלהי בי ואשביעך
אשה לאדתקח אשר הארץ ואלהי. *γ*) Ein sachlicher Akkusativ. *a′*) Ein
Nomen: Jos. 2, 17. 20 השבעתנו אשר שבעתך. *β′*) Ein Infinitiv mit ל:
Esr. 10, 5 הזה הדבר בדבר לעשית .. הכהנים ארדשרי; Neh. 5, 12 לעשית ואשביעם
הזה כדבר. *γ′*) Ein Objektssatz, eingeführt mit לאמר: Gen. 24, 37;
50, 5. 25; Ex. 13, 19; 1 Sam. 14, 28; 1 Reg. 22, 16; II Chr. 18, 15.
δ′) השביעך אשר באשר Gen. 50, 6. *δ*) Sonst eine nähere Bestimmung:
II Reg. 11, 4 יהוה בבית אתם וישבע im oder vielleicht beim Tempel? —
b) Bloss = der Gottheit, in dem Verbote, fremde Götter anzurufen:
Jos. 23, 7 תזכירו ולא השביעו לאדתזכירו אלהיהם בשם. — c) Bloss ein Objektssatz: 6, 26 הארש ארור לאביר תחיא בעת. — 2. Jemanden etwas beschwören
lassen. a) Mit bedingter Fluchformel für den Fall der Unwahrheit.
Es folgt Akkusativ der Person. *a*) Allein: Num. 5, 19. *β*) 5, 21
האלה בשבעת האשה ארדהאשה הכהן והשביע. — b) Von der Abnahme eid-
licher Versicherung: I Reg. 18, 10 כי ואשביע ממלכה ארדהגוי.

Ausserhalb des theologischen Sprachgebrauches:
Hiph'il in der weltlichen Formel אתכם השבעתי Cant. 5, 8; 8, 4;
השבעתי 5, 9; selbst auch בצבאות אתכם 2, 7; 3, 5.

Es ist mit Berücksichtigung von Gen. 21, 28–30 doch das Wahrscheinlichste, dass נשבע ursprünglich „bei sieben heiligen Dingen
sich verpflichten" sei.

שוא von שָׁוְא***) **Niph'al** irre geführt werden, von der von
Jahwe in der Ausübung seines Strafgerichtes über Ägypten bewirkten
Bethörung der Fürsten oder Beamten, Jes. 19, 13 (parall. נואלו). —

---

*) Schwally Z.A.W. X, 170 streicht das Particip.

**) 1 Sam. 20, 17 ארדדוד להשביע muss nach LXX in Niph. korrigiert und
gelesen werden לדוד. להשבע. Betreffs Jer. 5, 7 vgl. Graf z. St.

***) Wellhausen, Die Komposition des Hexat., S. 351, Anm. 2.

Hiph'il 1. Jemanden bethören mit dem Nebenbegriff der Verführung. Akkusativ der Person, Gen. 3, 13 הנחש השיאני; zu übermütiger Sicherheit hat dich verführt Jer. 49, 16; Ob. 1, 3 זדון לבך. — 2. Jemanden bethören durch Täuschung. a) Von Gott gewirkt. α) Akkusativ der Person, II Reg. 19, 10; Jes. 37, 10 אל־ישיאך אלהיך. β) ל der Person, Jer. 4, 10 השא השאת לעם. — b) Von Menschen. α) Akkusativ der Person, Jer. 37, 9 אל־תשאו נפשתיכם; Ob. 1, 7 אנשי בריתך השיאוך; von Hiskia durch den Hinweis auf Gottes Hilfe II Chr. 32, 15. - β) ל der Person, von Hiskia, der die Seinigen auf Jahwe vertröstet II Reg. 18, 29; Jes. 36, 14; von den Lügenpropheten, vor denen gewarnt wird Jer. 29, 8 אל־ישיאו לכם נביאיכם. — γ) ב der Person: den Gesalbten des Herrn Ps. 89, 23 לא־ישיא איב בו. — c) Vielleicht Ps. 55, 16 Qerê ישיא בית עלימו, in dem Gebete wider gottlose Feinde, wo die Ausübung der Täuschung durch den Tod von dem unvorhergesehenen Überfall desselben zu erklären wäre.

שיא = سِوًى ist wohl Wüste, Leere, Öde. Hiph'il scheint im Sprachgebrauch herrschend und wohl zunächst gebildet.

שמד — ? — **Niph'al** 1. Vernichtet, vertilgt werden, Terminus für den Vollzug des göttlichen Strafgerichtes. a) Subjekt sind Menschen. α) Mit einer Bestimmung des Ortes. α') Deut. 12, 30 אחרי השמדם מפניך. — β') Ps. 83, 11 נשמדו בעין־דאר. — β) Sonst eine adverbielle Bestimmung: 37, 38 יחדו ': ופשעים (parall. נכרתה); 92, 8 להשמדם עדי־עד. γ) Prägnant: Jer. 48, 42 ונשמד מואב מעם. — δ) Absolut. α') Deut. 4, 26 כי השמד תשמדון. β') 28, 20. 24. 45. 51. 61 עד השמדך; 7, 23 עד השמדם. — b) Sachliche Subjekte. α) Mit näherer Bestimmung: Jes. 48, 19 שמו מלפני in negativer Aussage neben לא־יכרת. — β) Absolut: Ez. 32, 12 ונשמד כל־המונה; Prov. 14, 11 בית רשעים ישמד. — 2. Verwüstet werden. Absolut: Jer. 48, 8 ונשמד העמק; Hos. 10, 8 במות און נשמדו. — **Hiph'il** 1. Terminus für den Vollzug der strafgerichtlichen Thätigkeit Gottes. 1. Vernichten, vertilgen. a) Subjekt ist Gott. α) Persönlicher Akkusativ. α') Allein: Deut. 28, 48 עד השמידו אתך ארץ; 31, 4 אשר השמיד; näml. die Amoriterkönige und ihr Land; 9, 8. 19. 25; 28, 63 להשמיד אתכם; Am. 9, 8 לא השמיד אשמיד את־בית; Sach. 12, 9 את־כל־הגוים; Ps. 145, 20 את־כל־הרשעים ישמיד; Deut. 9, 20 להשמידו; Ez. 25, 7 ואשמידך; Deut. 9, 3 והשמידם neben היא תורישם. 14 ואשמידה neben יאמחה; Jes. 26, 14 וינשם; Ps. 106, 23 להשמידם. β') Dazu מפני der Person, vor der Gott jemanden vertilgt: Deut. 2, 22 את־החרי מפניהם; Jos. 9, 24 את־כל־ישבי הארץ מפניכם; II Reg. 21, 9; II Chr. 33, 9 הגוים .. מפני בני ישראל;

Am. 2, 9 אֶת־הָאֱמֹרִי מִפְּנֵיהֶם; I Chr. 5, 25 מִפְּנֵיהֶם .. הָאָרֶץ עַמֵּי עַם; Deut. 2, 12
מִפְּנֵיהֶם הִשְׁמִידֵם. 21 מִפְּנֵיהֶם יַשְׁמִידֵם ‥ וַיִּשְׁמִידֵם; Jos. 24, 8 מִפְּנֵיכֶם וָאַשְׁמִידֵם. -
γ') מִלְּפָנַי der Person: Deut. 31, 3 מִלְּפָנֶיךָ הָאֵלֶּה הַגּוֹיִם אֶת־יַשְׁמִיד. ‑ δ') מִקֶּרֶב
derselben: 4, 3 מִקִּרְבֶּךָ אֱלֹהֶיךָ יי הִשְׁמִידָם. — ε') בְּתוֹךְ derselben: Ez. 14, 9
יִשְׂרָאֵל עַמִּי מִתּוֹךְ וְהִשְׁמַדְתִּיו. ‑ ζ') Verschiedene sonstige Bestimmungen
des Ortes: Deut. 6, 15 הָאֲדָמָה פְּנֵי מֵעַל וְהִשְׁמִידְךָ; Jos. 23, 15 עַד־הַשְׁמִידוֹ
הָאֲדָמָה מֵעַל אֶתְכֶם; Am. 2, 9 מִתַּחַת מִפִּרְיוֹ; Thr. 3, 66 עֲשֵׁי מִתַּחַת יְהוָה.. -
η') Ein Adverbium: Deut. 7, 4 מַהֵר וְהִשְׁמִידְךָ. ‑ β) Bloss ein näherer
Umstand: I Reg. 13, 34 הָאֲדָמָה פְּנֵי מֵעַל לְהַשְׁמִיד וּלְהַכְחִיד. — γ) Absolut:
Der substant. Infinitiv הַשְׁמֵיד = Vernichtung Jes. 14, 23*). — b) Subjekt ist der Mensch als das im Auftrage Gottes handelnde Organ
seines heiligen Willens. α) Persönlicher Akkusativ. α') Allein:
Deut. 7, 24 הִשְׁמִדְךָ עַד; Jos. 11, 14 אֹתָם הִשְׁמִידָם; I Reg. 16, 12
בּ בִּלְבִית אֶת; Ps. 106, 34 אֶת־הָעַמִּים; I Reg. 15, 29; II Reg. 10, 17 עַד־הִשְׁמִדוֹ;
Deut. 2, 23 הִשְׁמִידָם; Jos. 11, 20 הַשְׁמִידָם לְמַעַן; II Chr. 20, 10 לֹא הִשְׁמַדְתָּ;
Deut. 1, 27 לְהַשְׁמִידֵנוּ. Der Akkusativ ist aus dem Kontext zu ergänzen II Chr. 20, 23. ‑ β') Dazu eine nähere Bestimmung: II Reg.
10, 28 מִיִּשְׂרָאֵל הַבַּעַל אֶת־הַ. — β) Absolut: Deut. 33, 27. — c) Subjekt ist
der Tag Jahwes selbst: Jes. 13, 9 מִמֶּנָּה יַשְׁמִיד וְחַטָּאֶיהָ. — 2. Zerstören. a) Subjekt ist Gott. α) Blosser sachlicher Akkusativ: Lev.
26, 30 אֶת־בָּמֹתֵיכֶם; Mi. 5, 13 עָרֶיךָ; Hag. 2, 22 חֹזֶק וְהִשְׁמַדְתִּי. — β) Dazu
eine nähere Bestimmung: Am. 9, 8 הָאֲדָמָה פְּנֵי מֵעַל אֹתָהּ, näml. das
sündige Königreich. — b) Subjekt ist ein im Auftrage Gottes
handelndes Organ seines Willens. Es folgt sachlicher Akkusativ:
Num. 33, 52 בָּמֹתָם כֹּל אֵת; Jes. 23, 11 מָעֻזְנֶיהָ לִשְׁמִד. — II. In der
Schilderung unheiligen Treibens der Weltmacht = vertilgen, ver-
derben: Jes. 10, 7 גּוֹיִם וּלְהַכְרִית בִּלְבָבוֹ לְהַשְׁמִיד; Dan. 11, 44 לְהַשְׁמִיד וּלְהַחֲרִים
רַבִּים. — III. Entfernen, wegschaffen: Jahwe will nicht wieder mit
Israel sein, Jos. 7, 12 מִקִּרְבְּכֶם הַחֵרֶם תַּשְׁמִידוּ אִם־לֹא.

Ausserhalb des theologischen Sprachgebrauches:
Niph'al vernichtet, ausgerottet werden. a) Mit מִן: Jud. 21, 16 מִבִּנְיָמִן
אִשָּׁה. — b) Absolut: Gen. 34, 30**). — **Hiph'il** 1. Jemanden vernichten. a) Akkusativ der Person: II Sam. 14, 7. 11; 22, 38; Esth.
3, 6. 13; 4, 8; 7, 4; 8, 11. — b) Dazu eine nähere Bestimmung: II Sam.
14, 16 אֱלֹהִים מִנַּחֲלַת יַחַד וְאֶת־בְּנִי אֹתִי. — 2. Ausrotten: I Sam. 24, 22
אֶת־זַרְעִי בְּבֵית אָבִי.

---

*) Ez. 34, 16 ist Schreibfehler für אַשְׁמִיד; vgl. Kautzsch, Textkr. Erl. z. St.
**) II Sam. 21. 5 ist statt נִשְׁמַדְנוּ offenbar Hiph'il zu lesen; vgl. Well-
hausen, Der Text der Bb. Sam. 209.

Für die Wahrscheinlichkeit, dass in נבא ein Denominativ vorliegt, spricht mir besonders der Umstand, dass wie im Hebr., so auch im Syr. und Bibl.-Aram. absolut keine einfache Aussageform *(Peal)* existiert. Dasselbe scheint, wie ich aus Barth, Etym. St. 10, entnehme, im Assyr. der Fall zu sein. Bezüglich der Etymologie bringt Barth allerdings auch nur einen Versuch a. a. O.

VII. Niph'al — Hithpa'el.

נבא von נביא **Niph'al** 1. Als ein ': auftreten, weissagen im weitesten Sinne des Wortes genommen; von jeder prophetischen Rede, sei es, dass sie ermahnenden, drohenden oder tröstenden Charakters ist. a) Mit על desjenigen, auf den die Weissagung sich bezieht. α) Allein. Im drohenden Sinne Ez. 4,7; 11,4; 29,2; 34,2; Am. 7, 16; besonders beliebt in der Verbindung הנבא על .. יאמרה Ez. 13, 17; 25, 2; 28, 21; 35, 2; 38, 2; 39,1; ebenso, aber nicht im drohenden Sinne 37, 4. — β) Hinzukommt der Akkusativ des Geweissagten: Jer. 25, 13 על־כל־הגוים .. הזה בספר הזה את כל־הכתוב; 26, 20 על־העיר הזאת ועל־הארץ הזאת .. בשם ד'. — b) Mit אל desjenigen, auf den die Weissagung sich bezieht. α) Allein. Tröstend Ez. 13, 16 (Particip; von falschen Propheten); 37,9; drohend Am. 7, 15; besonders wieder הנבא אל .. ואמרת, im drohenden Sinne Ez. 6, 2; 13, 2; 21, 2. 7; tröstend und verheissend 36, 1. -- β) Dazu ein sachlicher Akkusativ: Jer. 25, 30 אל־כל־יושבי .. אליהם את כל־הדברים האלה; 26, 11 אל־העיר הזאת כאשר שמעתם באזניכם. 12 אל־הבית הזה .. את כל־הדברים. γ) ל des Gegenstandes, über jemanden von etwas weissagen: 28, 8 למלחמה ולרעה ולדבר mit der diesem Propheten eigenen Konstruktion אל ארצית .. יבל מבלבה. — c) Mit ל der Person, jemandem weissagen, von den das Volk irreführenden, falschen Propheten. α) Allein. Jer. 29, 31; und in Participialkonstruktion 14, 16; 23, 16; 27, 15. β) Hinzukommt als Akkusativobjekt שקר 27, 10. 11. 16 (Participia); wofür der masoret. Text 20, 6 bietet בשקר *). — d) Der Inhalt der Weissagung: α) Im Akkusativ. Jer. 20. 1 (Part.) האלה את־הדברים; 28, 6 את־דבריך; in Participialkonstruktion הנביאים הנבאים mit dem Genitiv 23, 26 שקר, oder V. 32 חלמות; שקר; einmal mit באשר Ez. 37, 7 כאשר צויתי ונבאתי. β) Folgt eingeführt mit לאמר: I Reg. 22, 12; Jer. 32, 3; II Chr. 18, 11 (an allen drei Stellen Participia). γ) Mit ל: Jer. 28, 9 הנבא אשר ינבא לשלום. — e) Im Namen eines Gottes weissagen. α) ד' בשם Jer. 11, 21; 26, 9;

בשמי הנבאים 14, 15. — β) בשמי נבאים הנבאים שקר 14, 14; 23, 25. — γ) שקר בשמי לכם 29, 21 (Part.). δ) בשמי נבאים הם 27, 15 לשקר; 29, 9 בשמי לשקר. — ε) Im Namen Baals, 2, 8 בבעל. — f) Nähere Umstände. α) Die Zeit, in der der Prophet seines Amtes waltet: Jer. 26, 18 בימי חזקיה; Ez. 38, 17 בימים ההם, wozu noch der Akkusativ שנים, Jahre hindurch, an der letzteren Stelle kommt. — β) Die Zeit, auf die sich die Weissagung erstreckt: Ez. 12, 27 לימים רחוקים. — γ) Der Ort der Weissagung: Am. 7, 13 בית־אל; 12 שם. — g) Absolut: Jer. 19, 14; 23, 21; Ez. 11, 4. 13; 13, 2 (Part.); 21, 19; 37, 7; Jo. 3, 1; Am. 2, 13; 3, 8; Sach. 13, 3; häufig wiederum הנבא ואמרת Ez. 21, 14. 33; 30, 2; 34, 2; 36, 3; 37, 9; 38, 14. — 2. Sich verzückt gebärden, infolge des Herabkommens des Geistes Gottes über Saul I Sam. 10, 11; 19, 20 (Particip). — 3. Begeistert musizieren beim hl. Dienste, mit ב der Instrumente I Chr. 25, 1. 3; ohne dieses V. 2; an allen Stellen Participia. — **Hithpa'el** 1. Als Prophet auftreten, eine Weissagung aussprechen. a) Mit על der Person, über jemanden. α) Dazu ein sachlicher Akkusativ: I Reg. 22, 8. 18; II Chr. 18, 17 לא יתנבא עלי טוב כי אם־רע, während es heisst im V. 7 להתנבא עלי כי אם רעה. — β) Der Inhalt der Weissagung folgt mit לאמר II Chr. 20, 37. — b) Mit ל, jemandem weissagen: Jer. 29, 27 (Part.); dazu ein sachlicher Akkusativ 14, 14 חזון שקר וקסם ואליל ותרמית לבם. — c) Mit לפני, vor jemandem: I Reg. 22, 10; II Chr. 18, 9 (Participia). — d) ים בשם Jer. 26, 20 (Part.); die Propheten Samariens aber weissagten 23, 13 בבעל. — e) Absolut: Jer. 29, 26; Ez. 37, 10; Sach. 13, 4. — 2. Den Propheten spielen. Ez. 13, 17 המתנבאות, auf eigene Faust. — 3. In prophetische Begeisterung geraten, von ekstatischen Zuständen, hervorgerufen durch die Macht des Geistes Gottes. a) Mit ב des Ortes. Num. 11, 26. 27 (Part.) במחנה. — b) Die Person, in deren Gesellschaft dieser Zustand erregt wird, mit עם I Sam. 10, 6; oder עמהם V. 10. — c) Absolut: Num. 11, 25; I Sam. 10, 5 (Part.). 13; 19, 20. 21. 23. 24. — 4. Rasen, Folge der Einwirkung des über Saul kommenden bösen Geistes I Sam. 18, 10; von den Propheten Baals gebraucht I Reg. 18, 29.

Zur etymologischen Bestimmung von נבא pflegt man نبا, sprechen, heranzuziehen und *nabi'*, das auf keinen Fall eine Passivbildung ist, wird demnach erklärt als Sprecher, nämlich Gottes, göttlich empfangener Rede. Gegen diese fast allgemein angenommene Deutung wendet sich Kuenen unter Berufung darauf, dass prophezeien nicht durch Aktivformen, sondern durch Niph'al und Hithpa'el angedeutet wird, dass ferner der Gebrauch dieser Formen besonders I Sam.

10, 6. 10; 18, 10 u. s. w. nicht an „sprechen" denken lasse, und endlich, dass das Alte Testament auch nebī'im bei Baal erwähnt, die, „soweit wir wissen, doch nicht im Namen Baals gesprochen haben. Es steht also fest, dass die Übersetzung von nabī' als Sprecher zu verwerfen ist. Welche andere Auffassung statt dessen an die Stelle treten muss, ist und bleibt zweifelhaft"*). Allein der Gebrauch der reflexiven Formen erklärt sich zur Genüge aus dem denominativen Charakter des Verbums, und wenn für ekstatische Zustände, die eben auch im Prophetismus des A. T. vorkommen, die allgemeine Bezeichnung durch unser Denominativ in den Samuelbüchern gewählt wird, so ist damit kein Beweis gegen die Bedeutung „sprechen" gegeben. Im Namen Baals endlich haben die Propheten sehr wohl gesprochen (Jer. 2, 8). Wir halten demnach an nabī' = Sprecher fest, zumal in בבב, einem offenbar sehr nahe stehenden, parallelen Stamme, die Bedeutung „sprechen" nicht abzuleugnen ist.

VIII. Pi'el — Pu'al.

אָרַשׂ — das Nomen nicht erhalten. **Pi'el** 1. Sich ein Weib verloben. a) Mit dem Akkusativ אשה Deut. 20, 7; 28, 30. — b) Der vollständige Ausdruck mit Angabe des Kaufpreises II Sam. 3, 14, die Michal, 'פ במאה ערלת לי ארשתי אשר. — 2. Bildlich von dem neuen Vertrag, den Jahwe mit seinem Volke eingeht Hos. 2, 21 (bis) ובמשפט בצדק לי וא' לשלם לי ישראשתיך. 22 באמונה לי וא'. — **Pu'al** verlobt sein, nur vom Mädchen gebraucht. Absolut Ex. 22, 15; Deut. 22, 28; mit לאיש V. 23 (Particip); V. 25. 27 המארשה, die Verlobte.

Bei Eruierung des sinnlichen Grundbegriffes zieht Dietrich**) zur Vergleichung heran أَرْش „jede Busse, Preis, jedes Geschenk, offenbar, womit Eifer und Liebe (des anderen) erregt werden soll". Es entspricht wohl das aramäische אַרס, binden, knüpfen, אַריס vielleicht contractus***); damit stimmt عَرَس Gattin, عُرْس Hochzeit, das originale Verbum عَرَس binden†), schon aus lautlichen Gründen nicht.

—

*) Kuenen, Historisch-kritische Einleitung in die Bb. des A. T., deutsch von Müller, II. T. S. 6.

**) Abhandlungen S. 250.

***) Fränkel, Die aram. Fremdwörter S. 128.

†) Barth, Etymologische Studien S. 16.

אשר von אֶשֶׁר **Pi'el** glücklich preisen, von jemandem sagen אַשְׁרֵי הָאִישׁ bzhw. הָאִשָּׁה. a) Im guten Sinne. Wegen Kindersegens: Gen. 30, 13 אִשְּׁרוּנִי בָּנוֹת; infolge sonstigen irdischen Segens von Gott Mal. 3, 12 אֶתְכֶם כָּל־הַגּוֹיִם; den messianischen König Ps. 72, 17 כָּל־גּוֹיִם יְאַשְּׁרוּהוּ; die tugendsame Hausfrau Prov. 31, 28 יְאַשְּׁרוּהָ; den Hiob wegen der Wohlthaten, die er erwiesen Hi. 29, 11 וַתְּאַשְּׁרֵנִי. — b) Vom Glücklichpreisen der von Gott noch immer ungestraften Frevler: Mal. 3, 15 אֲנַחְנוּ מְאַשְּׁרִים זֵדִים. — **Pu'al** beglückt werden. Wer auf den Geringen achtet, der wird Jahwes Schutz und Segen erfahren Ps. 41, 3 וְאֻשַּׁר בָּאָרֶץ; wer die Weisheit festhält, Prov. 3, 18 מְאֻשָּׁר.

Ausserhalb des theologischen Sprachgebrauches: **Pi'el** preisen, das Mädchen wegen ihrer Schönheit Cant. 6, 9.

צוה von מִצְוָה **Pi'el** A. Subjekt ist Gott. I. Befehlen, gebieten, heissen. 1. Jemandem befehlen, Akkusativ der Person. a) Doppelter Akkusativ, der Person und der Sache. α) Der sachliche Akkusativ ist: α') בַּצִּוְת bzhw. צִוֹּת allein. Deut. 11, 13 מְצַוֶּה אֶתְכֶם; 26, 13 כְּכָל־מִצְוָתְךָ אֲשֶׁר צִוִּיתָנִי; I Sam. 13, 13 צִוְּךָ אֲשֶׁר יְהֹוָה אֱלֹהֶיךָ; I Reg. 13, 21 צִוְּךָ אֲשֶׁר וְהַמִּצְוָה; II Reg. 18, 6 מִצְוֹתָיו אֲשֶׁר־צִוָּה יְהֹוָה אֶת־מֹשֶׁה. — β') מִצְוֹתַי יִשְׁמֹרוּ Deut. 28, 45; 6, 17 מִצְוֹת יְהֹוָה אֱלֹהֵיכֶם וְעֵדֹתָיו וְחֻקָּיו; יָקוּמוּ וְשָׁפְטוּ I Reg. 8, 58; Neh. 1, 7 אֲשֶׁר וְהַמִּצְוָה הַתּוֹרָה וּמִשְׁפָּטִים וְהַחֻקִּים; צִוָּה יְהֹוָה אֶת־בְּנֵי יַעֲקֹב II Reg. 17, 34. — γ') הַדֶּרֶךְ Ex. 32, 8; Deut. 5, 30; 9, 12. 16; Jer. 7, 23; בְּרִיתִי אֲשֶׁר צִוִּיתִי Jos. 7, 11 אוֹתָם; Jud. 2, 20 אֶת־אֲבוֹתָם; חֻקַּת הַתּוֹרָה אֲשֶׁר־צִוָּה יְהֹוָה אֶת־מֹשֶׁה Jos. 23, 16; בְּרִית יְהֹוָה אֱלֹהֵיכֶם אֲשֶׁר צִוָּה אֶתְכֶם Num. 31, 21; כְּכָל־הַתּוֹרָה אֲשֶׁר צִוָּה אֶת־אֲבוֹתֵיכֶם II Reg. 17, 13; סֵפֶר תּוֹרַת מֹשֶׁה Neh. 8, 1; אֲשֶׁר־צִוָּה יְהֹוָה אֶת־יִשְׂרָאֵל דְּבָרָיו וְחֻקָּיו Ex. 19, 7; כָּל הַדְּבָרִים הָאֵלֶּה Sach. 1, 6; הֵעִיד הַחֻקִּים וְהַמִּשְׁפָּטִים Deut. 6, 20; הָאֹת Ex. 4, 28; אֵשׁ זָרָה Lev. 10, 1. δ') כָּל־אֲשֶׁר Ex. 7, 2; 31, 6; 38, 22; Deut. 18, 18; Jos. 11, 15; Jud. 13, 14 (Subjekt der Engel Jahwes); I Reg. 11, 38; 15, 5; Jer. 1, 7. 17; אֵת אֲשֶׁר Ex. 34, 11 (Part.); I Sam. 13, 14; אֲשֶׁר Jer. 29, 23; 32, 35. ε') כְּכָל אֲשֶׁר צִוָּה יְהֹוָה אֶת־מֹשֶׁה Ex. 39, 32. 42; Num. 1, 54; 2, 34; 9, 5; 30, 1; אֹתוֹ אֱלֹהִים Gen. 6, 22; אֹתוֹ יְהֹוָה Ex. 40, 16; אֹתָם 29, 35; אֶתְכֶם Jer. 11, 4; צִוָּהוּ Gen. 7, 5; צִוִּיתִךָ Ex. 31, 11; I Reg. 9, 4; Jer. 50, 21; II Chr. 7, 17; צִוִּיתִךָ Deut. 26, 14; צִוִּיתִים II Reg. 21, 8; צִוָּנוּ Deut. 1, 41. ζ') כַּאֲשֶׁר צִוָּה יְהֹוָה אֶת־מֹשֶׁה Ex. 39, 1. 5. 7. 21. 26. 29. 31; 40, 19. 21. 23. 25. 27. 29. 32; Lev. 8, 9. 13. 17. 21. 29; 9, 10; 16, 34; 24, 23; Num. 1, 19; 2, 33; 3, 51; 8, 3; 15, 36; 26, 4; 27, 11; 31, 7. 31. 41. 47; Deut. 34, 9; Jos. 11, 15. 20; 14, 5; אֶת־מֹשֶׁה יַעֲשֶׂה Ex. 12, 50; צִוָּה אֱלֹהִים Gen. 7, 9; כְּ צִוִּיתִי אֶת־אֲבוֹתֵיכֶם Jer. 17, 22; אֹתוֹ יְהֹוָה Ex. 34, 4; Lev. 8, 4; Num. 3, 42; 17, 26; 27, 22; אֹתוֹ אֱלֹהִים Gen. 7, 16; 21, 4; אֹתוֹ יְהֹוָה Jer. 13, 5; אֹתָם Ex. 7, 6; אֶתְכֶם Deut. 5, 29;

אֹרֶ‎ 1, 19; צַוֵּה‎ 'כ Num. 20, 9; II Sam. 5, 25; I Chr. 14, 16; 24, 19; צִוִּיתִיךָ
Ex. 23, 15; Jos. 13, 6; צִיָּךְ‎ Deut. 5, 12. 16; 20, 17; צִוָּי‎ Deut. 4, 5; 10, 5;
Ez. 37, 10; צִוִּיתַנִי‎ 9, 11; צִוִּיתֶם‎ Deut. 24, 8; צִוֻּנִי‎ 6, 25. Statt בַּאֲשֶׁר‎ steht
כַּאֲשֶׁר־צִ' —‎ אֲדֹנָי‎ Num. 4, 49; אֲשֶׁר צִוִּיתִיךָ‎ Ex. 34, 18. — ,') Das allgemeine Objekt „es" ist zu ergänzen, Ex. 18, 23 אֱלֹהִים‎ וַיְצַו‎. —
β) Das sachliche Objekt vertritt ein Infinitiv mit ל: Num. 34, 29
לִבְהֹל‎ — צִוָּה‎ יְ‎ אֲשֶׁר‎ אֵלֶּה‎; 36, 2 אֲדֹנִי־צִ' יְ‎ לָתֵת אֶת־הָאָרֶץ‎; Deut. 4, 13
לַעֲשֹׂות‎ אֶתְכֶם‎ צִוָּה‎; 5, 15 אִתִּי‎ .. לְבַדּוֹ‎. בְּרִיתוֹ‎ אֲשֶׁר צִוָּה‎ לַעֲשֹׂות‎; 14
חָשַׁב‎; 6, 24 צִוָּנוּ‎ אֲשֶׁר‎ .. לְבַב בָּה‎; 13, 6 וַיְצַוֵּנִי‎ יְ‎ לַעֲשֹׂות אֶת־כָּל־הַחֻקִּים‎;
הַבְּרִית‎; 28, 69 מְצַוְּךָ‎ לַעֲשֹׂות אֶת־הַחֻקִּים‎; 26, 16 אֶת אֲשֶׁר לְאַצַוֶּיתִיו‎ לְדַבֵּר‎
לֵבָב‎; 17, 4 הִדַּבֵּר אֲשֶׁר־צִ' יְ‎ אֹתִיהָ‎ לְדַבֵּר‎ Jos. 4, 10; אֲשֶׁר־צִ' יְ‎ אֶת־יְהֹושֻׁעַ לֵבָב‎
יְ‎. לִתְהֲלֵי‎ אֲדֹמְשֶׁה‎; II Sam. 7, 7; I Chr. 17, 6 לֵרְשׁוֹת אֶת־עַמִּי‎; I Reg.
17, 4. 9 לְכַלְכֶּלְךָ‎; Jer. 13, 6 הָאֵזֹור אֲשֶׁר צִוִּיתִיךָ‎ לְטָמְנֹו‎; 26, 2 הַדְּבָרִים אֲשֶׁר‎
אֵלֶיהֶם‎ לְדַבֵּר‎ צִוִּיתִיךָ‎. — γ) An Stelle des sachlichen Akkusativs ein
Objektssatz. α') Ohne Einführung, Jos. 1, 9 וָאֱבִין‎ חֲזַק‎ צִוִּיתִיךָ‎.
β') Eingeführt mit לֵאמֹר, II Reg. 17, 35; Ez. 10, 6. — b) Zum doppelten
Akkusativ, der Person und der Sache, tritt hinzu: α) אֶל der Person,
jemandem etwas für einen anderen auftragen. α') בְּצִוָּה als Komplex
religiöser Satzungen in der Unterschrift Lev. 27, 34 אֲשֶׁר‎ הַמִּצְוֹת‎ אֵלֶּה
אֶל־בְּנֵי יִשְׂ' בְּהַר סִינָי‎ אֶת‎ כָּל־אֲשֶׁר צִוָּה אֹתָם‎. — β') Ex. 25, 22 אֹתְךָ‎ יְ‎ צִ'
אֶל־בְּנֵי יִשְׂ'‎. γ') Deut. 1, 3 אֲלֵיהֶם‎ אֹתִי יְ‎ צִוָּה‎ אֲשֶׁר‎ כְּכֹל‎. β) בְּיַד, durch
jemanden etwas auftragen: Jud. 3, 4 אֶת־אֲבֹותָם‎ אֲשֶׁר־צִוָּה יְ‎ מִצְוֹת‎
בְּיַד־‎. — γ) ל des Betreffs: Num. 8, 20 לַלְוִיִּם‎ אֹתָם‎ יְ‎ צִ' אֲשֶׁר‎ כְּכֹל‎.
δ) ב des Ortes: Lev. 7, 38 בְּהַר סִינַי‎ אֹתָם‎ יְ‎ צִ' אֲשֶׁר‎ .. הַתֹּורָה‎ זֹאת‎.
ε) Noch ein Akkusativ. α') In Gestalt eines Infinitivs mit ל: Jos.
9, 24 לֵב לֶם‎ .... לָתֵת אֶתְכֶם‎ אֱלֹהֶיךָ‎ יְ‎ אֲשֶׁר צִ'‎; Ps. 78, 5 אֲשֶׁר ... תֹּורָה‎
לְבְנֵיהֶם‎ אֶת־אֲבֹותֵינוּ לְהֹודִיעָם‎ צִוָּה‎. β') In Gestalt eines Objektssatzes
mit לֵאמֹר: Jer. 7, 23 אֹותָם‎ לֵאמֹר‎ הַדָּבָר הַזֶּה צִ'‎; 11, 4 אֶת־דִּבְרֵי הַבְּרִית הַזֹּאת‎
לֵאמֹר‎ אֶת־אֲבֹותֵיכֶם‎ צִ' אֲשֶׁר‎; Neh. 1, 8 לֹא‎ עַבְדְּךָ‎ אֶת־מֹשֶׁה‎ צִ' אֲשֶׁר‎ הַדָּבָר‎. —
ζ) Verschiedene nähere Bestimmungen. Num. 30, 17 אֲשֶׁר‎ הַחֻקִּים‎ אֵלֶּה
לְאִשְׁתֹּו‎ אִישׁ‎ בֵּין‎ אֶת־מֹשֶׁה‎ יְ‎ צִ'‎; Mal. 3, 22 das Gesetz meines Knechtes
Mose, וּמִשְׁפָּטִים‎ חֻקִּים‎ עַל־כָּל־יִשְׂרָאֵל‎ בְחֹרֵב‎ אֹותֹו‎ צִוִּיתִי אֲשֶׁר‎; I Chr. 22, 13
אֶל־יִשְׂרָאֵל‎ אֶת־מֹשֶׁה יְ‎ אֲשֶׁר צִ'‎ אֶת־הַמִּשְׁפָּטִים‎ יָאת־הַחֻקִּים‎; II Chr. 33, 8 אֶת כָּל־אֲשֶׁר
בְּיַד־מֹשֶׁה‎ וְהַחֻקִּים וְהַמִּשְׁפָּטִים‎ לְכָל־הַתֹּורָה‎ צִוִּיתִים‎*). — c) Akkusativ der
Person und עַל in betreff dessen der Befehl ergeht. α) Jer. 7, 22 יֹלֹא‎
צִוִּיתִים‎ .. עַל־דִּבְרֵי עֹלָה וָזֶבַח‎ בְּאֲשֶׁר צִ' יְ‎. — β) Num. 8, 22 עַל־הַלְוִיִּם‎ אֹתָם‎ יְ‎ צִ' אֲשֶׁר‎. —

---

*) I Reg. 13, 9 צַוָּה אֹתִי בַדְּבָר יְ‎ לֵאמֹר‎ ist verschrieben aus צִוֵּיתִי‎; vgl.
Kautzsch, Textkr. Erl. z. St.

2. ל der Person, welcher etwas befohlen wird. a) Dazu ein sachlicher Akkusativ: Jer. 32, 23 לעשות להם 'צ־אשר־כל. — b) Sachlicher Akkusativ und ביד der Person, durch welche der Befehl übermittelt wird: Neh. 9, 14 עבדך משה ביד להם צוית והתורה והקים ויצוית. — 3. אל der Person, der befohlen wird. a) Ex. 16, 34 אל־משה יי צוה כאשר. — b) Sachlicher Akkusativ und ביד der Person, durch welche der Befehl übermittelt wird: Num. 15, 23 אליכם יי צוה אשר־כל את; 36, 13 אל־בני־יש׳ משה ביד אשר צ׳ יי והמשפטים המצות אלה. — c) כל der Sache und ein folgender Objektssatz: I Reg. 11, 10 אל־הדבר אליו וצוה לבלתי־לכת הזה. — 4. על der Person, welcher befohlen wird. a) Dazu ein sachlicher Akkusativ: I Reg. 11, 11 עליך צויתי אשר חקתי; I Chr. 16, 40 עליהם יי צוה אשר תורת. — b) Ein Objektssatz. α) Gen. 2, 16 לאמר על־האדם אלהים יי ויצו. β) Mit כן, dass nicht: Jes. 5, 6 מהמטיר .. העבים ועל. — 5. Die Sache, welche Gott befiehlt. a) Ein Akkusativ. α) Allein. α') Num. 30, 2 יי צוה־אשר הדבר זה; I Sam. 2, 29 צ׳ אשר ובזבחי ובמנחתי; Ps. 7, 7 צוית משפט; 119, 4 פקדיך; 133 צדק עדתיך; Ex. 35, 10; 36, 1 צוה־אשר־כל; I Reg. 11, 10 אשר את; Deut. 17, 3; II Reg. 14, 6; Jer. 7, 31; 19, 5; II Chr. 25, 4 אשר. Von Götzen Jes. 48, 5 נכסי פסלי צום. β') Das Objekt ist ein Infinitiv mit ל: Ex. 35, 1 הדברים אלה לעשת אתם יי צוה־אשר; 36, 5 לעשית אתה יי צוה־אשר; Lev. 7, 36 dies ist die Zumessung, להם לתת יי צ׳ אשר; 8, 5 לעשית יי צוה־אשר הדבר זה. Num. 34, 13 לתת יי צ׳ אשר הארץ; Deut. 6, 1 ללמד אתכם אלהיכם יי צ׳ אשר והמשפטים החקים המצוה זאת; Jer. 11, 8 לעשות אשר־צויתי הזאת־הברית דברי את; 26, 8 לדבר יי צ׳ אשר־כל את; Ps. 71, 3 להושיעני צוית. γ') Ein Objektssatz ohne Einführung Jud. 4, 6; ein solcher mit כי, Jer. 34, 22 ... וחשבתים מצוה הנני; Am. 6, 11 יי והנה־כי; 9, 9 ... והנעותי מצוה אנכי והנה־כי. δ') In ellipt. Ausdrucksweise: Deut. 2, 37 אלהיך יי צ׳־אשר כל, alles was Jahwe geboten hatte scl. nicht anzugreifen = verboten; ebenso 4, 23 אשר כל אלהיך יי צוך, alles, was dir Jahwe verboten. ε') Der Akkusativ ist zu ergänzen, Thr. 3, 37. ζ') יי צוה־כאשר Ex. 7, 10. 20; 39, 43; Lev. 9, 7; 10, 15; Num. 20, 27; Jos. 10, 40; II Sam. 24, 19. — β) Zum sachlichen Akkusativ ביד der Person. α') Lev. 8, 36 ביד־משה .. הדברים כל; Neh. 8, 14 ביד־מש׳ יי צ׳ אשר בתורה. — β') Das Objekt ist ein Infinitiv mit ל: Ex. 35, 29 ביד־מש׳ לעשית יי צ׳ אשר המלאכה; Jos. 21, 2 לתת ביד־מ׳. γ') ביד־משה יי צוה כאשר Jos. 21, 8. γ) ל des Betreffs: Num. 9, 8 לכם יי מה־יצוה; 36, 6 לבנות יי צ׳ אשר הדבר זה. δ) ביד der Person und ל des Betreffs: Jos. 14, 2 למשה ביד־מ׳ יי צ׳ כאשר. — b) Zwei sachliche Akkusative. α) Der zweite ist ein Objektssatz

ohne Einführung, nach der einleitenden Formel זה הדבר אשר צ׳ יי
Ex. 16, 16. 32; Lev. 9, 6.   β) Eingeführt mit לאמר: Ex. 35, 4; Lev.
17, 2 יי׳; זה הדבר אשר יי׳; Num. 19, 2 יי׳ אשר התורה חקת זאת.   γ) Dazu
ביד der Person: Esr. 9, 11 לאמר הנביאים עבדיך ביד צוית אשר מצותיך. —
6. In betreff jemandes befehlen. a) In betreff einer Person: II Reg.
17, 15 בהם עשית לבלתי אתם יי צוה אשר .. הגוים; Thr. 1, 10 בקדשה באי גוים
לך בקהל לא־יבאו צוית אשר. — b) In betreff einer Sache: אשר העין
צויתיך, worauf der Objektssatz folgt mit לאמר Gen. 3, 17; mit לבלתי־
V. 11. — II. Verfügen, bestimmen, Terminus für göttliche Fügung.
a) Mit folgendem Infinitiv: II Sam. 17, 14 א׳ את־עצת להפר. — b) Mit
אל, wider jemanden: Jes. 23, 11 אל־כנען. — c) Mit על, wider jemanden:
Nah. 1, 14 עוד משמך לא־יזרע יי עליך. — III. Ohne Angabe des Be-
fohlenen: Befehle, Aufträge geben. 1. Jemandem. a) Akkusativ.
Deut. 31, 14 rufe Josua und tretet in das Offenbarungszelt ואצונו,
damit ich ihm Befehle geben kann*), V. 23 את־יהושע ויצו; Jes. 45, 12
צויתי כל־צבאם; die falschen Propheten Jer. 14, 14; 23, 32 לא־שלחתים ולא
צויתים; im dichterischen Sprachgebrauche gibt Gott Befehle Ps. 78, 23
ממעל שחקים. — b) Mit ל: Jer. 47, 7 יי צוה־לה, näml. dem Schwerte. —
2. Bloss mit einem Umstand der Zeit: Num. 15, 23 יי צ׳ אשר היום,
der Tag, an welchem Jahwe Gebote gab. — 3. Absolut. Vom
Schöpfungsbefehl Ps. 33, 9; 148, 5. — IV. Entbieten, senden. 1. Jemanden. a) Akkusativ. α) Dazu noch אל: Ex. 6, 13 ישׂ׳ אל־בני ויצום.
β) ל, für jemand: Ps. 91, 11 יצוה־לך מלאכיו. — γ) ל, gegen jemand:
Thr. 1, 17 צריו ליעקב סביביו Jahwe entbot gegen Jakob ringsum seine
Bedränger. – δ) על, gegen jemand: Jes. 10, 6 אצונו עברתי ועל־עם (parall.
אשלחנו). – ε) Zum Akkusativ eine nähere Bestimmung: Am. 9, 3
ונשכתם משם. — b) Mit ל: Jes. 13, 3 למקדשי צויתי אני. — c) Mit כל:
II Chr. 7, 13 האריץ לחגב לאצוה על. — 2. Ein sachliches Objekt.
a) Akkusativ. α) Ps. 44, 5 ישועית יעקב; 68, 29 עזך. β) Zum Akk.
eine nähere Bestimmung: Am. 9, 4 אצוה את־החרב משם; Ps. 42, 9
חסדי יי יצוה ייום; 133, 3 את־הברכה יי צ׳ שם; Hi. 38, 12 המימיך
צוית בקר **); Thr. 2, 17 בימי־קדם צ׳ אשר אמרתו. — b) על der Sache:
Hi. 36, 32 במפגיע עליה צלה es, das Licht, gegen den Widersacher. —
V. Bestellen. 1. Jemanden = ihn einsetzen; Akkusativ der Person:
a) שפטים על־עמי II Sam. 7, 11; I Chr. 17, 10; 22, 12 על־ישראל יצוך. —

_____

*) Dillmann mit Unrecht hier im Sinne von „bestellen, in das Amt
einsetzen“.

**) Vgl. Hoffmann z. St.

b) בְּלֶיעֲמֵי לִבְגַיר -- יִצַוְּחֵי I Sam. 13, 14; 25, 30. — c) גֶּבֶר עַלְיֶשֶׂב -- אֵתֵר
II Sam. 6, 21. — 2. Etwas bestellen. a) בְּדֹב תְּרֵבֵב Lev. 25, 21 meinen
Segen zu eueren Gunsten. — b) אֱרֵךְ אֲרִיחֲבְּרֵכָה Deut. 28, 8, Segen
bei ihm. — c) רְבֵר צִיחֵ צִיחֵ לְאַלֵב דִיר Ps. 105, 8; 1 Chr. 16, 15. — d) לְיֵלֶב
בְּרֵיר Ps. 111, 9. — B. Subjekt ist der im Auftrage und als Organ
Gottes handelnde Mensch. 1. Befehlen, gebieten, heissen. 1. Jemandem befehlen. a) Akkusativ der Person: Num. 28, 2; 34, 2 צַג
אֵתְרְבֵי יֵשׁ וַאֵמֵרְת. — b) In Participialkonstruktion: Jes. 55, 4 גֵיר יְצַיחֵ
לְאַמֵים. — 2. Jemandem etwas befehlen. Akkusativ der Person.
a) Zum persönlichen tritt ein sachlicher Akkusativ. α) Der sachliche Akkusativ ist: α') מִצַיחֵ bzhw. מִצַיח־ allein. Deut. 4, 2 אֵתְרְמִצַיחֵ
אֵתְכֵב בֵּבֵב מִצַיחֵ אֵנֵכִי אֲשֵׁר אֱלֹהֵיר; 11, 22 'יֵגֵ אֵנֵכִי אֲשֵׁר הַזֹאֵת הַמִצַיחֵ בַל־אֵתְ;
31, 5 אֵתְכֵב צִ אֲשֵׁר הַמִצַיחֵ בַל־בֵב. β') 27, 10 אֵנֵכִי אֵמֵר אַתְרְחֵקֵי יַיֵצַיצֵ אֵתְרְמִצַיצֵ
'יֵגֵ; 6, 2 'יֵגֵ אֵנֵכִי אֲשֵׁר יַבַצַיַחֵי אַתְרְבַל־הַקֵי. γ') 31, 29 הַדֵרֶךְ; II Reg.
21, 8 'בֵ עֵבֵדֵי אֵתֵב אֲשֵׁרְצַי הַתֵיֵה; Deut. 12, 28 אֵנֵכִי אֲשֵׁר הָאֵלֶה בַל־הַדֵּבֵרֵים;
מֵצַיצֵ 4, 2; 13, 1 'יֵגֵ אֵנֵכִי אֲשֵׁר הַדֵבֵר; 32, 46 אֵתְרְבֵנֵיכֵב צֵיֵם אֲשֵׁר .. הַדֵּבֵרֵים;
Jer. 51, 59 אֵתְרְשֵׂרֵה אֲשֵׁרְ־צֵי הַדֵבֵר; Jos. 11, 15 אֵתְ־יֵחוֹשֵׁע בֵ מֵּקֵ־צֵי.
δ') Deut. 12, 11. 14 'יֵגֵ אֵנֵכִי אֲשֵׁר־בַל; Jos. 1, 16 צַיֵרֵנֵי; 18 אֲשֵׁרְ־מֵ אֵתֵב בֵ צַיֵה.
ε') 4, 10 אֵתְ־יֵחוֹשֵׁע מֵשֵׁה אֲשֵׁרְצֵי בַל־. ζ') 8, 31 אֵתְ־עֵבֵד מֵ
אֵתְרֵב'; Deut. 12, 21 צַיֵרֵךְ מֵשֵׁה צִיחֵ בֵּאֲשֵׁר. η') Das allgemeine
Objekt „es" ist zu ergänzen: Jos. 8, 8 אֵתְכֵב צַיֵּתֵי רָאֵי. β) Das
sachliche Objekt vertritt ein Infinitiv mit בֵ: Deut. 24, 18. 22 אֵנֵכִי
אֵתְ־הָהֹלֵכֵים לִבֵב אֵתְ־הָאֵרֵץ מֵצַיֵךְ; Jos. 18, 8 זֵה אֵתְ־הַדֵּבֵר לֵשֵׁיֵת מֵצַיֵךְ. γ) Ein
Objektssatz. α') Eingeführt mit לֵאֵמֵר: Deut. 2, 4; 15, 11 (מֵצַיֵךְ אֵנֵכִי);
19, 7 (מֵ אֵנֵכִי); 27, 1; 31, 10. 25; Jos. 1, 10. 11; 3, 3. 8; 4, 3. 17; 6, 10.
β') Ein selbständiger Satz mit וֵ: Gen. 18, 19 אֲחֵרֵי וַאֵתְ־בֵּנֵיר אֵתְרְבֵּנֵיו;
יֵ דֵרֶךְ וֵשֵׁמֵרֵי; Ex. 27, 20; Lev. 24, 2 יֵקֵחֵי יֵשֵׂרֵאֵל אֵתְרְבֵּנֵי; Num. 5, 2
וֵיֵשֵׁלֵחֵי; 35, 2 יֵתֵנֵי; Jos. 4, 16 יֵעֵלֵי. — b) Zum doppelten Akkusativ
der Person und der Sache ein Objektssatz: Jos. 1, 13 צֵי אֲשֵׁר הַדֵּבֵר
לֵאֵמֵר בֵ עֵבֵדֵי אֵתְכֵב. — c) Zum doppelten Akkusativ eine nähere
Bestimmung. α) הַיֵם אֵתְכֵב מֵצַיֵּה אֵנֵכִי אֲשֵׁר. Dieses אֲשֵׁר bezieht sich
auf: α') אֱלֹהֵיכֵב יֵ מֵצַיֵּה Deut. 11, 27; מֵצַיֵתֵי 11, 13; אֵתְ־בַל־הַמֵצַיֵה 27, 1.
β') בַל־הַדֵּבֵרֵים 28, 14. — γ') 'יֵגֵ אֲשֵׁר בֵּאֲשֵׁר statt 27, 4. — β) אֲשֵׁר אֵנֵכִי
בֵּיֵם חֵיֵם. Dieses אֲשֵׁר bezieht sich auf: α') אֱלֹהֵיךְ יֵ מֵצַיֵּה 28, 13;
das ist wohl auch einzusetzen 30, 16*); בַל־מֵצַיֵתֵי 13, 19; 28, 1; 30, 8;
אֵתְ־מֵצַיֵּה יֵ וַאֵתְ־חֵקֵי 30, 11; הַמֵצַיֵּה הַזֹאֵת בַל־הַמֵצַיֵּה 8, 1; 11, 8; 15, 5; 19, 9; 30, 11: בַל־הַמֵצַיֵּה
10, 13; וַחֵקֵי בַל־מֵצַיֵתֵיו 28, 15; אֵתְ־חֵקֵי וַאֵתְ־מֵצַיֵתֵי 4, 40; אֵתְ־הַמֵצַיֵּה יֵאֵתֵ
אֵתְ־הַמֵצַיֵּה יֵאֵתֵ

---

*) Vgl. Dillmann z. St.

בצשמשה־הרא יאר חקים 7, 11; חקתיו יחקתיו בצידיו 8, 11.   β') הרדך 11, 28.
γ') אשר בבל 30, 2.   γ) עליכם אנכי מציך את־הדבר הזה חיים 15, 15.
δ) Eine andere Zeitbestimmung, die zu dem doppelten Akkusativ
tritt: 3, 18 אמר לאמר בעת ההיא אתם. — 3. Die Sache, welche befohlen wird.
a) Ein Akkusativ. α) אשר־ Lev. 9, 5; Jos. 8, 35; II Reg. 18, 12.   β) בבל
הנביא ירמי אשר־ציותי Jer. 36, 8; משה עבד האלהים I Chr. 6, 31.   γ) באשר
מה בה Ex. 16, 24; Lev. 9, 21; Jos. 8, 33; 11, 12; I Chr. 15, 15; באשר אדני
בצוה Num. 32, 25; חישש צ אשר־ Jos. 4, 8; ־־־ צייתי באשר Lev. 10, 18; über
8, 31 vgl. unter Puʻal. — b) Ein Objektssatz. קול וישבורי בי ריצו
בבמחה Ex. 36, 6; ferner nach dem Schema הבן דלקח יציה Lev. 13, 54;
14, 4. 5. 36. 40. — II. Anweisung geben, als Anweisung vorlegen, vortragen. 1. Akkusativ der Person. a) Allein: Deut. 3, 28 את־ יצו
שישה־. — b) Dazu ל des Bezugs: Num. 32, 28 יצו להם ב' את אלעזר יבי'
mit der Nebenbedeutung des Kundthuens letztwilliger Verfügung. —
2. Zwei Akkusative, der Person und der Sache. a) Allein. α) ויצים
את־ — דב בל־אשר את Ex. 34, 32.   β) Statt des sachlichen Akkusativs ein Infinitiv mit ל: Lev. 7, 38 את־בני לחקריב יש' צייתי בים.
γ') Ein Objektssatz mit לאמר: Lev. 6, 2; Num. 34, 13; Deut. 31, 10;
Jer. 36, 5. — b) Dazu eine nähere Bestimmung. α) אתם בבת החוא
את בל־הדברים Deut. 1, 18; הדברים האלה אשר אנכי מציך חים 6, 6.
β) ארסש 1, 16; 3, 21; אתרחתים בים ההוא לאמר בעת החוא לאמר 27, 11.
γ') את־בני יש' עלפי ־ר לאמר Jer. 32, 13. - δ) אתרביתך לעיניחם לאמר
Num. 36, 5.   ε) אתם אל־ארניחם לאמר Jer. 27, 4. — III. Bestellen.
1. Eine Person, sie in das Amt einsetzen. a) Akkusativ der Person:
Num. 27, 23 ־־יציהי. — b) Dazu eine nähere Bestimmung: 27, 19 את־
בל־יבעל־; Jes. 45, 11 ־־־ רצר בני־־; — 2. Etwas bestellen, einsetzen.
Deut. 33, 4 ב' ציה־לבה מרה. — **Puʻal** befohlen werden. Mit Bezug
auf Mose oder den Propheten ausgesagt, die einen Befehl Jahwes
erhalten haben. a) Sicher überliefert nur ־־־־ ציי־צ באשר Ez. 12, 7; 24, 18;
37, 7; und so ist wohl auch Lev. 8, 31 zu lesen (Dillm.). — b) Nicht
ganz sicher ־־־־ר בב־ר Lev. 8, 35; 10, 13. — c) Sehr zweifelhaft:
Ex. 34, 34 Mose richtete den Israeliten aus את אשר־ יציה (vgl. dagegen LXX); Num. 3, 16 באשר ציה ist wahrscheinlich nach Sam.
יהְיָה; 36, 2 אָרֹני צִיה בי־ לְתֵ בי' ist wahrscheinlich בי־ zu streichen
und מָצָה zu lesen*).

Ausserhalb des theologischen Sprachgebrauches:
Piʻel 1. Befehlen, gebieten, heissen. 1. Jemandem etwas befehlen.

*) Siegfried-Stade, Hebr. Wb. u. d. W.

Akkusativ der Person. a) Doppelter Akkusativ, der Person und der Sache. α) Der sachliche Akkusativ: α') צִוָּה Jer. 35, 16. β') אִשֵּׁר Gen. 27, 8 (Part.); רַבֵּד I Sam. 21, 3 *(bis).* γ') בֵּז אִשֵּׁר צ אִרָּה II Sam. 9, 11; Jer. 35, 18; צִוָּה V. 10; צִוָּתָה Ruth 3, 6. δ') בַּאֲשֶׁר בִּיתוֹ I Sam. 17, 20; צִוָּה Gen. 50, 12; צִוָּה Esr. 4, 3. β) Das sachliche Objekt vertritt ein Infinitiv mit לְ: Gen. 50, 2; II Reg. 23, 4; Jer. 36, 26; Neh. 5, 14; I Chr. 22, 6. γ) An Stelle des sachlichen Objektes ein Objektssatz. α') Ohne Einführung: I Sam. 18, 22. β') Eingeführt mit לֵאמֹר: Gen. 26, 11; 44, 1; Ex. 5, 6; Jos. 8, 4; Jud. 21, 10. 20; II Sam. 13, 28; 18, 5; I Reg. 22, 31; II Reg. 22, 12; 23, 21; Jer. 38, 10; Ruth 2, 15; II Chr. 18, 30. γ') Mit לֵאמֹר Ruth 2, 9. δ') Ein selbständiger Satz mit כִּי: II Sam. 4, 12. — b) Zum doppelten Akkusativ: α) Ein mit לֵאמֹר eingeführter Objektssatz: Jer. 35, 8. 14. β) Eine nähere Bestimmung: II Sam. 18, 12 לֵאמֹר .. אֵת־קוֹל הֶבֶל צ וָאֶשְׁמַע. — 2. לְ der Person, an welche der Befehl ergeht. a) Dazu ein Infinitiv mit לְ: I Chr. 22, 17. — b) Ein mit לֵאמֹר eingeführter Objektssatz: Ex. 1, 22. — c) Das allgemeine Objekt „es" ist zu ergänzen aus dem Kontext I Sam. 20, 29. — 3. עַל der Person, der befohlen wird. a) Dazu ein sachlicher Akkusativ. α) הַמִּצְוָה אֲשֶׁר־צִוִּיתִי עַל־פְּנֵי I Reg. 2, 43. β) כְּכֹל אֲשֶׁר צ עַל־פִּי Esth. 4, 17. — γ) כַּאֲשֶׁר צ עָלָיו 2, 20. — b) Ein Infinitiv mit לְ 4, 8. — c) Ein Objektssatz. α) Mit לֵאמֹר: Jer. 35, 6; Am. 2, 12. β) Mit אֲשֶׁר Esth. 2, 10. — 4. Die Sache, welche jemand befiehlt. a) Akkusativ. α) Der sachliche Akkusativ ist: α') כֹל אֲשֶׁר II Sam. 21, 14. β') בְּכָל־הַדְּבָרִים הָאֵלֶּה אֲשֶׁר צ Jer. 38, 27; אֲשֶׁר־צ II Reg. 11, 9; 16, 16; Esth. 3, 12; 8, 9; II Chr. 23, 8. γ') אֲשֶׁר צ Gen. 47, 11; II Sam. 13, 29. - β) Ein Objektssatz. α') Eingeführt mit לֵאמֹר II Reg. 17, 27. β') Ein selbständiger Satz mit כִּי: Gen. 42, 25; Jos. 8, 29; 10, 27; I Reg. 5, 31; Jer. 37, 21. — b) Zum Objektssatz tritt ein näherer Umstand: Gen. 50, 16 לֵאמֹר בְּטֶרֶם נְמוּתוֹ צ. — 5. Betreffs jemandes (עַל) befehlen. Jer. 39, 11 Nebukad. befahl ': עַל־יִרְמְיָהוּ בְּיַד. — 6. Für jemanden befehlen. Esth. 3, 2 כֵּן צִוָּה־לוֹ הַמֶּלֶךְ. —

II. Weisung, Anweisung, Auftrag geben. 1. Jemandem, Akkusativ der Person. a) Allein: Gen. 28, 1; 49, 29. 33; II Sam. 13, 28; 14, 19; I Reg. 2, 46; II Reg. 11, 15. — b) Dazu ein Objektssatz mit לֵאמֹר: Gen. 32, 5. 18. 20; II Sam. 11, 19; I Reg. 2, 1; II Reg. 11, 5; 16, 15. — c) עַל zur Angabe des Grundes. II Sam. 18, 5 וַיְצַו הַמֶּלֶךְ אֶת־יוֹאָב. 'א לֵרַדְּלִי. — 2. עַל der Person und ein mit לֵאמֹר eingeführter Objektssatz: Gen. 28, 6; II Chr. 19, 9. — III. Entbieten, senden. 1. Jemanden. a) Akkusativ der Person. α) Gen. 12, 20 וַיְצַו עָלָיו פַּרְעֹה אֲנָשִׁים.

3) Esr. 8, 17 אמר בלשון־אד. — b) Jemanden an einen anderen mit einer Botschaft, jemandem sagen lassen; die Botschaft selbst folgt als Objektssatz ohne Einleitung. Esth. 4, 10 ותצוהו אל־... — 2. Etwas entbieten. Gen. 50, 16 ויצוו אל־יוסף לאמר. — IV. Bestellen. 1. Eine Person einsetzen. a) I Reg. 1, 35 להיות נגיד על־ישראל ואתו צ'. — b) Neh. 7, 2 בל־... את אחי ואצוה. — 2. Bestimmungen treffen. a) Über eine Person. II Sam. 14, 8 אני אצוה עליך. — b) Vom Bestellen des Hauses. α) אל־ביתו II Sam. 17, 23.   β) לביתך II Reg. 20, 1; Jes. 38, 1. — Pu'al nur Gen. 45, 19 ואתה צויתה זאת עשו; richtiger aber ohne Zweifel nach LXX אראה צ' את בני.

Dass der Stamm צוה mit وصى nicht nur, wie man allgemein glaubte, verwandt, sondern vielmehr identisch sei, hat zuerst Barth erkannt*). Die sinnliche Grundbedeutung ist demnach „binden, verbinden“. Der Araber bildet davon توصية mit dem zugehörigen Denominativ „testieren“, spezialisiert also die Bedeutung mehr, als der Hebräer, bei dem übrigens ein Anklang an den arabischen Sprachgebrauch in jenen Stellen des A. T. sich findet, wo צוה in der Bedeutung „letztwillige Verfügung treffen, sein Haus bestellen“ verwendet wird.

קלל von קַל Piel den צ' behandeln, fluchen. 1. Gott dem Herrn fluchen. a) Es folgt das Akkusativobjekt Gott, gegen den lästernde Worte auszusprechen verbietet Ex. 22, 27 אלהים לא תקלל; Lev. 24, 15 איש איש כי־יקלל אלהיו. Hieher gehört wohl auch I Sam. 3, 13, wo unser Text מקללים להם בניו keinen Sinn ergibt, sondern mit LXX gelesen werden muss צ' אלהים. — b) Ohne Objekt von der Gotteslästerung Lev. 24, 11; המקלל 14. 23. — 2. Menschen verfluchen. a) Mit persönlichem Objekte: Gen. 12, 3 מקללך (Gegs. מברכיך); Ex. 21, 17 צ' אב־...; Lev. 19, 14 חרש; 20, 9 (bis) את־אביו יקלל; Deut. 23, 5 לקללך, Subjekt ist Bileam; Jos. 24, 9 את־כם, Subjekt ist Bileam; Jud. 9, 27 את־אב־מלך; II Sam. 16, 9 יקלל את־אדני. 10 את־דוד; 19, 22 את־משיח ה'; Jer. 15, 10**); Prov. 20, 20 מ' אביו ואמו; 30, 10 יקללך. 11 דור אביו ה' (parall. לא תברך); Eccl. 7, 21 מקללך. 22 אחרים; 10, 20 (bis) fluche nicht גם במדעך מלך, und in deinen Schlafgemächern עשיר; Neh. 13, 2 לקלל, Subjekt Bileam. 25 ואקלל, Nehemia den Juden, welche heidnische Weiber genommen. — b) צ' בשם ה' II Reg. 2, 24 Elisa die ihn ver-

---

*) Z.D.M.G. 41, 641.

**) „Für das völlig sinnlose יקללני כלה מקללני wird קללֵני כְּלָה זַלַהֶם zu lesen sein." Kautzsch § 61, 3.

spottenden Knaben; auch von den Heiden gebraucht I Sam. 17,43
באלהיו אדריה פ' יקלל; schwierig ist die Entscheidung, ob in der
Beschreibung der Not und Verzweiflung Jes. 8,21 באלהיו יבאלכי במלבו קלל,
die Präposition analog den bisher angeführten Fällen soviel ist als
per (Delitzsch), wofür mir die Wiederholung der Präposition spricht,
die andeutet, dass von verschiedenen Objekten, von göttlicher und
weltlicher Auktorität die Rede ist. — c) מקימר קללה קללני I Reg.
2,8. — d) Absolut II Sam. 16,5 (Part.). 7. 10. 11. 13; Ps. 62,5 (Gegs.
ויברכו); 109,28. — 3. Sachliche Objekte belegt mit Fluch: Gott Gen.
8,21 אדרהאדרמה; Job Hi. 3,1 אדיומי. — Pu'al vom Fluche betroffen
werden, sei es der Fluch Gottes, der den Sünder trifft Jes. 65,20;
Ps. 37,22 (Part.; Gegs. מברכי); oder der Fluch der Menschen, von
dem ein dem Frevler gehöriges und darum als sündenbelastet an-
gesehenes Grundstück betroffen wird Hi. 24,18.

Über den Zusammenhang zwischen בקל, den Orakelstab (Hos.
4,11), und „fluchen", sowie über die Etymologie vgl. Schwally,
Z.A.W. XI, 170 ff.

רחם von רחמים Pi'el Erbarmen erweisen. 1. Von Gott ausgesagt. a) Akkusativ dessen, dem gegenüber Gottes Erbarmen sich
bethätiget. α) Allein: Ex. 33,19 ארחם אדראשר ורחמתי; Deut. 13,18;
30,3 ורחמך; II Reg. 13,23 וירחמם; Jes. 9,16 אדראלכמיחתו יאדרחבי in
negativer Aussage; 14,1 אדריעקב; 27,11 לאירחמנו עשהו (parall. לא
יחנו); 30,18 לרחמכם (parall. לחננכם); 49,13 ורחם ינהו יעמי כי נרחם;
der Nichtswürdige möge sich zu Jahwe bekehren 55,7 וירחמהו; die
Nachbarvölker Israels Jer. 12,15 ורחמתים אשוב; 30,18 fürwahr ich
שבות שב der Zelte Jakobs ארחם ומשכנתיו; 31,20 ארחמנו רחם; 33,26
אשוב אדרשבותם יעקב ירחמתי בראשיב; Ez. 39,25 בלבית יחמתי; und רחמתים
ישראל; Hos. 1,6 ישראל. אדרבית ... 7 יהודה אדרבית; 2,6 אדרבניה. אדלא 25
רחמה; Mi. 7,19 ירחמנו ישוב; Sach. 1,12 יהודה ערי ואת ירושלם אדרתרחם; 10,6
ורחמתי, das Haus Juda und Joseph; Ps. 102,14 ציין. β) Zum
Akkusativ eine nähere Bestimmung mit ב: Jes. 54,8 ברחמתיך עולם בחסד;
60,10 רחמתיך וברצוני. — b) על der Person: Ps. 103,13 כרחם. —
c) Mit כ: Jer. 13,14 מהשחיתם ארחם לא. — d) Absolut: Hab. 3,2;
Thr. 3,32; das Particip als Name Jahwes mit Bezug auf das erlöste
Israel Jes. 49,10 מרחמם; 54,10 מרחמך; im Lobpreis Jahwes Ps. 116,5
ואלהינו רחם. — 2. Von Menschen ausgesagt. a) Mit persönlichem
Akkusativobjekt vom Mitleid und Erbarmen des Eroberers gegen
den Besiegten, I Reg. 8,50; Jer. 42,12; oder gegen das wehrlose
Kind, Jes. 13,18 ירחמו לא פרי; der Mutter gegen ihre Kinder

49, 15 בְּרַחֲמֵֽם. — b) בְּ der Person, Ps. 103, 13 אָב עַל־בָּנִים. — c) Absolut, vom Erbarmen des Eroberers, Jer. 6, 23; 21, 7; 50, 42 in durchweg negativen Aussagen. — **Puʿal** Erbarmen finden, Hos. 14, 4 der Verwaiste, Prov. 28, 13 der bussfertige Sünder; sonst nur noch לֹא רֻחָמָה, Name der Hurentochter, Hos. 1, 6. 8; 2, 3. 25.

Ich glaube, dass die Bezeichnung für Erbarmen, Mitleid zusammengebracht werden müsse mit רֶחֶם Mutterleib, und halte den Übergang von der Abstammung aus demselben Mutterleibe zur Bedeutung der Zärtlichkeit nicht für zu gewagt. Die sinnliche Bedeutung des Stammes ist wohl „weich sein"; dafür zeugt noch das nahe verwandte رخم [*]).

IX. Piʿel — Hiphʿil.

בִּעֵר von בָּעַר **Piʿel** austilgen, nur von der Vertilgung des Bösen und des in den Augen Jahwes Greuelhaften. 1. In Strafsentenzen Jahwes. a) Jemanden: I Reg. 14, 10 וּבִעַרְתִּי אַחֲרֵי בֵית־יָרָבְעָם כַּאֲשֶׁר יְבַעֵר הַגָּלָל; den Ahab 21, 21 וּבִעַרְתִּי אַחֲרֶיךָ. — b) Absolut: Num. 24, 22 כִּי אִם־יִהְיֶה לְבָעֵר קָיִן; Jes. 4, 4 רוּחַ בָּעֵר; auch das übrig gebliebene Zehntel des Volkes trifft das Strafgericht 6, 13 וְהָיְתָה לְבָעֵר. — 2. In der legislatorischen Formel Deut. 13, 6; 17, 7; 19, 19; 21, 21; 22, 21. 24; 24, 7 וּבִעַרְתָּ הָרָע מִקִּרְבֶּךָ; 17, 12; 22, 22 וּבִעַרְתָּ הָרָע מִיִּשְׂרָאֵל; 21, 9 הָרָם הַנָּקִי; 19, 13 וּבִעַרְתָּ דַם־הַנָּקִי מִיִּשְׂרָאֵל; mit Bezug auf den Zehent 26, 13 בִּעַרְתִּי הַקֹּדֶשׁ מִן־הַבַּיִת. 14 לֹא־בִעַרְתִּי מִמֶּנּוּ בְּטָמֵא. Im Anschlusse an diese Formel der Entschluss Israels betreffend die Bürger Gibeas Jud. 20, 13 וּנְבַעֲרָה רָעָה מִיִּשְׂרָאֵל; im Berichte über Josaphat I Reg. 22, 47 וְיֶתֶר; Josia II Reg. 23, 24 וְגַם אֶת־הָאֹבוֹת וְאֶת־הַיִּדְּעֹנִים בִּעֵר יֹאשִׁיָּהוּ הַקְּדֵשׁ . . בַּ'; Josaphat II Chr. 19, 3 הָאֲשֵׁרוֹת וַתְּבַעֵר אֶת־הַגְּלֻלִּים . . הַתְּרָפִים מִן־הָאָרֶץ. — **Hiphʿil** nur I Reg. 16, 3 in Jahwes Strafsentenz הִנְנִי מַבְעִיר אַחֲרֵי בַעְשָׁא.

Ausserhalb des theologischen Sprachgebrauches: **Piʿel** abweiden: a) Im eigentlichen Sinne vom Vieh: Ex. 22, 4 בְשָׂדֶה אַחֵר. — b) Im Bilde: Jes. 3, 14 אַתֶּם בִּעַרְתֶּם הַכֶּרֶם; den Zaun vom Weinberge will der Herr wegreissen 5, 5 וְהָיָה לְבָעֵר. — **Hiphʿil** beweiden lassen, Ex. 22, 4 וּבִעֵר אֶת־שְׂדֵה.

Die Denomination ging vom Piʿel aus. Für den denominativen Charakter selbst spricht wohl Ex. 22, 4 klar; dagegen ist der etym.

---

[*]) Ps. 18, 2 אֶרְחָמְךָ gehört natürlich nicht hieher und ist übrigens wohl wahrscheinlich Schreibfehler für אֲרֹמִמְךָ.

Zusammenhang mit בער „brennen" ganz zweifelhaft. Ich wäre für eine reinliche Scheidung beider Verba. Vgl. jedoch Gesenius' H.W.B.[12] u. d. W.

יחל — **Pi'el** 1. Harren. a) Ausdruck heilsbegieriger Sehnsucht und gläubiger Zuversicht. α) ל dessen, worauf man harrt. α') Gott: Ps. 31, 25 לי; בל־המיחלים; 69, 4 מיחל לאלהי; 33, 22 לך: באשר יחלנו. — β') Jes. 42, 4 ייחלו איים ולתורתי; Ps. 33, 18; 147, 11 המיחלים לחסדו; 119, 74. 81. 114. 147 יחלתי לדברך. 43 למשפטך. β) Mit אל. α') Gottes: 130, 7; 131, 3 יחל ישראל אל ייי. β') Jes. 51, 5 ייחלון ואל זרעי (parall. יקוו .. אלי). — γ) Mit adverbiellem Akkusativ: Ps. 71, 14 תהיד ואני אייחל. — b) Harren auf Befreiung von Übel, auf irdisches Glück und Segensstand. α) Mit ל, auf etwas: Hi. 30, 26 לאור. β) Akkusativ der Zeit: 14, 14 בל־ימי צבאי. — γ) Absolut: 13, 15 לא אייחל*). — c) Harren auf Erfüllung eines Lügenorakels: Ez. 13, 6 לקים דבר. — 2. Geduld haben in dem von Gott verhängten Unglück: Hi. 6, 11 מה־כחי כי אייחל. — 3. Jemanden hoffen lassen: Ps. 119, 49 זכר־דבר לעבדך על אשר יחלתני. — **Hiph'il** harren, von der gottergebenen, glaubensfesten Zuversicht. a) Mit ל. α) Gottes: II Reg. 6, 33 מה־אוחיל לייי עוד; Ps. 38, 16 כי־לך ייי הוחלתי; 42, 6. 12; 43, 5 הוחילי לאלהים; Mi. 7, 7 ואני לייי אצפה אוחילה לאלהי ישעי; Thr. 3, 24 על־כן אוחיל לו. β) Ps. 130, 5 ולדברו הוחלתי*). — b) בל־ייחל אוחיל Thr. 3, 21.

Ausserhalb des theologischen Sprachgebrauches: **Pi'el** harren, warten auf jemanden. Die Regentropfen Mi. 5, 6 לא־יקוה לאיש (parall. לא־ייחל); in der Schilderung von Hiobs ehemaligem Glücke Hi. 29, 21 לי־שמעו ויחלו. 23 ויחלו כמטר לי. Vielleicht gehört hieher Gen. 8, 12 וייחל עוד שבעת ימים**). — **Hiph'il** harren, warten. a) Vor jemandem, die Zeit nutzlos verbringen: II Sam. 18, 14 לא־כן אחילה לפניך. — b) Auf etwas warten: Hi. 32, 11 לדבריכם. — c) Mit Zeitbestimmung: I Sam. 10, 8; 13, 8 שבעת ימים. — d) Absolut: Hi. 32, 16.

Das Denominativ ist mit חיל „in Krämpfen sich winden" nahe verwandt, vielleicht ursprünglich ganz identisch, und erst im theol. Sprachgebrauche, der übrigens nur später Schriftperiode eignet, zur Differenzierung der Bedeutung aus einem mittenvokalischen in einen vornvokalischen Stamm umgeschlagen. Dafür spricht, dass der

---

*) Vgl. jedoch Kautzsch, Textkr. Erl. z. St.
**) Die Punktation als Niph. ist natürlich sinnlos, ebenso wie Ez. 19, 5 נוחלה, wofür Cornill נואלה schreibt.

Stamm חיל gerade in den ältesten Stellen (Gen. 8, 10; Jud. 3, 25;
offenbar auch II Sam. 18, 14) neben יחל in der Bedeutung „harren,
warten" noch vorkommt. Dagegen kann nicht geltend gemacht
werden, dass Hiph. auf einen Stamm פ'ו hinweist, denn neben חיל
kommt auch היל vor, wie wenigstens Jer. 51, 29 darthut, selbst wenn
man in dem Imper. היליל Mi. 4, 10 nur absichtliche Dissimilierung
des Vokales aus ursprünglichem הילילי annehmen will. Dazu kommt
noch der Umstand, dass Gen. 8, 12 וַיָּחֶל, I Sam. 13, 8 וַיִּיחֶל auf ein
altes Hiph. von פ'ו hindeuten, denn ich halte in beiden Fällen für
die richtige Punktation וַיַּחֶל. Dass aber ein derartiger Bedeutungsübergang „in Krämpfen sich winden — harren, warten" nicht unmöglich und wie er stattgefunden haben kann, zeigt Jes. 26, 18.

נבט — das Nomen nicht erhalten. **Pi'el** nur Jes. 5, 30 וְנִבַּט
לָאָרֶץ, einen Blick thuen um Rettung in der Not; Subjekt ist Juda. —
Hiph'il einen Blick thuen. 1. Von Gott ausgesagt, ist je nach
dem Affekte, mit dem jener Blick begleitet ist, das Denominativ
gebraucht: a) Vom Gnadenblicke Jahwes. α) Mit folgendem Akkusativ Am. 5, 22 שְׁלֵם מראיכם in negativer Aussage; im Gebete an
Jahwe Ps. 84, 10 פני משיחך (neben ראה); mit Objektssatz, gleichfalls
im Gebete Jes. 64, 8 עֲבְּדָך כֻּלָּנוּ; ein persönlicher Akkusativ in negativer Aussage Thr. 4, 16 (parall. פני זקנים לא נשא וקנים לא חנן). —
β) ל der Sache: im Gebete Ps. 74, 20 הבט לברית. — γ) Mit einer
näheren Bestimmung: in der Gebetsformel הבט משמים וראה Jes. 63, 15;
Ps. 80, 15. — δ) Absolut im Gebete: Ps. 13, 4 הביטה neben עֲנֵנִי. —
b) Vom teilnehmenden Blicke Gottes auf den Kummer und die Bedrückung Frommer. α) Mit Akkusativ: Ps. 10, 14 עָמָל וָכַעַס; im Gebete: Thr. 1, 11 הביט וראה את חרפתי זוללה כי הייתי בת; 5, 1 ראה יי והביטה
(parall. זכר). — β) אל der Person: Jes. 66, 2. — c) Vom teilnehmenden
Blicke Jahwes, den er richtet auf das Thuen und Treiben der Menschen als Zeuge und weiterhin als Richter desselben. α) Mit
Akkusativ: Thr. 3, 63 שבתם וקימתם. — β) Mit einem näheren Umstande: Ps. 33, 13 משמים (neben ראה); 102, 20 השמים אל ארץ; 104, 32
(Part.) לארץ; Hi. 28, 24 לקצות הארץ. — γ) Absolut: Jes. 63, 5. —
d) Vom absichtlich oder scheinbar teilnahmslosen Blick Jahwes auf
Thuen und Treiben der Menschen. α) Mit Akkusativ, der Person
Hab. 1, 13 בוגדים; der Sache V. 3 עֲמָל. — β) Mit אל 1, 13 אל עמל. —
γ) Mit näherem Umstande: Jes. 18, 4 במכוני. — e) Vom Sehen
schlechtweg, das demjenigen nicht abgesprochen werden kann, der
das menschliche Auge gebildet Ps. 94, 9. — 2. Vom Menschen aus-

gesagt. a) Vertrauend hinschauen, als Ausdruck heilsbegieriger
Sehnsucht nach Hilfe in der geistigen Not. Mit אל: Num. 21, 9
אל: חֹטֵם הֻחֻשֶׁה; Jes. 22, 11 אל־עֹשֶׂיהָ, in negativer Aussage von dem
Volke, das auch in dem eben hereinbrechenden Strafgerichte Gottes
Hand nicht erkennen will; Jon. 2, 5 אל־היכל קדשך; in der schwierigen
Stelle Sach. 12, 10 והביטו אלי את אשר־דקרו; endlich Ps. 34, 6 אליו, zu
Gott. — b) Hilfesuchend in irdischen Nöten: Jes. 8, 22 אל־ארץ; 22, 8
אל־נשק בית היער; vielleicht gehört hierher I Sam. 2, 32. — c) Vom
freudigen Blick, wegen des Strafgerichtes, das denjenigen ereilt,
welcher nicht in Gott, sondern in seiner Bosheit seine Stärke sucht:
Ps. 92, 12 עיני בשורי. — d) Vom schadenfrohen Blick des Bösewichtes auf den leidenden Gerechten 22, 18; von dem, der seine Genossen trunken macht, um sich an ihrer Schande zu weiden Hab.
2, 15, על־מעוריהם. — e) Schauen. α) Mit leiblichem Auge: Ex. 3, 6
את־האלהים; Num. 12, 8 תמנת יי יביט; der Fromme Ps. 91, 8 בעיניך
תביט; das Thuen Gottes Hi. 36, 25 איש יביט מרחוק*). — β) Mit dem Auge des Glaubens: Ps. 119, 18 ואביטה
נפלאות. — f) Meditierend dem Auge des Geistes etwas vergegen-
wärtigen. α) Mit אל: Jes. 51, 1 אל־צור. 2 אל־אברהם. 6 אל־הארץ.
β) Mit Infinitiv: Jes. 42, 18 הביטו לראות. γ) Absolut: Hab. 1, 5
ראו בגוים והביטו; Thr. 1, 12 הביטו וראו. — g) Etwas beachten. α) In
seinen Folgen, daraus eine Mahnung, eine Lehre ableiten: Jes. 5, 12
אל פעל יי בל (parall. ידיו לא ראו). — β) Etwas befolgen: Ps. 119, 6
אל־כל־מצותיך; dagegen Akkusativ V. 15 ארחתיך.

Ausserhalb des theologischen Sprachgebrauches:
Hiph'il einen Blick thuen: a) Hinsehen. α) Mit אחרי, hinter sich
schauen: Gen. 19, 17; Ex. 33, 8; I Sam. 24, 9; mit מאחרי Gen. 19, 26. —
β) Mit näherem Umstande: Gen. 15, 5 השמימה; I Reg. 18, 43 דרך־ים;
Ps. 142, 5 ימין ראה; Hi. 35, 5 שמים ראה; Prov. 4, 25 לבב; vom Tiere
gebraucht Hi. 39, 29 למרחק. — γ) Absolut: I Sam. 17, 42 (neben ראה);
I Reg. 18, 43; 19, 6; I Chr. 21, 21 (neben ראה). — b) Mit Aufmerksamkeit, Überraschung, überhaupt mit besonderem Affekte hinschauen. α) Mit אל: I Sam. 16, 7; II Reg. 3, 14. β) Absolut: Hi.
6, 19. — c) Erblicken, etwas Num. 23, 21; jemanden Jes. 38, 11.

In der einzigen Pi'elstelle sind wohl Zweifel an der Richtigkeit des Textes gerechtfertigt. Selbst wenn aber der Text voll-
kommen intakt wäre, so wäre נבט nicht Niph'al, wie Dillmann und

---

*) Vgl. dagegen Hoffmann z. St.

vor ihm Böttcher behaupten. Letzterer, weil für Pi'el weder das
Pathach, noch eine Sinnverstärkung, noch die impersonelle Stellung
motiviert erscheint*). Allein das Pathach bedarf einer besonderen
Motivierung nicht, und wenn eine Sinnverstärkung nicht beabsich-
tigt wäre, dann dürfte בּזז überhaupt nicht, auch nicht im Niph'al,
in Verwendung kommen. Endlich impersonell ist das Verbum hier
nicht gebraucht. Die Etymologie des Verbums ist dunkel; ich kenne
auch in den übrigen semitischen Sprachen keinen entsprechenden
Stamm. Vgl. jedoch Delitzsch, Proleg. 98.

לִשֵׁן von לָשׁוֹן Po'el jemanden verleumden, Ps. 101, 5 מְלוֹשְׁנִי
בַסֵּתֶר רֵעֵהוּ. — Hiph'il in derselben Bedeutung, Prov. 30, 10 אַל־תַּלְשֵׁן
עֶבֶד אֶל־אֲדֹנָיו.

עשׂר von עֶשֶׂר Pi'el 1. Den Zehnten geben, verzehnten zu
gottesdienstlicher Verwendung. Es folgt Akkusativ der Sache.
a) Allein: Deut. 14, 22 עַשֵּׂר תְּעַשֵּׂר אֵת כָּל־תְּבוּאַת זַרְעֶךָ. — b) Dazu Dativ
der Person: Gen. 28, 22 וְכֹל אֲשֶׁר תִּתֶּן־לִי עַשֵּׂר אֲעַשְּׂרֶנּוּ לָךְ. — 2. Den
Zehnten erheben oder einsammeln: Neh. 10, 38 וְהֵם הַלְוִיִּם הַמְעַשְּׂרִים בְּכֹל
עָרֵי עֲבֹדָתֵנוּ. — Hiph'il 1. Den Zehnten geben, Abgabe an die Levi-
ten und Armen: Deut. 26, 12 לַלֵּוִי ... אֵת־כָּל־מַעְשַׂר תְּבוּאָתְךָ. — 2. Den
Zehnten erheben: Neh. 10, 39 בַּעְשֵׂר הַלֵּוִי.
Ausserhalb des theologischen Sprachgebrauches:
Kal mit dem Zehnten belegen, Besteuerung seitens der weltlichen
Obrigkeit: I Sam. 8, 15 וְזַרְעֵיכֶם וְכַרְמֵיכֶם יַעְשֹׂר. 17 צֹאנְכֶם.
Über die Grundbedeutung des Stammes vgl. Gesenius' H.W.B.[12]
Die beiden unter Hiph. registrierten Formen sind nach Barth
Z.D.M.G. 43, 184 Überreste des i-Infinitivs Kal. Vgl. Kautzsch
§ 53, 3, Anm. 2.

קדם von קֶדֶם Pi'el 1. Entgegenkommen im freundlichen Sinne.
a) Subjekt Jahwe, seine Erbarmungen und Gnadenerweise. Es folgt
Akkusativ der Person. α) Allein: Ps. 59, 11 אֱלֹהֵי חַסְדִּי יְקַדְּמֵנִי**);
79, 8 יְקַדְּמוּנוּ רַחֲמֶיךָ. β) Doppelter Akkusativ: 21, 4 תְקַדְּמֶנּוּ בִּרְכוֹת
טוֹב. — b) Subjekt ist der Mensch, der Gott dem Herrn entgegen-
kommt mit Opfer und Gebet. α) Zum Akkusativ Gottes בְּ des
Mittels: Mi. 6, 6 בַּמָּה אֲקַדֵּם יְ'‎.. הַאֲקַדְּמֶנּוּ בְעוֹלוֹת; Ps. 95, 2 נְקַדְּמָה פָנָיו
בְּתוֹדָה. β) Eine Zeitbestimmung: 88, 14 וּבַבֹּקֶר תְּפִלָּתִי תְקַדְּמֶךָּ. —
2. Entgegenkommen im feindlichen Sinne. a) Subjekt ist Jahwe.

---

*) Ausführliches Lehrbuch § 1100, 5.
**) Vgl. jedoch Kautzsch, Textkr. Erl. z. St.

Im Gebete um Einschreiten gegen den Feind Ps. 17, 13 קדמה פניו. —
b) Subjekt der Bösewicht, Tod und Unglück. α) Der persönl.
Akkusativ allein: II Sam. 22, 6; Ps. 18, 6 יקדמוני מוקשי מות; Hi. 30, 27
קדמני ימי־עני. β) Dazu eine nähere Bestimmung: II Sam. 22, 19;
Ps. 18, 19 יקדמוני ביום־אידי. — 3. Vorausgehen. In der Schilderung
der Grösse Gottes: Ps. 89, 15 חסד ואמת יקדמו פניך. — **Hiph'il**
1. Herankommen an jemanden: Am. 9, 10 ותקדים בעדינו הרעה. —
2. Gott dem Herrn etwas zuvorthun: Hi. 41, 3 מי הקדימני ואשלם *).

Ausserhalb des theologischen Sprachgebrauches:
Pi'el 1. Entgegenkommen im freundlichen Sinne. Es folgt Akkusativ der Person. a) Allein: Hi. 3, 12. b) Dazu ב des Mittels:
Deut. 23, 5 אתכם בלחם ובמים; Jes. 21, 14 בלחמו נדד; Neh. 13, 2 קדמו בני
ישראל בלחם וכמים. — 2. Entgegenkommen im feindlichen Sinne:
II Reg. 19, 32; Jes. 37, 33 ולא יקדמנה מגן. — 3. Temporal: zuvorkommen, überholen. a) Mit Akkusativ: Ps. 119, 148 קדמו עיני אשמרות. —
b) Mit ב der Zeit und folgendem Verb. fin.: 119, 147 קדמתי בנשף
ואשועה. — c) Infinitiv mit ל: Jon. 4, 2 לברח תרשישה. — 4. Lokal: an
der Spitze marschieren, voranziehen, Ps. 68, 26.

Das Denominativ bedeutet zunächst „nach dem Vorne hingehen"; vgl. im Arab. أَقْدَام von قَدَّام.

קנא von קִנְאָה **Pi'el** 1. 'ק bethätigen. 1. Subjekt ist Gott.
a) Die 'ק ist die Energie seiner Heiligkeit, die er bethätiget: Ez.
39, 25 לשם קדשי. — b) Der Liebeseifer, den er bethätigt für jemand,
mit ל. α) Allein: Jo. 2, 18 לארצו. — β) Dazu ein inneres Objekt:
Sach. 1, 14 קנאתי לציון קנאה גדולה; 8, 2 (bis) לירושלם ילציון קנאה גדולה
לה. — יחמה גדולה קנאתי 2. 'ק bethätigen. Subjekt ist der Mensch.
a) Die 'ק ist durch die That sich erweisendes Interesse für die
Rechte eines anderen, Eifer im sittlich-guten Sinne. α) Für Gott
und seine Rechte. α') ל Gottes: Num. 25, 13 לאלהיו; I Reg. 19, 10. 14
קנא קנאתי ליי אלהי צבאות. — β') Mit innerem Objekte: Num. 25, 11
בקנאי את־קנאתי בתוכם. β) Für Menschen. Es folgt ל der Person:
11, 29 מי יתן כל עם יהוה נביאים; II Sam. 21, 2 בקנאתו לבני־ישראל ויהודה. — b) 'ק ist
der Zorneseifer oder sittliche Unwille über das Treiben der Frevler
namentlich bei der Beobachtung, dass diese scheinbar straflos ausgehen. Es folgt ב der Person: Ps. 37, 1 בעשי עולה (parall. אל־תחר

---

*) Dagegen Hoffmann: „Wer tritt mir entgegen, den ich heil liesse"
(וַאֲשַׁלֵּם).

9*

בהללם); 73, 3 בהללם ; Prov. 24, 19 בהשים (parall. אל־תתהר במרעים). —
e) 'ק ist sittlich schlechter, weil lediglich auf das Böse bezüglicher
Wetteifer. Es folgt ב der Person: Prov. 3, 31 אל־תקנא באיש חמס (parall. אל־
אבחר בכל־דרכיו); 23, 17 אל־יקנא לבך בחטאים ; 24, 1 אל־תקנא באנשי רעה (parall. ואל־תתאו
להיות אתם). — d) 'ק ist der Neid, die Eifersucht im sittlich-religiösen
Sinne. α) Von dem wiederhergestellten Israel: Jes. 11, 13 אפרים לא־יקנא את־
יהודה . β) Ps. 106, 16 ויקנאו למשה במחנה . — 3. 'ק erregen; ausschliesslich die wegen Abgötterei als Zorn sich manifestierende 'ק Gottes.
Deut. 32, 21 הם קנאוני בלא־אל ; I Reg. 14, 22 ויקנאו אתו ... בחטאתם . — **Hiph'il**
'ק erregen. 1. Mit Bezug auf Gott ist es sein durch Abgötterei
hervorgerufener Zorn. a) Akkusativ Gottes und ב des Mittels:
Deut. 32, 16 יקנאהו בזרים (parall. בתועבת יכעיסהו); Ps. 78, 58 ובפסיליהם
יקניאוהו (parall. ויכעיסוהו בבמותם). — b) Mit innerem Objekte: Ez. 8, 3
סמל הקנאה המקנה . — 2. Mit Bezug auf Menschen ist es die von
Gott strafweise durch Zorn und gekränktes Ehrgefühl hervorgerufene
Erregung: Deut. 32, 21 אקניאם בלא־עם (parall. בגוי נבל אכעיסם).

Ausserhalb des theologischen Sprachgebrauches:
Pi'el 1. Jemanden beneiden im gewöhnlichen Sinne: Gen. 26, 14 ויקנאו
אתו פלשתים; bildnisweise Ez. 31, 9 ויקנאהו כל־עצי־עדן . — 2. Auf jemanden
eifersüchtig sein. a) ב der Person: Gen. 30, 1 ותקנא רחל באחתה; 37, 11 ויקנאו בו
אחיו . — b) Akkusativ der Person, von dem gegen sein Weib den
Argwohn des Ehebruches hegenden Mann: Num. 5, 14 (bis). 30 וקנא
את־אשתו .

Der Sprachgebrauch zeigt Pi'el als die ältere Konjugation. Die
Beobachtung der verschiedenartigen Verwendung des Verbums führt
auf den allen Gebrauchsweisen gemeinsamen Begriff einer inneren
Erregung, welche, wie in unseren Sprachen, nach den äusserlich zu
Tage tretenden Symptomen benannt ist: كنأ „rot sein". Das De-
nominativ kommt auch im Aram. vor.

X. Pu'al — Hiph'il.

נשם von נְשֶׁם **Pu'al** beregnet werden. In negativer Aussage,
Folge des göttlichen Zornes: Ez. 22, 24 את ארץ לא מטהרה היא לא
גשמה ביום זעם . — **Hiph'il** Regen spenden: Jer. 14, 22 היש בהבלי
הגוים מגשמים .

Ein Versuch der etym. Deutung des Nomens bei Delitzsch,
Hiob², S. 483. Richtig wohl Barth, Etym. St. 2, der auf سكجم
„vergiessen" und ساجم „fliessend" hinweist.

עָפַל von עָפֵל **Puʻal** nur Hab. 2, 4 עֻפְּלָה לֹא־יָשְׁרָה in der Charakterisierung des Chaldäers*). — **Hiphʻil** eine Vermessenheit begehen, nur Num. 14, 44 וַיַּעְפִּלוּ לַעֲלוֹת אֶל־רֹאשׁ הָהָר.

Die sinnliche Grundbedeutung wird wohl „anschwellen" sein; vgl. das Arab.

XI. Piʻel — Hithpaʻel.

שָׁבַח — **Piʻel** loben, preisen im kultischen Sinne. a) Akkusativ Gottes: Ps. 63, 4 שְׂפָתַי יְשַׁבְּחוּנְךָ; 117, 1 שַׁבְּחוּהוּ (parall. הַלְלוּ); 147, 12 שַׁבְּחִי אֱלֹהַיִךְ יְרוּשָׁלַםִ (parall. הַלְלוּ). — b) Sachlicher Akkusativ: 145, 4 דּוֹר לְדוֹר יְשַׁבַּח מַעֲשֶׂיךָ. — **Hithpaʻel** sich rühmen: 106, 47; I Chr. 16, 35 לְהִשְׁתַּבֵּחַ בִּתְהִלָּתֶךָ.

Ausserhalb des theologischen Sprachgebrauches: **Piʻel** 1. Jemanden glücklich preisen: Eccl. 4, 2 וְשַׁבֵּחַ אֲנִי אֶת־הַמֵּתִים. — 2. Preisen: 8, 15 וְשִׁבַּחְתִּי אֲנִי אֶת־הַשִּׂמְחָה.

Die Grundbedeutung des Verbums sieht Schwally, Idiotikon des christl.-pal. Aram. 91, in שבח „besänftigen", welch letzteres daher von obigem Verbum eigentlich nicht zu trennen wäre, wie denn auch Gesenius im Thes. nur einen Stamm שבח kennt. Das Verbum mit der Bed. „loben, preisen" ist nach Schwally Aramaismus.

פָּאַר von תִּפְאֶרֶת **Piʻel** 'ה bereiten. 1. Im geistigen Sinne von der Verherrlichung, die Israel zu teil wird von seiten seines Gottes. Es folgt der Akkusativ. a) Allein: Jes. 55, 5; 60, 9 כִּי פֵאֲרָךְ. — b) Dazu ein näherer Umstand: Ps. 149, 4 יְפָאֵר עֲנָוִים בִּישׁוּעָה. — 2. Vom Bereiten äusserer Pracht und Herrlichkeit, nur bezüglich des Heiligtumes ausgesagt. Der Herr selbst Jes. 60, 7 וּבֵית תִּפְאַרְתִּי אֲפָאֵר, indem dasselbe mit den Weihegaben der bekehrten Heidenvölker geziert wird; im neuen Jerusalem wird die Pracht des Libanon kommen, 60, 13 לְפָאֵר מְקוֹם מִקְדָּשִׁי; der Perserkönig, der freiwillig Gold und Silber dem Gotte Israels darbringt, Esr. 7, 27 לְפָאֵר אֶת־בֵּית יְיָ. — **Hithpaʻel** 'ה sich bereiten. 1. Von Gott ausgesagt = sich verherrlichen. a) בְּ der Person, an und durch jemanden: Jes. 44, 23 בְּיִשְׂרָאֵל; 49, 3 בְּךָ. — b) Absolut: 60, 21; 61, 3 לְהִתְפָּאֵר. — 2. Von Menschen = sich brüsten oder prahlen, Ausdruck des auf die eigene Kraft pochenden Hochmutes: Jud. 7, 2 פֶּן־יִתְפָּאֵר עָלַי יִשְׂרָאֵל לֵאמֹר.

---

*) Ist aber doch wohl Textfehler; vgl. Wellhausen, Skizzen und Vorarb. V, 163.

Ausserhalb des theologischen Sprachgebrauches: **Hithpa'el** 1. Höflichkeitsformel: Ex. 8, 5 לי התפאר. — 2. Sich brüsten: Die Axt Jes. 10, 15 בו החצב על.

Die Bedeutung „sich prahlen, brüsten" erinnert an das im Syr. vorkommende אתפאר „irritiert werden" als an einen nahe verwandten Stamm, dessen Peal im Syr. nicht gebräuchlich, dagegen in فار mit der sinnlichen Bedeutung „aufwogen, aufwallen" zu belegen ist. Dagegen Barth Etym. St. 21 stellt פאר = فخر „sich rühmen".

פלל von פליל **Pi'el** im allgemeinen == עשה פלילה. 1. Einen Schiedsrichter machen, Entscheidung üben. a) Von Gott ausgesagt: I Sam. 2, 25 אם־יחטא איש לאיש יפללו אלהים*). — b) Von priesterlicher Entscheidung: Ps. 106, 30 יפלל näml. Pinehas, der dadurch vermittelte zwischen dem eifernden Gott und dem ungetreuen Israel, dass er die schuldige Genugthuung vollzog. — c) Im weiteren Sinne von Jerusalem ausgesagt: Ez. 16, 52 אשר פללת לאחותך בחטאתיך. — **Hithpa'el** 1. Sich zum Schiedsrecht Übenden machen bei Vergehungen gegen Gott: I Sam. 2, 25 ואם ליי יחטא איש מי יתפלל־לו. — 2. Sich zu einem machen, der Vermittlung übt d. i. Fürbitte thuen bei Gott. a) אל Gottes. α) Allein: Num. 11, 2; 21, 7 (Subjekt Mose). β) Hinzukommt בעד desjenigen, für welchen die Fürbitte bei Gott geschieht: I Sam. 7, 5 אליי בעדכם ואתפלל החמצפתה את־כל־ישראל וקבצי; 12, 19 בעד עבדיך אל־ייי אלהיך, an beiden Stellen Samuel Subjekt; Jer. 29, 7 בעדה אליי näml. העיר, Subjekt die Deportierten; in der Aufforderung an den Propheten 37, 3; 42, 20 בעדנו אל־ייי אלהינו; 42, 2 בעדנו אל־ייי אלהיך בעד כל־השארית. γ) Sonst eine Bestimmung: Subjekt der Prophet 42, 4 בדבריכם אל־ייי אלהיכם מתפלל הנני. — b) Die Person, für welche die Fürbitte geschieht. α) Mit בעד. α') Allein: Gen. 20, 7 (Abraham); Num. 21, 7 (Mose); I Sam. 12, 23 (Samuel); I Reg. 13, 6 (der Gottesmann aus Juda); Jer. 7, 16; 11, 14 (der Prophet Jeremia); Hi. 42, 10 (Hiob). β') Dazu eine nähere Bestimmung: Deut. 9, 20 ובעד אהרן בעת ההיא (Mose); Ps. 72, 15 בעדו תמיד, für den König; Subjekt ist das unbestimmte „man". β) Mit על. α') Allein: Hi. 42, 8 (Hiob). β') Dazu ein Objektssatz: II Chr. 30, 18 יתחזקיהו עליהם לאמר. — 3. Allgemein beten, flehen. a) Zum Gotte Israels. α) Die Person Gottes ist genannt. α') Mit אל. α'') Allein: Gen. 20, 17;

---

*) Vgl. Wellhausen, Der Text der Bb. Sam. 47 ff.

I Sam. 1, 10*). 26; 8, 6; II Reg. 4, 33; Jer. 29, 12; Ps. 5, 3; Neh. 2, 4; 4, 3; II Chr. 32, 24; 33, 13. β") Dazu Akkusativ des Gebetes: II Sam. 7, 27 זאת התפלה־את אליך; 1 Reg. 8, 54 התחנה־בל־התפלה את אלי־. הזאת. γ") Das Gebet selbst angeknüpft mit ואבי־ Deut. 9, 26; יאבי־ II Reg. 6, 18; Jes. 38, 2; Jon. 2, 2; 4, 2; לאבי־ II Reg. 20, 2; Jes. 37, 15; Jer. 32, 16. δ") אל wegen jemand: II Reg. 19, 20; Jes. 37, 21 אשר התפללת אלי אל־סנחרב. - ε") אליי־ דרך חיני־ 1 Reg. 8, 44; II Chr. 6, 34; אית דרך 1 Reg. 8, 48; II Chr. 6, 38. — ζ") בל־זאת אליך Ps. 32, 6. - β') Mit לבב. α") Allein: I Sam. 1, 12; I Chr. 17, 25. β") Dazu Akkusativ des Gebetes: I Reg. 8, 28; II Chr. 6, 19 אל־התרנה אלהיה עבדך בלבב. γ") Der Wortlaut des Gebetes, angeknüpft mit יאבי־ II Reg. 19, 15; ואבי־ Neh. 1, 4. γ') Mit ל: Dan. 9, 4 לי אלהי־ יארתי־. - β) Mit אל dessen, um das man betet: I Sam. 1, 27 אל־הנער הזה. γ) Mit אל der Richtung. α') Allein: I Reg. 8, 35; II Chr. 6. 26 אל־המקים הזה; I Reg. 8, 42; II Chr. 6, 32 אל־הבית הזה. β') Dazu der Akkusativ des Gebetes: I Reg. 8, 29; II Chr. 6, 20 התפלה הזה אל־המקים עבדך אשר; I Reg. 8, 30; II Chr. 6, 21 .. עבדך תחנת הזה אל־המקים. δ) בל־זאת 32, 20. ε) Absolut: I Sam. 2, 1; I Reg. 8, 33; II Reg. 6, 17; Jes. 16, 12; Dan. 9, 20; Esr. 10, 1; II Chr. 6, 24; 7, 1. 14. — b) Zu den Göttern: Mit אל Jes. 45, 20 לא אל־אל לבללי־ ישיר; 44, 17 יסתררי־ יתפלל אלי לבבל. — c) Zu der Gemeinde: 45, 14 אליך ישתחוי לתבבל.

Ausserhalb des theologischen Sprachgebrauches: **Pi'el** abgeblasst = meinen, urteilen Gen. 48, 11.

Der Sprachgebrauch zeigt, dass das Verbum das mittlerische Eintreten und häufiger noch das Eintreten zwischen das Objekt der Bitte und Gott bezeichnet. Jedenfalls kommen wir auf die allgemeine Vorstellung des Zwischeneintretens, worin wir den sinnlichen Grundbegriff sehen.

XII. Pu'al — Hithpa'el.

ענג von ענג **Pu'al** nur das femin. Particip = verweichlicht, üppig, Jer. 6, 2 von der Tochter Zion, falls der Text richtig**). — **Hithpa'el** sich 'ע bereiten. 1. Lust an geistigen Gütern. a) Mit על. α) על־בל־ Jes. 58, 14 von dem, welcher die Sabbatheiligung einhält; in

---

*) Unser Text bietet zwar בל־ני־; dagegen alle älteren Codd. und LXX lesen אל־ני.

**) Vgl. Graf z. St.

der Aufforderung, seine Wonne in Gott zu finden Ps. 37, 4; בּלֹ־שׁדי
Hi. 22, 26; 27, 10. — β) בּלֹ־רם שׁלֹם Ps. 37, 11. — b) Mit בּ. Jes. 55, 2
בּדשׁן נפשׁכם, wo nicht vom Genusse sinnlicher Güter die Rede (Stade-
Siegfr.), vielmehr wird geistige Nahrung und Erquickung gewähr-
leistet. — c) Mit מן. 66, 11 מזד מבּידה in der Verheissung an diejenigen, die an Zions Geschick innigen Anteil nehmen. — 2. Im
schlechten Sinne von der auf das Leiden anderer sich gründenden
Lust oder Schadenfreude, Jes. 57, 4 בּלֹ־מי תּתעּנּגּ.

Ausserhalb des theologischen Sprachgebrauches:
Hithpaʿel sich Wohlleben bereiten, ein verzärteltes Leben führen,
von der Frau, die Deut. 28, 56 מהתענּג וּבּדים nicht den Versuch macht,
ihren Fuss auf die Erde zu setzen.

Das Denominativum wird als Synon. von רכך, das Adjektiv ענּג
als solches von רך gebraucht. ענּג scheint die sinnliche Grundbedeutung „weich sein" zu haben.

XIII.　Hiphʿil —- Hophʿal.

יכה von נכה: **Hiphʿil** I. In den Aussagen über Gott. 1. Schieds-
richterlich bestimmen, Recht sprechen. a) לֹ der Person. Jes. 2, 4;
Mi. 4, 3 והוכיח לֹעמּים, die Bekehrung der Nationen zu Jahwe manifestiert sich in der Anerkennung seines Schiedsrichteramtes, bezhw.
seines vom Tempelberge ausgehenden Wortes. In der schwierigen
Stelle Hi. 16, 21 ויוכּח לֹגּבר עם־אלֹהּ וּבּן־אדם לֹרעּהּ involviert die schieds-
richterliche Entscheidung Jahwes eine Rechtfertigung Hiobs*). —
b) Der absolute Gebrauch Gen. 31, 42; I Chr. 12, 17 schliesst ebenfalls das ethische Moment nicht nur der Rechtfertigung des Schuld-
losen, sondern auch der Bestrafung des Unrechtes in sich. — 2. Zur
Rechenschaft ziehen. a) Akkusativ der Person, Ps. 50, 21 אוֹכיחך. —
b) בּ derselben, Prov. 30, 6 in der Mahnung, nichts hinzuzuthuen zum
Worte Gottes, פּן־יּוכיח בּך וּנּכזבּתּ. — 3. Jemandem etwas zuerkennen,
von göttlicher Vorherbestimmung. Gen. 24, 14 אתּה הכחתּ לֹעבּדך.
44 האשּה אשּר־הּכחתּ יי לֹבּן־אדּני. — 4. Jemanden zurechtweisen. a) Thatsächlich = strafen, züchtigen. α) Akkusativ der Person. α') Allein:
Prov. 3, 12 יי את־אשּר יאהב; Hi. 5, 17 glücklich der Mann, אלֹהּ הוֹכּיחנּי;
13, 10 הוכּח יוֹכיח אתּכם; in kühnerer Redewendung ist statt Gott

---

Subjekt der die Züchtigung verschuldende Abfall des Volkes Jer. 2, 19 יְמִשֻּׁבוֹתַיִךְ תּוֹכִחֵךְ. β') Dazu ב, sei es zur Einführung des Mittels, II Sam. 7, 14 בְּשֵׁבֶט אֲנָשִׁים וְהֹכַחְתִּיו; oder eines sonstigen Umstandes, Ps. 6, 2 אַל־בְּאַפְּךָ תוֹכִיחֵנִי (parall. תְּיַסְּרֵנִי); 38, 2 אַל־בְּקִצְפְּךָ תוֹכִיחֵנִי (parall. תְּיַסְּרֵנִי). γ') עַל des Grundes: Ps. 105, 14; I Chr. 16, 21 וַיּוֹכַח עֲלֵיהֶם מְלָכִים. δ') בְ des Grundes: Hi. 22, 4 הֲבִיִּרְאָתְךָ יֹכִיחֶךָ. β) Bloss ב zur Einführung des Grundes: II Reg. 19, 4; Jes. 37, 4 וְהוֹכִיחַ בַּדְּבָרִים. γ) Absolut: Hab. 1, 12; Ps. 94, 10. — b) Mit Worten = rügen, Ps. 50, 8 לֹא עַל־זְבָחֶיךָ אוֹכִיחֶךָ. — II. Subjekt ist der Mensch. 1. Recht sprechen. Vom messianischen Könige, der, mit dem Geiste Gottes ausgerüstet, als gerechter Richter das Land regieren wird; daher er nicht Jes. 11, 3 לְמַשְׁמַע אָזְנָיו Recht sprechen wird, sondern V. 4 בְּמֵישָׁרִים לְמוֹכִיחֵי־אָרֶץ (parall. שָׁפַט בְּצֶדֶק דַּלִּים). Das Particip mit dem ethischen Nebenbegriff des gerechten, namentlich das Unrecht strafenden Richters Prov. 24, 25. — 2. Jemanden zurechtweisen, von sittlicher Zurechtweisung durch Worte verstanden. a) Akkusativ der Person: Lev. 19, 17 הוֹכֵחַ תּוֹכִיחַ אֶת־עֲמִיתֶךָ; Ps. 141, 5; Prov. 9, 8; das Particip 28, 23 מוֹכִיחַ אָדָם. — b) לְ der Person: 9, 7 (Part.) מוֹכִיחַ לְרָשָׁע. 8 כְחַם; 15, 12 der Spötter liebt nicht הֹכֵחַ לוֹ; 19, 25 לְנָבוֹן. — c) Absolut: Hos. 4, 4; das Particip = Strafprediger Ez. 3, 26; Prov. 25, 12; allgemeiner der Zurechtweiser Gottes Hi. 40, 2. — **Hoph'al** gezüchtigt werden, im sittlichen Sinne genommen Hi. 33, 19 וְהוּכַח בְּמַכְאוֹב.

Ausserhalb des theologischen Sprachgebrauches: **Niph'al** forensischer Terminus. 1. Mit einander einen Rechtsstreit eingehen, Jes. 1, 18; Hi. 23, 7. — 2. Recht, Genugthuung erhalten, in der schwierigen Stelle Gen. 20, 16 וְנֹכָחַת וְאֶת־כֹּל יָכַח. — **Hiph'il** 1. Das Schiedsrichteramt ausüben, mit בֵּין der Personen Gen. 37, 37. Das Particip Jes. 29, 21 בְּשַׁעַר מוֹכִיחַ; Hi. 9, 33. — 2. Gerichtlich beweisen. a) אֶל der Person: 13, 3 אֶל־אֵל. — b) Akkusativ der Sache: 13, 15 דְּרָכַי אֶל־פָּנָיו. — c) בְּשַׁעַר Am. 5, 10, der den gerichtlichen Beweis erbringt. — 3. Jemanden zurechtweisen. a) Ihn zur Rede stellen: Gen. 21, 25 Abraham stellte zur Rede וְהוֹכִחַ אַבְרָהָם אֶת־אֲבִימֶלֶךְ עַל־אֹדֹת בְּאֵר הַמַּיִם. — b) Rügen. α) Akkusativ der Sache: Hi. 6, 25. 26. β) ב des Mittels: 15, 3 הוֹכֵחַ בְּדָבָר לֹא יִסְכּוֹן. — c) Jemanden einer Sache überweisen. α) עַל der Person und Akk. der Sache: 19, 5. β) Absolut: 32, 12 וְאֵין לְאִיּוֹב מוֹכִיחַ, niemand überführt den Hiob. — **Hithpa'el** Rechtsstreit mit einander eingehen Mi. 6, 2.

Für den theologischen Sprachgebrauch kommt Hiph'il allein in Betracht. Der ursprüngliche Stamm ist wohl נכח, das mit كَنَح

„einstecken, feststecken" identisch ist, und נֶכַח, für welches die Entwicklungsreihe *nankach*, *naukach*, *nokach* gilt*), ist das vom Auge
Fixierte, das, was dem Auge gegenüber**), als Präposition „gegenüber von, vor". Ich betrachte demnach הֵבִיא als ein ursprünglich
örtliches Denominativ, wie solche namentl. im Arab. häufig zu belegen (vgl. unser „jemanden coramisieren"); von hier aus aber ist
leicht der Übergang zu erklären zu der nachweisbar im Sprachgebrauch ältesten Bedeutung des schiedsrichterlichen Bestimmens.

הֶחֱרִים von חָרַם **Hiph'il** 1. Mittelst des חֵרֶם als unlösbares Opfer
eine Person oder Sache Gott weihen. a) Israel seinem Gotte Jahwe.
α) Akkusativ dessen, was geweiht wird: Städte und ihre Ein-
wohner, Num. 21, 2 אֶת־עָרֵיהֶם. 3 אֶתְהֶם וְאֶת־עָרֵיהֶם; Deut. 2, 34; 3, 6 כָּל־עִיר
יהֹבֵי עָרִים; 3, 6 אֶת־הֶם; Jos. 8, 26 הֶחֱרִים כֹּל יֹשְׁבֵי בְּלִי; 10, 1 הֶחֱרִימָהּ
näml. Ai. 28 אֶת־כָּל־הַנֶּפֶשׁ. 35. 39 וְאֶת־כָּל־הָאָדָם אֲשֶׁר־בָּהּ הֶחֱרִים אוֹתָם. אֶת כָּל־הַנֶּפֶשׁ
אֲשֶׁר־בָּהּ. 37 וְאֶת־כָּל־הַנֶּפֶשׁ אֲשֶׁר־בָּהּ. 40 כָּל־הַנְּשָׁמָה; 11, 12 אֹתָם, die
Städte und ihre Könige; Jud. 1, 17 וַיַּחֲרִימוּ, die Stadt Sephath. Völker,
Deut. 7, 2 אֹתָם הַחֲרֵם תַּחֲרִים; 20, 17 הַחֲרֵם תַּחֲרִימֵם; I Reg. 9, 21 לְהַחֲרִימָם.
Besiegte Könige und Gefangene, Jos. 2, 10 אֹתָם; Jud. 21, 11 כָּל־זָכוּר
וְכָל־אִשָּׁה יֹדַעַת מִשְׁכַּב; I Sam. 15, 18 וְהַחֲרַמְתָּה אֶת. 20 אֶת־אֲגַג מֶלֶךְ. Tiere,
15, 3 וְהַחֲרַמְתֶּם אֶת־כָּל. 9 (bis) הֶחֱרִימוּ אֶת־כָּל־טוֹב לֹא alles Wertvolle, besonders
Rinder, dagegen wertloses Vieh הַחֲרִימוּ. 15 אֶת־הַטּוֹב. הֶחֱרַמְתִּי. *β*) Zum
Akkusativ לְ der Gottheit: Lev. 27, 28 כָּל־חֵרֶם אֲשֶׁר יַחֲרִם אִישׁ לַיהֹוָה מִכָּל
אֲשֶׁר־לוֹ***); Mi. 4, 13 וְהַחֲרַמְתִּי לַיהֹוָה בִּצְעָם וְחֵילָם לַאֲדוֹן כָּל־הָאָרֶץ†). *γ*) Die
nähere Bestimmung: לְפִי־חֶרֶב Deut. 13, 16 הַכֵּה אֶת־כָּל־אֲשֶׁר־בָּהּ לְפִי־חָרֶב
בָּהֵם; Jos. 6, 21 בְּעִיר אֲשֶׁר .. בֵּן .. יַד; I Sam. 15, 8 וְאֶת־כָּל־הָעָם. —
δ) Andere nähere Bestimmungen: Jos. 11, 20 לְמַעַן הַחֲרִימָם לְבִלְתִּי הֱיוֹת
לָהֶם תְּחִנָּה. 21 וְאֶת־עָרֵיהֶם הֶחֱרִים; I Chr. 4, 41 הֶחֱרִימוּם וַיְהִי. *ε*) Absolut: Jos. 11, 11 ††). — b) Von Heiden, die im Auftrage
Jahwes handeln: Jer. 50, 26 הַחֲרִימוּהָ, Babels Hab und Gut; 51, 3
לְבִלְבֵּל; eine vereinzelte Konstruktion 50, 21 הַחֲרֵם וְהַחֲרֵם אַחֲרֵיהֶם. — c) Von
heidnischen Eroberern. Akkusativ der eroberten Länder, II Reg.
19, 11; Jes. 37, 11 לְהַחֲרִימָם; oder Völker, Dan. 11, 44 רַבִּים; II Chr. 32, 14

*) Vgl. Böttcher, Ausf. Lehrbuch der hebr. Sprache, II, 459.

**) Vgl. Ryssel, Die Synonyma des Wahren und Guten, 35 ff.

***) Vgl. Dillmann z. St.

†) Ryssel, Untersuchungen über die Textgestalt und die Echtheit des
B. Micha, S. 80.

††) Jos. 6, 8 מַחֲרִימִף ist nach LXX zu verbessern in מֵחֶרֶם; Kautzch,
Textkr. Erl. z. St.

הַחֲרַמְתִּי אֲבִיר אֵשֶׁר הָאֵלֶּה הֶחֱרַים; absolut 20, ₂₃. — 2. Von Jahwe, etwas durch Bannfluch der Vernichtung weihen. Jes. 11, ₁₅ אֶת -- יַחֲרִים בַּיִם, doch ist die Lesart strittig und vielfach wird emendiert הֶחֱרִים*): 34, ₂ ergrimmt ist Jahwe über alle Völker und zornig über all' ihr Heer, הֶחֱרִימָם; Jer. 25, ₉ יַחֲרִים, Juda und die Völker ringsum. — **Hoph'al** gebannt werden, Ex. 22, ₁₉ יָחֳרָם בִּלְתִּי לָאֱלֹהִים זֹבֵחַ; Lev. 27, ₂₉ בְּלִתְּךָ אֲשֶׁר יָחֳרַם מִן־הָאָדָם; Esr. 10, ₈ בְּלִירוּשִׁי; Lev. 27, ₂₉ יָחֳרַם לִבִּי לִבְדוֹ.

Die Etymologie des theokratisch so wichtigen Begriffes ist zweifellos sicher; sie führt zurück auf den Begriff des Abschliessens**), schimmert noch durch in חרם „Fischernetz" und wird besonders klar aus dem Arabischen (*ḥarâm* Gegensatz *ḥalâl*) bewiesen.

נגד von נֶגֶד: **Hiph'il** I. Subjekt ist Gott. 1. Verkündigen, verlautbaren, mitteilen, offenbaren. Es folgt sachliches Akkusativobjekt. a) Allein: Gen. 32, ₃₀ הַגִּידָה־נָּא שְׁמֶךָ. — b) Dazu ל der Person. α) Das Objekt ist ein Nomen: Deut. 4, ₁₃ אֶת־בְּרִיתוֹ; Jer. 33, ₃ לְךָ גְדֹלוֹת; 42, ₃ אֶת־הַדֶּרֶךְ.. לָנוּ; Ps. 111, ₆ לְעַמּוֹ.. מַעֲשָׂיו; 147, ₁₉ מַגִּיד דְּבָרָיו; Hi. 11, ₆ תַעֲלֻמוֹת חָכְמָה לָךְ. β) Ein Objektssatz: Am. 4, ₁₃ וּמַגִּיד לְאָדָם מַה־שֵּׂחוֹ. γ) Zu ergänzen: II Reg. 4, ₂₇ וַיֹּאמֶר יְהֹוָה מִמֶּנִּי וְלֹא הִגִּיד לִי. — 2. Vorausverkündigen, ankündigen, von der Mitteilung zukünftiger Dinge. a) Der wahre Gott Israels. α) Akkusativ der Sache. α') Allein: Jes. 42, ₉ חֲדָשׁוֹת אֲנִי מַגִּיד; 45, ₁₉ דֹּבֵר צֶדֶק אֲנִי ה'; 57, ₁₂ צִדְקָתֵךְ מַגִּיד; derselbe ist zu ergänzen 44, ₈. β') Dazu ל der Person. α") Der Akkusativ ist ein Objektssatz: Gen. 41, ₂₅ אֵת אֲשֶׁר הָאֱלֹהִים עֹשֶׂה הִגִּיד לְפַרְעֹה; II Sam. 7, ₁₁ וְהִגִּיד לְךָ ה' בְּרִית־; I Chr. 17, ₁₀ יַגִּיד לְךָ ה' כִּי־בַיִת יִבְנֶה־לְּךָ. β") Der sachliche Akkusativ ist zu ergänzen: I Sam. 23, ₁₁ הַגֶּד־נָא לְעַבְדֶּךָ; Jes. 48, ₅ וָאַגִּיד לְךָ מֵאָז. γ') Sonst eine nähere Bestimmung: Jes. 46, ₁₀ מַגִּיד מֵרֵאשִׁית אַחֲרִית; 48, ₃ הִרִאשֹׁנוֹת מֵאָז הִגַּדְתִּי; Sach. 9, ₁₂ גַּם־הַיּוֹם מַגִּיד מִשְׁנֶה אָשִׁיב לָךְ. β) Absolut: Jes. 43, ₁₂. — b) Von den falschen Göttern. α) Akkusativ der Sache. α') Allein: 41, ₂₂ הָרִאשֹׁנוֹת מָה הֵנָּה הַגִּידוּ; 43, ₉ וְזֹאת; 44, ₇ וְיַגִּידָהּ; 48, ₁₄ אֶת־אֵלֶּה. β') Dazu ל der Person: 41, ₂₂ לָנוּ אֶת אֲשֶׁר תִּקְרֶינָה. γ) Ein ethischer Dativ: 44, ₇ יַגִּידוּ לָמוֹ אֲשֶׁר תָּבֹאנָה. δ') Sonst eine nähere Bestimmung: 41, ₂₃ הַגִּידוּ הָאֹתִיּוֹת לְאָחוֹר; wobei der sachliche Akkusativ zu ergänzen ist 41, ₂₆ מִי־הִגִּיד מֵרֹאשׁ; 45, ₂₁ מֵאָז הִגִּידָהּ. β) Absolut: 41, ₂₆ (Part.). — 3. Mahnend, strafend vor-

---

*) Kuenen, Historisch-krit. Einleitung (deutsch von Müller) S. 89; Kautzsch, Textkr. Erl. z. St. Dagegen spricht sich aus Dillmann.

**) Das Nähere vgl. bei Baudissin, Studien II, 26.

halten: Hi. 36, 9 בצע בם להם. — II. Subjekt ist der Mensch. 1. Verkündigen, mitteilen, offenbaren, wobei der Mensch das im Auftrage Gottes handelnde Organ desselben ist. a) Akkusativ der Sache. α) Allein. α') Derselbe ist ein Nomen: Jes. 48, 20 זאת השמיעו הגידו; Jer. 9, 11 יגידה אליו פי–יי דבר ואשר. β') Ein Objektssatz: Jes. 21, 6 ישר יראה יגיד. γ') Zu ergänzen: Dan. 9, 23 להגיד באתי יאני דבר יצא. — β) Dazu ל der Person. α') Der sachliche Akkusativ ist ein Nomen: Deut. 5, 5 אי–דבר אתרבי; 17, 9 המשפט דבר את לך. 10. 11 יגידו אשר הדבר לך: I Sam. 8, 9 הבלך בישפט להם; Jer. 16, 10 האלה כל–הדברים את הוה לעם; 42, 4 לכם אגיד .. כל–הדברי: 20 הגדלנו בן אלהינו יי יאמר אשר ויבל; der Fürsprechengel Hi. 33, 23 ישר–י לאדם להגיד; der Engel Gottes Dan. 10, 21 אבת בבתב אדיחרשים לך; 11, 2 לך אגיד אבת. β') Ein Objektssatz: Ex. 19, 3 יגי ראיתם אתם ישראל לבני ויגד; Deut. 30, 18 היום לכם אבדן תאבד כי; I Sam. 3, 13 את–ביתי אני שפט כי לו; 15, 16 אשר את לך –דבר; Jes. 21, 10 לכם הגדתי .. יי מאת שמעתי אשר; Mi. 6, 8 אדם לך הגיד נחשב*). γ') Zu ergänzen: II Sam. 24, 13 יגד–לי Gad dem David die Weisung Jahwes; Jer. 38, 15 Jeremia den Spruch Jahwes dem König Zedekia; 42, 21 dem Volke den Bescheid Jahwes. γ) ב des Ortes. α') Das Objekt ist ein Nomen: Jer. 5, 20 ביהודה זאת; 50, 28 את–נקמת בציון. β') Ein Objektssatz: 48, 20 מואב בשדד כי בארנין. — b) Akkusativ der Person: Deut. 32, 7 יגדך אביך שאל. — c) Eine Ortsbestimmung. α) ב des Ortes: Jer. 4, 5; 50, 2. β) מן desselben: 4, 15 מדן מגיד קול. — d) Absolut: Jes. 45, 21 יהגישו הגידו. — 2. Vorausverkündigen, vorhersagen. Zu ל der Person tritt ein Objektssatz: Gen. 49, 1 אתכם אשר–יקרא את לכם; I Reg. 14, 3 לנער בהיהיה לך; Jes. 19, 12 בה–ידעו לך. — 3. Bescheid geben, erklären. a) Organe Jahwes. α) ל der Person und sachlicher Akkusativ: I Sam. 9, 6.8 אדדרבו לנו. 19 לך אגיד בלבבך אשר ויבל; Ez. 24, 19; 37, 18 לנו הלא–תהגיד; מה–אלה לך bzhw. מה–אלה. β) Zwei Akkusative: 43, 10 את–בית ישראל אדרבית. — b) Von heidnischen Zauberern und Wahrsagern: Gen. 41, 24 לי מגיד ואין; Dan. 2, 2 חלמתי למלך להגיד. — 4. Lobend, preisend verkündigen. a) Akkusativ des Ruhmesgegenstandes. α) Allein. α') Ein Nomen: Ps. 64, 10 אלהים פעל; 145, 4 גבורתיך (parall. ישבח ישבחו). β') Ein Objektssatz: 92, 16 כי–ישר יי. β) Dazu ל der Person: 22, 32 צדקתו לעם ויגידו; 71, 18 גבורתך לבל–יבא לדור זרועך. γ') Eine Bestimmung des Ortes: Jes. 42, 12 באיים תהלתו; 66, 19 את–כבודי.

---

*) Vgl. Ryssel, Untersuchungen über die Textgestalt und die Echtheit des B. Micha, 98 ff.

בגיים; Ps. 9, 12 בגבים בלבלותיו; mit einem zu ergänzenden Objekte Jer. 31, 10 באיים בממרחק. d) Eine Bestimmung der Zeit: Ps. 71, 17 יכדרחמה אגיד בפלאיתיך; 92, 3 בבקר חסרך ואביניך בלילות; das allgemeine Objekt „es" ist zu ergänzen 75, 10 ואני אגיד לעלם*). — b) Absolut: 40, 6. — 5. Bekennen. a) Im schlechten Sinne: Von dem offenen und frechen, mit keiner Scham verbundenen Zuschautragen, gleichsam vor (נגד) sich Hertragen der Sünden, Jes. 3, 9 וחטאתם כסדם הגידו. — b) Vom feierlichen Bezeugen. a) Bei der Darbringung der Erstlinge: Deut. 26, 3 הגדתי היום ליהוה אלהיך כיבאתי אל־הארץ. β) Das Eintreffen der von Jahwe vorausgesagten Dinge: Jes. 48, 6 הלוא אני יאמר הגידה. — c) Vom Sündenbekennen. a) Einfacher Akkusativ: Ps. 38, 19 עוני. — β) ל der Person und Objektssatz: Jos. 7, 19 והגד־נא לי משהת; מה עשית; vielleicht auch, wenigstens im jetzigen Zusammenhange Jon. 1, 8 באשר למי מרחרעה הזאת לנו הגידה־נא לנו. — d) Vom bittenden Vortragen: Ps. 142, 3 צרתי לפניו אגיד. — 6. Mahnend, strafend vorhalten. a) Zum Akkusativ der Sache ל der Person: Jes. 58, 1 והגד לעמי פשעם; Ez. 23, 36 ולהן את תועבותיהן; Mi. 3, 8 ולישראל חטאתי. — b) Jemandem den Lebenswandel: Hi. 21, 31 מי־יגיד על־פניו דרכו. — 7. Lehren: 15, 18 אשר־חכמים יגידו. — III. Subjekt sind Gottes Kreaturen. 1. Belebtes: Lehren, nur Hi. 12, 7 ויגד־לך nämlich. השמים עוף (parall. והגד). — 2. Unbelebtes. a) Bescheid geben, vom Losstab Hos. 4, 12 ומקלו יגיד לו. — b) Lobend, preisend verkündigen. Es folgt der Akkusativ des Ruhmesgegenstandes. a) Allein: Ps. 19, 2 ומעשה ידיו מגיד הרקיע; 30, 10 היגיד אביתך (parall. היורך עפר); 50, 6 ויגידו שמים צדקו; 51, 17 ופי יגיד תהלתך; 97, 6 הגידו השמים צדקי. β) Dazu כל Gottes: Hi. 36, 33 יגיד עליו רעו. — Hoph'al verkündet, überliefert werden, von einer religiösen Wahrheit: Jes. 40, 21 הלוא הגד מראש לכם.

Ausserhalb des theologischen Sprachgebrauches: Hiph'il 1. Allgemein: Berichten, erzählen, mitteilen. a) Akkusativ der Sache. a) Allein: Ein Objektssatz eingeführt mit לאמר II Reg. 9, 18. 20; mit כי II Sam. 19, 7. β) Dazu ל der Person. a') Der Akkusativ ist ein Nomen: Gen. 42, 29; 44, 24; 45, 13; Ex. 4, 28; Num. 23, 3; Jud. 13, 6; I Sam. 3, 18; 18, 26; 19, 19; 25, 36. 37; II Sam. 11, 18. 22; I Reg. 19, 1; II Reg. 18, 37; Jes. 36, 22; Jer. 36, 13. 16; Cant. 5, 8; Ruth 3, 16; Esth. 4, 7. 9. 12; Neh. 2, 18. β') Ein Objektssatz. a") Eingeführt mit לאמר: Gen. 45, 26; Ex. 13, 8; Lev. 14, 35; I Sam. 14, 33; 19, 11; 23, 1; 24, 2; 25, 14; II Sam. 2, 4; 4, 10 (Part.); 11, 10; 17, 16;

---

*) Nach der LXX ist jedoch zu lesen אגיל (Bäthgen).

19, 9: I Reg. 1, 23; 20, 17; II Reg. 5, 4; 7, 10; 10, 8; 22, 10; II Chr.
20, 2; 34, 18*). β") Mit בׂ: Gen. 3, 11; 12, 18; 29, 12; Jud. 4, 12;
14, 9; I Sam. 10, 16; 22, 21; II Sam. 12, 18; Jer. 51, 31. γ") Mit
את־אשר: Jud. 14, 6; II Reg. 7, 12; Ruth 2, 19; 3, 4; mit אשר II Sam.
18, 21; Esth. 3, 4; mit כׂ I Reg. 1, 20. δ") Ein Fragesatz: Mit ה
Gen. 24, 23; 43, 6; כׂ II Reg. 6, 11; בׂמה Gen. 29, 15; I Sam. 10, 15;
14, 43; II Reg. 4, 2; Jer. 38, 25; Esth. 8, 1; אירזה Gen. 37, 16; אי זה
I Sam. 9, 18; איך Jer. 36, 17; איבה Cant. 1, 7. ε") Beigeordnet:
· copulat. Gen. 46, 31; consec. 47, 1; 48, 2; Num. 11, 27; Jud. 14, 2;
II Sam. 11, 5; 17, 21; Ps. 52, 2. ζ') כׂ־הדברים האלה Gen. 24, 28; כׂכׂל־
הדברים האלה I Sam. 25, 12; Jer. 38, 27. δ') Das allgemeine Akkusativobjekt ist dem Sinne nach zu ergänzen: Gen. 9, 22; 14, 13; 21, 26;
24, 49 (bis); 29, 12; 31, 27; 37, 5; Ex. 16, 22; Jud. 9. 7. 42; 13, 10; I Sam.
11, 9; 14, 1. 43; 19, 3. 21; 25, 8. 19; II Sam. 1, 4; 10, 5; 14, 33; 17, 18;
18, 10. 11 (Part.); I Reg. 18, 12. 16; II Reg. 4, 7; 7, 15; 9, 12. 36; Jon. 1, 10;
Hi. 1, 15. 16. 17. 19; Ruth 4, 4; Esth. 2, 22; 3, 4; 4, 4. 8; Neh. 2, 16.
γ) Dazu אל der Person: Ex. 19, 9; I Sam. 3, 15. - δ) Dazu eine
Ortsbestimmung. α') Mit בׂ: II Sam. 1, 20; II Reg. 9, 15; Jer. 36, 20;
Mi. 1, 10**). β') Akkusativ des Ortes: II Reg. 7, 9. 11, das allgemeine Objekt „es" zu ergänzen. — b) לׂ der Person, jemandem
Mitteilung machen. α) Allein: Gen. 32, 6; I Sam. 4, 14; II Sam.
1, 5. 6. 13 (Part.); 15, 28; 18, 25. β) Dazu כׂל, worüber man Mitteilung macht: Gen. 26, 32; I Chr. 19, 5. γ) Sonst ein näherer Umstand: Gen. 43, 7 לׂי... כׂל־פי הדברים האלה. — c) לׂפני der Person, jemandem Mitteilung machen: I Sam. 17, 31. — d) כׂל der Person,
gegen jemand: 27, 11 כׂלני לאבׂר***). — e) כׂל der Person, über jemanden: Esth. 6, 2. — f) Bloss כׂ des Ortes: I Sam. 4, 13. — g) Absolut: Hi. 38, 4. 18; כׂמבׂ, ein Bote II Sam. 15, 13; Jer. 51, 31 (bis). —
2. Mit dem Nebenbegriff der Heimlichkeit: heimlich mitteilen,
hinterbringen, verraten. Es folgt Akkusativ der Sache. a) Allein:
Jos. 2, 14. 20; Eccl. 10, 20; Esth. 2, 10 (bis). 20. — b) Dazu לׂ der Person.
α) Das Akkusativobjekt ist ein Nomen: Jud. 16, 17. 18 (bis) את־לׂה
כׂל־לׂבׂני; I Sam. 10, 16; 19, 7; 20, 9; II Sam. 15, 35; II Reg. 6, 12; Esth.

---

*) I Sam. 15, 31 ist, falls man nicht Hoph. punktieren und לׂ ergänzen
will, ילׂד־ז zu lesen. Wellhausen, Der Text der Bb. Sam. 198.

**) Nach Ryssel a. a. O. S. 22 sind die Worte בׂגת אל הגדדי anfänglich
an den Rand beigeschrieben gewesen und später aus Unkenntnis in den
Text aufgenommen worden.

***) I Sam. 24, 19 ist הגדד nach Klostermann in הגדלת zu verbessern.

3, 6.   β) Ein Satz: Mit לאמר I Sam. 18, 24; 19, 2; II Sam. 3, 23;
I Reg. 2, 39; mit כי Gen. 31, 20; ein Fragesatz mit מה Jud. 16, 6. 10. 13. 15;
Neh. 2, 12; אי מה I Sam. 20, 10.   γ) Der Akkusativ ist aus dem
Kontext zu ergänzen: I Sam. 18, 20; 22, 22; 23, 25; II Sam. 13, 4;
17, 17. — 3. Gerichtlicher Terminus. a) Jemanden oder etwas de-
nunzieren. α) Akkusativ der Person. α') Allein: Jer. 20, 10 הגידו
נגידנו.   β') Dazu ein zweiter Akkusativ: Hi. 31, 37 בספר אגידנו
אגידנו.   γ') Sonst eine nähere Bestimmung: 17, 5 לחלק יגיד רעים.
β) Akkusativ der Sache: Prov. 29, 24, das allgemeine Objekt „es"
zu ergänzen.   γ) Absolut: Lev. 5, 1. — b) Allgemein vor der Be-
hörde aussagen: Prov. 12, 17 צדק; Esr. 2, 59; Neh. 7, 61 בית־אבתם. —
4. Vereinzelte Gebrauchsweisen. a) Eine Rede vortragen. α) Doppelter
Akkusativ: Hi. 26, 4 את־מי הגדת מלין. – β) Absolut: 42, 3. — b) Ein
Rätsel lösen. α) Mit dem Objekte חידה: Jud. 14, 14; in Participial-
verbindung V. 19 מגידי החידה.   β) Zum sachlichen Objekte ל der
Person. α') Das sachliche Objekt ist: חידה Jud. 14, 12 (bis). 15; רבי
I Reg. 10, 3 (bis); II Chr. 9, 2 (bis).   β') Dasselbe muss ergänzt
werden: Jud. 14, 13. 16 (ter). 17. — c) Jemandem etwas ihm Un-
bekanntes verraten: Eccl. 6, 12 מי־יגיד בתריחיה אחרי; 8, 7
יאשר יהיה מאחרי מי יגיד לי; 10, 14 כאשר יהיה מי יגיד לי. — **Hoph'al**
1. Gemeldet, mitgeteilt werden. Es folgt ל der Person. a) Die mit-
geteilte Sache steht im Nominativ: I Reg. 10, 7; Ruth 2, 11 (bis);
II Chr. 9, 6. — b) Im Akkusativ: Gen. 27, 42; Jes. 21, 2. – c) Ein
Objektssatz. α) Mit לאמר: Gen. 22, 20; 38, 13. 24; Jos. 10, 17; I Sam.
15, 12; 19, 19; II Sam. 6, 12; I Reg. 1, 51; II Reg. 6, 13; 8, 7; Jes. 7, 2.
β) Mit כי: Gen. 31, 22; Ex. 14, 5; Jud. 9, 47; I Sam. 23, 7. 13; 27, 4;
I Reg. 2, 29. 41.   γ) Mit אשר־את: Jos. 9, 24; II Sam. 21, 11; I Reg.
18, 13.   δ) Mit הנה: II Sam. 19, 2. — d) Das allgemeine Objekt
„es" aus dem Kontexte zu ergänzen: Jud. 9, 25; II Sam. 10, 17;
I Chr. 19, 17. — 2. Gerichtlicher Terminus: angezeigt werden,
Deut. 17, 4.

Die sinnliche Grundbedeutung des Stammes נגד ist „sich erheben, hoch sein". Deutlich zeigt sich dies noch im Arab., wo
جَدّ = Hochland, im Koran = Hochweg; vgl. Sur. 90, 10.

XIV. Hiph'il — Hithpa'el.

ידה von ידה = **Hiph'il** 1. Allgemein religiöser Sprachgebrauch:
ein das Lob, den Preis Gottes oder den Dank gegen ihn be-
zweckendes Bekenntnis ablegen, ihn loben, ihm danken. a) Das

Akkusativobjekt. α) Gott. Gen. 29, 35 את־יהוה אודה ; הפעם ; Jes. 12, 1
-- אידך : 38, 18 יודך שאול לא (parall. יהללך בית). 19 יודך הוא חי חי ; Jer.
33, 11 בבאים את־יהוה הודו.   β) את־שמך I Reg. 8, 33. 35; II Chr. 6, 24. 26;
שמך Jes. 25, 1. — b) ל Gottes, nur Jes. 12, 4 ליהוה הודו. — 2. Im
kultisch-rituellen Sinne: lobsingen dem Herrn. a) Akkusativ. α) Gott.
α') Allein: Ps. 7, 18 -- אודה (parall. עליון שם־יהוה ואזמרה); 30, 10 היורך
-עפ : 118, 19 יהה אודה. 21; 139, 14 אירך; 118, 28 ואירך; 67, 4 (bis). 6 (bis);
88, 11; 138, 4; 145, 10 יורך; gänzlich unverständlich bleibt 76, 11
 תחגר אדם כי־חמת. — β') Dazu ein sachlicher Akkusativ: 42, 12; 43, 5
ישישע פני אודנו כי־עוד יאלתי, und so ist wohl auch 42, 6 zu lesen. —
γ') Zum Ausdruck besonderer Innerlichkeit zum Akkusativ Gottes
9, 2; 138, 1 בכל־לבי; 86, 12 בכל־לבבי; 111, 1 בכל־לבב; 119, 7 לבב בישר.
δ') Andere nähere Bestimmungen: 43, 4 בכנור; 71, 22 בכלי־נבל; 109, 30
מאד (parall. אהללני); II Sam. 22, 50; Ps. 18, 50 בגוים אירך; 57, 10;
108, 4 בעמים אירך (parall. בלאמים אזמרך); 35, 18 רב בקהל (parall. בעם
עצום אהללך); 28, 7 אהודני ומשירי; 30, 13; 52, 11 לעולם; 45, 18 ועד. --
.לעלם β) שמך. α') Allein: 54, 8; 99, 3; 142, 8; II Chr. 6, 24. — β') Mit
näherer Bestimmung: Ps. 44, 9 לעולם; 138, 2 ועל־אמתך על־חסדך. —
γ) פלאך 89, 6. — b) Mit ל. α) Gottes. α') Allein: Ps. 75, 2 (bis);
92, 2 (parall. לשמך לזמר); 100, 4; 105, 1; 106, 1; 107, 1; 118, 1. 29 ;
136, 1. 2. 3. 26 ; Esr. 3, 11; Neh. 12, 46; I Chr. 16, 7. 8. 34. 41; 29, 13 (Part.);
II Chr. 7, 3. 6 ; 20, 21; in der Verbindung ליהוה ולהלל ולהודות להזכיר
'שי אלהי I Chr. 16, 4; ליהוה יהלל על־תהודת 25, 3; ליהוה ולהלל ולהודות 23, 30;
II Chr. 5, 13.   β') Dazu ein sachlicher Akkusativ, nur in dem Re-
frain חסדו ליהוה הודו Ps. 107, 8. 15. 21. 31.   γ') Mit verschiedenen näheren
Bestimmungen: 6, 6 יודה־לך מי בשאול; 33, 22 בכנור (parall. וזמרו־לי);
79, 13 לעולם; 119, 62 צדקך משפטי על. - β) לשם 122, 4; יה לשם 140, 14 ;
106, 47 קדשך לשם; I Chr. 16, 35; קדשי לזכר Ps. 30, 5; 97, 12. — c) Absolut: Neh. 11, 17; 12, 24; II Chr. 31, 2. — 3. Ein Bekenntnis ablegen
über Versündigung und Schuld. a) על־כל־בשעי ליהוה Ps. 32, 5. — b) Mit
dem aus dem Kontext zu ergänzenden Akkusativ der Schuld: Prov.
28, 13, wo בידה im Gegensatz steht zu פשעיו מכסה. — **Hithpa'el**
1. Sich geständig zeigen, bekennen. a) Akkusativ der Verschuldung. α) Allein: Lev. 5, 5 עליה חטא אשר; 26, 40 אבתם ואת־עון את־עונם;
Num. 5, 7 את־חטאתם; Dan. 9, 20 (Part.) חטאתי.   β) את־כל־עונת עלי
יש־אל בני Lev. 16, 21. — b) על der Verschuldung: Neh. 1, 6 (Part.)
ישראל בני על־חטאות; 9, 2 אבתיהם ועונות ועל־חטאתיהם. — c) Absolut:
Dan. 9, 4; Esr. 10, 1; Neh. 9, 3 (Part.). — 2. Lobpreisen im kultischen
Sinne: II Chr. 30, 22 (Part.).

Ausserhalb des theologischen Sprachgebrauches: **Hiph'il** Jemanden loben, Akkusativ der Person, Gen. 49, 8; Ps. 45, 18; 49, 19; Hi. 40, 14.

Der ältere Sprachgebrauch liegt im Hiph'il vor. Bezüglich der Etymologie ist gegen Kirsch-Bernstein, der das entsprechende syrische *'audi* von *'ido* ableitet, zu bemerken, dass unser Denominativ mit יד „Hand" nichts zu thuen hat. יד geht auf einen Stamm יפ׳ zurück, das Denominativ auf יפ׳ (vgl. das Arab. und besonders das Äthiop.). In יָרָה haben wir وَدَى „ausstrecken".

לבן von לָבָן **Hiph'il** 1. Weisse Farbe hervorbringen, als symbolische Farbe der Reinheit und Unschuld, sowohl mit sachlichem Jes. 1, 18, als persönlichem Subjekte Ps. 51, 9. — 2. Jemanden läutern im ethischen Sinne: Dan. 11, 35 קץ עד־צדיקים ולבן ולברר. — **Hithpa'el** geläutert werden im ethischen Sinne: Dan. 12, 10 ויתלבנו יתבררו.

Ausserhalb des theologischen Sprachgebrauches: **Hiph'il** einen weissen Anblick darbieten: Jo. 1, 7 שיניה הלבינו.

רוע von תְּרוּעָה **Hiph'il** 1. Lärm blasen, Funktion der Priester bei hereinbrechender Gefahr. a) Mit ב des Mittels: Num. 10, 9 בחצצרת. — b) Mit Angabe des Ortes. α) Im Akkusativ: Hos. 5, 8 בית־און. β) Mit ב: Jo. 2, 1 קדשי בהר. — c) Mit על der feindlichen Person: II Chr. 13, 12. — d) Absolut: Num. 10, 7. — 2. Jauchzen, Ausdruck jubelnder Freude zu Ehren Gottes, über die Grösse seiner Thaten, seiner Güte. a) Mit dem Akkusativ: גדולה תרועה, Esr. 3, 11. 13. — b) ל Gottes. α) Allein: Ps. 66, 1 לאלהים הריעו־כל; 81, 2 יעקב לאלהי (parall. הרנינו); 95, 1 ישענו לצור (parall. לה' נרננה); 98, 4; 100, 1 הארץ־כל לה'. β) Dazu eine nähere Bestimmung mit ב: 47, 2 רנה בקול לאלהים (parall. כפים־תקעו); 95, 2 לו נריע בזמרות. — c) Mit לפני Gottes und ב des Mittels: 98, 6 ה' המלך לפני שופר שיפר קול ובחצצרית. — d) Absolut: Jes. 44, 23 in der Aufforderung an die ארץ תחתיות; Zeph. 3, 14 neben בת־ציון; Sach. 9, 9 neben גילי; Hi. 38, 7. — 3. Triumphieren, der Feind über (על) den leidenden Gerechten: Ps. 41, 12. — **Hithpolel** 1. Einander zujauchzen, Ausdruck des Dankes für Gottes Güte, Ps. 65, 14 neben ישירו. — 2. Triumphieren, von Gott ausgesagt nach der wahrscheinlichen Deutung von 60, 10 עלי־ אתרועע פלשת; weiterhin 108, 10 אתרועע פלשת עלי־.

Ausserhalb des theologischen Sprachgebrauches: **Polal** es wird gejubelt, vom Freudengeschrei in den Weinbergen Jes. 16, 10. — **Hiph'il** 1. Kriegsgeschrei erheben, von dem zum An-

griffe übergehenden Kriegsvolke. a) Mit הריעה גדולה Jos. 6, 5. 20. —
b) Absolut: 6, 10 *(ter)*. 16. 20; I Sam. 17, 20. 52; Jes. 42, 13; II Chr. 13, 15
(bis). — 2. Freudengeschrei erheben. a) 'נ הריעה I Sam. 4, 5. —
b) Mit Präpositionen. α) Jud. 15, 14 לקראתו ח'. β) Jer. 50, 15 'ה
עליה. — c) Absolut: I Sam. 10, 24. — 3. Klagegeschrei erheben:
Jud. 7, 21; Jes. 15, 4; Mi. 4, 9. — 4. Geschrei erheben: Hi. 30, 5
עלימו בגד.
Fast ausschliesslich und schon frühe im theolog. Sprachgebrauch
ist Hiph'il. εl) ist zunächst „gellend schreien, lärmen‟, dann
„schrecken‟.

C. In drei Konjugationen.

I. Kal — Niph'al — Pi'el.

כתב denom.? **Kal** 1. Schreiben. a) Von der Führung des
Buches des Lebens durch Gott. α) Mit sachlichem Akkusativ:
Ex. 32, 32 מספרך אשר כתבת. — β) Das passive Particip. α') Jes. 4, 3
כל־הכתוב לחיים בירושלם. — β') Dan. 12, 1 הנמצא כתוב בספר. — b) Von
der Führung des Buches, das die Thaten und Geschicke der Menschen enthält. a) Mit sachlichem Akkusativ: Hi. 13, 26 כי תכתב עלי
מררות. — β) Nähere Bestimmung des Ortes: Jes. 65, 6 הנה כתובה
לפני. — γ) Des Mittels: Jer. 17, 1 חטאת יהודה כתובה בעט ברזל. —
δ) Absolut: Ps. 149, 9 משפט כתוב, längst aufgezeichnetes Gericht. —
e) Von der Führung der Bürgerliste durch Jahwe im verherrlichten
Jerusalem: Ps. 87, 6 יי יספר בכתוב עמים. — 2. Von schriftlicher De-
kretierung. a) Drohungen bzhw. Verheissungen, welche im Gesetze
für den Fall eines bestimmten Verhaltens Israels in Erfüllung gehen
sollen. a) Deut. 28, 61 Jahwe wird über dich kommen lassen Krank-
heiten und Plagen aller Art, אשר לא כתוב בספר התורה הזאת; 29, 19
כל אלות הברית הכתובה בספר התורה הזה. 20 בכל־האלה הכתובה בספר הזה
26 את־כל־הקללה הכתובה בספר הזה; Jer. 25, 13 כל־הכתוב בספר הזה will
ich in Erfüllung gehen lassen; Dan. 9, 11 האלה והשבעה אשר כתובה
בתורת מ' עבד־האל. — β) 9, 13 כאשר כתוב בתורת מ'. — b) Gebote vorschreiben. a) Akkusativ der Sache und ל der Person: II Reg. 17, 37
את־החקים ואת־המשפטים והתורה והמצוה אשר כתב לכם; Hos. 8, 12
אכתוב־לו רבי תורתי. β) Akkusativ der Sache und לפני der Person: Jos. 8, 32
משנה תורת מ' אשר כתב לפני בני ישראל. — γ) כל der Person, welcher
vorgeschrieben wird. α') Dazu eine Ortsbestimmung: Ps. 40, 8
במגלת־ספר כתוב עלי. — β') בכל־הכתוב עלינו II Reg. 22, 13. — δ) ב des
Ortes. α') Neh. 8, 14 כתוב בתורה אשר צוה יהוה בני... ויבצאו;

13, 1 לארביא בו אשר בו בתוב נמצא. β') Deut. 28, 58 הזאת התורה בלדברי

הזה בספר הכתבים; 30, 10 הזה התורה בספר הכתובה. - γ') בל-הכתוב mit
der näheren Bestimmung: Jos. 23, 6 משה תורת בספר; I Chr. 16, 40
יד בתורת. - δ') בבל-הכתוב mit der näheren Bestimmung: Jos. 8, 34
התורה בספר; 1, 8 בו näml. הזה התורה ספר. -- ε') בכתוב mit der näheren
Bestimmung: Jos. 8, 31; II Reg. 14, 6 משה תורת בספר; II Chr. 25, 4
משה בספר בתורה; 35, 12 משה בספר; I Reg. 2, 3; Esr. 3, 2; II Chr. 23, 18
בתורת 'ב; 31, 3; 35, 26 יד בתורת; Neh. 10, 35. 37 בתורה. ε) כל des
Ortes. α') בבל-הכתוב על-הספר הזה II Chr. 34, 21. — β') על ספי- בכתוב
הזה הבריה II Reg. 23, 21. – ζ) Absolut: בכתב Esr. 3, 4; Neh. 8, 15;
II Chr. 30, 5; בכתב בלא 30, 18. — 3. Vereinzelte Gebrauchsweisen.
a) Vom Schreiben in das Herz: Jer. 31, 33 אכתבנה על-לבם nämlich
על-לוח-לבי; Prov. 3, 3; 7, 3 לבך על-לוח כתבם näml. יאמר כתב bzhw.
בצורי. — b) Zeichen der Zugehörigkeit zu Jahwe: Jes. 44, 5 יכתב
ליי ידו. — Niph'al 1. Geschrieben werden. a) Die von Jahwe Abtrünnigen: Jer. 17, 13 בארץ יכתבו; die Lügenpropheten Ez. 13, 9 בכתב
בית-ישראל לא יכתבו. — b) Eine Denkschrift: Mal. 3, 16 ספר ויכתב
וזכרון לפני ליראי יי. — 2. Aufgeschrieben werden. a) Von der Führung
des Buches des Lebens: Ps. 69, 29 צדיקים עם (parall. יכתבו בספר
ה-). — b) Von der Führung des Buches, das die Schicksale enthält: 139, 16 ימים יכתבו. — Pi'el die ungerechten Beamten in ihrer
sündhaften Thätigkeit heissen Jes. 10, 1 כתבו עמל מכתבים.

Ausserhalb des theologischen Sprachgebrauches:
Kal 1. Schreiben. a) Mit sachlichem Akkusativ. α) Allein: II Reg.
10, 1 ספרים; Hi. 31, 35 ספר. — β) Dazu ein Infinitiv mit ל: Esth. 8, 10
לאבד 'ב אשר .. הספרים; II Chr. 32, 17 לחרף כתב ספרים. γ) אל der
Person. α') Bloss dieses: II Sam. 11, 14 ספר אל-יואב; Esth. 9, 23 זאת
אשר-כתב 'ב אליהם. - β') Dazu noch ein Objektssatz: II Reg. 10, 6
לאמר שנית ספר אליהם. – δ) ל der Person: Deut. 24, 1. 3 ברית ספר לה.
ε) על der Person, an jemanden: II Chr. 30, 1 על-אפרים כתב אגרות. -
ζ) על der Person, wider jemanden: Esr. 4, 6 על-יושבי יהודה שטנה.
η) Eine Ortsbestimmung mit על. α') Bloss diese u. z. על-הלחת: Ex.
34, 28 הדברים עשרת הברית דברי; 34, 1; Deut. 10, 2 את-הדברים; על-שני
אבנים לחת: 4, 13; 5, 19 ויכתבם, näml. die zehn Worte; על-ספר: 17, 18
הזאת התורה; 31, 24 הזאת התורה את-דברי; על-האבנים: 27, 3. 8
הזאת התורה דברי; Jos. 8, 32 'ב תורת משנה; אל-כל-דברי; ausserdem noch
Num. 17, 17 den Namen eines jeden על-מטהו; den Namen Ahrons
18 על-מטה לוי; Jer. 36, 28 הראשנים הדברים את על-מגלה näml.; מגלה
Ez. 37, 16 (bis) ליהודה עליו bzhw. ליי, näml. auf den Stab.

β') Dazu noch eine Ortsbestimmung mit ‏ב‏: Deut. 6, 9; 11, 20 ‏וכתבתם‏
‏על־מזוזות ביתך ובשעריך‏.   γ') Die Bestimmung ‏מפי ירמיהו‏: Jer. 36, 4
‏את־הדברים‏; 45, 1 ‏עליה . . את כל־דברי הספר . . על־מגלת־ספר‏
‏האלה על־ספר‏.   δ') Sonst ein näherer Umstand: Deut. 10, 4 ‏על־הלחת‏
‏את עשרת הדברים‏; Jes. 8, 1 ‏וכתב עליו בחרט אנוש לאמר‏; 30, 8
‏בתבה על־לוח אתם‏.   ϑ) Eine Ortsbestimmung mit ‏אל‏.   α') Bloss diese:
Jer. 36, 2 ‏את כל־הדברים . . אל־ספר‏; 51, 60 ‏וכתבת אליה את כל־הדברים‏
‏אחד‏.   β') Dazu ein *dat. comm.*: 30, 2 ‏כתב־לך את כל־הדברים . . אל־ספר‏.

ι) Sonstige nähere Bestimmungen: II Sam. 11, 15 ‏בספר לאמר‏; Jer. 36, 29
‏עליה לאמר‏; 6 ‏מפי‏; I Reg. 21, 8 ‏ספרים בשם אחאב‏; Esth. 8, 8 ‏על־היהודים‏
‏בשם המלך‏; 9, 29 ‏את־כל־תקף לקים‏.   x) Der sachliche
Akkusativ ist zu ergänzen: I Sam. 10, 25 ‏בספר‏ näml. ‏את משפט המלכה‏;
Jer. 32, 10. 44 ‏בספר‏ den Kaufvertrag; 36, 18 (Part.) ‏על־הספר בדיו‏. —
b) Ohne ein Objekt. α) ‏על‏ der Person und Zeitbestimmung: Esr. 4, 7
‏ובימי . . על‏ ‏א‏ ‏כתב‏ ‏א‏ ‏על‏.   β) Bloss ‏על‏ des Ortes. α') II Reg. 23, 3;
II Chr. 34, 31 ‏על־הספר הזה‏; II Reg. 23, 24; II Chr. 34, 24 ‏על־הספר‏; Ez.
37, 20 ‏העצים אשר תכתב עליהם‏. — β') Citierungsformeln. α")
‏הלוא־הם כתובים על־ספר‏: Jos. 10, 13 ‏הלא־היא‏; II Sam. 1, 18 ‏הנה‏.   β")
‏כתובים על־ספר דברי שלמה‏ I Reg. 11, 41. — γ") ‏למלכי‏ ‏ד‏
u. z. entweder in der Frage ‏הלא־הם‏ I Reg. 15, 7. 31;
16, 5. 14. 20. 27; 22, 39. 46; II Reg. 8, 23; 10, 34; 12, 20; 13, 8. 12; 14, 15. 18. 28;
15, 6. 21. 36; 16, 19; 20, 20; 21, 17. 25; 23, 28; 24, 5; Esth. 10, 2; ‏הלא־הכה‏
I Reg. 14, 29; 15, 23; II Reg. 1, 18; oder ‏הם‏ I Reg. 14, 19; II Reg.
15, 11. 15. 26. 31.   δ") ‏הנה כתובים על־ספר מלכי ד‏ I Chr. 9, 1; II Chr.
25, 26; 27, 7; 28, 26; 35, 27; 36, 8. — ε") ‏הם כתובים על־ספר המלכים ליהודה‏
16, 11.   ζ") ‏הם כתובים המלכים‏ 24, 27 ‏הנה ב על־מדרש ספר‏, ‏ζ") ב‏ ‏הם‏
‏הלא־הם‏ I Chr. 29, 29; II Chr. 33, 19 ‏הנה ב על דברי חוזי‏ ‏על־דברי שמואל‏
‏על־חקרונה ב‏ ‏והם‏ 35, 25; ‏על־דברי נתן הנביא‏ 9, 29.   γ) Bloss ‏ב‏ des
Ortes. α') ‏הם ב בדברי יהוא‏ 12, 15; ‏הלא־הם ב בדברי שמעיה הנביא‏
20, 34; ‏ב בחזון ישעיהו‏ 32, 32; ‏הנה ב במדרש הנביא עדו‏ 13, 22.   β') ‏כתוב‏
‏ב‏ Neh. 7, 5; ‏בה‏ 6, 6; ‏כאשר כתוב בספרים‏ I Reg. 21, 11. — δ) Mit adverbiellem Akkusativ: Esr. 4, 7 ‏כתוב ארמית‏. — c) Absolut: Esth. 6, 2
‏וימצא כתוב‏. — 2. Aufschreiben. a) Personen. α) Doppelter Akkusativ: Jer. 22, 30 ‏כתבו את־האיש הזה ערירי‏, mit der speziellen Bedeutung des
Eintragens in die Bürgerliste.   β) Zum Akkusativ eine nähere
Bestimmung: I Chr. 24, 6 ‏ויכתבם . . לפני המלך‏.   γ) Das passive
Particip = verzeichnet. α') ‏הכתובים בשמות‏ I Chr. 4, 41.   β') Sonstige
nähere Bestimmung: Neh. 12, 22 ‏כתובים אל‏ ‏ד‏. 23 ‏על־ספר דברי הימים‏.

γ) Absolut: Num. 11, 26. — b) Sachen. α) Blosser Akkusativ:

Ex. 24, 4 את בל־דברי יי; Deut. 31, 9 את התורה הזאת; Jes. 10, 19 יכתב
כתבם; Hab. 2, 2 חזון; Esth. 9, 20 את־הדברים האלה. β) Dazu ein
zweiter Akkusativ. α') In Gestalt eines Infinitivs: Ex. 24, 12 יהורה
יהמצוה אשר כתבתי להורתם. β') 17, 14 זאת זכרון בספר dies zum An-
denken in ein Buch. — γ') 39, 30 כתב פתוחי חתם קדש ליי עליו. —
γ) Zum Akkusativ verschiedene nähere Bestimmungen. α') אל der
Person: Jud. 8, 14 אליו את־שרי סכת*). β') ל zur Einführung des dat.
comm.: Ex. 34, 27 כתב־לך את־הדברים האלה; Deut. 31, 19 לכם את־השירה
הזאת; Ez. 24, 2 כתב לך את־שם היום. γ') ב des Ortes: Num. 5, 23
את־הדברים האלה בספר ... את־האלה האלה; Jos. 24, 26 תורת אלהים בספר.
δ') ב der Zeit: Deut. 31, 22 את־השירה הזאת ביום ההוא. ε') Sonst ein
näherer Umstand: Num. 33, 2 את־מוצאיהם .. על־פי יי; Jer. 36, 17 את
כל־הדברים האלה מפיו .. מפי ירמיהו 27 את־הדברים; dabei ist der Akkusativ
aus dem Vorhergehenden zu ergänzen Ez. 43, 11 וכתב לעיניהם. —
δ) Bloss אל, in betreff jemandes: Jer. 51, 60 כל־הדברים האלה הכתבים
אל־בבל. ε) Bloss adverbieller Akkusativ: Eccl. 12, 10 יכתיב ישר. —
3. Beschreiben. a) ב des Mittels. Die steinernen Tafeln Ex. 31, 18;
Deut. 9, 10 כתבים באצבע אלהים. — b) Mit verschiedenen Bestimmungen
des Ortes. α) Ex. 32, 15 כתבים משני עבריהם מזה ומזה הם כתבים לחת. —
β) Ez. 2, 10 וכתיב אליה קינים ואחור פנים כתובה. — 4. Etwas schriftlich
aufnehmen. a) Das Land. α) Der blosse Akkusativ: Jos. 18, 6. 8
את־הארץ. 8 אותה. — β) Dazu eine nähere Bestimmung: 18, 14 איתה
ויכתבוה לחלקים לשבעה חלקים על־ספר 9 לפי. — b) Eine Geschichte:
II Chr. 26, 22. — 5. Unterschreiben. a) Mit ב: Jer. 32, 12 הכתבים
בספר המקנה. — b) Absolut: Neh. 10, 1 (Part.). — **Niph'al** 1. Geschrieben werden: Esth. 8, 8 נכתב אשר־נכתב בשם־המלך. — 2. Aufgeschrieben werden. a) ל der Person, von jemandem: Ps. 102, 19
לדר אחרון. — b) ב des Ortes: Esth. 1, 19 בדתי פרס־ומדי; 2, 23 בספר
דברי הימים; 9, 32 בספר. — c) ב der Zeit: Esr. 8, 34 בעת ההיא. — d) Absolut: Hi. 19, 23. — 3. Schriftlich angeordnet werden. a) Infinitiv
mit ל: Esth. 3, 9 לאבדם; 8, 5 להשיב את־הספרים. — b) בשם המלך 3, 12. —
c) Sonstige nähere Bestimmungen: 3, 12 אל כל־אשר־צוה המן; 8, 9
ככל־אשר־צוה מ׳ אל־היהודים.

Über den denominativen Charakter des Verbums bin ich mir
nicht ganz gewiss, obwohl manches dafür zu sprechen scheint. Ich
finde im Hebr. auch keinen Anhaltspunkt für die Etymologie. Dass
es mit كتب „nähen" zusammenhängen sollte, ist nicht recht wahrscheinlich, schon mit Rücksicht auf den Charakter der alten Schrift.

---

*) Prov. 20, 22 ist der Text nicht verständlich.

נקה von נָקִי‎: **Kal** nur der absolute Infinitiv neben Niph. Jer. 49, 12. — **Niph'al** 1. Mit Bezug auf das juridisch-ethische Gebiet. a) Entlediget, frei sein von einer übernommenen Verpflichtung. Mit folgendem מן‎: Gen. 24, 8 ‏משבעתי זאת‎. 41 מאלתי‎; prägnant Num. 5, 19 מבי חמרים הבאררים האלה‎. — b) Frei sein von einer Schuld Menschen gegenüber. α) Mit מן‎ der Schuld selbst. Der Mann, der einen Verdacht hat gegen sein Weib, mag sich derselbe bestätigen oder nicht: Num. 5, 31 ‏ונקה האיש מעין‎. — β) Mit מן‎ der Person: Jud. 15, 3 נקיתי הפעם מפלשתים‎. — 2. Mit Bezug auf das ausschliesslich religiöse Gebiet: Frei sein von Sünde und Schuld, Gott gegenüber als ein נקי‎ dastehen. a) Ps. 19, 14 ‏מעשע רב‎. — b) Absolut: Jer. 2, 35 נקיתי‎ (parall. לא חמאתי‎). — 3. Die Zusammenfassung zweier im Kausalnexus stehender Begriffe in einem Worte: Schuld- und Straflosigkeit. Das Weib wird straflos bleiben, nicht berührt werden von den Folgen des fluchbringenden Wassers Num. 5, 28; wer hätte je an den Gesalbten Jahwes Hand angelegt 1 Sam. 26, 9 ונקה‎; in Jahwes Gerichtsdrohung Jer. 25, 29 ‏כי לא תנקה נקה יארֹב‎; an Edom 49, 12 ‏ואתה הוא נקה תנקה לא‎; hieher rechnen wir auch die schwierige Stelle Sach. 5, 3 ‏כל־הגנב מזה כמוה נקה ומל־הנשבע מזה כמוה נקה‎, jeder Dieb ist seit lange straflos geblieben u. s. w.*); nur in negativer Aussage weiterhin der Ehebrecher Prov. 6, 29; der Böse 11, 21 (Gegens. ‏זרע צדיקים נמלט‎); der sich über Unglück freut 17, 5; ein falscher Zeuge 19, 5 (parall. לא ימלט‎). 9 (parall. יאבד‎); der Habgierige 28, 20. — **Pi'el** 1. Als einen נקי‎, schuldlos erklären. Subjekt ist Gott. a) Akkusativ der Person. α) Allein: Hi. 9, 28. β) Dazu מן‎ der Verschuldung: Ps. 19, 13 ‏נקני מנסתרות‎. — b) Akkusativ der Sache: Jo. 4, 21 ‏ונקיתי דמם לא נקיתי‎, wo aber doch wohl nur Schreibfehler vorliegen kann**). — 2. Ungestraft lassen, Folge der Schuldloserklärung. Subjekt ist nur Gott. a) Persönlicher Akkusativ. α) Allein: Ex. 20, 7; Deut. 5, 11 ‏כי לא ינקה את אשר ישא את שמו לשוא‎. β) Dazu kausales מן‎: Hi. 10, 14 ‏ומעוני לא תנקני‎. — b) ‏לא ינקה‎. α) Persönlicher Akkusativ: Jer. 30, 11; 46, 28 ‏ונקה לא אנקך‎. β) Sachlicher Akkusativ: Ex. 34, 7, wo aus dem Vorhergehenden als Objekt zu nehmen ist ‏עון ופשע וחמאה‎; Num. 14, 18 ‏עין אבות על־בנים‎. γ) Ohne weiteres Objekt: Nah. 1, 3.

Ausserhalb des theologischen Sprachgebrauches: **Niph'al** 1. Ausgeplündert sein, von einer Stadt Jes. 3, 26 (Part.). —

---

*) Vgl. dagegen die Übersetzung von Kautzsch.
**) Vgl. Siegfried-Stade u. d. W.

2. Forensischer Terminus, straflos bleiben, frei ausgehen Ex. 21, 19. —
Pi'el Jemanden ungestraft lassen: I Reg. 2, 9.

Die Grundbedeutung ist „leer, ausgeleert sein"; sie schimmert
noch durch in der Anwendung des Ausdruckes auf eine ausgeplün-
derte Stadt. Für die Behauptung Ryssels *), dass die Wurzel eigentl.
bedeute „ausgestochen d. h. auserwählt, rein sein", bietet der bibl.
Sprachgebrauch absolut keinen Anhaltspunkt. Ich verweise noch
auf das Syrische. Von derselben Wurzel נֻקְיָא „Trankopfer", davon
denominiert נקי *(Pa.)*. Das Trankopfer ist aber doch wohl vom
Ausgiessen benannt.

שָׂנֵא — **Kal** Hass empfinden, hassen. 1. Subjekt ist Jahwe.
a) Akkusativ der Person: Hos. 9, 15 שָׂם שְׂנֵאתִים, in Gilgal; ohne
nähere Angabe des Grundes Mal. 1, 3 אֶת־עֵשָׂו; dagegen ist im Objekte selbst auch schon der Grund des Hasses enthalten Ps. 5, 6
בָּל־פֹּעֲלֵי אָוֶן; 11, 5 שְׂנֵאָה נַפְשׁוֹ אֹהֵב חָמָס. — b) Mit sachlichem Objekte.
α) Akkusativ: Deut. 12, 31 כִּי כָל־תּוֹעֲבַת יְהֹוָה אֲשֶׁר שָׂנֵא; 16, 22 מַצֵּבָה אֲשֶׁר שָׂנֵא
יְהֹוָה אֱלֹהֶיךָ; Jes. 1, 14 חָדְשֵׁיכֶם וּמוֹעֲדֵיכֶם; Jer. 12, 8 שְׂנֵאתִיהָ näml. בַּחֵלֶת; 44, 4
אֵת אֲשֶׁר שָׂ'; Am. 5, 21 חַגֵּיכֶם; 6, 8 אֲרַבְמִמְתִי; Sach. 8, 17
אַל־תֶּאֱהָבוּ אֲשֶׁר שָׂנֵאתִי, näml. Ungerechtigkeit und Treulosigkeit gegen
den Nächsten; Prov. 6, 16 שֵׁשׁ־הֵנָּה שָׂנֵא. β) In Participialkonstruktion:
Jes. 61, 8 שֹׂנֵא גָזֵל בְּעוֹלָה; Mal. 2, 16 שָׂנֵא שַׁלַּח. — 2. Subjekt ist der
Mensch. a) Jahwe hassen. Nur das Particip mit Genitivobjekt von
solchen, die den Götzen göttliche Verehrung erweisen: Ex. 20, 5;
Deut. 5, 9 לְשֹׂנְאָי; 7, 10 *(bis)* לְשֹׂנְאָיו bzhw. שֹׂנְאָי; II Chr. 19, 2 שֹׂנְאֵי יְהֹוָה. —
b) Die Abgötter: Ez. 16, 37 בָּל־אֲשֶׁר שָׂ'; 23, 28 אֲשֶׁר שָׂנֵאת. — c) Von
der dem Gebote der Nächstenliebe widerstreitenden Gesinnung.
α) Akkusativ der Person: Lev. 19, 17 לֹא־תִשְׂנָא אֶת־אָחִיךָ בִּלְבָבֶךָ. -
β) Das Particip nur in der Verbindung לֹא־שֹׂנֵא לוֹ Deut. 4, 42; 19, 4;
וְהוּא לֹא שֹׂנֵא הִיא לוֹ V. 6; Jos. 20, 5; endlich אִישׁ שֹׂנֵא לְרֵעֵהוּ Deut. 19, 11;
das Subst. Ex. 23, 5; Prov. 25, 21 שֹׂנַאֲךָ. — d) Im allgemeinen von
Hass im sittlichen Sinne. α) Mit Bezug auf Personen. α') Akkusativ
der Person: Am. 5, 10 שָׂנְאוּ בַשַּׁעַר מוֹכִיחַ; Ps. 31, 7 שָׂנֵאתִי הַשֹּׁמְרִים הַבְלֵי־שָׁוְא**);
105, 25 שָׂ'; 119, 113 סֵעֲפִים; 139, 21 מְשַׂנְאֶיךָ; Prov. 9, 8 אַל־תּוֹכַח לֵץ פֶּן־
יִשְׂנָאֶךָּ; 26, 28 דַּכָּיו; 29, 10 דָם; das Particip mit dem Objekte 13, 24
שֹׂנֵא; 29, 24 שֹׂנֵא נַפְשׁוֹ. β') Das Particip mit Genitivobjekt, gewöhnlich
mit einem Suffix, nicht der persönliche Feind oder Hasser schlecht-

---

*) Die Synonyma des Wahren und Guten, S. 45.

**) Zu lesen ist שֹׁמְרֵי nach LXX; vgl. Kautzsch, Textkr. Erl. z. St.

weg, sondern Bezeichnung einer ganzen Klasse von Menschen, die
Recht und Gerechtigkeit unterdrücken, gegen die Gemeinde Jahwes
Tücke sinnen, seine Getreuen wegen ihres Strebens nach dem Guten
anfeinden: שֹׂנֵא II Sam. 22, 18; Ps. 9, 14; 18, 18; 41, 8; 69, 15; 86, 17;
118, 7; שֹׂנְאֶיךָ 21, 9 (parall. אֹיְבֶיךָ); Hi. 8, 22 (parall. רְשָׁעִים); מְשַׂנְאַי
Jes. 66, 5; הַמְנַדֵּיכֶם שֹׂנֵאיכֶם Ps. 35, 19; 69, 5 (an beiden Stellen im Parall.
אֹיְבַי שֶׁקֶר); 38, 20 שֹׂנְאַי שֶׁקֶר (parall. אֹיְבֵי חַיִּים, was doch wohl aus הַם
verschrieben ist); שֹׂנְאֵי צַדִּיק 34, 22 (parall. רָשָׁע); שֹׂנְאֵי צִיּוֹן 129, 5.
γ') Zwei Akkusative: 25, 19 שֹׂנְאַי; שֹׂנֵאת חֹם 139, 22 יַשְׂנִיתִי תַכְלִית
שִׂנְאָה. β) Mit sachlichem Objekte. α') Im Akkusativ: Am. 5, 15
אָהֲבוּ טוֹב; שֹׂנְאֵי־רָע וְאֹהֲבֵי; Ps. 26, 5 קָהָל מְרֵעִים; 45, 8 שָׂנֵאתָ רֶשַׁע
50, 7 מוּסָר; 97, 10 רָע; 101, 3 עֲשֹׂה־סֵטִים; 119, 104. 128 כָּל־אֹרַח שֶׁקֶר. 163 שֶׁקֶר;
vom Thoren Prov. 1, 22. 29 דַּעַת; vom Wollüstigen 5, 12 מוּסָר; Jahwe
fürchten ist 8, 13 רָע; שְׂנֹאת; der Gerechte hasst 13, 5 דְּבַר־שֶׁקֶר*).
β') In Participialkonstruktion: Ex. 18, 21; Prov. 28, 16 שֹׂנֵא בֶצַע;
Mi. 3, 2 שֹׂנְאֵי טוֹב וְאֹהֲבֵי רָעָה; Ps. 120, 6 שָׁלוֹם; Prov. 12, 1; 15, 10 תוֹכַחַת.
27 מֵבִיא; Hi. 34, 17 מִשְׁפָּט**). — Niph'al verhasst sein im ethischen
Sinne. Der Arme ist verhasst Prov. 14, 20 גַּם־לְרֵעֵהוּ; in absoluter
Aussage von dem מְדָנִים אִישׁ V. 17. — Pi'el 1. Jemanden hassen.
Von der Weisheit Prov. 8, 36 כָּל־מְשַׂנְאָי. — 2. Das subst. Particip
= Feind. a) Die Feinde Jahwes: Deut. 32, 41 מְשַׂנְאַי (parall. צָר);
Num. 10, 35; Ps. 83, 3; 139, 21 מְשַׂנְאֶיךָ; 68, 2 מְשַׂנְאָיו (parall. אֹיְבָיו);
81, 18 מְ 'כ. — b) Die Feinde des leidenden Gerechten, der Ge-
meinde: II Sam. 22, 41; Ps. 18, 41; 55, 13 מְשַׂנְאִי; 89, 24 מְשַׂנְאָיו; 44, 8. 11
מְשַׂנְאֵינוּ.

Ausserhalb des theologischen Sprachgebrauches:
Kal 1. Gegensatz zur Liebe im geschlechtlichen Sinne = Abneigung
empfinden. a) Akkusativ der Person. α) Allein: Deut. 22, 13. 16;
24, 3; Jud. 14, 16; כִּי־שְׂנֵאתָהּ 15, 2. β) Dazu ein innerer Akkusa-
tiv: II Sam. 13, 15 וַיִּשְׂנָאֶהָ אַמְנוֹן שִׂנְאָה גְּדוֹלָה מְאֹד כִּי גְדוֹלָה הַשִּׂנְאָה אֲשֶׁר שְׂנֵאָהּ. —
b) שְׂנוּאָה, das vom Ehegatten zurückgesetzte Weib: Gen. 29, 31. 33;
Deut. 21, 15 (bis). 16. 17; Prov. 30, 23. — 2. Hassen im gewöhnlichen
Sinne, von der Abneigung gegen einen anderen. a) Akkusativ der
Person: Gen. 26, 27; 37, 4. 5. 8; Jud. 11, 7; II Sam. 13, 22; 19, 7; I Reg.
22, 8; Prov. 19, 7; 25, 17; II Chr. 18, 7. — b) In Participialkonstruktion:

---

*) Ez. 35, 6 אִם־לֹא דָם שָׂנֵאתָ ist unverständlich.

**) Ps. 36, 3 ist לִשְׂנֹא in einem Zusammenhang von Worten, die keinen
Sinn geben.

Deut. 7, 15; 30, 7; II Sam. 19, 7; II Chr. 1, 11 שֹׂנְאֶיךָ; Ez. 16, 27 שֹׂנְאֹתַיִךְ;
Gen. 24, 60 שֹׂנְאָיו; Ex. 1, 10 שֹׂנְאֵינוּ; Lev. 26, 17 שֹׂנְאֵיכֶם; Esth. 9, 1. 5. 16;
Ps. 106, 41 שֹׂנְאֵיהֶם. — c) Absolut: Eccl. 3, 8; שְׂנֹא Ps. 106, 10; Prov.
26, 24; das passive Particip II Sam. 5, 8 ist wohl Textfehler*). —
3. Etwas zuwider haben. a) Akkusativ der Sache: Prov. 11, 15 שֹׂנֵא;
Eccl. 2, 17 אֶת־הַחַיִּים. 18 אֶת־כָּל־עֲמָלִי. — b) Das passive Particip von
der in Trümmern liegenden Stadt Jes. 60, 15. — Pi‘el nur das
Particip vom Feinde oder Gegner im bürgerlichen Sinne: Deut.
33, 11; Hi. 31, 29.

Das nur im Part. gebräuchliche Pi‘el tritt nicht nur, was das
Vorkommen im allgemeinen anbelangt, hinter Kal bedeutend zurück,
sondern letzteres weist auch ursprünglichere Bedeutung und viel-
fache Verwendung in sehr alten Stellen auf.

II. Kal — Niph‘al — Pu‘al.

סָקַל von einem Nomen, das wahrscheinlich סֶקֶל gelautet. Kal
jemanden steinigen. Durch das Gesetz als die theokratische Todes-
strafe bestimmt, trifft sie denjenigen, der am Gebannten sich ver-
greift Jos. 7, 25; der Gott lästert I Reg. 21, 10; gerne auch mit בָּאֲבָנִים
als Strafe für Abgötterei Deut. 13, 11; 17, 5; für Verletzungen der
Heiligkeit des Verlöbnisses 22, 21. 24; für Gotteslästerung I Reg.
21, 13. — Niph‘al gesteinigt werden; die durch das Gesetz angeord-
nete Procedur in der Verbindung סָקֹל יִסָּקֵל, vom Menschen, der
entgegen dem Gebote dem hl. Berge zu nahe kommt Ex. 19, 13;
vom stössigen Rinde 21, 28, während dafür V. 29. 32 das Imperf. allein
gebraucht wird. — Pu‘al gesteiniget werden, wegen Gotteslästerung
I Reg. 21, 14. 15.

Ausserhalb des theologischen Sprachgebrauches:
Kal steinigen, bekanntes gerichtliches Strafverfahren. So Ex. 8, 22
mit dem Subjekte Ägypter; 17, 4 Israel den Mose; I Sam. 30, 6 den
David die Leute, die um denselben waren. — Pi‘el 1. Jemanden
mit Steinen bewerfen zum Ausdruck des Hasses und der Verach-
tung, stets mit בָּאֲבָנִים II Sam. 16, 6. 13. — 2. Einen Ort entsteinen;
den Weingarten Jes. 5, 2; die Strasse 62, 10 mit beigefügtem מֵאֶבֶן.

III. Kal — Niph‘al — Hiph‘il.

אָשֵׁם von אָשַׁם Kal 1. In Schuld geraten, Folge der Übertretung irgend einer göttlichen Verordnung. a) Absolut: יֶאְשַׁם Lev.

*) Vgl. Klostermann z. St.

4, ‏...‎ ‎27‎; 5, 2. 3. 17. 23; ‏יאשׁמוּ‎ 4, 13; ‏הזֹאת הנפשׁ יאשׁמה החטא‎ Num. 5, 6; ‏תאשׁמוּ‎, ihr
würdet in Schuld geraten näml. durch Nichteinhaltung des Schwures
Jud. 21, 22; von den Völkern, die Israel, das heilige Volk, antasten
Jer. 2, 3; 50, 7; Edom, indem es Rache nahm an Juda Ez. 25, 12
‏ויאשׁמוּ אשׁוֹם‎; die Anweisung an die Priester und Leviten betreffs
ihres Vorgehens bei Rechtshändeln schliesst II Chr. 19, 10 ‏בה תּזהיר‎
‏אלֹא תּאשׁמוּ‎. Mit Hos. 4, 15 ‏ואליאשׁם יהודה‎ ist schwer, mit Hab. 1, 11
‏אז חלף רוּח ויעבר ויאשׁם‎ gar nichts anzufangen. — b) ‏לֹ‎ der Person,
der gegenüber jemand in Schuld gerät. α) Gott: Lev. 5, 19 ‏אשׁם‎
‏אשׁם לֹו‎; II Chr. 19, 10. β) Menschen: Num. 5, 7 ‏לאשׁר אשׁם לֹו‎. —
c) Die Ursache, durch die jemand in Schuld gerät. α) ‏לֹ‎: Lev. 5, 4. 5
‏לאחת מאלֹה‎, durch irgend etwas Derartiges näml. von den früher
aufgezählten Vergehungen. — β) ‏בּ‎: Ez. 22, 4 ‏בדמך אשׁר שׁפכת אשׁמת‎;
Hos. 13, 1 ‏בּבּעל‎. — 2. Ursache und Wirkung, Schuld und Strafe
als Wechselbegriff mit fliessender Grenze gebraucht, daher auch:
büssen. Absolut: Jes. 24, 6; Hos. 10, 2; 14, 1*); Sach. 11, 5; Ps.
34, 22. 23; Prov. 30, 10. — **Niph'al** schuldig werden, büssen Jo.
1, 18**). — **Hiph'il** jemanden schuldig sprechen: Ps. 5, 11 ‏האשׁימם‎
‏אלֹהים***‎), sprich sie schuldig, Gott.

Das Verbum ist zunächst, wenn nicht vielleicht ausschliesslich
im Kal denominiert. Betreffs des sinnlichen Etymons vgl. die Bemerkungen von Gesenius im Thesaurus.

‏זכר‎ von ‏זֵכֶר‎ **Kal** allgemein in das Gedächtnis zurückrufen.
1. Gott, der in das Gedächtnis zurückruft a) Menschen. α) Akkusativ des Objektes. Da das Zurückrufen in das Gedächtnis von seiten
Gottes immer ein werkthätiges ist, so wird ‏ז‎ der bildliche Ausdruck
für die Vorsehung Gottes überhaupt, die helfend und rettend ein-
greift. So ‏אלֹהים ויזכר‎ mit den Akkusativen Gen. 8, 1 ‏את נח ואת‎
‏הבהמה כלֹ־ואת החיה כלֹ‎; 19, 29 ‏את־אברהם‎; 30, 22 ‏את־רחלֹ‎; in der Kon-
statierung der thatsächlichen Erhörung des Gebetes I Sam. 1, 19
‏יהוה ויזכרה‎; in der Selbstbezeugung Jahwes Jer. 31, 20, so oft ich mich
auch von ihm lossagte, ‏אזכרנּוּ זכֹר‎; in der Schilderung der ausserordentlichen Güte Gottes Ps. 8, 5, was ist der Mensch, ‏כי תזכרנּוּ‎
(parall. ‏תפקדנּוּ‎); 9, 13 ‏אֹתם זכר‎ (parall. ‏לֹא שׁכח צעקת ענוים‎); 115, 12

---

*) Hos. 5, 15 ist ‏יאשׁמוּ‎ = ‏ישׁמוּ‎, stutzig werden. Wellh. Skizzen und
Vorarb. V, 113.

**) Merx, Joel 86 ff. korrigiert ‏ישׁמוּ‎.

***) De Lagarde, *Proph. chald.* emendiert ‏הַשׁמם‎.

זכרני; dagegen bezüglich der Toten gilt 88, 6 זכר בל־יזכרם. Besonders
beliebt ist der Ausdruck im Gebete um Gottes Hilfe: Jud. 16, 28
זכרני נא; I Sam. 1, 11, wenn du dich um das Elend deiner Magd be-
kümmerst וזכרתני; Jer. 15, 15 זכרני; Ps. 74, 2 זכר עדתך; 106, 4 זכרני ײ
(parall. פקדני בישועתך); Hi. 14, 13 תזכרני. *β)* ל der Person. Im Gebete Ex. 32, 13 זכר לאברהם ליצחק ולישראל; Deut. 9, 27 זכר לעבדיך לאברהם
ליצחק ולי׳; Ps. 25, 7 זכר־לי־אתה; im Lobpreise Jahwes 136, 23, in
unserer Niedrigkeit זכר לנו. — b) Sachliche Objekte. *a)* Im Akkusativ. *a')* ברית, wobei ein Gedenken des Bundes die faktische Erfüllung gegebener Verheissungen besagt: Gen. 9, 15. 16; Ex. 2, 24; 6, 5;
Lev. 26, 42 *(bis)*. 45 (mit *dat. comm.* להם); Jer. 14, 21; Ps. 105, 8;
106, 45 (mit *dat. comm.* להם); 111, 5. *β')* Sind Verschuldungen
und Sünden das Objekt, so ist die Drohung Gottes, dieselben in
das Gedächtnis zurückzurufen, sowie die Verheissung oder Bitte,
dass dieses nicht geschehe, gleichbedeutend mit in Anrechnung bringen
oder nicht bringen. So Jes. 43, 25 חטאתיך (parall. פשעיך מחה); 64, 8
עון; Jer. 14, 10 יזכר (neben ויפקד עונתם); 44, 21, wo statt אתם zu lesen
ist אתָה, nämlich הקטר; Hos. 7, 2 לבבם עונם; 8, 13; 9, 9 יזכר (neben יפקד
חטאתם); Ps. 25, 7 חטאתי נעורי ופשעי. *γ')* Andere sachliche Objekte:
Lev. 26, 42, das Land, das dem Volke Gottes bestimmt ist; Jer. 2, 2
זכרתי לך חסד (mit *dat. comm.* לך); Ps. 20, 4 מנחתך; 98, 3 חסדי ואמונתי;
105, 42 זכר קדשו אתדברו; Thr. 2, 1 זכר הדם־רגליו. Im Gebete Jer. 18, 20 זכר
עמדי לפניך; Hab. 3, 2 רחם תזכר; Ps. 25, 6 זכר רחמיך יי וחסדיך; 74, 22 ריבך;
89, 51 חרפת עבדיך; 119, 49 זכר דבר לעבדך; Thr. 3, 19 זכר עניי ומרודי; Neh. 1, 8
את־הדבר. *δ')* Öfter ist das Verbum mit einem Objektssatz verbunden: In dem Gebete II Reg. 20, 3; Jes. 38, 3 זכר נא את אשר
התהלכתי לפניך. Dabei ist der Inhalt eines solchen Satzes gerne die
Vergänglichkeit des menschlichen Lebens, die im Gebete ein be-
liebtes Motiv darstellt, um Gottes Erbarmen und Nachsicht zu gewinnen; so eingeleitet mit כי Ps. 78, 39; 103, 14 זכר כי־עפר אנחנו;
Hi. 7, 7; 10, 9; eingeleitet mit מה Ps. 89, 48 זכר אני מה חלד; nicht von
der Vergänglichkeit des Lebens, sondern von der widerfahrenen
Schmach Thr. 5, 1 זכר יי מה היה לנו. *β)* Mit ל: In der Verheissung, nicht mehr zu gedenken Jer. 31, 34 לחטאתם (parall. אסלח
לעונם); II Chr. 6, 42 זכר לחסדי דוד. — c) Jemandem etwas gedenken
d. h. ihm vergelten. *a)* Im guten Sinne: Ps. 132, 1 זכר יי לדוד את;
Neh. 13, 22 זכרה־לי; 13, 14 גם־זאת; vollständig auch 5, 19; 13, 31 זכרה־לי אלהי
לטובה. *β)* Im bösen Sinne: Ps. 79, 8 אל תזכר־לנו עונת; 137, 7 זכר יי
לבני אדם את יום; Neh. 6, 14 זכרה אלהי' לטוביה; einmal mit ל der

Versündigung 13, 29 ‫להם כל גאלי הכהנה‬. — 2. Subjekt ist der Mensch,
der in das Gedächtnis ruft a) Gott. Es folgt Akkusativ der Person
Gottes: Bei Einschärfung einer religiösen Pflicht, einer Ermahnung
Deut. 8, 18 ‫אלהיך‬ ‫את־יי‬ ‫וזברת‬; II Sam. 14, 11 ‫אלהיך‬ ‫את־יי‬ ‫המלך‬ ‫וזכר־נא‬;
Neh. 4, 8 ‫יהויא‬ ‫הגדיל‬ ‫אדני‬; Eccl. 12, 1 ‫את־בוראיך‬. Gott ins Gedächtnis
rufen ist weiterhin soviel, als ihm treu bleiben oder sich zu ihm
bekehren: Jes. 17, 10 ‫מעזך‬ ‫צור‬ (parall. ‫אלהי ישעך‬‫שכחת‬); 57, 11; 64, 4;
Jer. 51, 50 ‫את־יי‬; Ez. 6, 9 ‫את־יי‬ ‫וזכרו‬; Sach. 10, 9 ‫במרחקים‬ ‫יזברוני‬.
Namentlich beim hereinbrechenden Unglück gedenkt der Mensch
Gottes, dem er einst nahe gestanden Jon. 2, 8 ‫את־יי‬; Ps. 42, 7 ‫אזכרך‬;
77, 4 ‫אלהים‬ ‫אזכרה‬; der Gerechte aber versenkt sich in die Erinnerung
Gottes 63, 7 ‫זכרתיך‬, indem er nachsinnt über die ihm zuteil gewordenen, thatsächlichen Erweise göttlicher Huld. — b) Ein sachliches
Objekt. α) Im Akkusativ. Zur Einführung eines Gebotes: bezüglich des Tages des Auszuges Ex. 13, 3 ‫הזה‬ ‫את־היום‬ ‫זכור‬; des Sabbates
20, 8 ‫השבת‬ ‫את־יום‬ ‫זכר‬; im Gebote selbst, welches das Essen un-
gesäuerten Brotes befiehlt Deut. 16, 3 ‫צאתך‬ ‫את־יום‬ ‫תזכר‬ ‫למען‬; ebenso
mit dem Nebenbegriff praktischer Folgen die Aufforderung, zu gedenken Num. 15, 39 ‫את־כל־מצות יי‬; Mal. 3, 22 ‫משה‬ ‫תורת‬ ‫זכרו‬. Zur Einführung des Motives für Israels dankbare Gesinnung und Gehorsam
gegen Jahwe: Deut. 8, 2 ‫את־כל־הדרך‬ ‫וזכרת‬; 32, 7 ‫עולם‬ ‫ימות‬ ‫זכר‬; Jes. 63, 11
‫עם־משה‬. Als Beweis, dass Jahwe allein der wahrhafte Gott ist,
dient die Erinnerung 46, 9 ‫ראשנות‬ ‫זכרו‬; daher die Aufforderung
43, 18 ‫ראשנות‬ ‫אל־תזכרו‬ (parall. ‫וקדמניות אל־תתבננו‬) nur eine rhetorische
Wendung sein kann, um auszudrücken, dass das neue Heil viel
herrlicher sein solle. Zur Einführung einer Verheissung, dass Israel
nicht mehr gedenken werde 54, 4 ‫אלמנותיך‬ ‫חרפת‬ (parall. ‫בשת עלומיך‬
‫תשכחי‬); einer Drohung, dass das Volk gedenken wird Ez. 16, 61
‫את־דרכיך‬; 20, 43 ‫את־דרכיכם את את־כל־עלילתיכם‬; ähnlich 36, 31; die Hure
wird nicht mehr Ägyptens gedenken 23, 27. Als Aufforderung zum
Lobe Gottes dient das Gedenken seiner Wunderthaten Ps. 105, 5;
I Chr. 16, 12 ‫נפלאתיו‬ ‫זכרו‬. 15 ‫בריתו‬ ‫לעולם‬. Als Mittel zur Tröstung
Ps. 77, 12 (bis), ich gedenke ‫מעלליך‬ bzhw. ‫פלאך‬ ‫מקדם‬; 119, 52 ‫משפטיך‬.
55 ‫שמך‬; 143, 5 ‫מקדם‬ ‫ימים‬. Versicherung treuer Anhänglichkeit an
Jerusalem besagt 137, 1 ‫את־ציון‬. 6 ‫אזכרכי‬. Im historischen Rück-
blicke Jer. 17, 2 ‫מזבחותם‬ ‫אשריהם‬; Ez. 16, 22. 43 ‫נעוריך‬ ‫את־ימי‬; 23, 19
‫את־ימי‬ ‫נעוריה‬; von den Vätern, die nicht gedachten Ps. 78, 42 ‫את־ידו‬;
106, 7 ‫חסדיך‬ ‫את־רב‬; Neh. 9, 17 ‫נפלאתיך‬; Jerusalem gedenkt Thr. 1, 7
‫ימי עניה ומרודיה‬; aber es gedachte ehedem nicht V. 9 ‫אחריתה‬. Auch

wider das heidnische Babel erhebt Gott den Vorwurf Jes. 47, 7 לא
זכרת אחריתה, wie wider Tyrus, dass es nicht eingedenk war Am. 1, 9
ולא זכרו. Zur Einführung einer Ermahnung oder eines Vorsatzes
wird der Eindringlichkeit halber öfter dem Verbum ein allgemeines
Objekt in der Gestalt eines Demonstrativpronomens gegeben, wie
זאת Jes. 46, 8; Ps. 74, 18; אלה Jes. 44, 21; Ps. 42, 5.   β) Ein Objektssatz. α') Eingeführt mit כי. So in der als Motivierung zur Menschen-
freundlichkeit gebräuchlichen Mahnung, stets ins Gedächtnis zu rufen
Deut. 5, 15; 15, 15; 16, 12; 24, 18. 22 וזכרת [בארץ] היית עבד כי; die Kon-
statierung der Umkehr des Volkes besagt die Erinnerung Ps. 78, 35
כי אלהים צורם; in der Ermahnung, Gottes Thuen zu preisen Hi. 36, 24
זכר כי תשגיא פעלו; die Jugend zu benützen Eccl. 11, 8, wo כי־יזכר
החשך als aus dem Objektssatz כי הרבה יהיו herausgehobenes Subjekt
anzusehen.   β') Mit אשר. In der erbaulichen Mahnung, eingedenk zu sein Deut. 7, 18; 24, 9 אשר עשה יי; zur Einführung des
Gebotes, die Amalekiter zu vernichten 25, 17 אשר עשה לך עמלק 'כ; in
der Mahnung, eingedenk zu sein 9, 7 את אשר הקצפת זכר־אל.   γ') Direkt
untergeordnet: ein Satz mit מה Mi. 6, 5 מה־יעץ בלק; mit כי in der
Aufforderung, zu erwägen Hi. 4, 7 זכר־נא מי הוא נקי אבד; ein Infinitiv Ps.
109, 16 vom Bösen, der nicht daran gedacht hat זכר עשות חסד.   δ') Beigeordnet: Num. 15, 40 למען תזכרו ועשיתם; Ez. 16, 63 למען תזכרי ובשת;
Ps. 22, 28 יזכרו וישבו אל יי.   γ) In Participialkonstruktion: Ps. 103, 18
לזכרי פקדיו לעשותם.   δ) Absolut: Thr. 3, 20. — Niph'al 1. In das
Gedächtnis gerufen werden. a) Durchweg in negativer Aussage zum
Ausdruck der vollständigen Vertilgung von der Erde, so dass der
Name des Betreffenden der Vergessenheit anheimfällt. Daher in der
Androhung des Strafgerichtes Gottes Ez. 21, 37 לא תזכרי; 25, 10 mit
dem Zusatz בגוים; andererseits aber auch in der Verheissung Gottes,
wegzuthuen die Namen der Götzen ולא־יזכרו עוד Hos. 2, 19 (der dazu-
setzt בשמם); Sach. 13, 2. Weiterhin im Anschlag gegen das Leben
des durch seine Mahnungen verhassten Propheten Jer. 11, 19 ושמו
לא יזכר עוד; die Feinde Israels gegen dasselbe, indem sie sprechen
Ps. 83, 5 לא־יזכר שם־ישראל עוד. Als Erfahrungssatz über das Ende
des Sünders wird es ausgesprochen Hi. 24, 20 לא־יזכר עוד. — b) In
Anrechnung gebracht werden von seiten Gottes. α) ל der Person,
der etwas angerechnet wird: Ez. 18, 22 לא־יזכרו לו; 33, 16 לא תזכרנה.
β) אל Gottes: Ps. 109, 14 יזכר אל יין (parall. ותהי אל אלהים אבו). —
γ) Absolut, nur צדקתו יזכר ולא Ez. 3, 20; 18, 24; 33, 13. — 2. Sich in
Erinnerung bringen bei Gott. a) In gnädige Erinnerung, durch das

Blasen der Trompeten bei der Bedrängnis von seiten der Feinde Num. 10,9 לַצֵּם. — b) Im üblen Sinne, bezüglich der Schuld, die man auf sich geladen, so dass Jahwe strafend einschreitet Ez. 21,29 יָעַן הַזְכָּרְכֶם. — **Hiph'il** 1. In das Gedächtnis rufen, im allgemeinen mit dem Nebenbegriff laut, öffentlich. Im speziellen. a) Die Gottheit im Kulte anrufen. α) ב der Gottheit: Jes. 26,13 לְבַד־בְּךָ נַזְכִּיר שְׁמֶךָ, wo שֵׁם noch unter der Rektion von ב steht; 48,1 וּבֵאלֹהֵי יִשְׂ׳; Am. 6,10 יי שֵׁם בְּ; Ps. 20,8 בְּשֵׁם יי אֱלֹהֵינוּ. Von der Anrufung heidnischer Götter Jos. 23,7 בְּשֵׁם אֱלֹהֵיהֶם. — β) Akkusativ, nur von der Anrufung heidnischer Götter Ex. 23,13 שֵׁם אֱלֹהִים אֲחֵרִים. — b) Ehrenvoll, preisend erwähnen, rühmen. α) Mit sachlichem Akkusativ: Jes. 63,7 חַסְדֵי יי; Ps. 45,18 שִׁמְךָ; 71,16 צִדְקָתְךָ לְבַדֶּךָ; 77,12 מַעַלְלֵי־יָהּ (Keth.); von Jahwe ausgesagt, der rühmend erwähnt den Namen des Knechtes Jahwes Jes. 49,1; Ps. 87,4 רַהַב וּבָבֶל לְיֹדְעָי. β) Mit Objektssatz Jes. 12,4 כִּי נִשְׂגָּב שְׁמוֹ. γ) Absolut, in den Überschriften Ps. 38,1; 70,1 לְהַזְכִּיר, vielleicht zum Lob, Preis Gottes*); I Chr. 16,4. — c) Öffentlich in Erinnerung bringen. α) Mit sachlichem Akkusativ, vielleicht technischer Ausdruck für Offenbarmachung eines Vergehens: Num. 5,15 מַזְכֶּרֶת עָוֹן, vom Eifersuchtsspeisopfer; Elisa macht offenbar I Reg. 17,18 אֶת־עֲוֹנִי; Ez. 21,28 יַעַן הַזְכַּרְכֶם; 29 מַזְכִּירִים עֲוֹנְכֶם; Ägypten 29,16 מַזְכִּיר עָוֹן. — β) Mit dem Akkusativ Jahwe, wobei jedoch ein sachliches Objekt zu ergänzen. In dem Israel angebotenen Rechtsstreite wird es aufgefordert, Jahwe seine etwaigen verdienstlichen Werke in Erinnerung zu bringen Jes. 43,26; die von Jahwe selbst aufgestellten Wächter, welche 62,6 מַזְכִּרִים אֶת־יי heissen, sollen den Herrn erinnern an die Vollendung seines Heilswerkes. — d) Verkündigen im Auftrage Jahwes, Jer. 4,16 הַזְכִּירוּ, mit folgendem, direkt untergeordneten Objektssatze. — 2. Kausativ, an etwas gedenken machen. Von Gott ausgesagt bezüglich der Stiftung eines Kultus Ex. 20,24 בְּכָל־הַמָּקוֹם אֲשֶׁר אַזְכִּיר אֶת־שְׁמִי.

Ausserhalb des theologischen Sprachgebrauches: **Kal** 1. In das Gedächtnis rufen, mit folgendem Akkusativ. a) Eine Person Nah. 2,6. — b) Eine Sache: Gen. 42,9; Num. 11,5; Prov. 31,7; Hi. 21,6; 40,31; Eccl. 5,19. — c) Ein Objektssatz, eingeführt mit כִּי Jud. 9,2; אֵת אֲשֶׁר II Sam. 19,20; direkt untergeordnet II Reg. 9,25; Hi. 11,16. — 2. Mit dem Nebenbegriff praktischer Folgen. a) Bezüglich einer Person, die im Akkusativ folgt Gen. 40,23; I Sam.

---

*) Siehe unter dem von אַזְכָּרָה denomin. Hiph'il S. 37.

25, 31; Esth. 2, 1; mit dem Zusatze אֶרֶק Gen. 40, 14. — b) Bezüglich
einer Sache: II Chr. 24, 22. — 3. Prägnant: eine Erwähnung machen,
vom Namen Jer. 20, 9; von der Lade Jahwes 3, 16; von dem Ausdruck יי בשם 23, 36. — Niph'al nur passivisch: a) In das Gedächtnis
gerufen werden, die Dirne Jes. 23, 16; frühere Erlebnisse 65, 17. —
b) Im Gedächtnis behalten werden, von Gedenktagen Esth. 9, 28
(Part.). — c) Erwähnt werden: Hi. 28, 18. — Hiph'il 1. In Erinnerung bringen. a) Eine Person bei jemandem, Akkusativ und אל,
Gen. 40, 14. — b) Eine Sache: 41, 9 מזכיר אני את־חטאי; II Sam. 18, 18
שמי. — c) מזכיר, der beim König Dinge in Erinnerung bringt, Amtsname = Kanzler II Sam. 8, 16; 20, 24; I Reg. 4, 3; II Reg. 18, 18. 37;
Jes. 36, 3. 22; I Chr. 18, 15; II Chr. 34, 8. — 2. Eine Erwähnung
machen. a) Im gewöhnlichen Gespräche, mit Akkusativ der Sache:
I Sam. 4, 18; Jes. 19, 17. — b) Lobpreisend erwähnen: Cant. 1, 4 דדיך.

An der Priorität des Kal in der Denominierung kann wohl
nicht gezweifelt werden. Schwierig ist die Etymologie dieses allgemein semitischen Verbums. Neben der bekannten Ableitung, die
auf „stechen" zurückgeht, stellt neuerdings Schwally Z.A.W. XI, 176 ff.
die Grundbedeutung auf „im Kulte anrufen" und זָכָר „kultische
Person" d. h. Mann, weil nur ein solcher den Kult ausüben konnte.
Allein זכר mit der speziellen Bedeutung „im Kulte anrufen" kann
kein originales Verbum sein, in der That tritt auch zunächst das
Hiph'il in dieser Bedeutung auf. Schwally selbst sagt: „Die Gottheit im Kulte anrufen heisst הזכיר בשם אלהים." Demnach ist die
etymologische Frage auf diese Weise nicht gelöst. Man wird doch
wieder auf die Grundbedeutung „stechen" zurückkommen müssen,
zumal die Annahme nahe liegt, dass die Bezeichnung für Mann zu
allererst eine sexuelle Bedeutung habe. Andererseits ist auch für
זָכָר „Gedächtnis" jene sinnliche Grundbedeutung nicht so unmöglich. Wir haben Analogieen innerhalb des Hebr. selbst und auch
in unseren Sprachen; vgl. stechen, Stich, sticheln.

עתר — Kal 1. Fürbitte einlegen bei Gott. a) ל Gottes, Gen.
25, 21 לו לנכח אשתו. — b) אל Gottes: Ex. 8, 26; 10, 18 אלי־יי. — 2. Im
allgemeinen flehen, beten zu Gott: Jud. 13, 8 אלי־יי; Hi. 33, 26 אל־אלה. —
Niph'al tolerativ das Fürbitten auf sich wirken, sich erflehen lassen.
a) Mit ל, von jemandem: Gen. 25, 21; Jes. 19, 22; Esr. 8, 23; I Chr.
5, 20; II Chr. 33, 13. 19. — b) Mit ל, für jemanden: II Sam. 21, 14;
24, 25, beidemal לארן. — Hiph'il 1. Fürbitte einlegen. a) Bei Gott.
α) ל Gottes: Ex. 10, 17 לו אל־יהוה. β) אל desselben, 8, 4. 25; 9, 28

אֵלָיו. — b) Für jemanden. a) לְ der Person, 8, 5 לָךְ יְלַעְבְּדֻךָ וְלֹא עֲבָדֶךָ.
β) בְּעַד derselben, 8, 24 הַעְתִּירוּ בַעֲדִי. — 2. Im allgemeinen flehen,
beten, Hi. 22, 27 אֵלָיו, zu Gott.

Dass das Verbum denominiert ist, ist mir sicher, gerade wie
im Arab. عَتَر, die عَتِيرَة darbringen; fraglich ist nur, ob von קְטָר,
das wohl zweimal zu belegen ist, aber Ez. 8, 11 wegen der Bedeutung „Rauch, Duft" nach Cornill Verschreibung für עשׁר sein wird,
während Zeph. 3, 10 עֲתָרַי ganz unverständlich ist*). Auch die Etymologie ist unsicher und nur so viel entgegen der vielfachen Annahme
gewiss, dass unser Verbum mit „räuchern" nichts zu thuen hat**).

רָעַע von רַע Kal 1. Böse sein. a) Das sachliche Subjekt ist:
α) Ein allgemeiner Begriff, dessen aus dem Kontext zu ergänzender
Inhalt etwas die Heiligkeit Gottes Verletzendes ist. So ist zu ירע
בְּעֵינֵי -- das Subjekt Gen. 38, 10 אֲשֶׁר עָשָׂה, vom unsittlichen Treiben
des Onan; II Sam. 11, 27 הַדָּבָר, von der Handlungsweise des David
gegen Uria; ferner ist Jes. 59, 15 וַיֵּרַע בְּעֵינָיו als Subjekt gemeint der
Zustand der Rechtlosigkeit, כִּי־אֵין מִשְׁפָּט. Dagegen I Chr. 21, 7 וַיֵּרַע
בְּעֵינֵי הָאֱלֹהִים עַל־הַדָּבָר הַזֶּה. β) Das körperliche Organ, das vorzugs-
weise als Sitz eines sittlichen Affektes gilt; so עַיִן im Sinne von
missgünstig sein Deut. 15, 9; 28, 54. 56, immer mit בְּ gegen jemanden;
לֵבָב missmutig sein 15, 10 in dem die Bereitwilligkeit zum Leihen
einschärfenden Gebote. — b) Mit persönlichem Subjekte im abso-
luten Gebrauch vom grimmigen Wüten und Anstürmen der Feinde
des Volkes Gottes Jes. 8, 9, wenn nicht vielleicht statt רֹעוּ zu lesen
ist רְעוּ. — 2. Impersonell Ps. 106, 32 וַיֵּרַע לְמֹשֶׁה בַּעֲבוּרָם infolge der von
Gott über ihn verhängten Strafe. — Niph'al schlecht werden, Prov.
13, 20 וְרֹעֶה כְסִילִים יֵרוֹעַ; dagegen wird יֵרוֹעַ 11, 15 entweder gestrichen
oder הִרֹעַ יֵרֹעַ gelesen werden müssen***). — Hiph'il 1. Schlechtes
thuen, sittlich schlecht handeln, Gen. 19, 7; Jud. 19, 23; I Sam. 12, 25
(הֲרֵעֹתֶם הָרַע); I Reg. 16, 25; II Reg. 21, 11; Jes. 1, 16; 11, 9; Jer. 4, 22;
7, 26; 13, 23; Ps. 37, 8; Prov. 4, 16; 24, 8; 1 Chr. 21, 17 (וַהֲרֵעַ הֲרֵעֹתִי);
daher das Particip zur Bezeichnung des Bösewichtes Jes. 1, 4 (parall.
מַשְׁחִיתִים); 9, 16 (in Verbindung mit חָנֵף); 14, 20; 31, 2 (parall. פֹּעֲלֵי אָוֶן);
Jer. 20, 13; 23, 14; Ps. 22, 17; 26, 5 (parall. רְשָׁעִים); 27, 2; 37, 1 (parall.
עֹשֵׂי עַוְלָה). 9 (Gegs. קֹוֵי יְהֹוָה); 64, 3 (parall. פֹּעֲלֵי אָוֶן); 92, 12; 94, 16

*) Vgl. Schwally, Z.A.W. X, 203.
**) Wellhausen, Skizzen und Vorarb. III, 115.
***) Siegfried-Stade, Hebr. Wb. u. d. W.

(parall. פֶּשְׁלֵי אָוֶן); 119, ₁₁₅; Prov. 17, ₄; 24, ₁₉ (parall. רְשָׁעִים); Hi. 8, ₂₀. — 2. Etwas schlecht, verwerflich machen, mit Akkusativ der Sache: Gen. 44, ₅ אֲשֶׁר עֲשִׂיתֶם; Jer. 38, ₉ עָשׂוּ בַּל־אֲשֶׁר אֵת; Mi. 3, ₄ מַעַלְלֵיהֶם; ein Infinitiv לְהָרֵעַ I Reg. 14, ₉; Jer. 16, ₁₂. — 3. Etwas Böses, Übles anthuen. a) Subjekt ist Gott. α) Akkusativ der Person: Mi. 4, ₆; Ps. 44, ₃. — β) לְ derselben: Ex. 5, ₂₂; Num. 11, ₁₁; Jos. 24, ₂₀; Jer. 25, ₆; Sach. 8, ₁₄; Ruth 1, ₂₁. γ) עַל derselben: I Reg. 17, ₂₀.
δ) Absolut: Jer. 25, ₂₉; 31, ₂₈; ferner in der sprichwörtlichen Redensart „Böses oder Gutes anthuen", von Jahwe Zeph. 1, ₁₂; von Götzen Jes. 41, ₂₃; Jer. 10, ₅. — b) Subjekt ist der Mensch. α) Akkusativ der Person: Num. 16, ₁₅; Deut. 26, ₆; I Sam. 25, ₃₄; Ps. 74, ₃. - β) לְ derselben: Gen. 19, ₉; 43, ₆; Ex. 5, ₂₃; Num. 20, ₁₅; I Sam. 26, ₂₁. γ) עִם derselben: Gen. 31, ₇. δ) בְּ derselben: I Chr. 16, ₂₂. ε) Absolut: Lev. 5, ₄ לְהֵיטִיב אוֹ לְהָרַע; vielleicht gehört hieher auch das schwierige לְהָרֵעַ Ps. 15, ₄.

Ausserhalb des theologischen Sprachgebrauches: Kal 1. 'פ בְּעֵינֵי יֵרַע zum Ausdruck des Missfälligen mit dem Subjekte הַדָּבָר Gen. 21, ₁₁; I Sam. 8, ₆; 18, ₈; II Sam. 11, ₂₅ אַל־יֵרַע בְּעֵינֶיךָ אֶת־הַדָּבָר*); oder das Subjekt ist ein allgemeiner, aus dem Kontext zu ergänzender Begriff Gen. 21, ₁₂; 48, ₁₇. — 2. Für denselben Ausdruck des Missfälligen Jon. 4, ₁ אֶל־יוֹנָה רָעָה גְדוֹלָה וַיֵּרַע; und dieselbe Verstärkung durch רָעָה גְדוֹלָה Neh. 2, ₁₀, nur dass hier die Person mit לְ beigefügt; dagegen 13, ₈ מְאֹד לִי וַיֵּרַע. — 3. Mit dem Subjekte לֵבָב I Sam. 1, ₈; oder פָּנִים Eccl. 7, ₃; Neh. 2, ₃ von trauriger Gemütsstimmung. — 4. II Sam. 20, ₆ scheint für יֵרַע mit persönlichem Subjekte „er wird schlimm sein für uns" nach LXX Hiph. beabsichtiget „er wird uns Übles anthuen". — Hiph'il Schaden anrichten, vom Tiere Jes. 65, ₂₅.

Unter den drei Konjugationen ist im theologischen Sprachgebrauch Hiph'il am häufigsten und in der ältesten Schriftperiode zu belegen. Das Verbum ist natürlich von רִצֵץ „zerbrechen" zu trennen und daher auch die Bedeutungsfolge „zerbrechen — schädlich, verderblich — schlecht, böse sein" zu verwerfen. Wohl aber dürfte es mit רִיעַ Hiph. „Lärm machen" nahe verwandt sein.

רצה von רָצָה Kal I. Subjekt ist Gott. 1. Wohlgefallen haben. a) An einer Person. α) Akkusativ derselben: In dem Segenswunsche II Sam. 24, ₂₃ יְיָ אֱלֹהֶיךָ יִרְצֶךָ, an das vielleicht im ursprünglichen Texte ein יְבָרֶכְךָ sich geknüpft; Jahwe sagt vom Knechte Gottes

---

*) Vgl. Kautzsch, § 117, 1. Anm. 7.

Jes. 42, 1 נפשי רצתה בחירי; das götzendienerische Volk hat Jahwes Liebe verscherzt Jer. 14, 10 רצם לא ויי; mögen sie auch Opfer bringen Hos. 8, 13 רצם לא יי; die Heilsthaten Jahwes in der Vorzeit haben den Grund Ps. 44, 4 רציתם כי; 147, 11 את־יראיו יי רוצה. -- β) ב der Person: 149, 4 בעמו יי רוצה. — b) An einer Sache. α) Akkusativ derselben: Jer. 14, 12 רצם ומנחה ארמני עלה; Ps. 51, 18 תרצה לא עולה; Prov. 16, 7 דרכי־איש; I Chr. 29, 17 בישרים. — β) ב derselben: Mi. 6, 7 באלפי אלים; Hag. 1, 8 בו, dem Tempel; Ps. 147, 10 האיש בשוקי לא. — 2. Zu Gnaden annehmen. a) Akkusativ der Person. α) Allein. Das zur Erkenntnis und Reue gelangte Volk Ez. 20, 40 ארצם; 43, 27 ירצאתי אתכם; der Mann betet zu Gott Hi. 33, 26 ויירצהו. — β) Mit einem näheren Umstande: Ez. 20, 41 אתכם ארצה ניחח בריח. — b) Akkusativ der Sache. α) Allein: Am. 5, 22 ומנחתיכם עולה; in der auf Levis Opferberuf bezüglichen Bitte Deut. 33, 11 ידיו תרצה ופעל; Ps. 85, 2 ארצך; 119, 108 פי נדבות. — β) Mit einem näheren Umstande: Mal. 1, 10 מידכם לא־ארצה ומנחה. 13 מידכם אותה הארצה. — c) Absolut = Gnaden erweisen: Ps. 77, 8. — 3. Belieben, beschliessen. a) Infinitiv mit ל, etwas zu thuen: Ps. 40, 14 להצילני יי רצה; I Chr. 28, 4 רצה בי אבי ובבני להמליך. — b) Mit sachlichem Akkusativ, etwas gutheissen: Eccl. 9, 7 מעשיך את. — II. Subjekt ist der Mensch. 1. Freude an etwas haben, liebend an etwas hangen. a) Akkusativ der Sache, von der Sehnsucht nach der heiligen Stätte: Ps. 102, 15 את־אבניה עבדיך רצו. — b) Mit ב: I Chr. 29, 3 אלהי בבית. — 2. Gefallen haben. a) Mit sachlichem Akkusativ, im sittlich schlechten Sinne: Ps. 62, 5 כזב. — b) Mit ב, in der zweifelhaften Stelle 49, 14 בפיהם ואחריהם ירצו. — c) Mit עם, Gefallen haben an der Freundschaft mit jemandem, sowohl von guter Hi. 34, 9 עם־אלהים, als sittlich schlechter Vereinigung Ps. 50, 18*). — III. Besonders zu erwähnen ist der Gebrauch des

---

*) Das Verbum רעה mit folgendem Akkusativ, Jes. 44, 20 אפר; Hos. 12, 2 רוח, beidemale in dem Sinne nach Nichtigem trachten, Prov. 15, 14 אולת auf Narrheit bedacht sein, Narrheit treiben, hat natürlich nichts mit רעה „weiden" zu thuen, sondern es ist das aramäische רעא = hebr. רצה. Letzteres hat nicht nur Kirsch - Bernstein in seinem syrischen Glossar, sondern auch Merx in der Chrestom. targ. übersehen, indem er unter רעא bringt: 1. Parit, gubernavit. 2. Gratum, acceptum habuit. Delitzsch geht noch weiter, er bemerkt zu Prov. 15, 14: „רעה weiden bed. auch im allg. auf etwas bedacht sein, Umgang mit jem. pflegen", zwängt also mit diesen zweien noch ein drittes Verbum zusammen, das denominierte רעה „Umgang haben". Dass רעא „Wohlgefallen haben" ganz verschieden ist von רעא „weiden", erhellt schon daraus, dass ersteres ל"ל, letzteres dagegen ל"ר ist. Aus diesen Gründen

Verbums dort, wo es den Sinn „etwas bezahlen" annimmt. So mit dem Subjekte הארץ Lev. 26, ₃₄. ₄₃; II Chr. 36, ₂₁ ארצה־תרצה; das Subjekt ist Israel Lev. 26, ₄₁. ₄₃ ארצו־בם*). — Niph'al 1. Gegenstand des göttlichen Wohlgefallens werden oder sein, wofür häufig היה לרצון. a) Das Opfer. α) Mit ל, zu Gunsten des Darbringers: Lev. 1, ₄ ירצה לו das Brandopfer; 22, ₂₅ לא ירצו לכם, woran ein Mangel haftet. — β) Mit durch ל eingeführtem Dativ des Gebrauches: 22, ₂₃ ein Rind oder Schaf mit zu langen oder zu kurzen Gliedern לנדר לא ירצה; V. ₂₇ ein Tier vom achten Tage der Geburt an ירצה לקרבן אשה ליהוה. γ) Absolut vom Heilsopfer 19, ₇. — b) Der Opfernde: 7, ₁₈ לא ירצה המקריב אתו. — 2. Abgezahlt, abgetragen werden: Jes. 40, ₂ כי נרצה עונה. — Hiph'il eigentl. wohl ר׳ bereiten mit etwas, auf das Schuldverhältnis übertragen = etwas vergüten, bezahlen. Lev. 26, ₃₄ das Land wird abtragen ארצה־תרצה**).

Ausserhalb des theologischen Sprachgebrauches: Kal jemandem gewogen, günstig sein, mit Akk. der Person Gen. 33, ₁₀; Mal. 1, ₈; II Chr. 10, ₇; ihn lieb haben Prov. 3, ₁₂; etwas lieb haben Hi. 14, ₆. Das passive Particip Deut. 33, ₂₄ רצוי אחיו; Esth. 10, ₃ רצוי לרב אחיו. — Hithpa'el Gunst sich erwerben, I Sam. 29, ₄ במה יתרצה זה אל־אדוני.

Die ältere Konjugation im theol. Sprachgebrauch ist Kal. Die Grundbedeutung „an etwas haften" scheint mir nicht so gesichert, als es im allgemeinen hingestellt wird, und der ständige Hinweis auf die Konstruktion mit ב sollte ganz unterlassen werden, da sie nur in späten Stellen zu finden ist und als Ausnahme zu gelten hat gegenüber der häufigen Akkusativkonstruktion.

IV. Kal — Niph'al — Hithpa'el.

הדר von הָדָר Kal Ehre erweisen. 1. In unverdienter, widerrechtlicher Weise, daher = bevorzugen. Es folgt der Akkusativ הל

---

*) kann ich auch die von Friedr. Delitzsch, Proleg. 168, Anm. 2 gegebene Bedeutungsentwicklung nicht annehmen, die von רעה „fest ins Auge fassen" ausgehend zum Begriffe „weiden" kommt, dann seine Augen auf etwas gerichtet halten mit Wohlgefallen, daher „Gefallen an etwas finden".

*) Dillmann, Exod. und Lev. 625, versucht die Schwierigkeiten, die Kal mit dieser Bedeutung bietet, zu lösen. Mehr Wahrscheinlichkeit aber hat es, was Stade-Siegfried, Hebr. W., zu begründen suchen, dass an allen diesen Stellen Hiph. zu punktieren sei.

**) Hi. 20, ₁₀ בניו ירצו דלים wird vielfach als die einzige Pielform von רצה angesehen. Es liegt aber doch eher רצץ zu Grunde. Hoffmann: „Seine Kinder werden geschunden als Arme."

Ex. 23, 3*); פְּנֵי גָדוֹל Lev. 19, 15. — 2. Erweisung verdienter Achtung:
Lev. 19, 32 פְּנֵי זָקֵן. — **Niph'al** geehrt werden, Thr. 5, 12 פְּנֵי זְקֵנִים. —
Hithpa'el 'ה an sich zur Schau tragen, sich prahlen, Prov. 25, 6
לִפְנֵי־מֶלֶךְ.

Ausserhalb des theologischen Sprachgebrauches:
Kal schmücken, nur Jes. 63, 1 הָדוּר בִּלְבוּשׁ.

Das Denominativ, das, soweit das seltene Vorkommen einen
Schluss gestattet, zunächst im Kal gebildet ist, kennt auch der Ara-
mäer: הדר Pa'el. Zur Eruierung des sinnlichen Etymons mag die
Berufung auf Jes. 45, 2 ausgeschlossen sein, weil הֲדוּרִים mit Rücksicht auf LXX vielleicht doch Textfehler ist; wohl aber wird man
eine nahe Verwandtschaft mit אדר, das auf „weit sein" zurück-
zuführen ist, annehmen können.

מָכַר von מכר **Kal** eigentl. verkaufen. 1. Von Gott ausgesagt
ein gewöhnliches Bild für das Preisgeben des Volkes oder des Landes
von seiten Gottes an die Feinde. a) Personen preisgeben. Es folgt
Akkusativ derselben. α) Allein: Deut. 32, 30 כִּי־צוּרָם מְכָרָם (parall.
וַיהוה הִסְגִּירָם). β) Dazu בְּיַד des Feindes: Jud. 2, 14; 3, 8; 4, 2. 9; 10, 7;
I Sam. 12, 9; Jo. 4, 8. - γ) בְּ des Wertes: Ps. 44, 13 תִּמְכֹּר־עַמְּךָ בְלֹא־הוֹן.
δ) לְ des Feindes: Jes. 50, 1 בְּנֵיכֶם אֲשֶׁר־מְכַרְתִּי אֶתְכֶם לִי. — b) Das
Land: Ez. 30, 12 אֶת־הָאָרֶץ בְּיַד־רָעִים. — 2. Von Menschen: Etwas verkaufen = gering achten, Prov. 23, 23 אֱמֶת קְנֵה וְאַל־תִּמְכֹּר**). — **Niph'al**
eigentl. verkauft werden, vom Preisgeben an eine fremde Gewalt:
Jes. 50, 1 בַּעֲוֹנֹתֵיכֶם; 52, 3 חִנָּם נִמְכַּרְתֶּם וְלֹא בְכֶסֶף תִּגָּאֵלוּ. — **Hithpa'el**
nur in der Phrase הִתְמַכֵּר לַעֲשׂוֹת הָרַע I Reg. 21, 20. 25; II Reg. 17, 17.

Ausserhalb des theologischen Sprachgebrauches:
Kal 1. Personen verkaufen. a) Zum Zwecke der Verheiratung: Gen.
31, 15 כִּי מְכָרָנוּ. — b) Als Sklaven. α) Akkusativ allein: Ex. 21, 16;
Deut. 24, 7; Neh. 5, 8. β) Dazu לְ des Produktes: Ex. 21, 7 כִּי־יִמְכֹּר
לְאָמָה. γ) לְ der Person, welcher man verkauft: Gen. 37, 27; Ex.
21, 8; Jo. 4, 6. 8. δ) בְּ des Preises: Deut. 21, 14; Jo. 4, 3; Am. 2, 6.
ε) לְ der Person und בְּ des Preises: Gen. 37, 28. ζ) Eine Ortsbestimmung: 45, 4 מִצְרָיְמָה. 5 הֵנָּה; 37, 36 אֶל־מִצְרָיִם; Jo. 4, 7 שָׁמָּה. —
2. Sachliche Objekte. a) Akkusativ derselben. α) Allein: Gen. 25, 31;
47, 20. 22; Ex. 21, 35. 37; Lev. 25, 29; II Reg. 4, 7; Prov. 31, 24; Ruth

---

*) Statt דֹּל ist גָדוֹל zu lesen; vgl. Kautzsch, Textkr. Erl.: Siegfried-
Stade, Hebr. Wb. unter הדר.

**) Nah. 3, 4 gehört nicht hieher; vgl. Steiner z. St.

4, 3.   β) Dazu ל der Person: Gen. 25, 33; Lev. 25, 14. 16; 27, 20;
Deut. 14, 21.   γ) Eine Zeitbestimmung: Neh. 10, 32 הממכר שנת. —
δ) ל der Person und Zeitbestimmung: 13, 16 ' בבית ממכר ביום. — b) Mit
partitivem מן: Lev. 25, 25; Ez. 48, 14. — c) ל der Person. α) Allein:
Lev. 25, 27.   β) Dazu eine nähere Bestimmung: 25, 15 שנים במספר
תמכר לי. — d) Absolut: Neh. 13, 15. — 3. Das Particip מכר = Ver-
käufer: Jes. 24, 2; Ez. 7, 12. 13; mit Suffix Sach. 11, 5 מכריהן; Neh. 13, 20
היי המכרים כל. — **Niph'al** 1. Sich als Sklave verkaufen. a) Mit ל,
jemandem: Lev. 25, 39. 47. 50; Deut. 15, 12; Jer. 34, 14. — b) Absolut:
Lev. 25, 48. — 2. Verkauft werden. a) Personen. α) Mit ל, jemandem:
Neh. 5, 8 *(bis)*.   β) ב des Wertes: Ex. 22, 2. — γ) Sonstige nähere
Bestimmungen: Die Israeliten sollen nicht verkauft werden Lev.
25, 42 ממכרת עבד; Josef wurde verkauft Ps. 105, 17 לעבד; die Juden
Esth. 7, 4 ולשפחות להמכר.   δ) Absolut: Esth. 7, 4. — b) Tiere und
leblose Objekte. α) Mit ב des Wertes: Lev. 27, 27.   β) Mit einer
näheren Bestimmung: Grund und Boden darf nicht verkauft werden
Lev. 25, 23 לצמתת.   γ) Absolut: 25, 34; 27, 28. — **Hithpa'el** verkauft werden: Deut. 28, 68 שם לאיביך לעבדים.

Den denominativen Charakter von מכר hat bereits Dietrich angenommen, der das Subst. מֶכֶר von dem Verbum כרה herleitete.

יָעַץ von עֵצָה **Kal** 1. Die עֵ handhaben. Diese allgemeine Bedeutung noch Jes. 9, 5 יועץ אל, Amtsname des Messias = Herrscher,
Regent. — 2. Einen Ratschluss fassen. a) Von den auf die Re-
gierung der Welt und die Geschicke der Völker sich beziehenden
Entschliessungen Gottes. α) יעץ מצה. α') Dazu על der Person:
Jes. 19, 17 עליו יעץ; in passiver Konstruktion
14, 26 היעוצה העצה הזאת על-כל-הארץ. β') אל derselben: Jer. 49, 20. —
β) Mit einem sonstigen sachlichen Akkusativ. α') Allein: Jes. 23, 9
יי צבאות יעצה; 14, 24 כאשר יעצתי; derselbe ist ein Infinitiv II Chr. 25, 16
ביעצין אלהים להשחיתך. β') Dazu על der Person: Jes. 19, 12 מה-יעץ
יי צבאות על-מצרים; und in der auf Jahwe Bezug nehmenden Frage
23, 8 מי יעץ זאת על-צר. γ) Absolut: 14, 27. — b) Von Menschen
fast nur im schlechten Sinne betreffend die gegen die Heilsratschlüsse
Gottes und gegen seine Getreuen gerichteten Unternehmungen. α) יעץ
מצה. α') עֵ יעץ Jes. 8, 10, wo der Imperativ doch wohl nach Analogie der יְ gemeint sein wird, also עֵצוּ*).   β') Dazu על der Person,
wider jemanden: Jer. 49, 30. — β) Mit einem sonstigen sachlichen

---

*) Siegfried-Stade, Hebr. Wb. u. d. W.

Akkusativ. α') Allein: Jes. 32, 7 זמות. 8 יעצו דרכים; Mi. 6, 5 מה־יעץ
בלק; Nah. 1, 11 (Part.) יֹעֵץ בליעל; derselbe ist ein Infinitiv Ps. 62, 5
להדיח. — β') Dazu על der Person, wider jemanden: Jes. 7, 5 יעץ
עליך. — γ') ל, für jemanden: Hab. 2, 10 יעצת לביתך.   γ) In Participialkonstruktion: Prov. 12, 20 יֹעֲצֵי שלום (Gegs. חרשי־רע). — 3. Einen
Rat geben betreffs der Zukunft, von der Eröffnung derselben durch
den Seher. a) Doppelter Akkusativ: Num. 24, 14 איעצך אשר יעשה. —
b) Absolut: יועץ = Orakelspender, Jes. 3, 3; 41, 28. — 4. Einen Rat
geben = belehren. a) Subjekt ist Gott: Ps. 16, 7 יי אשר יעצני *). —
b) Menschen. α) Im guten Sinne: Hi. 26, 3 יעצת ללא חכמה. —
β) Im schlechten Sinne: II Chr. 22, 3 יעצתו להרשיע. — **Niph'al** sich
beratschlagen. Gottlose wider den Frommen Ps. 71, 10 נועצו יחדו;
wider Jahwe 83, 6 נועצו לב. — **Hithpa'el** sich unter einander beratschlagen: Ps. 83, 4 יתיעצו על־צפוניך.

Ausserhalb des theologischen Sprachgebrauches:
Kal Rat geben, raten. a) יעץ עצה. α) Allein: II Sam. 16, 23; 17, 7. —
β) Dazu Akkusativ der Person: I Reg. 1, 12; 12, 8. 13; II Chr. 10, 8. —
b) Akkusativ der Person. α) Allein: Ex. 18, 19; Jer. 38, 15.   β) Dazu
eine nähere Bestimmung: II Sam. 17, 15 כזאת יעץ. — c) על der
Person, gegen jemanden: 17, 21 ככה יעץ עליכם. — d) Ein sachlicher
Akkusativ: 17, 11 ein Objektssatz. 15 וכזאת יעצתי. — e) Absolut.
α) Der Imper. עֻצוּ mit abgeworfenem ersten Radikal Jud. 19, 30.
β) Das Particip = Rat als Amtstitel: II Sam. 15, 12; Jes. 1, 26; 19, 11;
Mi. 4, 9; Hi. 3, 14; 12, 17; Esr. 4, 5; 7, 28; 8, 25; I Chr. 27, 32. 33; II Chr.
22, 4; 25, 16; Berater: Prov. 11, 14; 15, 22; 24, 6; I Chr. 26, 14. —
Niph'al 1. Sich beraten. a) Mit את I Reg. 12, 6. 8; Jes. 40, 14; II Chr
10, 6. 8. — b) Mit עם I Chr. 13, 1. — c) Mit יחדו Jes. 45, 21; Neh.
6, 7. — d) Absolut: Prov. 13, 10 (Part.), wenn nicht vielmehr hier
die tolerative Bedeutung vorliegt. — 2. Infolge einer Beratschlagung:
a) Verabredung treffen. α) Mit אל II Reg. 6, 8; II Chr. 20, 21.
β) Mit עם 32, 3. γ) Infinitiv mit ל 30, 2. 23. — b) Beschliessen,
raten: I Reg. 12, 6. 9; II Chr. 10, 6. 9. — 3. Mit sich selbst zu Rate
gehen: I Reg. 12, 28; sich etwas überlegen II Chr. 25, 17.

Kal zeigt sich in altem Sprachgebrauche. Ich halte יעץ nahe
verwandt mit יצע und demgemäss wäre die sinnliche Grundbedeutung
„fest machen, fest setzen, bestimmen".

---

*) Ps. 32, 8 איעצה עליך עיני liegt eine Ableitung von יעץ nicht vor.

V. Kal — Pi'el — Hiph'il.

חכם von חָכַם **Kal** 1. Weise sein in religiös-sittlicher Beziehung.
a) Mit *dat. comm.*: Prov. 9, 12 לָךְ חָכַם חָכַם אִם. — b) Mit einer
Zeitbestimmung: 19, 20 בְּאַחֲרִיתֶךָ. — c) Absolut: Deut. 32, 29; Prov.
9, 12 (Gegens. אֱוִיל); 20, 1; 27, 11; Hi. 32, 9. — 2. Weise werden.
Absolut: Prov. 6, 6; 8, 33; 9, 9; 13, 20; 21, 11; 23, 15. 19. — **Pi'el** jemanden weise machen. a) Subjekt ist Gott: Hi. 35, 11 מְלַפְּנוּ מִבַּהֲמוֹת
חַכְּמֵנוּ (parall. יְחַכְּמֵנוּ). — b) Subjekt sind seine Gebote: Ps. 119, 98
תְּחַכְּמֵנִי מִצְוֹתֶךָ מֵאֹיְבַי. — **Hiph'il** weise machen: Ps. 19, 8 יְהוָה עֵדוּת
נֶאֱמָנָה מַחְכִּימַת פֶּתִי.

Ausserhalb des theologischen Sprachgebrauches:
Kal 1. Weise sein, vom umfassenden Wissen und intellektuellen
Scharfsinne. a) Mit komparat. מִן: I Reg. 5, 11. — b) Mit Akkusativ
der Beziehung: Eccl. 2, 19 meine Arbeit, שֶׁעָמַלְתִּי, bezüglich deren ich
weise gewesen. — c) חֲכַם לִבּוֹ Sach. 9, 2. — 2. Weise werden. Absolut: Eccl. 2, 15; 7, 23. — **Pi'el** jemanden weise machen, Akkusativ
der Person: Ps. 105, 22. — **Pu'al** nur das Particip. a) Von praktischer Geschicklichkeit = geübt: Ps. 58, 6. — b) Von der dem
Tiere angeborenen Schlauheit: Prov. 30, 24. — **Hithpa'el** 1. Sich
listig benehmen, mit לְ, gegen jemanden: Ex. 1, 10. — 2. Den Philo-
sophen spielen: Eccl. 7, 16.

כעס von כָּעַס **Kal** Unmut, Verdriesslichkeit hegen. 1. Subjekt
ist Gott: Ez. 16, 42 עוֹד אֶכְעַס וְלֹא. — 2. Von Menschen ausgesagt nur
im schlechten Sinne: Ps. 112, 10 וְכָעָס יִרְאֶה רָשָׁע; der Reiche infolge
der Habgier Eccl. 5, 16 הַרְבֵּה וְכַעַס; daher 7, 9 לִכְעוֹס ein Charakteristi-
kum des Thoren bildet. — **Pi'el** zum Zorne reizen den Herrn:
Deut. 32, 21 בְּהַבְלֵיהֶם כִּעֲסוּנִי (parall. בְלֹא־אֵל קִנְאוּנִי). — **Hiph'il** כּ bereiten. 1. Subjekt ist Jahwe. a) Verdruss bereiten: Deut. 32, 21 כָּעַס
אַכְעִיסֵם בְּגוֹי (parall. בְלֹא־עָם אַקְנִיאֵם). — b) Kümmernis, Furcht und
Trauer bereiten: Ez. 32, 9 לֵב עַמִּים רַבִּים וְהִכְעַסְתִּי. — 2. Subjekt ist
Israel, welches seinem Gotte כּ bereitet durch Götzendienst und
Abgötterei. a) Akkusativ der Person. α) Allein: Deut. 4, 25 וַעֲשִׂיתֶם
לְהַכְעִיסוֹ בְּעֵינֵי יְהוָה רָעָה וַעֲשִׂיתֶם; 9, 18; II Reg. 17, 17; II Chr. 33, 6 לַעֲשׂוֹת
לְהַכְעִיסוֹ יְהוָה בְּעֵינֵי הָרַע; Jud. 2, 12 אֲחֵרִים אֱלֹהִים אַחֲרֵי וַיֵּלְכוּ;
I Reg. 14, 9 לְהַכְעִיסֵנִי אֲחֵרִים אֱלֹהִים לְךָ וַתַּעֲשֶׂה; 15 עַד אֲשֶׁר יַכְעִיסוּ
אֲשֵׁרֵיהֶם אֲדֹנָי; 16, 33 אֲדֹנָי לְהַכְעִיס אֶת־יְהוָה; II Reg. 17, 11 יְהוָה
אֲשֶׁר עָשׂוּ לְהַכְעִיס אֲדֹנָי; 21, 15 דְּבָרִים רָעִים בְּעֵינֵי יְהוָה הָיוּ אֲדֹנָי
אֵת; Jer. 7, 18 הַכְעִסֵנִי לְמַעַן בֹּסֶם אֲחֵרִים לֵאלֹהִים וְהַסֵּךְ; 19 הַכְעִסִים הֵם הַאֹתִי;

32, 29 הכעיסני למען אחרים לאלהים סבים : הסבו יהסבו לבעל .. קטרי . 32; 44, 3 אשר ;
להכעיסני עשי ; Ez. 8, 17 להכעיסני אדחזרך יתרבי ; 16, 26 להכעיסני וישבו ;
II Chr. 28, 25 אבריה אלהי אדר־־ יבעסי אחרים לאלהים לקטר .   β) Dazu
den Akkusativ seines Nomens: I Reg. 15, 30 אדרי הבעים אשר בכעסו ;
II Reg. 23, 26 מנשה הכעיסי אשר בל־להבעסים בל.   γ) Ein Infinitiv
mit ל: Jer. 11, 17 לבבל לקטר להכעיסני להם עשי אשר .. בדרי רעת בגלל.
δ) ב des Mittels. α') Deut. 31, 29 ידבם במעשה להכעיס; I Reg. 16, 7
ידי במעשה להכעיסי; II Reg. 22, 17 ידיהם במעשה הכעסני למען; Jer.
25, 6 ידרבם במעשה איר להכעיסי ולא; 32, 30 ידרהם במעשה אתי מכעסים אך;
II Chr. 34, 25 ידיהם מעשי בבל הכעיסני למען; Deut. 32, 16 יכעיסהו בתיעבת
(parall. בזרים וקנאתו); I Reg. 16, 2 בחטאתם להכעיסני. 26. 13 אדרי הבעים
להבליתם רש' אלהי; Jer. 8, 19 בהבלי בפסליהם הכעיסני מדוע; Ps. 78, 58
ברמותי ויכעיסוהו (parall. יקניאיהו ובפסיליהם). — β') Jer. 25, 7 הבעסני למען
לבב לרע ידרבם במעשה; 44, 8 לקטר ידרבם מעשי להכעיסני. — ε) Sonst eine
nähere Bestimmung: I Reg. 22, 54 אביו אשר־עשה בבל רש' אלהי אדרי;
Jes. 65, 3 תמיד עלי־פני אתי המכעסים העם. — b) Bloss Akkusativ seines
Nomens: I Reg. 21, 22 הכעסת אשר הכעס אל־להבעס. — c) Adverbialer Akkusativ: Hos. 12, 15 תמרורים אפרים הכעים. — d) Bloss ב des Mittels:
Ps. 106, 29 במעלליהם ויכעיסו. — e) Absolut: II Reg. 21, 6 הרע לעשות
להכעיס יי בעיני; 23, 19 להכעים ... עשי אשר .... אדבל־בבתי הבמות.

Ausserhalb des theologischen Sprachgebrauches:
Kal unmutig, verdriesslich sein. a) אל der Person, über jemanden:
II Chr. 16, 10. — b) Absolut: Neh. 3, 33. — **Pi'el** jemanden verdriesslich machen: I Sam. 1, 6 כעס בעבור צרתה תרעמה וכעסתה. — **Hiph'il** jemanden kränken. a) Akkusativ der Person: I Sam. 1, 7. — b) לבגד
derselben Neh. 3, 37.

Kal gehört durchweg später Schriftperiode an; Hiph. ist früher.

רגל von רֶגֶל **Kal** als Verleumder herumlaufen: Ps. 15, 3 על־לשנו בל־רגל
(parall. לא־עשא ותרפה). — **Pi'el** verleumden: II Sam. 19, 28 בעברך
תבלך אל־אדרי. — **Tiph'el** leiten, von göttlicher Führung: Hos. 11, 3
לאפרים תרגלתי.

Ausserhalb des theologischen Sprachgebrauches:
Pi'el die Füsse gebrauchen. 1. Herumlaufen, um zu spionieren,
auskundschaften. a) Akkusativ des Landes oder der Stadt: Gen.
42, 30 (Part.); Num. 21, 32; Deut. 1, 24; Jos. 6, 22 (Part.). 25; 7, 2 (bis);
14, 7; Jud. 18, 2. 14. 17; II Sam. 10, 3; I Chr. 19, 3. — b) מרגל = Spion:
Gen. 42, 9. 11. 14. 16. 31. 34; Jos. 2, 1; 6, 23; I Sam. 26, 4. — 2. Herumlaufen; daher das Particip = Bote II Sam. 15, 10.

VI. Kal — Pi'el — Pu'al.

לָמַד von בָּלַד ? **Kal** 1. Lernen, von der Aneignung der Kenntnis sittlicher Forderungen, religiöser Satzungen und Übungen, jedoch so, dass damit auch der Begriff der praktischen Durchführung derselben sich verbindet. a) Akkusativ der Sache: Deut. 5, 1 את nämlich החקים ואת המשפטים; אֶת־הַחֻקִּים; Jes. 1, 17 הֵיטֵב: 26, 9. 10 צדק; 29, 24 לֶקַח; Jer. 12, 16 לִמְּדוּ אֶת־דַּרְכֵי עַמִּי; אֶל־לִמְדוּ; Ps. 106, 35 מעשׂיהם näml. der Heiden; 119, 7 צִדְקֶךָ מִשְׁפְּטֵי. 71 חֻקֶּיךָ. 73 מִצְוֹתֶיךָ; Prov. 30, 3 חָכְמָה. — b) Ein Infinitiv mit לְ: Deut. 4, 10; 14, 23; 17, 19; 31, 13 לִירְאָה אֶת־; 18, 9 לַעֲשׂוֹת כְּתוֹעֲבֹת הַגּוֹיִם. — c) Ein Objektssatz: 31, 12 יִלְמְדוּ וְיָרְאוּ אֶת־. — 2. Sich gewöhnen: Jer. 10, 2 אֶל־דֶּרֶךְ הַגּוֹיִם. — **Pi'el** 1. Unterricht erteilen, lehren. a) Akkusativ der Person. α) Allein: Deut. 4, 10 וְלִמְּדוּן יְלַמֵּדוּן; וְאֶת־בְּנֵיהֶם; Jer. 32, 33 לַמֵּד אֹתָם הַשְׁכֵּם; וָאֲלַמֵּד אֹתָם; Ps. 25, 5 וְלַמְּדֵנִי*).

β) Dazu ein Akkusativ als Lehrgegenstand. α') Ein Nomen: Deut. 4, 1 חֻקִּים וְאֶת־הַמִּשְׁפָּטִים; 5, 14 אֲשֶׁר אֲנִי מְלַמֵּד אֶתְכֶם לַעֲשׂוֹת. אֶל־הַחֻקִּים וְאֶל־הַמִּשְׁפָּטִים; 5, 28 אֲשֶׁר תְּלַמְּדֵם וְהַחֻקִּים וְהַמִּשְׁפָּטִים אֶת כָּל־הַמִּצְוָה; diese letzteren Objekte gehören auch 6, 1 zu וְלִמַּדְתֶּם אֹתָם; 11, 19 אֶת־בְּנֵיכֶם אֹתָם näml. דָּבָר; Ps. 119, 12. 26. 68 חֻקֶּיךָ לַמְּדֵנִי. 64. 124 לַמְּדֵנִי. 135 חֻקֶּיךָ. 171 תְּלַמְּדֵנִי. חֻקֶּיךָ. 108 לַמְּדֵנִי מִשְׁפָּטֶיךָ; 132, 12 אֲלַמְּדֵם זוֹ; Jes. 40, 14 וַיְלַמְּדֵהוּ דַעַת; Ps. 94, 10 הַמְלַמֵּד אָדָם דָּעַת; 119, 66 לַמְּדֵנִי; Eccl. 12, 9 דַעַת; אֹתְךָ; Ps. 25, 4 אֹרְחוֹתֶיךָ. 9 דַּרְכּוֹ; 51, 15 פֹּשְׁעִים דְּרָכֶיךָ; 34, 12 יִרְאַת; לִמְּדוּם אֲשֶׁר; 9, 13 לִמְּדוּ; אֶת־רֵעֵהוּ לֵאמֹר; Ps. 25, 5 אֱלֹהֵי יִשְׁעִי. — δ) Der Lehrgegenstand eingeführt mit Präpositionen. α') Mit בְּ: Jes. 40, 14 בְּאֹרַח מִשְׁפָּט. β') Mit מִן: Ps. 94, 12 תְלַמְּדֶנּוּ. δ) Eine nähere Bestimmung der Zeit: Ps. 71, 17 לִמַּדְתַּנִי מִנְּעוּרָי. — b) לְ der Person, wozu ein sachlicher Akkusativ tritt: Hi. 21, 22 דַעַת יְלַמֶּד־אֵל הֲלֹא. — c) Akkusativ der Sache und בְּ des Ortes: Esr. 7, 10 חֹק וּמִשְׁפָּט בְּיִשְׂרָאֵל. — d) Bloss בְּ des Ortes: II Chr. 17, 7 יְהוּדָה בְּעָרֵי. 9 בִּיהוּדָה. — e) Absolut: Ps. 60, 1 לְלַמֵּד; 119, 99; Prov. 5, 13. — 2. Jemanden an etwas gewöhnen. a) Doppelter Akkusativ: Jer. 9, 4 לְשׁוֹנָם דַּבֶּר־שֶׁקֶר. — b) Zum persönlichen Akkusativ לְ: 13, 21 אֹתָם עָלַיִךְ לִמַּדְתְּ. — **Pu'al** geübt sein, von einem durch äussere Gewöhnung angelernten Gebote im

---

*) Cant. 8, 2 תְּלַמְּדֵנִי gibt keinen rechten Sinn und dürfte verderbt sein.

Gegensatz zu dem aus innerer Überzeugung vollzogenen: Jes. 29, 13
מצות אנשים מלמדה. —

Ausserhalb des theologischen Sprachgebrauches:
Kal lernen, gewisse Fertigkeiten sich aneignen. 1. Von Menschen.
a) Ein sachliches Akkusativobjekt: Jes. 2, 4; Mi. 4, 3 מלחמה. —
b) Das Particip: 1 Chr. 5, 18 למודי מלחמה. — 2. Von Tieren: Ez.
19, 3. 6 למד־טרף. — **Pi'el** einüben, einschulen in äusserer Fertig-
keit. a) Doppelter Akkusativ der Person und des Lehrgegenstandes:
Deut. 31, 19. 22 vom Einüben eines Liedes; Jud. 3, 2 מלחמה; II Sam.
1, 18, wo das Klagelied das sachl. Objekt bildet und קשת zu streichen
ist*); Jer. 9, 19 נהי; Dan. 1, 4 ספר ולשון כשדים. — b) Dem Akkusativ
ידי das Lehrziel, der Krieg, mit ל beigegeben: II Sam. 22, 35; Ps.
18, 35; 144, 1. — **Pu'al** 1. Geübt sein, von Menschen. Im Krieg
Cant. 3, 8; im Gesang I Chr. 25, 7. — 2. Gezähmt, abgerichtet sein,
vom Tiere: Hos. 10, 11; Jer. 31, 18.

Schwally Z.A.W. XI, 170 bemerkt: „In מלמד Ochsenstecken
blickt die Grundbedeutung der Wurzel „*stimulare*" noch durch.
למד bedeutet danach ursprünglich „mit dem מלמד anstacheln" (vgl.
Hos. 10, 11 מלמדה?), womit aber nicht gesagt sein soll, dass es
von מלמד denominiert sei." Auch oben wurde durch ein Frage-
zeichen dem Bedenken bezüglich des denominativen Charakters Ausdruck gegeben, wenngleich ich gestehen muss, dass gerade die mir
richtig erscheinende Etymologie, welche Schwally gibt, mir eher für
als gegen den denominativen Ursprung spricht.

ספר von סֵפֶר **Kal** 1. Aufzeichnen, buchen als Mittel zur Erinnerung, daher = eingedenk sein; von Gott ausgesagt Ps. 56, 9 נדי
ספרתה. — 2. Zählen, von Jahwe gebraucht. a) כצעדי Hi. 14, 16;
31, 4. — b) ספר בכתב עמים Ps. 87, 6. — 3. ספר. a) Der Gesetzesschrift-
steller, Gesetzesüberlieferer: Esr. 7, 6. 11; Neh. 8, 1. 4. 9. 13; 12, 26. 36. —
b) Der Gesetzeskundige, Schriftgelehrte: Neh. 13, 13; I Chr. 2, 55;
24, 6; 27, 32; II Chr. 34, 13. — **Pi'el** 1. Lobpreisend erzählen, fast
durchweg nur mit Bezug auf die Wunder und Grossthaten Jahwes.
a) ל der Person. α) Dazu ein sachlicher Akkusativ: Jud. 6, 13 לנו
ספרו־לנו אבותינו; Ps. 78, 3 ואבותינו ספרו־לנו, wozu der
Akkusativ נפלאת, die Grossthaten Jahwes, gehört; V. 4 לדור אחרון מספרים
תהלת יהוה. β) Ein Objektssatz: 44, 2 אבותינו ספרו־לנו פעל בל פעלת.
γ) Der auf die Grossthaten Jahwes bezügliche Akkusativ ist zu dem

---

*) Vgl. Wellhausen, Der Text der BB. Sam. 151.

Dativ לבמים 78,6 zu ergänzen. — b) באר der Person und Objektssatz: Ex. 10,2 ׳בכ יתללעתה רשא את .. בב יתעדיו. — c) Ein sachlicher
Akkusativ. α) Allein: Jes. 43,21 רפסי; Ps. 9,2 ךיתאלפנ־לכ. 15 לכ
ךיתלהת; 19,2 ראידוג ׳ם םירפסמ; 26,7 ךיתאלפנ־לכב; 78,28 ךיתאלפנ;
75,2 ךיתואלפנ; 79,13 ךתלהת רפסנ; 118,17 הי ישעמ; 145,6 ךיתורובג; auch ein
blosser Objektssatz 48,14 וניהלא הז יכ הז ילא; 66,16 ישע רשא; בל ישע רשא־.
β) Dazu ein näherer Umstand. Des Ortes: Jer. 51,10 השעמ־תא ןויצב
וניהלא יי; Ps. 96,3; I Chr. 16,24 םיוגב ודובכ; der Art und Weise:
Ps. 107,22 הנרב וישעמ. — 2. Lobpreisend verkünden. a) ל der Person
und sachlicher Akkusativ: Ps. 22,23 רחאל ךמש. — b) Sachlicher
Akkusativ und ein näherer Umstand: Ex. 9,16 ץראה־לכב ימש; Ps.
102,22 םי תא ןויצב; 71,15 ךתעושת ךתקדצ; 119,13 לכ .. יתרפס
ךיפ־יטפשמ. — 3. Feierlich Kunde geben. a) Hi. 28,27 הרפסיו, nämlich die Weisheit. — b) Von einem Beschlusse: Ps. 2,7 הרפסא. —
4. Erzählen. a) Im bösen Sinne, mit Spott: Ps. 59,13 ורמסי ואלמ;
רפסי; 64,6 םירבד ומל ורפסי; 69,27 יתללח רשא־לא. — b) Im Gebete erzählen: 119,26 יתרפס. — c) Von der religiöse Wahrheiten betreffenden
Erkenntnisvermittlung: Ez. 12,16 רשא םתובעות־לכ־תא, damit die
Heiden nicht irre werden an Jahwes Macht; Hi. 12,8 הז יכ ךל;
15,17 יתיזח רשא־הזו. — **Pu'al** 1. Erzählt werden: Ps. 22,31 ראדאל
לבל. — 2. Verkündiget werden: 88,12 רפסי דסח רבקב.

Ausserhalb des theologischen Sprachgebrauches:
Kal 1. Aufzeichnen, buchen zum Zwecke der Zählung. a) Persönlicher Akkusativ. α) Allein: II Sam. 24,10 םעה־תא; II Chr. 2,16 (*bis*)
׳ה םהל רפס רשא ירחא .. לארשיב. β) יי .. ימ לארשי־תא I Chr.
21,2. — b) Sachlicher Akkusativ: Getreide, Gen. 41,49; Häuser in
Jerusalem Jes. 22,10; Türme 33,18; Ps. 48,13. — 2. Zählen. a) Persönlicher Akkusativ: II Chr. 2,1. — b) Sachlicher Akkusativ.
α) Allein: Die Sterne Gen. 15,5 (*bis*); Wochen Deut. 16,9; Geld
Jes. 33,18; die Gedanken Gottes Ps. 139,18; Monate Hi. 39,2.
β) Dazu ל zur Einführung des *dat. comm.* Lev. 15,13.28; 25,8; Deut.
16,9; Ez. 44,26; dazu noch den Termin, von wo ab zu zählen,
mit ןמ Lev. 23,15. γ) ל der Person, jemandem etwas zuzählen: Esr.
1,8. δ) Zu dem sachlichen Akkusativ דע des Termines, bis zu welchem zu zählen ist: Lev. 23,16. — 3. רפס. a) Der Schreiber, der Schrift-
kundige: II Reg. 12,11; 25,19; Jer. 36,26.32; 52,25; II Chr. 24,11; יהיו ךכ
Ps. 45,2; ׳ס םע Jer. 8,8; ׳סה רעש Jer. 36,23; ׳סה רקב Ez. 9,2.3*). —

---

*) Jud. 5,14 ist der Text kaum richtig überliefert.

b) Titel des Kanzlers: II Sam. 8, 17; 20, 25; 1 Reg. 4, 3; II Reg.
22, 3. 8. 9. 10. 12; 19, 2; Jes. 36, 3; 37, 2; Jer. 36, 10. 12. 20. 21; 37, 15. 20;
I Chr. 18, 16; II Chr. 34, 15. 18. 20. — **Niph'al** gezählt werden. a) Menschen. α) Die Nachkommenschaft לֹא יִסָּפֵר מֵרֹב Gen. 16, 10; 32, 13;
1 Reg. 3, 8.   β) Die Leviten: 1 Chr. 23, 3 מִבֶּן שְׁלֹשִׁים שָׁנָה יִתְמַלֵּל.
γ) Absolut: Hos. 2, 1. — b) Schafe und Rinder zum Opfern: 1 Reg.
8, 5; II Chr. 5, 6 בָּקָר ... לֹא־יִסָּפְרוּ. — c) Das Heer des Himmels, absolut: Jer. 33, 22. — **Pi'el** 1. Verzeichnen. a) Zählen: Ps. 22, 18
אֲסַפֵּר כָּל־עַצְמוֹתָי. — b) Herzählen: Ps. 40, 6 deiner Wunder und Pläne sind
zu viele מִסַּפֵּר; 50, 16 תְּחֻקֵּי; abzählen Hi. 38, 37 die Wolken mit Weisheit. — 2. Erzählen. a) לְ der Person. α) Allein: Gen. 40, 8; Num.
13, 27.   β) Dazu ein sachlicher Akkusativ: Gen. 24, 66; 29, 13
אֵת כָּל־הַדְּבָרִים; 37, 9; 40, 9; 41, 8. 12; Jud. 7, 13; Jer. 23, 27, an allen Stellen
חֲלֹם Sgl. oder Pl. Objekt; Jos. 2, 23 אֵת כָּל־הַמֹּצְאוֹת אֹתָם; 1 Sam. 11, 5
אֶת־דִּבְרֵי; I Reg. 13, 11 (bis) die Thaten und Worte des Gottes-
mannes; II Reg. 8, 4. 6 (das Objekt zu ergänzen) die Thaten des
Elisa; Esth. 5, 11 den grossen Reichtum; 6, 13 alle Begegnisse.
γ) Ein Objektssatz: Ex. 18, 8 לְחֹתְנוֹ אֵת כָּל־אֲשֶׁר עָשָׂה יְיָ; II Reg. 8, 5
אֶת־אֲשֶׁר הֶחֱיָה אֶת־הַמֵּת.   δ) בְּ der Sache: Jo. 1, 3 סַפְּרוּ לִבְנֵיכֶם עָלֶיהָ. —
b) אֶל der Person, der sachliche Akkusativ zu ergänzen: Gen. 37, 10. —
c) Akkusativ der Sache: Jer. 23, 28. 32 Träume. — 3. Allgemein
reden, vielleicht Ps. 73, 15. — **Pu'al** 1. Erzählt werden, mit לְ der
Person: Jes. 52, 15; absolut Hab. 1, 5. — 2. Gemeldet werden: Hi.
37, 20 כִּי לוֹ, ihm, dass ich reden will*).

Nach Barth stellt sich zu ספר „zählen“ im Arab. سبر „Mass
und Zahl einer Sache bestimmen“; mit jenem wäre äusserlich zu-
sammengefallen ספר „schreiben“, ספר „Buch“, welchem im Arab.
das aus südlichen Idiomen übernommene زبور entsprechen soll**).
Diese letztere Gleichstellung scheint mir zu gewagt; auch sonst sehe
ich keinen Grund ein, warum ספר in zwei Stämme gespalten werden
sollte. Vgl. noch besonders Gesenius Hwb. 12 u. d. W.

VII. Kal — Pi'el — Hoph'al.

שִׁיר von שׁיר, שָׁרָה***) **Kal** 1. Ein Lied singen. a) Das Verbum
nimmt sein Stammnomen als Akkusativobjekt zu sich. α) Hinzu-

---

*) Hoffmann: הֶחֱסִיב (Kaufmannsausdruck) „wird er jemand (eine Schuld
darum) anrechnen, weil ich es empfehle“.

**) Etymol. St. 25 ff.

***) Vgl. Nöldeke, Z.D.M.G. 37, 537.

kommt noch ל Gottes, dem das Lied gilt. Abgesehen von der erzählenden Notiz Ex. 15, 1 אז ישיר־משה ובני יש׳ את־השירה הזאת ליי, in der Verbindung שיר שיר חדש Jes. 42, 10; Ps. 96, 1; 98, 1; 149, 1; שירו־לי שיר חדש 33, 3; אלהים שיר חדש אשירה לך 144, 9. β) כל des Ortes: 137, 4 בר: על אדמת את־שיר־יי נשיר איך. — b) Das nicht sicher zu deutende Objekt: 7, 1 שגיון לדוד אשר־שר ליי על־דברי־כוש. — 2. Singen. a) ל Gottes, dem das Lied gilt. In der Aufforderung שירו ליי Ex. 15, 21; Jer. 20, 13; Ps. 96, 1. 2; I Chr. 16, 23; שירו לאלהים Ps. 68, 5. 33; שירו־לי 105, 2; I Chr. 16, 9; oder in der Selbstaufforderung אשירה ליי Ex. 15, 1; Jud. 5, 3; Ps. 13, 6; 104, 33; אשירה ואזמרה ליי 27, 6. — b) Der Gegenstand, der das Substrat des kultischen Lobgesanges bildet. α) Im Akkusativ: 21, 14 גבורתך אשירה נזמרה; 59, 17 אשיר־עזך; 89, 2 חסדי יי אשירה; 101, 1 אשירה; חסדי־יי עולם; 106, 12 תהלתו ישירו. β) Mit ב: 138, 5 בדרכי יי ישירו. — c) Die Person, der man zusingt. α) Mit ל: Die heidnischen Sieger verlangen von den Exulanten Ps. 137, 3 שירו לנו משיר ציון. β) Mit על: Der wiederbegnadigte Sünder in seinem Jubel über Gottes Erbarmen Hi. 33, 27 ישר על־אנשים*). — d) Absolut in der erzählenden Notiz: Jud. 5, 1 ותשר ד׳; ferner אשירה Ps. 57, 8; 108, 2; ישירו 65, 11; das Particip שרים Ez. 40, 44, wo es wohl Schreibfehler für שרים; Ps. 68, 26; 87, 7; המשררים II Chr. 35, 25. — **Polel** ausser Hi. 36, 24 אנשים שררו אשר פעלו**) nur das Particip zur Bezeichnung der im kultischen Dienste stehenden Sänger Esr. 2, 41. 70; 7, 7; 10, 24; Neh. 7, 1. 44. 73; 10, 40; 11, 22. 23; 12, 28. 29. 42. 45. 46. 47; 13, 5. 10; I Chr. 6, 18; 9, 33; 15, 16. 19. 27 (bis); II Chr. 5, 12. 13; 20, 21; 23, 13; 29, 28; 35, 15. — **Hoph'al** nur Jes. 26, 1, wo ein religiöses Sieges- und Loblied angeführt wird, das gesungen werden wird im Lande Juda.

Ausserhalb des theologischen Sprachgebrauches: **Kal** singen. a) In der auf das Absingen des Brunnenliedes bezüglichen Notiz: Num. 21, 17 אז ישיר ... את־השירה. — b) Mit Präpositionen. α) ל der Beziehung: Jes. 5, 1 im Liede über den Weinberg. β) על, jemandem zusingen: Prov. 25, 20. — c) Absolut: I Sam. 18, 6 (לשיר Keth.)***) vom Freudengesang zu Ehren des heimkehrenden, siegreichen Feldherrn; das Particip שרים ושרות II Sam. 19, 36; Eccl. 2, 8. — **Polel** ausser Zeph. 2, 14 קיל ישירר†) nur noch das Particip המשררים ומשררות Esr. 2, 65; Neh. 7, 67.

---

*) Von Nöldeke a. a. O. übersehen.

**) Nöldeke hält שררו für nicht recht sicher.

***) Vgl. Kautzsch, Textkr. Erl. z. St.

†) Schwally: „Eine Stimme singt oder *vox cantantis* (Hier.) ist unmög-

Dass der theolog. Sprachgebrauch zunächst im Kalˉdenominiert, ist klar. Die Etymologie bietet aber Schwierigkeiten, da innerhalb des Semitischen ein Anhaltspunkt sich nicht findet. Fleischers Erklärung (bei Delitzsch, Psalmen⁴, 272) mit Vergleichung von سَيْر „Streif, Riemen" ist gar zu gekünstelt. Nöldeke a. a. O. wirft die Vermutung hin, ob שיר nicht ein sehr altes Lehnwort, etwa aus Ägypten, sei?

VIII. Kal — Hiph'il — Hithpa'el.

בֵּישׁ von בָּשֵׁר Kal 1. Zu Schanden, beschämt werden, Wirkung auf das religiös-sittliche Bewusstsein. a) מן des Gegenstandes, von dem eigentlich diese Wirkung auf das religiös-sittliche Bewustsein ausgeht: Jes. 1, 29 מאלים (parall. חפר); 20, 5 מבוש (neben חתה); Jer. 2, 36 (bis) ממצרים bzhw. מאשור; das Volk Jahwes 12, 13 מתבאותיכם; das gegen alle Mahnungen taube Volk 22, 22 מכל רעתך בשת ונכלמת; Moab bzhw. Israel 48, 13 מבבל bzhw. בבית אל; von Heidenvölkern auch Ez. 32, 30, wo מגבורתם בושים trotz der Accente zusammengehört; das götzendienerische Israel Hos. 4, 19 ממזבחתם*); 10, 6 מעצתו, die darauf hinausgeht, mit Assyrien sich einzulassen**); die Heidenvölker Mi. 7, 16 מכל גבורתם beim Anblick der Wunderthaten Jahwes. — b) Mit dem Akkusativ seines Nomens: Jes. 42, 17 יבשו בשת הבטחים בפסל. — c) Absolut. α) Von denen, über die das Strafgericht Gottes ergeht, dessen unausweichliche Folge die Vereitlung der auf irdische oder der falschen Götter Macht gebauten Hoffnungen und Pläne ist: 11 Reg. 19, 26 (neben חתה); Jes. 19, 9; 37, 27 (neben חתה); 41, 11 (neben ויכלמו); 44, 9. 11 (bis); 45, 16 (neben נכלמו). 24; 65, 13; 66, 5; Jer. 9, 18; 14, 3 (neben הכלמו). 4; 15, 9 (neben חפרה); 17, 13. 18 (neben יחתו); 20, 11; 49, 23; 50, 12 (parall. חפר); 51, 51; Mi. 3, 7 (parall. וחפרו); Ps. 6, 11 (bis); 25, 3; 31, 18; 35, 4 (neben יכלמו; parall. יסגו אחור יחפרו). 26 (neben יחפרו; parall. ילבשו בשת וכלמה); 40, 15 und gleichlautend 70, 3 (neben יחפרו; parall. יסגו אחור יכלמו); 71, 13 (neben יכלמו יעטו חרפה וכלמה). 24; 83, 18 (neben יבהלו; parall. ויחפרו); 86, 17; 97, 7;

---

lich; an jene Stätte der Verwüstung passt kein Gesang, eher Geschrei und Gekrächze … An Stelle von ישירו wird der Name eines Vogels erwartet." Z. A. W. X, 195. Nach Wellhausen, Skizzen und Vorarb. V ist statt קיל zu lesen כוס „die Eule wird im Fenster singen".

*) Vorzuziehen ist nach LXX מבמותם; vgl. Wellhausen, Skizzen und Vorarb. V, 110.

**) Besser mit Wellhausen a. a. O. V, 122 zu lesen בעצבי.

109, 29; 119, 78; 129, 5 (neben רשׁגו אחיר). β) Von den Frommen,
die auf Gott harren und treu zu ihm stehen, ist häufig die Verheissung, oder die in Glaubenszuversicht ausgesprochene Hoffnung,
dass sie nicht zu Schanden werden: Jes. 29, 22; 45, 17 (neben ואל-
תכלמו); 49, 23; 50, 7; 54, 4 (neben ואל-תכלמי); Jer. 17, 18; Jo. 2, 26. 27;
Ps. 22, 6 (parall. ולא-בושׁו); 25, 2. 3. 20; 31, 2. 18; 37, 19; 69, 7 (parall.
ואל-יכלמו); 71, 1; 119, 6. 46. 80; 127, 5. — γ) Von leblosen Wesen: Jes.
24, 23 וחפרה הלבנה ובושׁה החמה; ebenso infolge des göttlichen Strafgerichtes wird das Land Babels zu Schanden werden Jer. 51, 47*). —
2. Scham empfinden, sich schämen, Eindruck auf das religiös-sittliche Gefühl. a) מן der Ursache: Ez. 36, 32 בושׁו והכלמו מדרכיכם;
Zeph. 3, 11 בשׁל כל עלילתיך. — b) Mit einem untergeordneten Infinitiv:
Esr. 9, 6 בשׁתי .. פני אליך להרים מבלתי. — c) Absolut. α) גבושׁ־בם
לא-יבושׁי Jer. 6, 15; 8, 12. — β) Jes. 23, 4 בושׁי צידן; 26, 11 יחזו ויבשׁו;
Jer. 31, 19 בושׁתי וגם-נכלמתי; in dem Zuruf an Moab 48, 39 בשׁ; an das
ungetreue Jerusalem Ez. 16, 52 בושׁי וגם-נשׂאי כלמתך; 63 למען תזכרי-ובשׁתי. —
Hiph'il I. הביושׁ, nur Formen des Perfektums zu belegen. 1. Eine
Schandfigur machen, zu Schanden werden. a) Personen. α) מן des
Gegenstandes: Jer. 10, 14; 51, 17 הביושׁ כל-צורף מפסל.   β) Mit Objektssatz: 6, 15 הובישׁו; 8, 12 הבישׁו, an beiden Stellen folgt כי-תועבה עשׁו.
γ) Absolut: 2, 26 'כהבשׁת בנב כי וגו; 8, 9 הבישׁו החכמים חתו וילכדו; 48, 20
הבישׁ מואב חתה; 50, 2 הבישׁ בל; Jo. 1, 11 הבישׁו אכרים. — b) Unbelebtes. α) Mit מן in prägnanter Konstruktion: Jo. 1, 12 הבישׁ שׂשׂון
מן-בני אדם, dagegen sind die übrigen V. 10. 12. 17 vorkommenden Per-
fekta wohl richtiger zu יבשׁ „trocken werden" Hiph. „Trockenheit
erzeugen" zu ziehen**). β) Absolut. Besonders von Ländern und
Städten infolge des göttlichen Strafgerichtes: Jer. 46, 24 הבישׁה בת-מצרים;
48, 1 *(bis)* הבישׁה, neben נתפשׂה bzhw. חתה; 50, 2 הבישׁ עצביה חתי גלוליה;
Sach. 9, 5 הבישׁ כי מבטה. — 2. Schande, Schandbares treiben: Hos. 2, 7
הובישׁה (parall. חתה). — II. הפיל und die zugehörigen Formen. 1. Zu
einer Schandfigur machen, zu Schanden machen. a) Akkusativ der
Person, von Jahwe ausgesagt: Ps. 44, 8 משׂנאינו הבישׁות (parall. הושׁעתנו
מצרינו); 53, 6 הבשׁתה mit zu ergänzendem Akkusativ; in dem Gebete 119, 31. 116 אל-תבישׁני. — b) Akkusativ der Sache: 14, 6 עצת-עני תבישׁו. —
2. Schandbares treiben, schändlich handeln, nur Particip: Prov. 10, 5;

---

*) Nicht hieher gehört Hos. 13. 15 ויבושׁ מקורו (parall. ויחרב מעינו), da
יבשׁ „trocken werden" gemeint ist; die Überlieferung hat beide Verba zu-
sammengeworfen.

**) Aber Jes. 30, 5 Qere mit Recht הבאישׁ für Keth. הבישׁ.

14,₃₅; 17,₂ (stets Gegensatz מַשְׂכִּיל); 19,₂₆ neben בְּחֶפְיָר; 12,₄ מְבֹישָׁה (Gegensatz אֵשֶׁת חַיִל). — 3. Schande bereiten: 29,₁₅ אִמּוֹ מֵבִישׁ. — **Hithpolel** Scham vor einander empfinden, Folge der Sünde: Gen. 2,₂₅.

Ausserhalb des theologischen Sprachgebrauches: **Kal** 1. Zu Schanden werden: a) בֹּשׁוּ־הֹבִישׁוּ Jud. 3,₂₅; defektiv geschrieben II Reg. 2,₁₇; 8,₁₁. — b) Von Karawanen, die vertrauensvoll nach dem Wadi ausschauen: Hi. 6,₂₀. — 2. Scham empfinden, sich schämen: Hi. 19,₃ תַּחְבְּרוּ־לִי; לֹא־תֵבֹשׁוּ; Esr. 8,₂₂ בֹשְׁתִּי לִשְׁאוֹל. — **Polel** zögern, säumen, Infinitiv mit לְ: Ex. 32,₁; Jud. 5,₂₈. — **Hiph'il** Schimpf bereiten, beschimpfen II Sam. 19,₆ לְהֹבִישׁ אֶת־פְּנֵי.

Zur Ernierung der Grundbedeutung ist nicht بَهَت (Fried. Delitzsch, Prol. 191), auch nicht بَات (Delitzsch zu Ps. 6,₁₁), sondern بَهَت heranzuziehen. Vgl. Nöldeke Z.D.M.G. 40, ₁₅₇, aber auch de Lagarde, Übersicht 26. Goldziher, Der Mythos 237, zieht mit Unrecht das Wort in die Wurzelgruppe *bâḍ*, wovon *abjaḍ* „weiss". Was das Hiph. הוֹבִישׁ anbelangt, so ist es zu erklären durch den im Hebr. verhältnismässig häufig beobachteten Umschlag eines mitten- in ein vornvokalisches Verbum. (Vgl. Böttcher II, 557; Barth Z.D.M.G. 41, ₆₁₆.) Der Stamm יבשׁ „trocken werden" ist ausgeschlossen und eine Identifizierung dieser beiden abzulehnen, die König im Hist.-krit. Lehrgebäude mit der Bedeutungsentwicklung „vertrocknen, des Blutes verlustig gehen, erblassen, absterben" verteidigt.

לִיץ von לֵץ **Kal** ein Spötter sein, spotten; Prov. 9,₁₂ לֹץ im Gegs. הֶחָכֵם. — **Hiph'il** als ein Spötter handeln, verspotten. a) Akkusativ der Person: Ps. 119,₅₁ זֵדִים הֱלִיצֻנִי עַד־מְאֹד; Prov. 14,₉ אֱוִילִים יָלִיץ אָשָׁם, wo gewöhnlich אָשָׁם als Subjekt angenommen, wahrscheinlicher aber wohl der Text verderbt ist. — b) Akkusativ der Sache, vom nichtsnutzigen Zeugen, der verspottet: 19,₂₈ מִשְׁפָּט. — c) Absolut, von Gott ausgesagt: 3,₃₄ אִם־לַלֵּצִים הוּא יָלִיץ; vgl. aber Nowack z. St.*). — **Hithpolel** nur absolut Jes. 28,₂₂, sich als Spötter des warnenden Propheten benehmen.

Über die Begriffsbestimmung des לֵץ vgl. Hupfeld zu Ps. 1,₁; Delitzsch, Spruchbuch S. 33; über den sinnlichen Grundbegriff ebenda S. 47.

---

*) Die noch hieher gehörige Stelle Hi. 16,₂₀ מְלִיצַי רֵעָי „meine Freunde spotten meiner" liest Hoffmann: מְלִיצִי רֹעִי „mein Dolmetscher ist mein Hirte".

IX. Kal — Pi'el — Hithpa'el.

חִיל Nebenform zu יחל. **Kal** harren, warten: Mi. 1, 12 כִּי-חלה
לְטוֹב יֹשֶׁבֶת מָרוֹת, Gegensatz: Böses von Jahwe fährt herab. — **Polel**
harren: Hi. 35, 14 לוֹ וּתְחֹלֵל, auf Gott. — **Hithpolel** harren: Ps. 37, 7
לוֹ הִתְחוֹלֵל, auf Gott.

Ausserhalb des theologischen Sprachgebrauches:
Kal warten: Gen. 8, 10 אֲחֵרִים יָמִים; Jud. 3, 25 עַד-בּוֹשׁ וַיָּחִילוּ.
Über die Etymologie vgl. zu יחל.

נכל von נֵכֶל **Kal** betrügerisch handeln, nur im Particip Mal.
1, 14 von dem, der ein den gesetzlichen Anforderungen nicht ent-
sprechendes Tier zum Opfer darbringt. — **Pi'el** Arglist ausüben
gegen jemand: Num. 25, 18 לָכֶם אֲשֶׁר-נִכְּלוּ בְּנִכְלֵיהֶם, von Midian wider
Israel. — **Hithpa'el** unter einander einen arglistigen Anschlag gegen
jemand machen: Gen. 37, 18 אֹתוֹ לַהֲמִיתוֹ; Arglist üben Ps. 105, 25
בַּעֲבָדָיו (parall. עַמּוֹ לִשְׂנֹא).

Ein im Aramäischen sehr gebräuchliches und wohl von dort erst
herübergenommenes Denominativ; die Wurzel vielleicht = stossen,
schlagen.

X. Niph'al — Pi'el — Hiph'il.

בהל von בֶּהָלָה **Niph'al** 1. Von panischem, durch Gott ge-
wirktem Schrecken ergriffen sein. a) Bestürzt sein. α) Absoluter
Gebrauch. Von den Feinden Gottes infolge der Grossthaten Jahwes
Ex. 15, 15; von den Menschen beim Herannahen des Gerichtsheeres
Gottes Jes. 13, 8; Jer. 51, 32; beim Hereinbrechen des Gottesgerichtes
über Tyrus Ez. 26, 18 הָאִיִּים נִבְהֲלוּ; von der Wirkung auf die Feinde
Gottes beim Anblick der hl. Stadt Ps. 48, 6; von der vernichtenden
Wirkung auf die Sünder infolge der Entziehung der göttlichen
Gnade und Fürsorge 6, 3 עֲצָמָי נִבְהֲלוּ. ו בֶּהָלָה נַפְשִׁי; 30, 8. β) Mit
privativem מִן: Infolge des über Babel ergehenden Gerichtes Jahwes
Jes. 21, 3 מֵרְאוֹת נִבְהַלְתִּי. — b) Fassungslos, in seiner Lebenskraft ge-
brochen sein; im sittlichen Sinne von dem fassungs- und haltlosen
Zustande des vom Unglück betroffenen Hi. 4, 5; oder mit den
Rätseln des Leidens sich beschäftigenden Dulders 21, 6; 23, 15. —
2. Durch von Gott gewirkten Schrecken verscheucht, verjagt werden.
Von den Feinden Gottes in der Verbindung וַיֵּבָהֵל שׁוּב Ps. 6, 11;
83, 18; von der Gemeinde Gottes 90, 7; daher geradezu dem Unter-
gang zugeführt werden 104, 29 (parall. יִגְוָעוּן), welch letztere Bedeutung die Auffassung des substantivierten בֶּהָלָה Zeph. 1, 18 als Unter-

178 Verba denominativa in drei Konjugationen.

gang für berechtigt darstellt. — **Pi'el** בַ bewirken, jemanden damit treffen, ihn in Schrecken setzen: Ps. 2, 5 יְבַהֲלֵמוֹ בְּחֵרוֹנוֹ; 83, 16 בְּסוּפָתְךָ תְבַהֲלֵם, Subjekt ist an beiden Stellen Gott; ebenso, wenigstens indirekt als Urheber des פַּחַד Hi. 22, 10 וִיבַהֶלְךָ פַּחַד פִּתְאֹם. — **Hiph'il** בַ bewirken, in Schrecken setzen: Hi. 23, 16 וְשַׁדַּי הִבְהִילָנִי.

Ausserhalb des theologischen Sprachgebrauches: **Niph'al** 1. In Bestürzung geraten: Jud. 20, 41; I Sam. 28, 21; II Sam. 4, 1. — 2. Kraftlos zusammensinken: Ez. 7, 27 יְדֵי עַם־הָאָרֶץ. — 3. Überhastet, übereilt handeln. a) Mit לְ, überhastet nach etwas trachten: Prov. 28, 22 לְהוֹן. — b) Mit מִן und ergänzendem Verbalbegriffe, in der Warnung Eccl. 8, 3 אַל־תִּבָּהֵל מִפָּנָיו תֵּלֵךְ. — **Pi'el** 1. Jemanden in Schrecken setzen: Dan. 11, 44 יְבַהֲלֻהוּ שְׁמֻעוֹת; Esr. 4, 4 (Keth. מְבַלֲהִים) nach dem Qere מְבַהֲלִים אוֹתָם בִּנוֹת; II Chr. 32, 18 לְבַהֲלָם. — 2. Eilig handeln. a) כָל־תְּבַהֵל Eccl. 5, 1, mit dem Munde voreilig sein. — b) Infinitiv mit לְ: 7, 9 לְבַהֵל סוֹּס; Esth. 2, 9 לְהַרְ לָהּ. — 3. Zum schnellen Handeln jemanden antreiben: II Chr. 35, 21. — **Pu'al** nur das Particip: Prov. 20, 21 נַחֲלָה מְבֹהֶלֶת ein hastig erworbenes Erbe; Esth. 8, 14 מְבֹהָלִים überstürzt, eilend. — **Hiph'il** eilig handeln; es folgt Inf. mit לְ: Esth. 6, 14 לְהָבִיא; sogar auch Akkusativ der Person: II Chr. 26, 20 וַיַּבְהִלֻהוּ, sie schafften ihn schleunigst fort.

Der theologische Sprachgebrauch entscheidet für die Priorität des Niph'al. Die etymologische Frage hat Fleischer bei Delitzsch, Jes.³ S. 667, besprochen und, indem er בהל zu بَهَلَ stellt, die Grundbedeutung „loslassen, fahren lassen" gewonnen. Ich glaube jedoch, das arabische Seitenstück zu unserem Verbum kann vielmehr nur وَأَلَ sein.

סכל von סָכָל **Niph'al** sich als נ benehmen; im religiös-sittlichen Sinne von jener geistigen Verkehrtheit, die sich in der Nichtbeachtung der göttlichen Gebote manifestiert: I Sam. 13, 13 נִסְכַּלְתָּ לֹא שָׁמַרְתָּ אֶת־מִצְוַת; II Sam. 24, 10; I Chr. 21, 8 נִסְכַּלְתִּי מְאֹד; oder die, statt bei Gott Hilfe zu suchen, von Menschen Rettung erwartet: II Chr. 16, 9 נִסְכַּלְתָּ עַל־זֹאת. — **Pi'el** machen, dass etwas thöricht erscheint, vereiteln. Subjekt ist Gott: II Sam. 15, 31 סַכֶּל־נָא אֶת־עֲצַת אֲחִיתֹפֶל; Jes. 44, 25 וְדַעְתָּם יְסַכֵּל. — **Hiph'il** als ein נ handeln, absolut im ethischen Sinne: I Sam. 26, 21.

Ausserhalb des theologischen Sprachgebrauches: **Hiph'il** ohne Überlegung und Einsicht handeln, absolut: Gen. 31, 28.

Das Denominativ, das im Aram. sehr häufig, wird zur Wurzel

סַד (שָׂד) gezogen, welcher die Bedeutung des Flechtens zukommt *); das sinnliche Etymon wäre dann „verflechten, verwirren". Vgl. jedoch Merx, *Chrestom. targ.* unter סבל.

שָׁחַת von שָׁחֵת **Niph'al** verderbt sein im ethischen Sinne. a) Gen. 6, ₁₁ הָאָרֶץ לִפְנֵי אֱלֹהִים. — b) Absolut: 6, ₁₂ הָאָרֶץ Subjekt; Ez. 20, ₄₄ בְּגִלּוּלֵיהֶם הַנִּשְׁחָתִים. — **Pi'el** 1. Verderben, vernichten im physischen Sinne; Terminus für den Vollzug des göttlichen Strafgerichtes. a) Subjekt ist Gott. α) Persönlicher Akkusativ: Gen. 6, ₁₇; 9, ₁₅ כָּל־בָּשָׂר; Ez. 5, ₁₆ לְשַׁחֶתְכֶם; 20, ₁₇ מִשַּׁחֲתָם; Hos. 11, ₉ אֶפְרַיִם; 13, ₉ שִׁחֶתְךָ יִשְׂרָאֵל **). β) Sachlicher Akkusativ: Gen. 13, ₁₀ לִפְנֵי שַׁחֵת יְיָ 'אֶת־סְדֹם וְאֶת־עֲ; 19, ₂₉ בְּשַׁחֵת אֱלֹהִים אֶת־עָרֵי הַכִּכָּר; Ez. 22, ₃₀ לְבִלְתִּי שַׁחֲתָהּ näml. הָאָרֶץ; 43, ₃ לְשַׁחֵת אֶת־הָעִיר; Thr. 2, ₅ מִבְצָרָיו. ₆ מוֹעֵד. — b) Subjekt ist ein Organ Gottes. α) Sachlicher Akkusativ: Gen. 9, ₁₁; Ez. 30, ₁₁ הָאָרֶץ לְשַׁחֵת; Gen. 19, ₁₃; II Sam. 24, ₁₆ לְשַׁחֲתָהּ näml. die Stadt bzhw. Jerusalem; Jer. 48, ₁₈ מִבְצָרָיִךְ; Ez. 26, ₁ צֹר חוֹמַית. β) Absolut: Jer. 5, ₁₀. — 2. Verderben, vernichten, von sündhaften Vorgängen auf rein geistigem Gebiete. Es folgt sachliches Akkusativobjekt. a) Allein: Am. 1, ₁₁ רַחֲמָיו; Mal. 2, ₈ בְּרִית הַלֵּוִי. — b) Dazu Angabe des Grundes: Ez. 28, ₁₇ חָכְמָתְךָ עַל־יִפְעָתֶךָ. — 3. Sittlich schlecht handeln, Schlechtes treiben. a) Mit לְ, gegen Gott: Deut. 32, ₅ שִׁחֵת לוֹ לֹא בָּנָיו מוּמָם ***). — b) Absolut: Ex. 32, ₇; Deut. 9, ₁₂ כִּי שִׁחֵת עַמְּךָ; ob hieher auch Hos. 9, ₉ הֶעְמִיקוּ שִׁחֵתוּ gehöre, ist zweifelhaft †). — **Hiph'il** I. Terminus für den Vollzug des göttlichen Strafgerichtes. 1. Verderben, vernichten. a) Subjekt ist Gott. α) Akkusativ der Person. α') Allein: Gen. 6, ₁₃ וְהִנְנִי מַשְׁחִיתָם אֶת־הָאָרֶץ ††); Deut. 4, ₃₁ וְלֹא יַשְׁחִיתֶךָ; 9, ₂₆ עַמְּךָ; 10, ₁₀ הַשְׁחִיתֶךָ; II Reg. 13, ₂₃ מַשְׁחִיתָם; Jer. 13, ₁₄ וְלֹא אֶבֶה מֵהַשְׁחִיתָם; 15, ₆ יַשְׁחִיתֵךְ עָלַיִךְ אֶת־יָדִי; Ez. 9, ₈ (Part.) אֵת כָּל־שְׁאֵרִית יִשְׂרָאֵל; II Chr. 12, ₇ לֹא אַשְׁחִיתֵם; 25, ₁₆ לְהַשְׁחִיתֶךָ; 35, ₂₁ רָגַז אֱלֹהִים וְאַל־יַשְׁחִיתֶךָ. β') Dazu Angabe des Grundes: לְהַשְׁחִית יְיָ לֹא־אָבָה II Reg. 8, ₁₉ אֶת־יְהוּדָה לְמַעַן דָּוִד; II Chr. 21, ₇ לְמַעַן בְּרִיתוֹ 'אֶת־בֵּית ד. γ') Sonst eine nähere Bestimmung: II Chr. 12, ₁₂ וְלֹא לְהַשְׁחִית לְכָלָה, der persönliche Akkusativ ist zu ergänzen. β) Sachlicher Akkusativ. α') Allein:

---

*) Fränkel. Die aram. Fremdwörter im Arab. 90.

**) Vgl. Kautzsch, Textkr. Erl. z. St.

***) Der Text ist verderbt; vgl. Dillmann z. St.

†) Wellhausen, Skizzen und Vorarb. V. 120. wird recht haben, wenn er liest: שִׁחֲתוּ == sie haben ihm eine tiefe Grube gemacht.

††) Vgl. Kautzsch, Textkr. Erl. z. St.

Gen. 18, ₂₈ der Akkusativ der Stadt ist zu ergänzen; 19, ₁₄ משחתים
א צ׳; Jer. 51, ₁₁ להשחיתה näml. Babel; Thr. 2, ₈ להשחית חשב יי
חומת בת ציון; Jes. 65, ₈ הבל הבל השחית לבלתי.   β') Dazu ein näherer
Umstand: Gen. 18, ₂₈ בחמשה את־כל־העיר; Jer. 13, ₉ אשחית רב גאון
יהודה; 51, ₂₀ בך מלכים. — b) Subjekt ist ein Organ Gottes.
α) Akkusativ der Person: Ps. 78, ₄₅ וישחיתם.   β) Akkusativ der
Sache: Gen. 19, ₁₃ משחתים אנחנו את־המקום; II Reg. 18, ₂₅ (bis); Jes.
36, ₁₀ (bis) להשחיתה näml. הארץ, bzhw. והשחיתה näml. הארץ; Jer.
36, ₂₉ את־הארץ; I Chr. 21, ₁₅ להשחיתה näml. Jerusalem.   γ) Absolut:
Jer. 15, ₃; I Chr. 21, ₁₅. — 2. Zerstörungswerk ausüben. a) Subjekt
ist Gott. α) Mit Angabe des Grundes: Gen. 18, ₃₁. ₃₂ לא אשחית
בעבור.   β) Absolut: Ps. 78, ₃₈; 106, ₂₃. — b) Subjekt ist ein Organ
Gottes. α) Mit einem näheren Umstande: I Chr. 21, ₁₂ מלאך יי
משחית בכל־גבול ישראל.   β) Absolut: המלאך המשחית II Sam. 24, ₁₆;
I Chr. 21, ₁₅. — II. Terminus für sittlich-qualifiziertes Handeln.
1. Etwas verderben. Es folgt ein Akkusativobjekt. a) Allein: Gen.
6, ₁₂ את־דרכו כל־בשר; Zeph. 3, ₇ כל עלילותם; Ps. 14, ₁ התעיבו
עלילה; 53, ₂ התעיבו עול. — b) Dazu komparatives מן: Ez. 23, ₁₁
ותשחת עגבתה. — 2. Sittlich schlecht handeln. a) Mit näheren Bestimmungen: Jud. 2, ₁₉ משחיתם מדרכם אחרי אלהים אחרים; Ez. 16, ₄₇ בהן
בכל־דרכיך. — b) Absolut: Deut. 31, ₂₉ השחת תשחתון; 4, ₁₆. ₂₅ vom
Götzendienste; Jes. 1, ₄ בנים משחיתים; Jer. 6, ₂₈ כלם משחיתים המה;
II Chr. 26, ₁₆ עד־להשחית; 27, ₂ משחיתים ישב העם.

Ausserhalb des theologischen Sprachgebrauches:
Niph'al 1. Verheert sein: Ex. 8, ₂₀ תשחת הארץ מפני הערב. — 2. Verdorben
sein: Jer. 13, ₇ der Gürtel durch Fäulnis; 18, ₄ das Gefäss unter
der Hand des Töpfers. — **Pi'el** 1. Verderben bereiten, zu Grunde
richten. a) Akkusativobjekt. α) Menschen: II Sam. 1, ₁₄ יי את־משיח;
II Reg. 19, ₁₂ הגוים.   β) Sachliche Objekte: Ex. 21, ₂₆ ישחתה, näml.
das Auge; Jos. 22, ₃₃ את־הארץ; Jud. 6, ₅ להשחת näml. הארץ; Jes. 14, ₂₀
ארצך; einen Weinberg Jer. 12, ₁₀; Weinranken Nah. 2, ₃. — b) ל des
Objektes. α) Menschen: Num. 32, ₁₅ לבלתחהם הזה לכל־שחתם.   β) Sachliches Objekt: I Sam. 23, ₁₀ לשחת בעבורי. — c) Prägnant: Gen. 38, ₉
ושחת ארצה. — d) Absolut: II Sam. 14, ₁₁. — 2. Etwas umsonst
aufwenden, verschwenden: Prov. 23, ₈ דבריך. — **Hiph'il** 1. Verderben bereiten, vernichten. a) Akkusativ der Person. α) Allein:
I Sam. 26, ₉. ₁₅; Jes. 37, ₁₂; 51, ₁₃*).   β) Dazu eine Zeitbestimmung:

---

*) Nach LXX ist zu lesen להשחיתך.

Jud. 20, 35.   γ) Eine Ortsbestimmung: 20, 42 בתיך בים אשר במשחיתם;
II Chr. 21, 23 בם בית הבה את־כל־רשום. δ) Zeit- und Ortsbestimmung:
Jud. 20, 21 ארצה איש אלה .. התיא בים. 25 איש אלה .. עיר ישראל בני
את־א. — b) Sachliche Akkusativobjekte. α) Allein: Einen Baum
Deut. 20, 19, 20; Jer. 11, 19; ein Land I Sam. 6, 5 (Part.); II Sam. 11, 1;
Dan. 11, 17; I Chr. 20, 1; die ganze Erde Jer. 51, 25; Gebäude 6, 5;
II Chr. 34, 11; Stadt und Heiligtum Dan. 9, 26; Trauben Jes. 65, 8;
die Frucht des Landes Mal. 3, 11; kostbare Geräte II Chr. 36, 19.
β) Dazu eine nähere Bestimmung: Jud. 6, 4 את־ריב הארץ; את־כיל שדיבואך
בים. — 2. In allgemeinerer Bedeutung. a) Akkusativ der Person,
jemanden schädigen. α) Allein: Prov. 6, 32 נפשו ע; Dan. 8, 24 בנבורים.
25 ובים.   β) Dazu ב des Mittels: Prov. 11, 9 ישחת חנף בפה. —
b) Sachlicher Akkusativ: Lev. 19, 27 את פאת זקנך; Ruth 4, 6 את־נחלתי. —
3. Zerstörungswerk ausüben. a) Es folgt ein Infinitiv mit ל: II Sam.
20, 15 משחיתם להפיל החומה. — b) Irgend eine nähere Bestimmung:
Jes. 11, 9; 65, 25 בכל־הר קדשי; לארצכם ישראל־יאר von Tieren; Jer. 49, 9
השחיתו די; Dan. 8, 24 ישחית נפלאות. — c) Absolut: II Sam. 20, 20;
vom Tiere Jer. 2, 30 כאריה*). — Hoph'al nur das Particip vom
physisch irgendwie Verdorbenen: Mal. 1, 14 von einem erbärmlichen
Opfertiere; Prov. 25, 26 von einem unbrauchbar gemachten Brunnen.

Das originale Verbum ist שחת; davon ist שחת „Versenkung,
Falle, Grube" gebildet.

תעב von תועבה Niph'al nur das Particip Hi. 15, 16 = ver-
abscheuungswürdig als Folge der Sünden, in Verbindung mit נאלח. —
Pi'el 1. Deklarativ: für ר erachten. a) Von Gott ausgesagt. α) Persönliche Objekte: Ps. 5, 7 איש דמים יתעב יהוה; 106, 40 את ויתעב
נחלתו. β) Sachliche Objekte: Am. 6, 8 מתאב אנכי את־גאון יעקב (neben
שנאתי), das Particip also mit erweichtem Guttural. — b) Von Menschen ausgesagt. α) Persönliche Objekte: Deut. 23, 8 (bis) לא־תתעב
אדמי bzhw. מצרי; Hi. 19, 19 בלי־סודי תעבוני; 30, 10 תעבוני, wo der
natürliche Widerwille gegen die entsetzliche Krankheit Hiobs, zugleich aber auch der sittliche Abscheu vor den vermeintlichen Frevelthaten dieses Mannes zum Ausdruck gebracht wird; von sittlich
verkehrtem Widerwillen Am. 5, 10 תעבו יושר דבר (neben שנאו
בשער). β) Sachliche Objekte: Deut. 7, 26 תעב תתעבנו כי חרם הוא
näml. zur Abgötterei verwendetes Metall; Mi. 3, 9 בשום מתעבים;
Ps. 119, 163 שקר שנאתי ואתעבה. — 2. Effektiv: zu ר machen, Ez. 16, 25

---

*) Der Sinn der Überschrift אל־תשחת Ps. 57. 58. 59. 75 ist dunkel.

אֶת־פְּ durch geistige Hurerei; Hi. 9, 31 וְהִתְעַבְתַּנִי שַׁלְחֹתִי, wo Delitzsch mit Unrecht die kausative Bedeutung leugnet*). — **Hiph'il** zu ־ר machen. a) Mit sachlichem Akkusativ: Ez. 16, 52 בְּהִיטְאֵךְ אֲשֶׁר־הִתְעַבְתְּ מֵהֶן; Ps. 14, 1 הִתְעִיבוּ; 53, 2 עֲוֺל. — b) Infinitiv mit ל: I Reg. 21, 26 לְלֶכֶת אַחֲרֵי הַגִּלֻּלִים.

Ausserhalb des theologischen Sprachgebrauches: Niph'al nur das Particip Jes. 14, 19 von dem welken, ekelhaft gewordenen נֵצֶר. — **Pi'el** verabscheuen: Ps. 107, 18 תְּתַעֵב־כָּל.

Die sprachgebräuchlich älteste Konjugation ist Pi'el. Für die Bedeutungsentwicklung ist wichtig der Gebrauch des Verbums zur Bezeichnung des Abscheues und Widerwillens, der jemanden beim Anblick einer ekelhaften Sache, namentlich einer Speise, ergreift. Das Arab. hat عَافَ, Imperf. *i*, eine Speise widerlich finden. Da ein mittenvokalischer Stamm leicht in einen vornvokalischen umschlägt, hält Barth, Nominalbildung II, 305, ferner Etym. St. 11. 28, es für ausgemacht, dass dem obigen arab. Stamme עיב (Thr. 2, 1) entspricht, wovon dann תֹּעֵבָה nicht getrennt werden könne. Ich habe dabei aber das Bedenken, dass תֹּעֵבָה auf einen Stamm עֵב hinweist.

XI. Niph'al — Hiph'il — Hithpa'el.

סָתַר von סתר **Niph'al** 1. Sich verbergen, in der Bitte an Jahwe, seinen Zorn nicht länger währen zu lassen: Ps. 89, 47 עַד־מָה יי תִּסָּתֵר לָנֶצַח. — 2. Verborgen sein. a) Vor Jahwe. α) דַּרְכִּי Jes. 40, 27, vom Nichtbeachten und absichtlichen Übersehen Gottes; im Gebetsrufe an ihn Ps. 38, 10 אֶנְחָתִי מִמְּךָ לֹא־. β) נִסְתַּר Jer. 16, 17, mit dem Subjekte כָּל־דַּרְכֵיהֶם. γ) נִסְתְּרוּ Jes. 65, 16, mit dem Subjekte הַצָּרוֹת, die früheren Drangsale, die Gott nicht mehr in den Sinn kommen; Hos. 13, 14, Subjekt נֹחַם. — b) Das Particip: Deut. 29, 28 הַנִּסְתָּרֹת לָ־, das in der Zukunft Verborgene ist Jahwes; Ps. 19, 13 נִסְתָּרוֹת, unbewusste Sünden. — 3. Sich bergen, bildlich Jes. 28, 15 בְּשֶׁקֶר, neben עָשִׂינוּ כָזָב מַחְסֵנוּ. — 4. Geborgen werden: Zeph. 2, 3 בְּיוֹם אַף־יי. — **Hiph'il** 1. Verbergen, Subjekt nur Gott. a) Mit dem Akkusativ פָּנָיו, das Antlitz Gottes im guten Sinne, daher ein Verbergen desselben Symbol der Ungnade und der Entziehung der göttlichen Hilfe. α) פָּנֶיךָ 'ה Ps. 30, 8; 44, 25; 104, 29; Hi. 13, 24; 34, 29; פָּנָיו Ps. 10, 11. β) Dazu noch מִן der Person, vor welcher das

---

göttliche Gnadenantlitz verborgen wird: Deut. 31, 17; 32, 20; Jes. 8, 17 (Part.); 64, 6; Ez. 39, 23. 24. 29; Ps. 22, 25; 88, 15; Gebetsformel אל־תסתר פניך ממני 27, 9 (parall. אל־תט באף עבדך); 143, 7; מעבדך 69, 18. γ) Ausser מן der Person noch nähere Umstände. α') Deut. 31, 18 אנכי הסתר אסתיר פני ביום ההוא על כל־הרעה; Jer. 33, 5 על כל־הרעתם; הסתרתי פני מהעיר הזאת.   β') Jes. 54, 8 בשצף קצף, in einer Aufwallung von Zorn hab' ich mein Angesicht רגע, einen Augenblick, vor dir verborgen; Mi. 3, 4, Jahwe wird sein Antlitz vor ihnen verbergen בעת ההיא; Ps. 13, 2 עד־אנה willst du dein Antlitz vor mir verbergen? (parall. עד־אנה תשכחני); 102, 3 ביום צר־לי. — b) Mit dem Akkusativ פנים, das Antlitz Gottes im bösen Sinne, das Richterantlitz; so nur Ps. 51, 11 הסתר פניך מחטאי. — c) Mit einem anderen, sachlichen Akkusativ: Ps. 119, 19 in der Bitte um die Gnade der Belehrung, אל־תסתר ממני מצותיך; Prov. 25, 2, es ist Gottes Ruhm, הסתר דבר. — d) Mit persönlichem Akkusativ, vom wunderbaren Schutze Jahwes, der macht, dass seine Schützlinge nicht gefunden werden: Jer. 36, 26. — e) Das Verbum mit ausgelassenem Akkusativ פני, der notwendig zu ergänzen ist Jes. 57, 17, vom zürnenden Verhüllen des Antlitzes Gottes. — 2. Gesichtsverbergung bewirken: Jes. 59, 2 וחטאותיכם הסתירו פנים מכם, wo פנים das Gnadenantlitz Gottes. — 3. Bergen, schützen; Subjekt nur Gott. a) Mit persönlichem Akkusativ: Hi. 14, 13. — b) Dazu ב des Ortes: Jes. 49, 2 באשפתו (parall. בצל ידו החביאני); Ps. 27, 5 בסתר אהלי. — c) מן des Übels: 64, 3 מסוד מרעים. — d) 17, 8 בצל כנפיך תסתירני מפני רשעים. — e) 31, 21 תסתירם בסתר פניך מרכסי איש (parall. הצפנם בסכה). — **Hithpa'el** nur das Particip: Jes. 45, 15 אל כ', ein verborgener Gott.

Ausserhalb des theologischen Sprachgebrauches: **Niph'al** 1. Sich verbergen. a) מפני, vor jemandem: Gen. 4, 14; Deut. 7, 20. — b) ב des Ortes: I Sam. 20, 5. 24; I Reg. 17, 3; Am. 9, 3. — c) שם I Sam. 20, 19. — d) Absolut: Jer. 36, 19; Prov. 22, 3; 27, 12. — 2. Verborgen sein. a) Mit מן, vor jemandem: Gen. 31, 49; Hi. 28, 21. — b) Absolut: Hi. 3, 23 ל' אשר־דרכו נסתר גבר, ein Mann, der nicht aus und nicht ein weiss; im prägn. Sinne unentdeckt bleiben, Num. 5, 13 vom hurerischen Weibe. — 3. Sich bergen: Jer. 23, 24 במסתרים; mit מן, vor dem Feinde Ps. 55, 13; mit שם Hi. 34, 22. — **Pi'el** verbergen: Jes. 16, 3 נדחים. — **Pu'al** nur das Particip Prov. 27, 5 אהבה מ', geheim gehaltene Liebe. — **Hiph'il** 1. Verbergen. a) Sachlicher Akkusativ. α) פנים, von Mose, um Gott nicht zu sehen Ex. 3, 6; dazu מן der Sache, vom Knechte Jahwes, der sein Antlitz

nicht verbirgt Jes. 50, 6 פָּנַי הִסְתַּרְתִּי*).   β) מֵישִׁרִי סֵבֶל Hi. 3, 10. —
b) Persönlicher Akkusativ, jemanden verbergen: II Reg. 11, 2; II Chr.
22, 11 מִפְּנֵי עֲתַלְיָה. — 2. Eine Absicht, einen Plan in seinem Inneren
geheim halten: 1 Sam. 20, 2 אֲשֶׁר אֶהְדָּרָה זֹבֶר; Jes. 29, 15**). — **Hithpa'el**
sich verbergen: Jes. 29, 14 von der Klugheit; mit ב des Ortes, wo
I Sam. 26, 1 (Part.); dazu noch עִם der Person, 23, 19 (Part.); letzteres
allein Ps. 54, 2 (Part.).

Das originale Verbum ist im Arab. سَتَرَ decken, bedecken;
davon *sitr* Decke, Hülle, Schleier. Im Hebräischen, das am frühesten
im Hiph'il denominierte, fällt die ungemein häufige Verbindung mit
dem Objekte פָּנִים auf, was auf den nächsten Gebrauch des Denominativums als „verschleiern" schliessen lässt.

XII. Pi'el — Pu'al — Hiph'il.

בָּכַר von בְּכֹר Pi'el als Erstgeborenen behandeln, die Rechte
des Erstgeborenen verleihen. Mit Akkusativ der Person: Deut.
21, 16. — **Pu'al** als Erstling geboren werden: Lev. 27, 26 אֲשֶׁר יְבֻכַּר
לַיהֹוָה בַּבְּהֵמָה. — **Hiph'il** eine Erstgeburt hervorbringen, nur das Particip
Jer. 4, 31.

Ausserhalb des theologischen Sprachgebrauches:
Pi'el neue Früchte tragen: Ez. 47, 12.

שָׁרַשׁ von שֹׁרֶשׁ Pi'el eigentl. auswurzeln. a) Eine Person. Subjekt ist Gott: Ps. 52, 7 וְשֵׁרֶשְׁךָ מֵאֶרֶץ חַיִּים. — b) Ein sachliches Objekt. Die Sündenstrafe des Ehebrechers: Hi. 31, 12 וּבְכָל־תְּבוּאָתִי
תְשָׁרֵשׁ. — **Pu'al** entwurzelt werden. In dem Fluche, den Hiob für
den Fall, als er gesündiget, auf sich selbst herabruft: 31, 8 וְצֶאֱצָאַי
יְשֹׁרָשׁוּ. — **Hiph'il** Wurzel schlagen. a) Jes. 27, 6 יַשְׁרֵשׁ יַעֲקֹב. —
b) Hi. 5, 3 אֲנִי רָאִיתִי אֱוִיל מַשְׁרִישׁ.

Ausserhalb des theologischen Sprachgebrauches:
Po'el Wurzel schlagen; nur übertragen von hochgestellten Personen:
Jes. 40, 24 אַף בַּל־שֹׁרֵשׁ בָּאָרֶץ גִּזְעָם. — **Po'al** in demselben Sinne und derselben Bedeutung: Jer. 12, 2 absolut. — **Hiph'il** Wurzel schlagen,
vom Weinstocke: Ps. 80, 10 וַתַּשְׁרֵשׁ שָׁרָשֶׁיהָ.

XIII. Pi'el — Pu'al — Hithpa'el.

הָלַל von הָלֵל Pi'el 1. Kultischer Terminus: Lob anstimmen zu
Ehren der Gottheit. 1. Zu Ehren des Gottes Israels. a) Akkusativ-

---

objekt. *α*) Die Person Gottes selbst. *α'*) Allein. *α''*) אהלל־ Jes. 62, 9;
Jer. 20, 13; Ps. 117, 1; 146, 1; Neh. 5, 13; -- Ps. 22, 27.   *β''*) תהללה
105, 45; 106, 1.48; 111, 1; 112, 1; 113, 1.9; 115, 18; 116, 19; 117, 2;
135, 1.21; 146, 1.10; 147, 1.20; 148, 1.11; 149, 1.9; 150, 1.6; חהלל
ohne Mappik nur 104, 35; ה־־הללו 135, 3.   *γ''*) יהללוה־ 102, 19; יהלל הם
150, 6; יהללו־־ה 115, 17.   *δ''*) הלל אלהיך ציון 147, 12.   *ε''*) Mit einem
auf die Person Gottes bezüglichen Suffix: תהללך Jes. 38, 18; תהללך
Ps. 119, 175; אהללך 35, 18; יהללוך 84, 5; יהללוהי 69, 35; תהלליהי 22, 24;
148, 2 *(bis)*. 3 *(bis)*. 1.   *β'*) Mit einer näheren Bestimmung. *α''*) Des
Ortes: Jes. 64, 10 אשר הללוך אבתינו; בית קדשו; Ps. 22, 23
קהל אהללך; 107, 32 ובקהל זקנים יהללוהי; 109, 30 בתוך רבים א'; 148, 1 *(bis)*
אהללה־ bzhw. ביהודה, תהלליה. 7 מן־הארץ; 150, 1 *(bis)*
הללו־אל בקדשו. הללוהי ברקיע עזו.   *β''*) Der Zeit: 119, 164 שבע ביום
אהללך; 146, 2 אהללה יי בחיי.   *γ''*) Sonstige nähere Umstände:
תהללוהי 150, 2 *(bis)* בגבורתיו, bzhw. כגדל. 3 *(bis)* בתקע שופר bzhw.
בנבל. 4 *(bis)* בתף ימחול bzhw. במנים ועגב. 5 *(bis)* בצלצלי־שמע bzhw.
בצלצלי־תרועה; Esr. 3, 10 בדברי דויד.   *β*) אשרך יי.   *α'*) Allein:
Jo. 2, 26; Ps. 113, 1; 135, 1; 148, 5.13; שמך 74, 21.   *β'*) Mit einer
näheren Bestimmung: 145, 2 ואהללה שמך לעולם ועד; 149, 3 יהללו שמו במחול.
γ) שם־אלהי 69, 31.   *δ*) באלהים אהללך 56, 5 דבר. 11 דבר; in demselben V. 11 באלהים אהלל דבר. — b) ל des Objektes. *α*) Die Person Gottes
selbst. *α'*) Allein: I Chr. 16, 4 להזכיר ולהודות ולהלל לי; 37 יאסף... 22, 30 יהלל לה אבן; 25, 3 להדות והלל ליי; להודות ולהלל ליהוה 5, 13
להלל ל־.   *β'*) Dazu ein näherer Umstand: Esr. 3, 11 בהיללי דויד;
I Chr. 23, 5 ולהלל ליי בכלים; II Chr. 20, 19 להלל ליהוה בקול גדול; 29, 30
בשמחה ויקדו וישתחוו; 30, 21 מהללים ליי יום ביום.   *β*) Andere Objekte:
I Chr. 29, 13 ומהללים לשם תפארתך; II Chr. 20, 21 כי לעולם חסדו; במוצאי
ומהללים להדרת־קדש ל־. -- c) ב des Objektes: Ps. 44, 9 באלהים הללנו;
בשמחה. — d) Bloss mit einem näheren Umstande: 10, 3 כי־הלל רשע;
על־תאות נפשו; 63, 6 שפתי־רננות יהללו־פי; II Chr. 7, 6 בהלל דויד בידם;
31, 2 להדות ולהלל בשערי מחנות יהוה. -- e) Absolut: Jer. 31, 7;
Ps. 113, 1; 135, 1; Esr. 3, 11; Neh. 12, 24; II Chr. 5, 13; 8, 11; 23, 13. —
2. Lob anstimmen zu Ehren heidnischer Götter: Als die Philister
den überwältigten Simson erblickten, Jud. 16, 24 ויהללו את־אלהיהם. —
II. Rühmen. 1. Im sittlich guten Sinne: Prov. 31, 28 בעלה ויהללה;
31 ויהללוה בשערים מעשיה. — 2. Im schlechten Sinne: 28, 4 עזבי תורה
יהללו רשע. — **Pu'al** vom kultischen Lobsingen. Nur das Particip
== preiswürdig. a) Die Person Gottes selbst: II Sam. 22, 4; Ps. 18, 4
מהלל אקרא יי; ferner in der ständigen Formel 48, 2; 96, 4; 145, 3:

I Chr. 16, 25 באד יתהלל — גדיל. — b) Ps. 113, 3 ממזרח־שמש עד־מבואו
-- עם יהלל. — **Hithpaʻel** 1. Kultischer Terminus: sich rühmen.
a) Mit Bezug auf Jahwe. α) Mit ב. αʼ) Jes. 45, 25 בי יצדקו ויתהללו;
Jer. 4, 2 ביהוה ובו גוים בו יתהללו; Ps. 34, 3 ביהוה תהלל נפשי; Jes. 41, 16
בקדוש־ישראל. βʼ) קדוש בשם Ps. 105, 3; I Chr. 16, 10. γʼ) זאת
nämlich אתי ידע השכל בהתהלל המתהלל Jer. 9, 23. β) Mit עם: Ps.
106, 5 עם־נחלתך. γ) Mit Objektssatz: 63, 12 כי יסכר פי דוברי־שקר.
δ) Absolut: 64, 11. — b) Mit Bezug auf Götzen: 97, 7 המתהללים
באלילים. — 2. Sich rühmen im verwerflichen Sinne, prahlen. a) ב des
Rühmensgrundes: Jer. 9, 22 חכם בחכמתו, bzhw. הגבור בגבורתו und עשיר
בעשרו; Ps. 49, 7 בחילם; 52, 3 ברעה; Prov. 25, 14 (Part.) במתת־שקר;
27, 1 ביום מחר. — b) Absolut: I Reg. 20, 11; Prov. 20, 14. — 3. Gepriesen werden, vom gottesfürchtigen Weibe: Prov. 31, 30.

Ausserhalb des theologischen Sprachgebrauches:
Piʻel rühmen, mit folgendem Akkusativ der Person: Gen. 12, 15;
II Sam. 14, 25; Prov. 27, 2; Cant. 6, 9; II Chr. 23, 12 (Part.). — **Puʻal**
gefeiert werden: die Jungfrau durch Hochzeitslieder Ps. 78, 63; der
Mann Prov. 12, 8 לפי־שכלו; endlich mit dem Subjekte היריד Ez. 26, 17.

Der profane Gebrauch des Denominativums zieht sich im Piʻel,
wenn auch immer vereinzelt auftretend, doch durch das ganze A. T.
hindurch. Bildet dies nicht schon an sich eine Instanz gegen die
Verbindung des Tahlil mit dem Neumonde, die Lagarde verteidigte,
und die einen ausschliesslich kultischen Charakter des Tahlil be-
dingen würde? Weitere Beweise dagegen Wellhausen, Skizzen und
Vorarb. III, 107 ff., wo auch die etymolog. Frage ausführlicher behandelt wird.

כפר von כפר **Piʻel** 1. Ritueller Terminus: Die Sühngebräuche
vollziehen, Sühnung schaffen. Subjekt ist der Priester. 1. Objekt
ist der Mensch. Die Einführung desselben geschieht mit: a) על.
α) Allein: Ex. 30, 15. 16; Lev. 17, 11 לכפר על־נפשתיכם; Num. 15, 28
וכפר הכהן על־הנפש השגגת; Lev. 16, 33 וכפר את־הקדש; Num. 8, 12
לכפר על־הלוים; 8, 19; 25, 13; 15, 25 וכפר על־כל־עדת בני יש'; 17, 12 על־העם;
Neh. 10, 31; I Chr. 6, 34 לכפר על־ישראל; II Chr. 29, 24 לכפר על־כל־יש'; Lev. 4, 31;
14, 20 וכפר עליו; 12, 7. 8; 16, 30 יכפר עליכם; 4, 20; Num. 8, 21; 17, 11
וכפר עליהם; besonders beliebt die Verbindung וכפר עליו Lev. 1, 4;
8, 15; 14, 21; Num. 15, 28; וכפר עליהם Lev. 8, 34; Num. 28, 22. 30; 29, 5; עליהם
Ez. 45, 15. β) Die nähere Bestimmung לפני יהוה tritt zu על der
Person: Lev. 5, 26 וכפר עליו הכהן לפני יהוה; 14, 18 עליו; 31 המטהר על; 14, 29
עליו לפני יהוה; 10, 17; Num. 31, 50 לכפר על־נפשתינו. γ) ב des Mittels:

Lev. 5, 16 האשם באיל עליו; Num. 5, 8 עליו בו אשר־הכפר אזל הבפרים איל.

δ) מן der Verschuldung: Lev. 4, 26; 5, 6. 10 מחטאתו עליו; 16, 34 מכל־חטאתם עלינו; Num. 6, 11 באשר חטא עליו מאשר הנפש; Lev. 14, 19 מטמאתו עליו
מחטאתי. ε) על der Verschuldung: הכהן עליו יכפר Lev. 4, 35; 5, 13
עליה. 18 על שגגתו. ζ) במזבחו לפני הכהן עליו יכפר 15, 15. ומלאה
מזוב טמאתה. 30. η) מטמאתו לפני יי הכהן עליו וכפר 19, 22.

b) בעד: Lev. 9, 7 העם ובעד בעדך; 16, 24 העם ובעד בעדו. 6. 11. 17
בעדו; 9, 7 בעדם; Ez. 45, 17 בי־ישׂראל בעד. — 2. Das Objekt sind Dinge.
Die Einführung geschieht mit: a) על. α) Allein: Ex. 29, 36 תכפר
עליו, näml. המזבח. 37 על־המזבח; 30, 10 על־קרנתיו); Lev. 16, 18 עליו
näml. המזבח; 14, 53 על־הבית. β) Dazu instrumentales מן Ex. 30, 10
מדם חטאת הכפרים. γ) מן der Ursache Lev. 16, 16 מטמאת בני־ישׂראל
בו. — b) Im Akkusativ: 16, 20 את־המזבח ואת אהל את־הקדש.
33 ואת־המזבח ואת אהל את־הקדש לכפר; Ez. 43, 20 את־המזבח וכפרת
näml. המזבח. 26 את־המזבח; 45, 20 את־הבית. — 3. Das Mittel der ב
allein ist eingeführt mit ב Lev. 7, 7 בו, näml. אשם; 17, 11 בנפש. —
4. Der Ort allein wird eingeführt mit ב 6, 23; 16, 17. 27 בקדש; mit
על 16, 10). — 5. Absolut: 16, 32. — II. Im allgemein-religiösen
Sprachgebrauch. 1. Vergeben. Subjekt ist Gott. a) Die Person,
der er vergibt, folgt: α) Mit ל Deut. 21, 8; dazu noch ל der Sache:
Ez. 16, 63 לך בכל־אשר עשית. β) Mit בעד II Chr. 30, 18). —
b) Die Schuld, die er vergibt: α) Akkusativ Ps. 65, 4 תכפרם; 78, 38;
Dan. 9, 24 מן. β) על Jer. 18, 23 עליהם וחטאתם; Ps. 79, 9 חטאתינו. —
2. Vergebung auswirken אחטאה בעד Ex. 32, 30, Subjekt ist Mose. —
3. Entsündigen, Subjekt ist Gott Deut. 32, 43 אדמתו עמו. — וכפר
Pu'al 1. Im liturgischen Sprachgebrauch: es wird Sühne vollzogen,
mit ב der Sache Ex. 29, 33; überdies noch doppeltes ל Num. 35, 33,
dem Lande, לארץ, wird nicht Sühne geschafft für das Blut, לדם, das
in ihm vergossen ward, ausser durch das Blut, בדם, dessen, der es
vergossen. — 2. Im allgemein-religiösen Sprachgebrauch: vergeben
werden. Das Subjekt, von welchem ב ausgeht, ist Gott, das Objekt
חטאת Jes. 6, 7; עון 22, 14; 27, 9; Prov. 16, 6. — **Hithpa'el** ausschliesslich im allgemein-religiösen Sprachgebrauch „als gedeckt" angesehen

werden. Das betroffene Objekt ist die Schuld, das Subjekt Gott: 1 Sam. 3, 14 nicht wird vergeben werden עָוֹן בֵּית־עֵלִי בְּזֶבַח וּבְמִנְחָה.

Ausserhalb des theologischen Sprachgebrauches: Pi'el durch ein מִנְחָה behandeln d. i. begütigen, besänftigen. Mit Akkusativ des Beleidigten und בְ des Mittels: Gen. 32, 21 אֲכַפְּרָה פָנָיו; bloss mit בְ des Mittels II Sam. 21, 3, womit, בַּמֶּה, soll ich David begütigen; bloss mit Akkusativobjekt Jes. 47, 11, wo das Suffix sich auf רָעָה Unfall, Prov. 16, 14, wo es sich auf מַלְאֲכֵי־מָוֶת bezieht.

Über die sinnliche Grundbedeutung vgl. Dillmann zu Lev. 4, 20; Riehm, Alttestamentliche Theologie S. 130 ff.

XIV. Pi'el -- Hiph'il — Hoph'al.

קְטַר von קְטֹרֶת **Pi'el** in Rauch aufgehen lassen, allgemeine Bezeichnung für das Verbrennen jeglicher Opfergabe. I. Mit Beziehung auf den Jahwekult: Am. 4, 5 יְרַד קַטֵּר מֵחָמֵץ; und der absolute Infinitiv neben dem allerdings als Hiph. punktierten Verbum 1 Sam. 2, 16 קַטֵּר יַקְטִירוּן הַחֵלֶב. — II. Mit Beziehung auf den ungesetzlichen und abgöttischen Kult. 1. In Rauch aufgehen lassen, Opfer verbrennen. a) לְ der Gottheit. α) Allein: וַיְקַטְּרוּ לֵאלֹהִים אֲחֵרִים II Reg. 22, 17; Jer. 1, 16; 44, 3. 5. 15; II Chr. 28, 25; 34, 35 (Q°re; dagegen K°th. וַיַּקְטִירוּ); לַבַּעַל II Reg. 23, 5 (Part.; ausser Baal sind Sonne, Mond, die Tierkreisbilder und das ganze Heer des Himmels genannt); Jer. 7, 9; 11, 13. 17; לַמְּלָכִים הַשָּׁמָיִם 44, 17. 18. 19 (Part.). 25; לַבֹּשֶׁת 18, 15; לַפְּסִילִים Hos. 11, 2 (parall. זבח) לַבְּעָלִים Hab. 1, 16 (derselbe Parall.); die Präposition mit dem bezüglichen Suffix: II Reg. 18, 4 dem נְחֻשְׁתָּן; Jer. 11, 12 (Part.); II Chr. 25, 14 den אֱלֹהִים.   β) Dazu בְ des Ortes: Jer. 19, 4 בוֹ näml. מָקוֹם הַזֶּה; 44, 8 בְּאֶרֶץ מִצְרַיִם, an beiden Stellen לֵאלֹהִים אֲחֵרִים.   γ) עַל des Ortes: 19, 13 עַל גַּגֹּתֵי הַבָּתִּים לַבַּעַל; 32, 29 לַבַּעַל, an beiden Stellen עַל גַּגּוֹתֵיהֶם.

b) Mit sachlichem Akkusativ: 44, 21 הַקִּטֵּר אֲשֶׁר קִטַּרְתֶּם. — c) בְ des Ortes: II Reg. 17, 11 וַיְקַטְּרוּ שָׁם בְּכָל־בָּמוֹת; 23, 5 בַבָּמוֹת. — d) עַל des Ortes: Jes. 65, 3 (Part.) עַל הַלְּבֵנִים; 7 עַל הֶהָרִים; Hos. 4, 13 עַל הֶהָרִים. — e) Absolut: II Reg. 23, 8; Jer. 44, 23. — 2. Räucherwerk anzünden, also lediglich Verbrennen aromatischer Substanzen, in der ständigen Formel מְזַבְּחִים וּמְקַטְּרִים בַּבָּמוֹת I Reg. 22, 44; II Reg. 12, 4; 14, 4; 15, 4. 35; oder die Verba finita in dieser Verbindung 16, 4; II Chr. 28, 4; das substantivierte Particip 30, 14. — **Hiph'il** I. Mit Bezug auf den legitimen Jahwekultus. 1. In Opferrauch verwandeln, aufgehen lassen die Opferstücke im Feuer des Altares. a) Akkusativ der Sache. α) Allein: Lev. 8, 20 וַיַּקְטֵר אֶת־הָרֹאשׁ וְאֶת־הַנְּתָחִים וְאֶת־הַפָּדֶר; I Sam. 2, 15 קֹדֶם

הַחֵלֶב בְּיוֹם הָקְרִיבוֹ קָרְבָּנִי: II Reg. 16, 13 יַקְטִירֶנָּה; Jer. 33, 18 (Part.)
מַקְטִרים 'כ. β) Dazu ל der Gottheit: Ex. 30, 20 אִשֶּׁה לַיי. γ) Die
Zweckbestimmung נִחֹחַ לַיי, לְרֵיחַ, Lev. 17, 6 הַחֵלֶב. — b) Zwei Akkusative mit verschiedenen näheren Bestimmungen. α) In Rauch aufgehen lassen als אִשֶּׁה לַיי, Lev. 2, 11 מִמֶּנּוּ, etwas davon; V. 16 אֶת־
אַזְכָּרָתָהּ. β) Num. 18, 17 לַיי ': אִשֶּׁה לְרֵיחַ .. הַחֲלָבִים. — c) Auf dem
Altare etwas in Rauch aufgehen lassen. α) הַמִּזְבֵּחָה. α') Ein sachlicher Akkusativ: Ex. 29, 18 אֶת־כָּל־הָאַיִל; Lev. 1, 17 אֹתוֹ, das Geflügel-
Brandopfer; 4, 26 יַקְטִיר הַמִּזְבֵּחָה; 7, 31 אֶת־הַחֵלֶב; 8, 21 אֶת־כָּל־הָאַיִל; 9, 10
אֶת־הַחֵלֶב. 20 הַחֲלָבִים; 16, 25 אֶת חֵלֶב הַחַטָּאת; derselbe ist aus dem Kontexte zu ergänzen Ex. 29, 13; Lev. 1, 13. 15; 4, 19; 8, 16; Num. 5, 26.
β') Dazu עַל des Ortes: Lev. 4, 35; 5, 12 יי עַל אִשֵּׁי; 8, 28; 9, 14 עַל־
הָעֹלָה. γ') Mehrere nähere Bestimmungen: Ex. 29, 25 כָּל־הַמִּזְבֵּחָה לְרֵיחַ
נִיחֹחַ לִפְנֵי יי; Lev. 4, 31 לַיי ': לְרֵיחַ. δ') Zwei Akkusative mit
mehren näheren Bestimmungen. Etwas darbringen als לַיי אִשֶּׁה
7, 5; אִשֶּׁה הִקְטִיר־נִיחֹחַ לַיי 3, 11; נִיחֹחַ לְרֵיחַ אִשֶּׁה לַיי 3, 16; אֶת־כָּל־הַמִּזְבֵּחָה:
1, 9; 2, 2. 9; 3, 5. β) הַמִּזְבֵּחָה: Lev. 6, 8 אַזְכָּרָתָהּ לַיי ': רֵיחַ. — γ) — :
9, 13. 17, an beiden Stellen ist der sachliche Akkusativ zu ergänzen;
4, 10 מִזְבַּח הָעֹלָה; 6, 5 וְהִקְטִיר עָלֶיהָ חֶלְבֵי הַשְּׁלָמִים; II Reg. 16, 15 עַל
הַמִּזְבֵּחַ הַגָּדוֹל. — 'd) Bloss עַל des Ortes: II Chr. 32, 12 עָלָיו, näml.
מִזְבֵּחַ אֶחָד. — 2. Als Rauchopfer verbrennen, räuchern. a) Akkusativ
der Sache. α) Allein: Ex. 30, 7. 8, an beiden Stellen קְטֹרֶת, näml.
קְטֹרֶת סַמִּים bezhw. 'ק קְטֹרֶת; sonst der blosse Akkusativ 'ק I Sam. 2, 28;
II Chr. 29, 7. β) סַמִּים 'ק עֲלֵי Ex. 30, 7; 40, 27. — γ) 'ק לִפְנֵי יהוה
Num. 17, 5; לֹא לָכֶם קְטֹרֶת II Chr. 2, 3. — b) Bloss לִפְנֵי Gottes, abgesehen von dem völlig verstümmelten Vers I Reg. 9, 25, noch I Chr.
23, 13; II Chr. 2, 5. — c) ל Gottes: 26, 18. — d) עַל des Ortes: 26, 16
עַל־מִזְבַּח הַקְּטֹרֶת. — e) Absolut: 26, 18. 19; 29, 11 (Part.). — 3. In beiden
Bedeutungen zugleich: I Chr. 6, 34 (Part.) עַל־מִזְבַּח הָעֹלָה וְעַל־מִזְבַּח הַקְּטֹרֶת;
II Chr. 13, 11 (Part.) וְקֹטְרִים .. לַיי עֹלוֹת לַיי. — II. Mit Bezug auf ungesetzlichen und götzendienerischen Kult. 1. Räuchern im weiteren
Sinne, vom Verbrennen der verschiedenen Opferarten. a) ל Gottes:
Jer. 48, 35 (Part.) לֵאלֹהָיו; Hos. 2, 15 לָהֶם näml. לַבְּעָלִים. — b) עַל des
Ortes: I Reg. 13, 2 (Part.). — c) ב des Ortes: II Chr. 28, 3. —
d) Absolut: I Reg. 12, 33; 13, 1. — 2. Rauchopfer darbringen.
a) ל Gottes: I Reg. 11, 8 לֵאלֹהֵיהֶן מְקַטְּרוֹת וּמְזַבְּחוֹת. — b) ב des
Ortes: 3, 3 בַּבָּמוֹת הִיא מְזַבֵּחַ וּמַקְטִיר. — Hoph'al in Rauch ver-
wandelt, verbrannt werden: Lev. 6, 15 כָּלִיל תָּקְטָר; Mal. 1, 11 מֻקְטָר
Rauchopfer.

Ausserhalb des theologischen Sprachgebrauches:
Pu‘al in der Aussage über die Braut Cant. 3, 6 בּקשׁתּ בּד ולבּית.

XV. Pi‘el — Hiph‘il — Hithpa‘el.

הָבֵא von הָבָא Pi‘el 1. Im kultischen Sprachgebrauche. a) Entsündigen. α) Personen: Akkusativ des durch einen Toten unrein
Gewordenen: Num. 19, 19 השׁבּיעי בּרם ותּבּוּא.   β) Gegenstände.
α') Akkusativ: Lev. 8, 15; Ez. 43, 22 אתּ־המּזבּח. V. 20 אותּ, nämlich
den Altar; Lev. 14, 49 אתּ־הבּית; Ez. 45, 18 אתּ־המּקדשׁ.   β') Dazu
noch ב des Mittels: Lev. 14, 52 אתּ־הבּית בּרם הצּפּור; Ez. 43, 22, wo zu
בּאשׁר חמּא בּפּר der Akkusativ „Altar" zu ergänzen ist.   γ') בל des
zu entsündigenden Gegenstandes: Ex. 29, 36 כּל־המּזבּח.   δ') Absolut:
Ez. 43, 23. — b) Die Ceremonie des Besprengens selbst, die das
Entsündigen zur Folge hat: II Chr. 29, 24 ויּחּמּאוּ אתּ־דּרם המּזבּחה. —
2. Von sittlichem Fehl entsündigen, im Gebete unter Anwendung
des Bildes der rituellen Entsündigung Ps. 51, 9 תּחמּאני באזוב. —
Hiph‘il Sünde, Verschuldung bereiten, was Straffälligkeit in sich
schliesst. Das Verbot, dass der Mann die von ihm Entlassene
wieder annehme, wird begründet Deut. 24, 4 ולא תּחבּיא אתּ־הארץ; der
Mund des Gelobenden bringt durch Übereilung Sünde Eccl. 5, 5
אתּ־בּשׂרּךּ. Ob mit Delitzsch hieher zu ziehen sei Jes. 29, 21, insofern
wir מּחּמּיאי אדם בּדבּר erklären um eines Wortes willen zum הבֵא
machen, d. h. ihn dafür erklären, ist mindestens zweifelhaft. —
Hithpa‘el nur im levitischen Sinne. 1. Reflexiv. a) Sich entsündigen.
α) ב des Mittels: von dem durch Todesgemeinschaft Unreinen Num.
19, 12.   β) Absolut: von den zu weihenden Leviten 8, 21; von
durch Leichen Verunreinigten 19, 12.13.20; 31, 19. — b) Für sich entsündigen, mit Akkusativ der durch Todesgemeinschaft verunreinigten
Sache 31, 20. — 2. Entsündiget werden: 31, 23 בּמי נדה.

Die sinnliche Grundbedeutung im Hebr. noch erhalten; der
Stamm bedeutet „fehlgehen" im natürlichen Sinne.

D. In vier Konjugationen.

I. Kal — Niph‘al — Pi‘el — Pu‘al.

גּנב von einem vorauszusetzenden גּנב (جَنْب). **Kal** von sünd-
hafter Aneignung fremden Eigentumes, stehlen. a) Sächlicher Akkusativ. Den Teraphim Gen. 31, 19.30.32; ein Rind oder Schaf Ex. 21, 37;
die Gebeine Sauls II Sam. 21, 12; das Genügen Ob. 5. — b) Persön-

lieber Akkusativ: Ex. 21, 16 (Part.) אישׁ שׁור; Deut. 24, 7 (Part.) גנב
נפשׁ. — c) Absolut: Ex. 20, 15; Lev. 19, 11; Deut. 5, 17; Jos. 7, 11;
Hos. 4, 2; Prov. 6, 30; 30, 9; das aktive Particip Sach. 5, 3; das
passive Gen. 30, 33; 31, 39 *(bis)*; Prov. 9, 17. — **Niph'al** gestohlen
werden, ein Stück Vieh: Ex. 22, 11 וּאִם־גָּנֹב יִגָּנֵב מֵעִמּוֹ. — **Pi'el** stehlen,
von den Propheten: Jer. 23, 30 מְגַנְּבֵי דְבָרַי אִישׁ מֵאֵת רֵעֵהוּ. — **Pu'al**
gestohlen werden. a) Von Dingen, Geld: Ex. 22, 6. — b) Geraubt
werden, von Personen: Gen. 40, 15 כִּי־גֻנֹּב גֻּנַּבְתִּי מֵאֶרֶץ הָעִבְרִים.

Ausserhalb des theologischen Sprachgebrauches:
Kal 1. Auf die Seite schaffen, mit dem Nebenbegriff des Heim-
lichen und Eiligen. a) Eine Person entführen: II Sam. 19, 42; heimlich wegschaffen: II Reg. 11, 2; II Chr. 22, 11; eilig fortraffen: Hi.
27, 20. — b) Ein Ding: 21, 18 גְּנָבַתּוּ סוּפָה. — 2. Im übertragenen
Sinne, überlisten: Gen. 31, 20. 26 אֶת־לֵב; V. 27 אֵת. — **Pi'el** überlisten: II Sam. 15, 6 אֶת־לֵב. — **Pu'al** heimlich wohin gebracht
werden: Hi. 4, 12 אֵלַי יְגֻנָּב. — **Hithpa'el** sich seitwärts drücken:
II Sam. 19, 4.

Als älteste Konjugation kann wohl Kal bezeichnet werden.
Dass ein Zusammenhang mit syr. גנב und dem oben angeführten
arab. Nomen besteht, zeigt deutlich noch der aussertheolog. Sprachgebrauch.

פָּתָה von פְּתִי **Kal** sich bethören lassen. Subjekt ist לֵב Deut.
11, 16; לֵב Hi. 31, 27, an beiden Stellen mit Bezugnahme auf die
Albernheit des Götzendienstes; dagegen das Particip 5, 2 (parall.
אֱוִיל) von dem überhaupt sittlicher Verirrung Zugänglichen. Ob
Prov. 20, 19 וּפֹתֶה שְׂפָתָיו der in Bezug auf seine Lippen Thörichte
= thörichter Schwätzer, oder der seine Lippen öffnet (Kautzsch:
„Plaudermaul"), ist streitig. — **Niph'al** sich zum פ machen, sich
bethören lassen. Der Prophet lässt sich bethören durch Jahwe
Jer. 20, 7; mit stärkerem Hervortreten der ethischen Seite des Begriffes ausgesagt vom Herzen Hi. 31, 9 אִם־נִפְתָּה לִבִּי עַל־אִשָּׁה. — **Pi'el**
1. Bethören. a) Gott ist mittelbar oder unmittelbar Subjekt.
α) Akkusativ der Person, welche auf Veranlassung Gottes bethört
wird zu einer Verderben bringenden Handlung I Reg. 22, 20. 21;
II Chr. 18, 19. 20; Jahwe selbst bethört den Propheten zu einem
wirkungslosen Orakel Jer. 20, 7; Ez. 14, 9. β) Ohne Objekt: die
auf Gottes Veranlassung unternommene Bethörung vollführen I Reg.
22, 22; II Chr. 18, 21. — b) Subjekt sind Menschen. Es folgt ב des
Mittels: Ps. 78, 36 בְּפִיהֶם (parall. יְכַזְּבוּ־לוֹ) von Israel, das seinem Gott

die Reue nur äusserlich bekennt, ohne dass das Herz davon weiss; während hier die Handlung eine beabsichtigte, ist Prov. 24, 28 הפתה ‎בשפתים wohl nur an eine Bethörung durch unüberlegtes, eilfertiges Zeugniss zu denken. — 2. Verführen, Ex. 22, 15 ‎איש בתולה; verlocken Prov. 1, 10 ‎אם־יפתוך חטאים; der gewaltthätige Mann verlockt 16, 29 ‎יפתה (parall. ‎והוליכו בדרך לא־טוב). Ob Hos. 2, 16 ‎אנכי מפתיה von Jahwe, der Israel lockt, zu verstehen ist, möchte ich bezweifeln. Es müsste das sonst stets *sensu malo* gebrauchte Verbum s. *bono* genommen werden; daher Steiner ‎מפדיה vermutet, während Buhl*) die Konjektur ‎מבתיה aufstellt. — **Pu'al** 1. Bethört werden, der Prophet, ein zu seinem Verderben auszunützendes Wort zu sprechen Jer. 20, 10; ferner Ez. 14, 9, dem Götzendiener Auskunft zu geben. — 2. Überredet, überzeugt werden, der Richter Prov. 25, 15; ob die Fassung *sensu bono*, ungewiss.

Ausserhalb des theologischen Sprachgebrauches: **Kal** nur Hos. 7, 11 ‎יהי כיונה פתה, eine einfältige Taube. — **Pi'el** jemanden beschwatzen, vom Herauslocken eines Geheimnisses: Jud. 14, 15; 16, 5; II Sam. 3, 25.

Es wird angenommen werden können, dass bei der Denominierung vom Pi'el auszugehen sei. Die sinnliche Grundbedeutung „offen sein, öffnen" ist sicher. Selbst innerhalb des Hebr. zeigt dies noch wahrscheinlich Prov. 20, 19 und wohl auch 24, 28, wo Hiph. zu punktieren sein wird.

‎קבר von ‎קֶבֶר **Kal** 1. Jemanden begraben. a) Akkusativ der Person allein: Gen. 23, 6. 11. 15; 35, 29; 50, 5. 6. 7. 14 (bis); II Sam. 2, 4. 5; I Reg. 2, 31; 13, 29. 31; 14, 13. 18; II Reg. 9, 34. 35; 13, 20. 21; Ez. 39, 12; II Chr. 22, 9. — b) Dazu ‎מלפני der Person, von jemandem hinweg: Gen. 23, 4. 8. — c) Der Ort, an dem man jemanden begräbt, beigefügt mit ‎ב. α) Gen. 23, 6 ‎בקברינו קבר; 47, 30 ‎וקברתני; Jud. 16, 31 ‎ויקברו בין, mit beigefügter näherer Ortsbestimmung ‎'ב בין 'א II Sam. 2, 32 ‎ויקברו אבנר; 4, 12 ‎ויקברו בחברון; 21, 14 ‎קברו 'ק אבי; I Reg. 13, 31 ‎קברו; II Reg. 23, 30 ‎ויקברהו; II Chr. 16, 14 ‎ויקברהו; 24, 25 ‎ויקברהו. β) ‎בעיר דוד I Reg. 15, 8; II Chr. 9, 31; 13, 23; 24, 25; 27, 9. γ) Sonstige, mit ‎ב eingeführte Ortsbestimmungen: Gen. 47, 29 ‎במצרים; 50, 13 ‎במערה שדה המכפלה; Deut. 34, 6 ‎בני בארץ מואב; Jos. 24, 30 ‎ויקברו; 32 ‎בשדה בחלקת השדה; Jud. 2, 9 ‎ויקברו; I Sam. 25, 1 ‎ויקברו בבית; 28, 3 ‎ויקברהו ברמה; II Sam. 3, 32 ‎ויקברו; I Reg. 22, 37:

*) Z.A.W. V. 179 ff.

II Reg. 10, 35; 13, 9 בשערים; II Chr. 28, 27 בעיר בירושלם; 32, 33 במעלי
קברי בני־דויד. — d) Der Ort beigefügt mit אל: Gen. 23, 19 אל־מערת
שדה המכפלה; 25, 9 אל־מערת המכפלה; Ez. 39, 15 אל־גיא המון. — e) Mit
חחת des Ortes: I Sam. 31, 13 תחת־האשל; I Chr. 10, 12 תחת האלה. —
f) Mit שדה Gen. 23, 13; 49, 31 (ter); 50, 5; mit עם Gen. 48, 7; Num.
11, 34; Ez. 39, 11. — g) Zum Akkusativ der Person ב der Zeit:
Deut. 21, 23 קברני ביום ההיא. — 2. Jemanden bei den Vätern
begraben. a) את־אבתיו II Reg. 9, 28; 12, 22; 15, 7, stets mit der
Ortsbestimmung בעיר דוד; II Chr. 25, 28 בעיר יהודה; 26, 23 בשדה
הקבורה; 24, 16 בעיר־דויד עם־המלכים. — b) אל־קבר אל־המערה Gen.
49, 29. — 3. An einem Orte begraben werden, bloss ב desselben:
I Reg. 13, 31 קברו בו, das Suffix bezieht sich auf קבר; Jer. 7, 32; 19, 11
בתפת. — 4. Absolut: Jer. 19, 11; Ez. 39, 13; קבר ואין II Reg. 9, 10;
Ps. 79, 3; das passive Particip Eccl. 8, 10. — **Niph'al** begraben
werden. 1. Mit einem inneren Akkusativ: Jer. 22, 19 קבורת חמור. —
2. Bei seinen Vätern. a) נקבר בעיר דוד I Reg. 14, 31; 15, 24; 22, 51;
II Reg. 8, 24; 14, 20; 15, 38; 16, 20; II Chr. 21, 1. — b) בשמרון עם בלכי
ישראל II Reg. 13, 13; 14, 16. — 3. An einem Orte begraben werden.
a) Mit ב. α) בקבר אבי Jud. 8, 32; II Sam. 17, 23. — β) Anderweitige
Ortsangaben: Gen. 35, 19 בדרך אפרתה; Jud. 10, 2 בשמיר; 5 בקמון; 12, 7
בערי גלעד. 10 לחם בבית. 12 באילון בארץ זבולן. 15 בפרעתין; I Reg. 2, 10;
II Chr. 12, 16 בעיר דוד; I Reg. 2, 34 בביתו במדבר; 16, 6 בתרצה. 28 בשמרון;
II Reg. 21, 18 בגן־ביתו. — b) חחת des Ortes: Gen. 35, 8 תחת האלון,
mit näherer Ortsbezeichnung בית־אל לבית. — c) עם Num. 20, 1;
Deut. 10, 6; Ruth 1, 17. — 4. Mit Angabe eines Umstandes. a) Der
Zeit: Gen. 15, 15 בשיבה טובה. — b) Der Ursache: Hi. 27, 15 במות. —
5. Absolut, nicht begraben werden: Jer. 8, 2; 16, 4. 6; 25, 33. —
Pi'el begraben. 1. Akkusativ der Person: Num. 33, 4 (Part.) מקברים;
I Reg. 11, 15 את־החללים; Hos. 9, 6 תקברם מף; Ez. 39, 14 (Part.) את־
המקברים. — 2. Das Particip = Totengräber: Jer. 14, 16; Ez. 39, 15. —
Pu'al begraben werden: קבר Gen. 25, 10.

Ein gemein semitisches Denominativ, das zunächst im Kal den
ältesten und häufigsten Sprachgebrauch zeigt. Die sinnliche Grundbedeutung wohl „graben".

II. Kal — Niph'al — Pi'el — Hiph'il.

כזב von כָּזָב. **Kal** lügen, nur das Particip Ps. 116, 11 כל־האדם
כזב. — **Niph'al** als einer erfunden werden, der eine Lüge begeht,
nur Prov. 30, 6 von dem, der dem Worte Gottes etwas zusetzt. —

Pi'el eine Lüge begehen. 1. Von Gott ausgesagt. a) ל der Person. In dem Schwure, dem eigenen Worte nicht untreu werden zu wollen: Ps. 89, 36 אם־לדוד אכזב. — b) Absolut: Num. 23, 19 לא איש אל ויכזב. — 2. Von Menschen. a) ל der Person, jemandem vorlügen. α) Allein: Ez. 13, 19 בכזבכם לעמי.   β) Dazu ב des Mittels: Ps. 78, 36 ויכזבו־לו ובלשונם. — b) ב der Person: II Reg. 4, 16 אל־תכזב בשפחתך. — c) כחש, jemandem ins Gesicht hinein lügen: Hi. 6, 28. — d) Bloss mit sachlichem Akkusativ: Mi. 2, 11 כזב וכתרים*). — e) Absolut: Jes. 57, 11; Prov. 14, 5; Hi. 34, 6**). — 3. Von Dingen = trügen. Die göttliche Offenbarung Hab. 2, 3 ולא יכזב. — **Hiph'il** als einen erklären, der Lügen begeht; Akkusativ der Person: Hi. 24, 25.

Ausserhalb des theologischen Sprachgebrauches: **Niph'al** getäuscht werden in der Hoffnung: Hi. 41, 1 הן־תחלתו נכזבה. — **Pi'el** täuschen; das Wasser die Erwartung des Wanderers: Jes. 58, 11.

Nicht nur am häufigsten, sondern auch in zweifellos älteren Stellen als die anderen Konjugationen, kommt Pi'el vor. Welches sinnliche Etymon diesem auch im Arab. und Aram. (Peal selten, dagegen Pa. häufig) einheimischen Denominativ zu Grunde liege, kann aus dem vorliegenden Sprachgebrauch nicht mehr entnommen werden.

נחת von נחת: **Kal** 1. Herniederfahren, Terminus für das Hereinbrechen eines göttlichen Strafgerichtes. Juda, in freventlichem Glauben, gegen jede Gefahr gesichert zu sein, spricht Jer. 21, 13 תחת עלי; von Gottes strafender Hand Ps. 38, 3 ותנחת עלי ידך. — 2. Mit dem blossen Akkusativ שאול Hi. 21, 13 vom Hinabsteigen in die Scheol. — 3. Eindruck machen, eig. eindringen in jemanden, infolgedessen Nutzen in sittlicher Beziehung bringen Prov. 17, 10 תחת גערה במבין. — **Niph'al** sich herablassen, herniederfahren, von Gottes Zornespfeilen, die herniederfahren Ps. 38, 3 נחתו. — **Pi'el** niederschwemmen durch Regen, mit dem Akkusativ גדודיה Ps. 65, 11, von Gott ausgesagt bei übrigens unsicherem Texte. — **Hiph'il** herniederfahren lassen: Jo. 4, 11 הנחת יי גבוריך***).

Ausserhalb des theologischen Sprachgebrauches: **Pi'el** niederdrücken den Bogen: II Sam. 22, 35; Ps. 18, 35.

---

*) Der Syrer las jedoch נטף וקבץ; vgl. Ryssel, Untersuchungen über die Textgestalt und die Echtheit des B. Micha, 57 ff.

**) Dagegen Hoffmann: „Mein Recht sollte ich Lügen strafen?“

***) Zu der hier gebrauchten Form vgl. Holzinger Z. A. W. IX, 96.

Das dem Aramäischen entlehnte, ausschliesslich poetischem Sprachgebrauch eigene Verbum, das durch alle Konjugationen als späthebräisch sich ausweist, geht durch Vermittlung des Nomens נֵזֶר auf das originale Verbum נזר zurück.

III. Kal — Niph'al — Pi'el — Hoph'al.

אָרַר — **Kal** verfluchen. 1. Mit Bezug auf Lebewesen. a) Akkusativ der Person. α) Allein: Gen. 12, 3 מְקַלֶּלְךָ אָאֹר (Gegs. וַאֲבָרֲכָה); Ex. 22, 27 תָאֹר לֹא בְעַמְּךָ נָשִׂיא; Num. 22, 6 אָאֹר אֲשֶׁר תָּאֹר. 12 לֹא תָאֹר אֶת־הָעָם; Jud. 5, 23 אֹרוּ ... אֹרוּ אָרוֹר יֹשְׁבֶיהָ. β) Dazu ein *dativus commodi*: אָרָה־לִּי Num. 22, 6 זֹּה הָעָם; 23, 7 יַעֲקֹב. — b) Das aktive Particip: אֹרֲרֶיךָ Gen. 27, 29; Num. 24, 9 (Gegs. מְבָרֲכֶיךָ). — c) Das passive Particip: a) אָרוּר לִפְנֵי יהוה Jos. 6, 26; I Sam. 26, 19 אֲרוּרִים. β) Absolut: Gen. 3, 14; 4, 11; 9, 25; 27, 29; Num. 24, 9; Deut. 27, 15–26; 28, 16. 18. 19; Jud. 21, 18; I Sam. 14, 24. 28; Jer. 11, 3; 17, 5; 20, 15; 48, 10 *(bis)*; Mal. 1, 14 אָרוּר; II Reg. 9, 34 הָאֲרוּרָה; Jos. 9, 23; Ps. 119, 21 אֲרוּרִים. — 2. Mit Bezug auf Lebloses. a) Akkusativ des Objektes: Mal. 2, 2 אֶת־בִּרְכוֹתֵיכֶם גַם וְאָרוֹתִי *). — b) Das aktive Particip: Hi. 3, 8 אֹרֲרֵי־יוֹם. — c) Das passive Particip: אָרוּר Gen. 49, 7 אַפָּם; Deut. 28, 17 טַנְאֲךָ וּמִשְׁאַרְתֶּךָ; Jer. 20, 14 הַיּוֹם (parall. אַל־יהוה); אֲרוּרָה Gen. 3, 17 הָאֲדָמָה. — **Niph'al** nur das Particip: Mal. 3, 9 נֵאָרִים. — **Pi'el** 1. Verfluchen: Gen. 5, 29 אֲשֶׁר אֵרֲרָהּ יהוה הָאֲדָמָה. — 2. Fluch bringen: Num. 5, 18. 19. 22. 24. 27 הַמֵּי הַמְאָרֲרִים. — **Hoph'al** verflucht werden: Num. 22, 6.

Kal hat den ältesten Sprachgebrauch für sich; dazu wird wohl auch die unter Hophal registrierte Form יוּאָר gerechnet werden müssen**). Die Etymologie ist dunkel. Dass es, wie Delitzsch meint, ein Schallwort wäre, ist nicht wahrscheinlich; אָרַר ist eine kultische Handlung. Darum dürfte wohl ein Zusammenhang mit Urim bestehen***).

IV. Kal — Niph'al — Hiph'il — Hithpa'el.

מוּט von מוט **Kal** 1. Vom sittlichen Wanken: Prov. 25, 26 צַדִּיק מָט לִפְנֵי רָשָׁע. — 2. Im Bilde. a) Nicht wanken = festen Bestand haben: Jes. 54, 10 לֹא תָמוּשׁ וְגִבְעוֹתֵיךָ הֶהָרִים. — b) Die Naturrevolutionen

---

*) Die beiden letzten Worte sind vielleicht בֹּם אָרוֹר *(inf. abs.)* zu lesen; Wellhausen, Skizzen und Vorarb. V. 197.

**) Böttcher, Ausführl. Lehrb. II. 104.

***) Schwally Z. A. W. XI, 172.

13*

als Bild der stärksten Erschütterungen: das Wanken der Hügel
Jes. 54, 10; der Berge Ps. 46, 3; Königreiche 46, 7; der Erde Jes.
24, 19; Ps. 60, 4. — c) Vom Umsturz des Glückes. α) Persönliches
Subjekt: 55, 23 לאיתן לעולם מוט לצדיק. — β) Das Wanken des Fusses:
Deut. 32, 35 רגלם תמוט לעת; Ps. 38, 17 רגלי בבמוט; 94, 18 רגלי מטה; 66, 9
רגלנו למוט לאיתן; 121, 3 רגלך למוט אל. — **Niph'al** 1. Wanken im
sittlichen Sinne: Ps. 17, 5 פעמי בל־נמוטו. — 2. Im Bilde. a) Die
Naturrevolutionen als Bild der stärksten Erschütterungen. α) Mit
einer näheren Bestimmung: Ps. 104, 5 בל־תמוט עולם וער. β) Absolut: 93, 1; 96, 10; I Chr. 16, 30 תבל בל־תמוט; Ps. 82, 5 ימוטו כל־מוסדי
ארץ; der Berg Zion 125, 1 לא ימוט. — b) Vom Umsturz des
Glückes. α) = des Mittels: 21, 8 ובטחה עליון בל־ימוט. β) Sonst
eine nähere Bestimmung: 30, 7 בל־אמוט לעולם; 112, 6 לעולם לא־ימוט;
Prov. 10, 30 צדיק בל־ימוט לעולם. — γ) Absolut: Ps. 10, 6; 13, 5; 16, 8;
46, 6; 62, 3. 7; Prov. 12, 3. — **Hiph'il** nur Ps. 55, 4 ימיטו עלי און in
der Beschreibung der Gottlosen. — **Hithpolel** nur Jes. 24, 19 מוט
התמוטטה ארץ.

Ausserhalb des theologischen Sprachgebrauches:
Kal wanken, von der Hand, die zu schwach ist, sich zu halten:
Lev. 25, 35 ומטה ידי עמך; mit persönlichem Subjekte, Prov. 24, 11
מטים להרג. — **Niph'al** ins Wanken geraten, wackeln. Vom Götzen-
bilde Jes. 40, 20; 41, 7; in der Beschreibung des Krokodiles von den
Wampen seines Leibes Hi. 41, 15.

Die Bedeutungsentwicklung des Stammes מוט bei Delitzsch,
Proleg. 184, Anm.

V. Kal — Niph'al — Pi'el — Hithpa'el.

אזר von אֵזוֹר **Kal** sich gürten, nur 1 Sam. 2, 4 ונכשלים אזרו חיל. —
Niph'al nur das Particip Ps. 65, 7 נאזר בגבורה von Gott ausgesagt. —
Pi'el jemanden umgürten. 1. Von Jahwe ausgesagt. a) Jahwe stattet
mit den notwendigen körperlichen Eigenschaften aus. α) Doppelter
Akkusativ: Ps. 18, 33 האל המאזרני חיל. β) Dazu eine nähere Bestimmung, näml. לבלחמה חיל: II Sam. 22, 40 ותזרני; Ps. 18, 40 ותאזרני. —
b) Mit geistigen Eigenschaften und Gütern. α) Akkusativ der Person
in der Anrede an Cyrus, der von Jahwe gegürtet, d. h. wohl mehr,
als bloss zum Kampfe rüstig gemacht wird: Jes. 45, 5 אאזרך ולא
ידעתני. β) Doppelter Akkusativ: Ps. 30, 12 ותאזרני שמחה. — 2. Von
den Feinden Jahwes in der zweifelhaften Stelle Jes. 50, 11 באזרי זיקת,
wo wohl כמאר der Pesch. richtige Lesart sein wird. — **Hithpa'el**

sich gürten. 1. Von Jahwe: Ps. 93, ı זירתמ ש. — 2. Von der Zu-
rüstung der gegen das Volk Gottes Anstürmenden: Jes. 8, 9 (bis).

Ausserhalb des theologischen Sprachgebrauches:
Kal begürten. a) Die Lenden: Jer. 1, 17 מתניך; Hi. 38, 3; 40, 7
חלציך. — b) Jemanden. Das Gewand: Hi. 30, 18 יאזרני. — c) Das
passive Particip: II Reg. 1, 8.

Das Stammwort zu אזר ist wohl nicht اَزَلَ, sondern اَزَرَ, und اِزَارٌ
die Bedeckung der Schamgegend. Vgl. de Lagarde, Übersicht 177.

VI. Kal — Pi'el — Pu'al — Hithpa'el.

טָהֵר von טָהֵר **Kal** rein sein oder werden. 1. Ritueller Ausdruck. a) Von Menschen gebraucht. α) Mit מן des Flusses, von
dem einer rein wird: Lev. 12, 7; 15, 13. 28.   β) Absolut: rein werden
von der durch Ausfluss aus den Geschlechtsteilen bewirkten Unreinigkeit 12, 8; 15, 13. 28; die Nachkommen Aarons bezüglich Aussatz
und Fluss 22, 4: von der durch Essen von Aas oder Zerrissenem
bewirkten Unreinigkeit 17, 15; von der Unreinigkeit des Aussatzes
13, 6. 34; 14, 8. 9. 20; II Reg. 5, 10. 12. 13. 14; des Todes Num. 19, 12
(bis). 19; 31, 24; zusammenfassend von der durch alle Möglichkeiten
bewirkten Unreinigkeit bezüglich der Nachkommen Aarons Lev.
22, 7. — b) Von Gegenständen, Gefässe 11, 32; ein aussätziges Kleid
13, 58; ein solches Haus 14, 53; die durch eine Leiche verunreinigten
Geräte Num. 31, 23. — 2. Im sittlichen Sinne. a) Rein werden von
Sündenschuld. α) Mit מן: Lev. 16, 30 ־־ ־ לפני מכל חטאתיכם; Ez. 24, 13
מטמאתך; Prov. 20, 9 מחטאתי.   β) Absolut: Jer. 13, 27; Ez. 24, 13;
36, 25; Ps. 51, 9. — b) Rein sein, als rein gelten; vor Gott Hi. 4, 17
אם־מעשהו יטהר־גבר. — **Pi'el** 1. Im rituellen Gebrauche. a) Dem
Reinigungsverfahren unterziehen, reinigen. α) Menschen. Den Aussätzigen Lev. 14, 7: die Leviten beim Einweihungsakte Num. 8, 6. 7. 15;
das Volk Neh. 12, 30; der den kultischen Akt vollziehende Priester
heisst Lev. 14, 11 הכהן המטהר.   β) Sachen. Den Altar Ez. 43, 26:
das Land 39, 12. 14. 16; die Thore Neh. 12, 30; in der spez. Bedeutung
„etwas Verunreinigtes wieder weihen", wie die Schatzkammer Neh.
13, 9; den Tempel II Chr. 29, 15. 16. 18. — b) Reinigend von etwas
befreien. α) Mit מן: Juda und Jerusalem II Chr. 34, 3 מן־הבמות
והאשרים והפסלים והמסכות.   β) Nur Akkusativ: 34, 5 Juda und
Jerusalem. 8 את־הארץ ואת־הבית. — c) Für levitisch rein erklären. α) Personen: Lev. 13, 6. 13. 17. 23. 28. 34. 37.   β) Sachen: 13, 59; 14, 48. —

2. Reinigen von kultischer Schuld und Unreinheit. *a)* Mit מִן:
Ez. 36, 25 אֶתְכֶם ... אֲטַהֵר ... מִכֹּל־גִּלּוּלֵיכֶם טִהַרְתִּי אֶתְכֶם. 33 טִהַרְתִּי עֲוֹנָם; אֶתְכֶם;
Neh. 13, 30 וְטִהַרְתִּים מִכָּל־נֵכָר.   *β)* Bloss Akkusativ der Person: Lev.
16, 30: Num. 8, 21. — 3. Läutern im ethischen Sinne. a) Mit מִן:
Jer. 33, 8 וְטִהַרְתִּים מִכָּל־עֲוֹנָם: Ps. 51, 4 מֵחַטָּאתִי טַהֲרֵנִי.   *β)* Bloss Akkusativ der Person: Ez. 24, 13; 37, 23; Mal. 3, 3. — **Puʻal** kultisch ge-
reinigt sein, vom Lande Ez. 22, 24 (Part.)*). — **Hithpaʻel** I. Im
rituellen Sinne. a) Sich reinigen: Gen. 35, 2; Num. 8, 7; Esr. 6, 20;
Neh. 12, 30; 13, 22; II Chr. 30, 18; von Vornahme der Lustrationen
in Gartenkulten Jes. 66, 17. — b) Sich reinigen lassen, Lev. 14, 4. 7.
8. 11. 14. 17. 18. 19. 25. 28. 29. 31. — 2. Sich von einer Schuld reinigen:
Jos. 22, 17 מִמֶּנּוּ, näml. der Verschuldung in betreff des Peor.

Ausserhalb des theologischen Sprachgebrauches:
Piʻel etwas reinigen: Mal. 3, 3 מְזַהֵר כֶּסֶף; ein daherfahrender Wind
reinigt den Ätherhimmel Hi. 37, 21.

Über den sinnlichen Grundbegriff vgl. Ryssel, Die Synonyma
des Wahren und Guten 43 f.

הלל von הִלֵּל **Kal** ein Thor, ein Frevler sein: Ps. 75, 5 אֶל־הַהֹלְלִים
(parall. וְלָרְשָׁעִים קֶרֶן). — **Poʻel** zum Thoren machen, bethören. a) Subjekt ist Gott. In der Schilderung seines Waltens mit folgendem
Akkusativ: Jes. 44, 25 וְקֹסְמִים יְהוֹלֵל; Hi. 12, 17 יְהוֹלֵל וְשֹׁפְטִים. — b) Eccl. 7, 7
יְהוֹלֵל הֶעֹשֶׁק. — **Poʻal** eigentlich unsinnig gemacht: Ps. 102, 9
מְהוֹלָלַי, die gegen mich rasen. — **Hithpoʻel** sich wie ein 'ה gebärden.
a) Beim hereinbrechenden Strafgericht Gottes die Völker Jer. 25, 16
וְהִתְהֹלְלוּ מִפְּנֵי. — b) Prägnant: 50, 38 יִתְהֹלָלוּ וּבָאֵימִים, sinnlos trotzen sie
auf die Götzen (Ges. H.W.B. 12). — c) Absolut: 51, 7.

Ausserhalb des theologischen Sprachgebrauches:
Poʻal Eccl. 2, 2 zum Lachen sprach ich מְהוֹלָל, es ist toll! —
Hithpoʻel 1. Sich wahnsinnig stellen: von David 1 Sam. 21, 14. —
2. Übertragen auf die dahinrasenden Wagen: Jer. 46, 9; Nah. 2, 5.

Das H.W.B. von Gesenius [12] nimmt für dieses Denominativ
einen eigenen Stamm an, verschieden von הלל „leuchten" und הלל
„jubeln". Ich glaube unseren obigen von diesem letzteren Stamme
nicht trennen zu sollen. Wellhausen, Skizzen und Vorarb. III, 107 ff.,
hat gut nachgewiesen, dass das Tahlil auf einen Stamm הלל zurück-
gehe, dessen Grundbedeutung das „Durchbrechen, Losbrechen, Aus-

---

*) Wahrscheinlich doch ein Schreibfehler; vgl. Kautzsch, Textkr.
Erl. z. St.

brechen" sei. Warum soll von dieser Grundbedeutung nicht auch
הלל abgeleitet werden können?

VII. Kal — Pi'el — Hiph'il — Hoph'al.

מות von מֵת? **Kal** sterben. I. Der Tod ist die Folge einer
Sünde oder Schuld, daher Strafe Gottes. 1. Mit Angabe der die
Ursache des Todes darstellenden Schuld. a) Eingeführt mit ב:
Lev. 15, 31 בטמאם; 22, 9 בו ימתו נאml. הטא; Num. 27, 3; II Chr. 25, 4
בחטאו; Jer. 31, 30; Ez. 3, 18. 19; 18, 18; 33, 8. 9 בעונו; 18, 17 אביו בעון.
26 בעולו; 33, 13 ב. 18 בהם näml. עול; 3, 20 בחטאתו; I Chr. 10, 13 במעלו;
Ez. 18, 24 בם näml. במעילו .. בחטאתו. — b) Mit על: Gen. 20, 3 הנך מת
על-האשה; Num. 17, 14 על-דברי-קרח המתים; Ez. 18, 26 ועל עליהם; II Chr.
25, 4 *(bis)* על-בנים bzhw. על-אבות. — 2. Mit Angabe des durch ב
eingeführten Mittels, durch welches der Tod bewirkt wird: Ex. 16, 3
מי-יתן מותנו ביד-י---; Num. 17, 14; 25, 9 המתים במגפה; Jos. 10, 11 באבני
---; 20, 9 גאל ביד; Jer. 11, 21 בידנו. 22; 34, 4; Ez. 7, 15; Am. 7, 11;
9, 10 בחרב; Jer. 11, 22; Ez. 6, 12 בדבר; Jer. 44, 12 בחרב יתמו; 21, 6;
Ez. 5, 12; 6, 12; 33, 27 בדבר; Jer. 21, 9; 27, 13; 38, 2; 42, 17. 22 בחרב ימתו
ובדבר; Prov. 5, 23 באין מוסר; II Chr. 21, 19 בתחלאים רעים. — 3. Mit
näherer Bestimmung des Ortes. a) לפני Gottes: Lev. 10, 2; Num. 3, 4
לפני יי; 14, 37 במגפה לפני יי; I Chr. 13, 10 שם לפני אלהים. — b) ב des
Ortes: Ex. 11, 5 כל-בכור בארץ מ'; Deut. 4, 22; Jer. 16, 6 בארץ הזאת;
Deut. 32, 50 בהר; Ez. 17, 16 בתוך-בבל; Am. 2, 2 בשאון. — c) מן desselben: Deut. 2, 16 ממקרב הם; II Sam. 24, 15 מדן ישראל-ובאר שבע. — d) על
desselben: Am. 7, 17 על-אדמה טמאה. — e) Mit שם: Num. 14, 35;
II Sam. 6, 7; Jer. 20, 6; 22, 12. 26; 42, 16; Ez. 12, 13; שמה Jes. 22, 18. —
4. Mit näherer Bestimmung der Zeit. a) Eingeführt mit ב: Num.
4, 19 בגשתם את-קדש הק'; 26, 61 בהקריבם אש זרה; I Sam. 2, 34 ביום אחד;
Jer. 28, 17 בשנה ההיא; Ez. 24, 18 בערב. — b) Im Akkusativ: Jer. 28, 16
השנה אתה מת. — 5. Sonstige Zusätze. a) Deut. 34, 5 על-פי יי; II Reg.
1, 17 בדבר-יי. — b) Eines Todes sterben: Jer. 16, 4 במותי תחלאים ימתו;
Ez. 28, 8 ומתה ממותי חלל בלב ימים. 10 מותי ערלים ת' ביד זרים. —
c) Kinderlos sterben müssen: Lev. 20, 20 ערירים ימתו. — 6. Absolut.
a) מת ימות, bzhw. zweite oder erste Person: Gen. 2, 17; 3, 1; 20, 7;
Num. 26, 65; Jud. 13, 22; I Sam. 14, 39. 44; II Sam. 12, 14; II Reg.
1, 4. 6. 16; 8, 10; Jer. 26, 8; Ez. 3, 18; 33, 8. 14. — b) Verschiedene ständige Formeln bei Geboten bzhw. Verboten. α) יומת Deut. 13, 11;
19, 12; 21, 21; I Reg. 1, 52; יֻמָת Deut. 22, 21; וָמֵת Ex. 28, 43; Num.
4, 15. 20; Deut. 17, 5; 22, 24; יֻמַת 5, 22. β) וּמֵת 17, 12; 18, 20; 22, 25;

24, 7: נָגַע 22, 22.　　γ) בְּזִמְרַת Gen. 3, 3; Lev. 10, 7; עַזְמִיָּה Ex.
20, 19.　δ) יְמַת וְלֹא 28, 35; Lev. 16, 2. 13; יָמִית לֹא Ez. 33, 15; אָבִיא וְלֹא
Deut. 18, 16; וְלֹא יָמִית Ex. 30, 20. 21; Num. 17, 25; 18, 3; וְלֹא יָמִית Lev.
8, 35: 10, 6. 9; Num. 18, 32.　ε) לָמוּת Ex. 21, 14; Num. 18, 22; 35, 30. 31. —
c) Sonstiger absoluter Gebrauch: Gen. 7, 22; Ex. 9, 19; Lev. 16, 1;
Num. 15, 36; 17, 28; 21, 6; 26, 11; Deut. 5, 22; Jos. 10, 11; Jud. 6, 23. 30;
9, 54. 55; I Sam. 2, 33; 4, 11. 17. 18. 19; 5, 12; 12, 19; 14, 43. 45 *(bis)*; 15, 35;
25, 38; II Sam. 12, 13; I Reg. 21, 10. 13. 14. 15; II Reg. 1, 17; Ez. 3, 20;
13, 19; 18, 4. 20. 28. 31; 33, 11; Hos. 13, 1; Am. 6, 9; Ps. 82, 7; Prov. 15, 10;
II Chr. 13, 20. Das Particip Ex. 12, 33; II Reg. 20, 1; Jes. 38, 1. —
7. Von Tieren, die durch Gottes mächtiges Wort dahinsterben.
a) בְּ des Mittels: Jes. 50, 2 בַּצָּמָא die Fische. — b) Absolut: Ex.
7, 18. 21; 8, 9; 9, 4. 6 *(bis)*. 7; übertragen vom Gewissenswurm Jes.
66, 24. — II. Sterben, insofern der Tod nicht unmittelbar unter dem
Gesichtspunkt einer göttlichen Strafe, sondern vielmehr einer allerdings auch gottgeordneten Naturnotwendigkeit betrachtet wird. 1. Mit
Angabe des Mittels, durch das jemand stirbt. a) Eingeführt mit בְּ:
Num. 35, 17. 23 בָּהּ אֲשֶׁר־יָמוּת näml. בָּאֶבֶן יַד bzhw. בְּכֹל אֶבֶן 18. בִּכְלִי שֵׂדִיד
בַּאֲשֶׁר־יָמִית; Jud. 15, 18 בַּצָּמָא; II Reg. 13, 14 בֹּו יָמִית אֲשֶׁר חָלְיֹו; Prov.
10, 21 בַּחֲסַר־לֵב; II Chr. 32, 11 בְּרָעָב וּבַצָּמָא. — b) Mit מִן: Jer. 38, 9
מִפְּנֵי הָרָעָב. — 2. Mit näherer Bestimmung des Ortes. a) Vor, in
der Nähe, Gegenwart einer Person. α) Gen. 47, 15 נֶגְדֶּךָ נָמוּת וְלָמָּה.
β) 47, 19 לְעֵינֶיךָ בַּיִת נָמוּת לָמָּה.　γ) Num. 6, 9 עָלָיו מֵת מֵת יָמוּת־וְכִי. — b) Mit בְּ
des Ortes. α) Allein: Gen. 11, 32; 23, 2; 46, 12; Ex. 14, 11. 12; Num.
14, 2 *(bis)*; 19, 14; 20, 28; 21, 5; 26, 19; 27, 3; Deut. 20, 5. 6. 7; 32, 50;
Jos. 5, 4; I Sam. 25, 37; II Sam. 4, 1; 11, 21; 19, 11; I Reg. 14, 11 *(bis)*;
16, 4 *(bis)*; 21, 24 *(bis)*; Ruth 1, 17 *(bis)*.　β) Dazu eine weitere
Ortsbestimmung: II Sam. 19, 38 וְאִמִּי אָבִי קֶבֶר עִם בְּעִירִי. — c) Mit
רֶחֶם: Ex. 21, 20 יָדֹו תַּחַת מֵת; II Sam. 2, 23 תַּחְתָּו יָמָת. — d) Mit עִם:
Jud. 16, 30; I Sam. 31, 5; Eccl. 2, 16. — e) Mit מִן: Hi. 3, 11 לֹא לָמָּה
מֵרֶחֶם. — f) Mit Ortsadverbium: שָׁם Num. 20, 1. 1. 26; 33, 38;
Deut. 10, 6; 34, 5; Jud. 1. 7; II Sam. 10, 18; II Reg. 7, 4; 9, 27; 23, 34;
Jer. 37, 20; 38, 26; פֹּה I Reg. 2, 30. — 3. Mit näherer Bestimmung der
Zeit. a) Vor jemandem, früher als dieser sterben. α) Gen. 11, 28
וַיָּמָת חָרָן עַל־פְּנֵי תֶּרַח.　β) I Chr. 24, 2 אֲבִיהֶם לִפְנֵי נָדָב. — b) Die Zeitbestimmung eingeführt mit בְּ. So Gen. 25, 8; Jud. 8, 32; I Chr. 29, 28;
בְּשֵׂיבָה טֹובָה; Num. 33, 38; II Chr. 16, 13 בְּמַלְכֻתֹו; I Reg. 22, 35 בָּעֶרֶב;
Hi. 36, 14 בַּנֹּעַר; Eccl. 7, 17 עִתֶּךָ בְּלֹא. — c) Mit לְ: II Chr. 18, 34 לְעֵת
הָעֶרֶב וַיָּמָת. — d) Im adverbiellen Akkusativ: Gen. 46, 30 הַפַּעַם;

I Reg. 3, 19 לילה; Jes. 22, 13 מחר: Hi. 34, 20 רגע; Ecl. 4, 2 שכבר. —
4. Sonstige Zusätze. a) Wegen jemandes sterben müssen: Gen. 26, 9
בגראמרי עליה. — b) Jemandem zu Leid sterben: 48, 7 עלי מתה. —
c) An jemandes Stelle sterben: Jos. 2, 14 למות תחתיכם נפשנו; II Sam.
19, 1 מדיך תחת אני מותי בני. — d) Eines Todes sterben: Num. 16, 29
אלה כמות ימתון; 23, 10 ישרים מות נפשי תמת; II Sam. 3, 33
א׳ ימות כבל כמות. — e) Sterbend der Grube verfallen: Jes. 51, 14
לשחת ימרי צעה. — f) In dem und dem Zustande sterben: Jer. 34, 5
בשלום; Hi. 21, 23 ימות בעצם. 25 מות בנפש. — g) Mit ב des Preises:
II Sam. 3, 27 א׳ בדם. — h) Wie Mücken dahinsterben: Jes. 51, 6
כמו ימותון. — i) Kinderlos sterben: I Chr. 2, 30. 32 בנים לא . . ימת. —
5. Absolut. a) מות ימת I Sam. 22, 16; I Reg. 2, 37. 42; Jer. 26, 8. 8:
נמות ב׳ II Sam. 14, 14. — b) Das einfache Verbum. α) Das Perfekt:
Gen. 19, 19; 35, 18: 42, 38: 44, 9. 20. 22. 31; 50, 15: Ex. 4, 19: 21, 12. 28:
22, 1: Deut. 19, 5. 11; 25, 5: Jos. 1, 2: 24, 33: Jud. 4, 1: 8, 33; I Sam.
17, 51: 25, 39; 26, 10: 28, 3: 31, 5. 7: II Sam. 1, 4. 5: 2, 7. 31: 4, 10:
11, 15. 21. 24. 26: 12, 18 (bis). 19 (ter). 21. 23: 13, 32. 33 (bis). 39: 18, 20:
I Reg. 11, 1. 21: 14, 12: 17, 12: 21, 15. 16; II Reg. 4, 1: 7, 3. 4 (bis): 11, 1:
Ez. 11, 13: I Chr. 10, 5. 6. 7: II Chr. 22, 10.   β) Das Imperfektum:
Gen. 27, 4: 38, 11: 42, 2. 20; 43, 8: 45, 28: 47, 19: Ex. 10, 28: 21, 18:
Num. 19, 13: 27, 8: 35, 12. 17: Deut. 24, 3: 33, 6: I Sam. 20, 2. 14:
II Sam. 18, 3: 19, 24: II Reg. 18, 32: Jes. 22, 11: 51, 12: 59, 5: 65, 20:
Jer. 38, 10. 24: Hab. 1, 12: Sach. 11, 9: Ps. 41, 6: 49, 11: 118, 17: Prov.
23, 13: 30, 7: Hi. 4, 21: 14, 10: Ecl. 9, 5. ימות Gen. 5, 5. 8. 11. 14. 17. 20. 27. 31:
9, 29: 25, 17: 35, 29: 36, 33—39: 50, 26: Ex. 1, 6: 2, 23: Num. 35, 16. 17. 20. 21. 23:
Jos. 24, 29: Jud. 2, 8. 21; 3, 11: 4, 21: 6, 30: 8, 32: 9, 54: 10, 2. 5:
12, 7. 10. 12. 15: I Sam. 25, 1: 31, 6: II Sam. 1, 15: 2, 23: 10, 1: 11, 17:
12, 18: 14, 5: 17, 23: 20, 10: I Reg. 2, 25. 46: 12, 18: 16, 18. 22: 22, 37:
II Reg. 4, 20: 7, 17. 20: 8, 15: 12, 22: 13, 20. 24: Hi. 42, 17: Ruth 1, 3:
I Chr. 1, 44. 51: 10, 5. 6: 19, 1: 23, 22: II Chr. 10, 18: 24, 15. 25: 35, 24:
ימת Gen. 35, 8. 19: 38, 12: Jud. 20, 5: I Chr. 2, 19: וימת Jud. 9, 49:
II Sam. 1, 4: 11, 24: Hi. 1, 19: Ruth 1, 5.   γ) Der Imperativ: Hi.
2, 9.   δ) Der Infinitiv. Einzelne Redensarten: Es geht zum Sterben,
Gen. 47, 29: I Reg. 2, 1 למות ימי יקרבו: Deut. 31, 14 למות ימיך קרבו;
Gen. 25, 32 למות הולך אנכי: zum Tode krank sein, II Reg. 20, 1:
Jes. 38, 1 לבית .. תמות: II Chr. 32, 24 למות עד חלה: sich den Tod
wünschen, I Reg. 19, 4: Jon. 4, 8 למות נפשו אתישאל: sonst noch Jud.
5, 18 למות נפשו חרף: 16, 16 למות נפשו ותקצר: Ecl. 3, 2 למות עת. Mit
Suffixen, I Sam. 4, 20 במותה נצב: II Sam. 20, 3 יום ביום צרורת. — e) Das

Particip. *a)* Als reines Particip: מת Gen. 48, 21; 50, 5. 24; Jud. 3, 25;
4. 22; I Reg. 3, 21; 14, 17; II Reg. 4, 32; Sach. 11, 9; in der Bedeutung
ein Sterbender Num. 6, 9; ähnlich wohl auch Ez. 18, 32; במתה Gen.
30, 1.   *β)* Als Adjektiv = tot. מת Ex. 14, 30; Deut. 25, 6; I Reg.
3, 20. 22 *(bis)*. 23 *(bis)*; II Reg. 23, 30; Eccl. 9, 4; מתים II Sam. 19, 7;
II Reg. 19, 35; Jes. 37, 36.   *γ)* Als Substantiv = Leiche, Toter.
מת Gen. 23, 3. 4. 6. 8. 11. 13. 15; Ex. 12, 30; Num. 12, 12; 19, 11. 13. 16. 18;
Deut. 14, 1; 25, 5; 26, 14; II Sam. 14, 2; II Reg. 8, 5; Jer. 16, 7; 22, 10;
Ez. 44, 25; Ps. 31, 13; Ruth 4, 5 *(bis).* 10 *(bis)*; נפש מת Lev. 21, 11;
Num. 6, 6; מתים Num. 17, 13; Deut. 18, 11; Jud. 16, 30; Jes. 8, 19;
26, 14. 19; 59, 10; Ez. 24, 17; Ps. 88, 6. 11; 115, 17; Ruth 1, 8; 2, 20;
Eccl. 4, 2; 9, 3. 5; בלהמות מתי Jes. 22, 2; מתי שלם Ps. 143, 3; Thr. 3, 6.
δ) מתים = die Götzen, Ps. 106, 28. — 7. Vom Tiere ausgesagt.
a) Absolut: Gen. 33, 13; Ex. 21, 35; 22, 9. 13; Lev. 11, 39. — b) Das
Particip. *α)* המת, das tote Tier, Ex. 21, 34. 35. 36.   *β)* כלב מת I Sam.
24, 15; הכלב המת II Sam. 9, 8; 16, 9. — 8. Vom Baume: Hi. 14, 10
ובעפר ימית גזע. — 9. Im Bilde, vom Aussterben der Weisheit
Hi. 12, 2. — **Polel** den Tod geben oder bringen, töten. 1. Strafe
der Schuld und Sünde: Ps. 34, 22 תמותת רשע רעה. — 2. Ausserhalb
dieses Zusammenhanges. a) Akkusativ der Person. *α)* Allein: Jud.
9, 54; II Sam. 1, 9 ותמתתני; I Sam. 17, 51 ויַמתתהו; II Sam. 1, 10 ואמתתהו.
16 ה_ מתתו את־מרי.   *β)* Dazu eine nähere Bestimmung: Jer. 20, 17
מרחם מותתני. — b) Der persönl. Akkusativ ist zu ergänzen: I Sam.
14, 13 ממותת אחריו; Ps. 109, 16 למותת. — **Hiph'il** den Tod bringen,
töten. I. Strafweise, wobei Jahwe häufig Subjekt ist. 1. Menschen.
a) Akkusativ der Person. *α)* Allein: Gen. 38, 7. 10; Ex. 4, 24; Lev.
20, 4; Num. 14, 15; 35, 19; Deut. 13, 10; 17, 7; Jos. 10, 26; 11, 17; Jud.
13, 23; I Sam. 2, 25; 5, 10. 11; I Reg. 13, 24; 17, 18. 20; 19, 17 *(bis)*;
Jes. 65, 15; Hos. 9, 16; Prov. 19, 18; I Chr. 2, 3; 10, 14.   *β)* Dazu ב
des Mittels: I Reg. 2, 8 בחרב; Jes. 11, 4 ברוח שפתיו ימית; 14, 30 בירעב;
Hos. 2, 5 בצמא.   *γ)* ב des Ortes: Deut. 9, 28.   *δ)* ב des Preises:
II Sam. 14, 7 בנפש אחיו ונמתהו.   *ε)* Andere nähere Bestimmungen:
Gen. 18, 25 צדיק עם רשע; Num. 35, 19. 21 der Bluträcher הוא בפגעו־בו
ימיתנו; I Sam. 15, 3 מראשית ועד־אשה; I Reg. 13, 26 וימיתהו כדבר יי. —
b) Absolut: Deut. 32, 39 אמית ואחיה; I Sam. 2, 6 ימית ומחיה יי; יי בידם
II Reg. 5, 7; Hi. 9, 23; endlich ממיתים = Todesengel 33, 22*). —
2. Andere Lebewesen: Ps. 105, 29 ויָמת־דגתם, näml. Jahwe. — II. Ausser-

<hr>

*) Vgl. dagegen Hoffmann z. St.

halb dieses Zusammenhanges mit Sünde und Schuld. 1. Menschen.
a) Akkusativ der Person: Gen. 37, 18; 42, 37; Ex. 1, 16; 21, 29;
Jud. 20, 13; I Sam. 11, 12; 17, 50; 19, 1. 2. 15. 17; 20, 8. 33; 22, 17; 28, 9;
30, 2; II Sam. 3, 37; 4, 7; 8, 2; 13, 28. 32; 14, 6. 32; 18, 15; 20, 19*);
21, 1. 17; I Reg. 2, 34; 11, 40; 18, 9; II Reg. 7, 4; 14, 6; 15, 10. 14. 25. 30;
16, 9; 17, 26; Jer. 26, 15 (Part.). 21. 24; 38, 16. 25; 41, 2. 4. 8; 43, 3;
Ez. 13, 19; Ps. 37, 32; 59, 1; Prov. 21, 25; Hi. 5, 2; Esth. 4, 11; I Chr.
19, 18; II Chr. 22, 9. 11; 25, 4; יהמת אלהי־בירתהי Jud. 15, 13; יהמת אל־ימיתך
I Reg. 3, 26. 27 יהמת לא ימיתהי; Jer. 26, 19 ההמת המיתהי; 38, 15 הלא
המת תמירני. β) Dazu ‍ des Mittels: בחרב Ex. 16, 3; בבא 17, 3;
בחרב I Reg. 1, 51; II Reg. 11, 15. 20; II Chr. 23, 21. γ) ‍ des Ortes:
Num. 16, 13; II Sam. 3, 30; 21, 4; II Reg. 21, 23; 23, 29; 25, 21; Jer.
41, 8; 52, 27; II Chr. 33, 24. δ) Akkusativ des Ortes: II Chr.
23, 14 בית־‍. ε) ‍ der Zeit: Jud. 16, 30 (bis); I Sam. 19, 11; 22, 18;
I Reg. 2, 26; 15, 28; 16, 10. ζ) Sonstige nähere Bestimmungen:
I Sam. 19, 5 בחנם; II Reg. 14, 19; II Chr. 23, 15; 25, 27 שם. — 2. Andere
Lebewesen: I Sam. 17, 35 den Löwen. — **Hoph'al** dem Tode preis-
gegeben werden. 1. Strafweise, wegen Sünde und Schuld. a) ‍ des
Vergehens: Deut. 24, 16; II Reg. 14, 6 בחטאו איש. — b) על der
Person: Deut. 24, 16 (bis); II Reg. 14, 6 (bis) nicht sollen mit dem
Tode bestraft werden אבות על־בנים und nicht die Söhne samt den
Vätern. — c) ‍ des Ortes: II Sam. 19, 23. — d) למדינקם ודר־גדיל
II Chr. 15, 13. — e) Andere nähere Bestimmungen: על־פי־ש' Deut.
17, 6 (bis); רמת זאת II Sam. 19, 22. — f) Absolut. α) מת יימת
Ex. 19, 12; 21, 12. 15. 16. 17; 22, 18; 31, 14. 15; Lev. 20, 2. 9. 10—13. 15. 16. 27;
24, 16. 17; 27, 29; Num. 15, 35; 35, 16. 17. 21. 31; Jud. 21, 5; Ez. 18, 13.
β) יהמת Deut. 21, 22; יומת bzhw. יימת Ex. 21, 29; 35, 2; Lev. 19, 20;
24, 16. 21; Num. 1, 51; 3, 10. 38; 18, 7; Deut. 13, 6; Jos. 1, 18; Jud. 6, 31;
Prov. 19, 16 (Keth). — 2. Ausserhalb dieses Zusammenhanges mit
Schuld und Strafe. a) Mit persönlichem Akkusativ: Jer. 38, 4 יימת
את איש־זאת. — b) ‍ des Mittels: II Chr. 23, 14 בחרב. — c) ‍ der
Zeit: I Sam. 11, 13; II Sam. 21, 9. — d) Adverbielle Bestimmungen:
I Sam. 19, 11 מחר אתה יומת; I Reg. 2, 24 היום; II Reg. 11, 15 בית ‍ ‍.
16 שם. — e) Absolut. α) בם יומת Gen. 26, 11. β) הומת II Reg.
11, 2; יומת I Sam. 19, 6; 20, 32; II Reg. 11, 8; II Chr. 23, 7; המיתהם
II Reg. 11, 2; המומתים II Chr. 22, 11.
Die Denominierung hat im Kal begonnen. In der schwierigen

*) Vgl. Thenius z. St.

Frage der Etymologie ist es wohl die überwiegende Ansicht, dass
die Wurzel גד vorliege, welcher, wie den verwandten כד und גמ,
die sinnliche Bedeutung „dehnen, strecken" zukomme. Dem gegenüber kommt aber doch wohl in Betracht, was Wetzstein bei Delitzsch
Psalmen[4] über die Antiphrasis im Semitischen im allgemeinen und
über גדל im speziellen S. 887 sagt.

VIII. Kal — Pi‘el — Hiph‘il — Hithpa‘el.

גדל von גָּדֵל **Kal** 1. גדל sein. a) Jahwe. α) Von Jahwes Person
im Sinne von mächtig sein: II Sam. 7,₂₂ ועתה יהוה אלהים כי אתה בניך;
Ps. 104,₁ יהוה אלהי גדלת מאד; oder als gross erkannt und gepriesen,
daher hoch gelobt sein, 35,₂₇; 40,₁₇ יגדל יהוה; 70,₅ יגדל אלהים.
β) Der Name Jahwes == berühmt sein: II Sam. 7,₂₆; I Chr. 17,₂₄
ויגדל שמך עד עולם לאמר.   γ) Seine Werke: Ps. 92,₆ מה גדלו מעשיך יהוה. —
b) Der messianische König: Mi. 5,₃ יגדל עד אפסי ארץ. — c) Schuld
und Sünde: Thr. 4,₆ ויגדל עון בת עמי מחטאת סדם; Esr. 9,₆ כי עונתינו רבו
למעלה ראש. — 2. Sich als גדל erweisen: Num. 14,₁₇ יגדל נא כח אדני, die Kraft
des Herrn aber erweist sich gross dadurch, dass er seinem Volke ver-
zeiht und seinen Heilsplan der Verwirklichung zuführt. — 3. Sich
überheben: Sach. 12,₇ למען לא תגדל תפארת בית דויד. — **Pi‘el** 1. Subjekt
ist Gott. a) גדל machen durch die That. α) Mit Akkusativ. α') Der
Person. Gott macht den Josua גדל, verherrlichet ihn, indem er ihn
als göttlichen Sendboten bekräftigen will, Jos. 3,₇ אחל גדלך בעיני כל
ישראל; an jenem Tage 4,₁₄ גדל יהוה את יהושע בעיני כל ישראל; I Chr.
29,₂₅ ויגדל יהוה את שלמה למעלה לעיני כל ישראל; II Chr. 1,₁ ויגדלהו למעלה.
β') Der Sache: Gen. 12,₂ ואגדלה שמך; mit komparativem מן, I Reg. 1,₃₇.₄₇
מכסא אדני.   β) Mit ל der Sache: I Chr. 29,₁₂ בידך לגדל ולחזק לכל. —
b) Für גדל erachten: Hi. 7,₁₇ מה אנוש כי תגדלנו. — 2. Subjekt ist der
Mensch. גדל machen, kultischer Ausdruck für den Lobpreis Gottes.
a) Akkusativ desselben: Ps. 69,₃₁ ואגדלנו בתודה (parall. הלל). —
b) Mit ל: 34,₄ ונרוממה שמו יחדו. — **Hiph‘il** 1. Subjekt ist Jahwe.
a) Etwas גדל machen, in hohem Masse verleihen, geben. α) Ein
Nomen im Akkusativ: I Sam. 12,₂₄ אשר הגדיל עמכם; II Sam. 22,₅₁;
Ps. 18,₅₁ מגדיל ישועות מלכו (Keth.); Jes. 9,₂ הרבית הגוי; 42,₂₁ יגדיל תורה;
Ps. 138,₂ כי הגדלת על כל שמך אמרתך.   β) Ein Infinitiv mit ל, nur in
der Verbindung להגדיל לעשות Jo. 2,₂₁; Ps. 126,₂.₃. — b) Etwas גדל
machen d. h. in hohem Masse bethätigen, zeigen: Jes. 28,₂₉ הפליא עצה
הגדיל תושיה „er hegt wunderbaren Plan, einen hohen Verstand"
(Kautzsch). — 2. Subjekt sind Menschen. a) Etwas gross machen.

α) Auf sittlich gutes Thuen bezogen, mit dem Akk. חסד Gen.
19, 19. — β) Auf sittlich verwerfliches Thuen. α') Ob. 12 אל־תגדל
פיך ביום צרה, eine, den Übergang von der rein sinnlichen Anschauung darstellende Gebrauchsweise. β') לעשוׂת 'ה Jo. 2, 20.
γ') Bloss mit ב: Dan. 8, 25 ובלבבו יגדיל ובידי. — b) Grossthuen, sittlich verwerfliche Bethätigung der Kraft, die sich versündiget. α) Die
ursprüngliche, sinnliche Anschauung zeigt noch in der Rede Jahwes
an Israel Ez. 35, 13 ותגדילו עלי בפיכם. β) Bloss על zur Bezeichnung
der feindlichen Richtung: Jer. 48, 26. 42 עלי; Zeph. 2, 10 על־עם 'ה;
vom Grossthuen des Feindes wider den leidenden Gerechten Ps.
35, 26; 38, 17; 55, 13 עלי; der Freunde wider Hiob Hi. 19, 5 אם־אמנם
עלי תגדילו. γ) Absolut: Thr. 1, 9 הגדיל אויב. — **Hithpaʻel** 1. Sich
als 'ה erweisen, von Jahwe Ez. 38, 23 (parall. התקדשׁתי). — 2. Sich als
'ה hinstellen, in frevelhaftem Übermute sich benehmen: Dan. 11, 36
על־כל־אל. 37 על־כל.

Ausserhalb des theologischen Sprachgebrauches:
Kal 1. Gross werden. a) Von Lebewesen. α) An Leiblichkeit =
heranwachsen. Von Kindern: Gen. 21, 8. 20; 25, 27; 38, 11. 14; Ex.
2, 10. 11; Jud. 11, 2; 13, 24; I Sam. 2, 26; 3, 19; I Reg. 12, 8. 10; II Reg.
4, 18; Ez. 16, 7; Hi. 31, 18; Ruth 1, 13; II Chr. 10, 8. 10. Vom Tiere:
II Sam. 12, 3. β) An Gütern = reich werden: Gen. 24, 35; 26, 13
(ter); I Reg. 10, 23; Jer. 5, 27; Eccl. 2, 9; II Chr. 9, 22. γ) Allgemein
mächtig werden: Gen. 48, 19; II Chr. 17, 12. — b) Mit dinglichem
Subjekte: die Klage Gen. 19, 13; die Totenklage Sach. 12, 11; das
Horn Dan. 8, 9. 10; der Schmerz Hi. 2, 13. — 2. Gross sein, in digni-
tativem Sinne: von Personen, Gen. 41, 40; von Dingen, I Sam.
26, 24. — **Piʻel** 1. Grossziehen jemanden oder etwas, mit folgendem
Akkusativ. a) Kinder: II Reg. 10, 6 (Part.); Jes. 1, 2; 23, 4; 49, 21;
51, 18; Hos. 9, 12; Jünglinge: Dan. 1, 5. — b) Pflanzen: Jes. 44, 14;
Jon. 4, 10; Ez. 31, 4; das Haar: Num. 6, 5. — 2. Zu einem 'ה machen.
a) Akkusativ der Person: Esth. 3, 1. — b) Mit doppeltem Akkusativ:
Esth. 5, 11; 10, 2. — **Puʻal** gross, hoch gezogen, von Pflanzen:
Ps. 144, 12 (Part.). — **Hiphʻil** 1. Gross machen: Ez. 24, 9 den Holz-
stoss; Am. 8, 5 das Gewicht; Eccl. 1, 6 die Weisheit; 2, 4 Bauwerke;
I Chr. 22, 5 ein Haus. Ob I Sam. 20, 41 הגדיל עד־דוד die herkömmliche Deutung „bis David es (das Weinen) gross gemacht" zu halten
ist, ist sehr zu bezweifeln. — 2. גדל, Grösse im natürlichen Sinne
gewinnen, gross werden: Dan. 8, 4. 8. 11. — **Hithpaʻel** grossthuen,
sich prahlen: Jes. 10, 15 die Säge wider (על) den, der sie zieht.

Die Priorität einer Konjugation lässt sich mit Sicherheit nicht behaupten.

Die sinnliche Grundbedeutung ist doch wohl „drehen"; vgl. Fränkel, Die aram. Fremdwörter, 224. 229. 237.

צדק von צַדִּיק*) **Kal** 1. Von Personen ausgesagt. a) Ein 'צ sein: der Begriff des Rechthabens im juridischen Sinne durchdringt sich mit dem des Gerechtseins, Gerechtdastehens. *α*) Mit irgend einer näheren Bestimmung. In der Aussage über Gott Ps. 51, 6 לְמַעַן תִּצְדַּק בְּדָבְרֶךָ (parall. תִּזְכֶּה בְשָׁפְטֶךָ); über Menschen Hi. 25, 4, wie sollte der Mensch gerecht sein עִם־אֵל. *β*) Absolut: 9, 15. 20; 13, 18; 15, 14 (parall. זָכָה); 40, 8. — b) Der Begriff der ethischen Rechtbeschaffenheit herrscht ausschliesslich. *α*) Das Verbum mit einem näheren Umstande: Die Nachkommen Israels Jes. 45, 25 יִצְדְּקוּ כָּל־זֶרַע; die Schwestern Ez. 16, 52, wo, wie aus מִמֵּךְ ersichtlich, von relativer Rechtbeschaffenheit die Rede ist; Ps. 143, 2, nicht ist gerecht לְפָנֶיךָ כָל־חָי; mit komparativem מִן: Hi. 4, 17 הַאֱנוֹשׁ מֵאֱלוֹהַ יִצְדָּק. *β*) Absolut: Jes. 43, 26; Hi. 22, 3 (parall. תַּתֵּם־דְּרָכֶיךָ); 34, 5; 35, 7 (Gegens. V. 6 אֶכַזֵּב). — 2. Mit sachlichem Subjekte, als Denominativ von צְדָקָה: Ps. 19, 10, die Entscheide Jahwes sind Wahrheit, צָדְקוּ יַחְדָּו, was, wie Kautzsch dargethan, eine Umsetzung des Nominalsatzes מִשְׁפְּטֵי יי צְדָקָה ist. — **Piʿel** 1. Für einen 'צ d. h. einen solchen erklären, der mit seinen Behauptungen recht hat, der aber deshalb auch gerecht dasteht, so dass der juridische und der ethische Begriff vereint zum Ausdruck kommen: Hi. 33, 32 צַדְּקֶךָ. — 2. Als 'צ im ausschliesslich ethischen Sinne darstellen: Jer. 3, 11, Israel stellt als gerecht dar צִדְּקָה נַפְשָׁהּ מְשֻׁבָה יְהוּדָה; als im relativen Sinne 'צ stelltest du dar Ez. 16, 51 וַתְּצַדְּקִי אֶת־אֲחוֹתֵךְ בְּכָל־תּוֹעֲבֹתַיִךְ; du musst nun die Schmach tragen V. 52 בְּצַדֶּקְתֵּךְ אֲחְיוֹתֵךְ; weil Job sich Gott gegenüber als 'צ dünkt und darstellt, entbrannte der Zorn des Elihu Hi. 32, 2 עַל־צַדְּקוֹ נַפְשׁוֹ מֵאֱלֹהִים. — **Hiphʿil** 1. Als einen 'צ erklären. a) Als einen solchen hinstellen, der das Recht auf seiner Seite hat, wobei das ethische Werturteil eingeschlossen ist. Subjekt ist Gott: I Reg. 8, 32 לְהַצְדִּיק צַדִּיק neben. — b) Durch diese Erklärung jemandem zum Rechte verhelfen; sittliche, gegenüber Armen und Unterdrückten zu befolgende Forderung Gottes: Ps. 82, 3 הַצְדִּיקוּ (parall. שִׁפְטוּ־דָל עָנִי וָרָשׁ). — c) Den Begriff des Rechtfertigens einschliessend: Jes. 50, 8 מַצְדִּיקִי. — 2. Jemanden 'צ machen, ihm zu ethischer Rechtbeschaffenheit verhelfen: Jes. 53, 11, der Gerechte, mein Knecht, לרבים .. יצדיק, wird Gerechtigkeit schaffen den vielen; dagegen Dan. 12, 3 מצדיקי הרבים, ein Gerechtmachen durch Belehrung, Warnung, Beispiel. — **Hithpa'el** sich rechtfertigen Gen. 44, 16 in hauptsächlich juridischem, aber den ethischen einschliessendem Sinn.

Ausserhalb des theologischen Sprachgebrauches: **Kal** 'צ d. h. ein solcher sein, der das Recht auf seiner Seite hat. a) Bei juristischer Beurteilung von Thatsachen und Handlungen: Gen. 38, 26 צדקה ממני, sie ist mir gegenüber im Recht. — b) Recht haben mit einer Aussage oder Behauptung. α) Mit Präposition: Hi. 9, 2 עם־אל. β) Adverbieller Akkusativ: 33, 12 זאת לא־צדקת, hierin hast du nicht recht. γ) Absolut: Jes. 43, 9; Hi. 10, 15; 11, 2. — **Niph'al** nur Dan. 8, 14 ונצדק קדש, in den rechten Stand gesetzt werden. Vgl. Kautzsch a. a. O. 14 ff. — **Hiph'il** für einen 'צ erklären: a) Für einen solchen, der juristisch das Recht auf seiner Seite hat, mit dem Akkusativ der Person: Ex. 23, 7 אל־אצדיק רשע; Deut. 25, 1 והצדיקו את־הצדיק; in Participialkonstruktion Jes. 5, 23 מצדיקי רשע; Prov. 17, 15 מצדיק רשע ומרשיע צדיק. — b) Für einen solchen, der mit seiner Behauptung recht behält: Hi. 27, 5.

Das Resultat, das sich aus der Beobachtung des Sprachgebrauches ergibt, Kautzsch a. a. O. S. 15. ff. 53 ff. Betreffs des Etymons wird ebenda S. 53 ff. dargethan, dass nur die Berechtigung besteht, bei dem Begriffe des „Sichdeckens mit einer Norm" stehen zu bleiben. Trotzdem versucht Delitzsch, Psalmen [4] S. 69, Anm., die Grundbedeutung „fest, hart, straff sein" mit neuerlicher Berufung auf صدق رمح zu verteidigen, was Kautzsch bereits durch den Hinweis gegenstandslos gemacht, dass, wie die weiche, süsse Dattel, der rechte, richtige Hunger, so auch die Lanze das Prädikat deswegen führe, weil es eine Lanze ist, die der Norm entspricht.

IX. Kal — Pi'el — Hoph'al — Hithpa'el.

חנן von חֵן **Kal** 1. Von Gott ausgesagt. a) Huld, Freundlichkeit erweisen. α) Akkusativ der Person, der gegenüber diese Erweisung Gottes sich manifestiert durch irdischen, wie immer gearteten Segen und Gedeihen im allgemeinen: Gen. 33, 11 חנני אלהים; 43, 29 אלהים יחנך; Num. 6, 25 Jahwe lasse sein Angesicht über dir leuchten ויחנך; daher auch im Wunsche um den göttlichen Segen Ps. 67, 2 אלהים יחננו ויברכנו. β) Doppelter Akkusativ = jemandem aus

Gnade etwas schenken: Gen. 33, 5 הילדים אשר חנן אלהים את־עבדך; aber auch Ps. 119, 29 חנני תורתך. — b) Gnädig sein, von Gottes erbarmender Liebe. Dieselbe wird den äusserlich Bedrängten, besonders dem Volke Gottes nach überstandener Strafe zu teil. α) Mit folgendem Akkusativ: David gibt sich der Hoffnung hin II Sam. 12, 22 וחנני יהוה יחי הילד; als Israel bedrängt wurde von Aram II Reg. 13, 23 ויחן יהוה אתם וירחמם; dem Volke ohne Einsicht Jes. 27, 11 על־כן לא־ירחמנו עשהו (parall. יחננו לא); die Rettung von Assur ist gemeint, bezüglich deren Jahwe harrend zuwartet 30, 18 לחננכם (parall. לרחמכם); das Volk auf Zion infolge seines Schreiens 30, 19 חנון יחנך; an die Aufforderung, das Böse zu hassen, das Rechte zu üben ist die Verheissung geknüpft Am. 5, 15 אולי יחנן ... שארית יוסף; in der Aufforderung an die Priester Mal. 1, 9 חלו־נא פני־אל ויחננו; in der Bitte nicht zu begnadigen Ps. 59, 6 אל־תחן כל־בגדי; von der Begnadigung Zions 102, 14 כי־עת לחננה; unsere Augen schauen auf Jahwe 123, 2 שיחננו; daher in bedrängter Lage der Hilferuf חנני 4, 2; 6, 3; 25, 16; 26, 11; 27, 7; 30, 11 (parall. היה־עזר לי); 31, 10; 41, 11; 56, 2; 57, 2; 86, 3. 16; חנני 9, 14; חנני Jes. 33, 2; Ps. 123, 3 (bis). Fraglich, ob hieher zu rechnen ist Hi. 33, 24*). β) Absolut: nur Ps. 77, 10. — c) Von der sündenvergebenden und heiligenden Gnade Gottes: Ex. 33, 19 וחנתי את־אשר אחן (vgl. 34, 6); der Hilferuf חנני, Ps. 41, 5 näher bestimmt durch רפאה נפשי; 51, 3 im Parall. mit מחה פשעי; weiterhin ist er gebraucht 119, 58. 132 in der Bitte um Huld und Gnade für den Heilsbeflissenen. — 2. Von Menschen ausgesagt. a) Erbarmen zeigen gegen jemanden, Akkusativ der Person: Deut. 7, 2 לא־תחנם, näml. Besiegte; 28, 50 ונער לא יחן; Thr. 4, 16 זקנים לא חננו**); gegen einen vom Unglück Betroffenen, Hi. 19, 21 (bis). — b) חנן der Wohlthäter. α) Prov. 14, 31 'ומכבדו חנן אביון (Gegens. ל עשק דל); 19, 17 חנן דל 'ה; 28, 8 'חנן דלים ה. β) Absolut: In der Schilderung des Gerechten Ps. 37, 21. 26; 109, 12, wo der Dativ לחנן־לו wohl zu יהי gehören muss (vgl. das parall. אל־יהי־לו משך חסד); 112, 5. — Po‘el Mitleid haben. a) Prov. 14, 21 ומחנן ענוים אשריו. — b) Die Knechte Gottes in Babylon bezüglich Jerusalems: Ps. 102, 15 את־אבניה יחננו. — Hoph‘al Erbarmen, Gnade finden. a) Jes. 26, 10 יחן רשע. — b) Der Gottlose: Prov. 21, 10 לא־יחן בעיניו רעהו. — Hithpa‘el zu Gott um Gnade flehen. a) אל Gottes. α) Allein: I Reg. 8, 33; Ps. 30, 9; 142, 2;

---

*) Hoffmann: „Er (der Engel) fleht ihn (Gott) mit den Worten an.“
** Vgl. jedoch Kautzsch, Textkr. Erl. z. St.

Hi. 8, 5.   β) Dazu ein mit לאמר eingeführter Objektssatz: Deut.
3, 23; I Reg. 8, 17; II Chr. 6, 37. — b) בלב Gottes. α) Allein: II Chr.
6, 24.   β) Dazu ein Akkusativ: I Reg. 8, 59 אלה דברי; 9, 3 אתחנתך. —
c) ל desselben: Hos. 12, 5, wo לו auf den בלבו geht; Hi. 9, 15*).

Ausserhalb des theologischen Sprachgebrauches:
Kal jemandem etwas schenken: Jud. 21, 22 תחנו אותם. — **Pi'el** an-
genehm, lieblich machen: Prov. 26, 25 יחנן. — **Hithpa'el** Huld bei
jemandem erflehen. a) אל der Person: Gen. 42, 21; II Reg. 1, 13. —
b) ל derselben: Hi. 19, 16; Esth. 4, 8; 8, 3.

Die Denominierung ist am frühesten im Kal nachweisbar. Unter
Hoph'al sind zwei Stellen angeführt; doch spricht viel dafür, dass
wir es in beiden Fällen mit einem passiven Imperfekt Kal zu thuen
haben**). Bezüglich der Etymologie ist die gerade in den ältesten
Stellen und auch sonst noch vorkommende Bedeutung der Zuneigung
zu berücksichtigen, welche sich durch positive Mitteilung von Gütern
jeglicher Art manifestiert. Das Arab., welches übrigens ebenso wie
das Aram. das Denominativ besitzt, führt durch حنان sowie durch
das nächstverwandte حنا auf die sinnliche Grundbedeutung „neigen,
beugen".

X. Kal — Pu'al — Hiph'il — Hoph'al.

שלם von שָׁלֵם **Kal** 1. Frieden haben, infolge der Befreundung
mit Gott Hi. 22, 21 השלם־נא עמו ישלם. — 2. Im Friedensstande mit
jem. sich befinden: Ps. 7, 5 שולמי. — **Pu'al** vielleicht Jes. 42, 19 das
Particip = der Befreundete, nach anderen = der Gottergebene. —
Hiph'il bewirken, dass jemand Frieden macht, sich aussöhnt: Prov.
16, 7 גם־איביו ישלם־אתו, Subjekt ist Gott. — **Hoph'al** in Friedensverhältnis gesetzt sein: Hi. 5, 23 והיתה השדה השלמה־לך.

Ausserhalb des theologischen Sprachgebrauches:
Kal das passive Particip II Sam. 20, 19 שלמי אמוני ישראל***). —
Hiph'il Frieden machen mit jemand. Gegensatz des Kriegszustandes.
a) עם der Person: Deut. 20, 12; I Reg. 22, 45; I Chr. 19, 19. — b) את
derselben: Jos. 10, 1.4; II Sam. 10, 19. — c) אל derselben Jos. 11, 19.

Das sinnliche Etymon zeigt Kal, das in der Bedeutung „ganz
sein" noch vorkommt; vgl. auch dazu die Synon. כלה, תמם, גמר.
Über die Bedeutung „ganz sein" hinauszugehen und mit Delitzsch

---

*) Hoffmann liest בְּהַקְשִׁיבִי „sobald ich um mein Recht flehte".
**) Böttcher II, 104.
***) Vgl. Wellhausen, Der Text der Bb. Sam. z. St. und Einleitung S. 15.

ein noch ursprünglicheres „*extractum esse*" zu statnieren, ist unnötig und übrigens auch unbeweisbar. Die Bedeutung „ganz sein" hat auch das Syrische noch erhalten, während das Arab. den Begriff mehr negativ wendet „unversehrt, rein, frei sein". Die IV. Form ist wohl auch denominativ von سلم „in ein Friedensverhältnis treten".

XI. Niph'al — Pi'el — Pu'al — Hiph'il.

חלל von חל **Niph'al** 1. Sich 'ח machen, sich entweihen. Vom Priester in der übrigens verstümmelten Stelle Lev. 21, 4; von der Tochter des Priesters V. 9 כי בת לאיש כהן. — 2. Entweiht werden. a) Ein Heiligtum: Ez. 7, 24 מקדשיהם; 25, 3 in dem Orakel gegen Ammon, weil du riefest האח אל מקדשי כי נחל. — b) Jahwes Name: Jes. 48, 11 איך יחל, wozu aber mit LXX שמי zu ergänzen; Ez. 20, 9 למען שמי לבלתי החל לעיני הגוים; Jahwe selbst 22, 26 ואחל בתוכם. — c) In der Drohrede wider Jerusalem 22, 16 ונחלת בך לעיני גוים, wo בך wohl sicher zu streichen *). — **Pi'el** I. Entweihen. 1. Profan machen. a) Sachlicher Akkusativ. α) Den Sabbat durch Arbeit: Ex. 31, 14 מחלליה; Jes. 56, 2. 6 מחלל שבת מחללו; Ez. 20, 16. 21. 24; 22, 8; 23, 38 שבתתי חללו; Neh. 13, 17 מחללים את יום השבת. 18 את השבת. β) שם קדש. α') Lev. 20, 3 durch Übergabe eines Mitgliedes des hl. Volkes an Molech; 22, 2 durch Nichtberücksichtigung der Vorschrift über die Heilighaltung der Abgaben Israels; V. 32 durch die eine Verkennung der Herrscherstellung Jahwes involvierende Übertretung der Gebote; Am. 2, 7 indem Vater und Sohn zu einer Hure gehen. β') Mit ב des Mittels: Ez. 20, 39 בגלוליכם במתנתיכם; 36, 20 בם יאמר להם; 36,20 להם באמר. γ') Mit ב des Ortes: 36, 21. 22 שם קדשי אשר 'ח בגוים. γ) שם אלהיך, Lev. 18, 21 durch Übergabe eines Israeliten an Molech; 19, 12 durch falsches Schwören; 21, 6 שם אלהיהם profanieren die Priester, indem sie bestimmte Forderungen der Reinerhaltung nicht beobachten. δ) שם קדשי, Jer. 34, 16 das Volk durch seine den hl. Willen Jahwes nicht anerkennende Handlungsweise; Ez. 36, 23 אשר 'ח בתוכם; Mal. 1, 12 ואתם מחללים אתו באמרכם שלחן ' מגאל הוא, wo אתו sich auf שמי bezieht. ε) קדש: Lev. 19, 8 את קדש 'ח, wer den Rest des Schelamimopfers noch am dritten Tage isst; 22, 9 המחללו näml. קדש, wer die Anordnung betreffs der hl. Abgaben nicht befolgt; die Priester bzw. die Leviten sollen nicht entweihen V. 15:

---

*) Smend und Cornill lesen überdies ונחלתי, wo dann Jahwe Subjekt wäre.

Num. 18, 32 אֶת־קָדְשֵׁי בְּנֵי יִשְׂרָאֵל; wenn dagegen die Priester entweihen
Ez. 22, 26 קָדָשַׁי, so ist das Objekt in unbestimmter Allgemeinheit;
fast gleichlautend, nur Singularobjekt Zeph. 3, 4 חִלְּלוּ־קֹדֶשׁ חָמְסוּ (hier
wie dort neben תּוֹרָה חָבְסוּ): Juda hat entweiht Mal. 2, 11 קֹדֶשׁ יְיָ
durch Ehen mit heidnischen Weibern.   ζ) בְּמִקְדָּשׁ: Lev. 21, 12 אֵת כָּי־
אֱלֹהָיו profaniert der Hohepriester, wenn er durch eine Leiche ver-
unreinigt ist; V. 23 אֶת־מִקְדָּשַׁי, näml. die hl. Geräte der mit einem
Leibesgebrechen behaftete Priester; Ez. 23, 39 לְחַלְּלוֹ näml. מִקְדָּשַׁי profaniert Israel durch Götzendienst; Jahwe selbst 24, 21 אֲחַלֵּל אֶת־מִקְדָּשִׁי durch
Übergabe an die Feinde; der Cherub 28, 18 חִלַּלְתָּ מִקְדָּשֶׁיךָ מֵרֹב עֲוֺנֶיךָ בְּעֶוֶל יְיָ
מִקְדָּשֶׁיךָ; die Feinde Dan. 11, 31 וְחִלְּלוּ הַמִּקְדָּשׁ durch Abschaffung des
Kultus.   η) Vereinzelte Objekte: Jer. 16, 18 בְּנִבְלַת שִׁקּוּצֵיהֶם אֶת־נַחֲלָתִי;
Ez. 44, 7 לְחַלְּלוֹ אֶת־בֵּיתִי durch Götzendienst. — b) Persönlicher Akkusativ. α) Den Jahwe: Ez. 13, 19 וַתְּחַלֶּלְנָה אֹתִי אֶל־עַמִּי בְּשַׁעֲלֵי שְׂעֹרִים לָהֶם.
β) Menschen: Jahwe selbst profaniert Jes. 43, 28 וְאֲחַלֵּל שָׂרֵי קֹדֶשׁ durch ihres
Heiligkeitscharakters unwürdige Behandlung; 47, 6 חִלַּלְתְּ, das heilige
Volk durch Auslieferung an die Heiden; Thr. 2, 2 חִלֵּל מַמְלָכָה וְשָׂרֶיהָ. —
c) Prägnante Konstruktion. α) Subjekt ist Jahwe: Ez. 28, 16 וָאֲחַלֶּלְךָ
מֵהַר אֱלֹהִים; Ps. 89, 40 du verabscheuest die Zusicherung an deinen
Knecht, hast entweiht לָאָרֶץ נִזְרוֹ.   β) Menschen: 74, 7 חִלְּלוּ מִשְׁכַּן
שְׁמֶךָ. — 2. Eine Sache in profanen Gebrauch nehmen, wie Steine,
die durch Behauung mit Eisen für den Altar unbrauchbar werden,
Ex. 20, 25; einen Weinberg Deut. 20, 6 (bis); 28, 30; Götzenbilder
Ez. 7, 21; ohne Objekt Jer. 31, 5. — II. Schänden, entehren. 1. Subjekt ist Jahwe: Jes. 23, 9 לְחַלֵּל גְּאוֹן כָּל־צְבִי. — 2. Menschen. a) Eine
Tochter durch Prostitution: Lev. 19, 29 אֶל־תְּחַלֵּל אֶת־בִּתְּךָ לְהַזְנוֹתָהּ; das Lager
des Vaters I Chr. 5, 1: in demselben Sinne, aber ohne Objekt Gen.
49, 4. — b) Eroberte Städte sind geschändet, daher in der Drohrede
an Zion Ez. 7, 22 וְחִלְּלוּ אֶת־צְפוּנִי (bis) und Räuber sollen in dasselbe
eindringen וְחִלְּלוּהָ; wider Tyrus 28, 7 וְחִלְּלוּ יִפְעָתֶךָ. — c) Den Bund
= ihn brechen, Mal. 2, 10; Ps. 55, 21; 89, 35; das Gesetz Gottes = es
nicht befolgen 89, 32 חֻקֹּתַי (parall. מִצְוֺתַי לֹא שָׁמָרוּ). — Pu'al nur
das Particip = entweiht: Ez. 36, 23 הַגָּדוֹל הַמְחֻלָּל שְׁמִי. — Hiph'il
zum חל etwas machen, wie das eigene Wort durch Wortbrüchigkeit
Num. 30, 3; אֶת־שֵׁם־קָדְשִׁי Ez. 39, 7.

Als sprachgebräuchlich häufigste, wie auch als älteste Konjugation erweist sich mit Sicherheit Pi'el. Die Bedeutungsentwicklung selbst ist hier klar; denn חל als Gegensatz zu קֹדֶשׁ ist das
Gewöhnliche, das, was jedermann zugänglich ist, also offen steht.

In der muslimischen Theologie ist ḥalâl = gesetzlich erlaubt der Gegensatz zu ḥarâm = heilig, verwehrt. חלל ist also „lösen, loslassen". Vgl. Näheres bei Fränkel, Die aram. Fremdw. S. 3; Bandissin. Studien II S. 24 ff.

XII. Niph'al — Pi'el — Hiph'il　Hithpa'el.

פלא von פלא Niph'al 1. So sein, dass es die physische oder moralische Kraft jemandes übersteigt. a) Von Gott in eine negative Antwort erheischenden Fragen oder in negativen Aussagen: Gen. 18, 14 דבר מיי היפלא; Jer. 32, 17 יפלא ממך כל־דבר. 27 היפלא ממני כל־בשר. — b) Von Menschen, mit מן der Person: so heisst es von dem Gebote, das der Herr dem Volke giebt, Deut. 30, 11 לא נפלאת היא ממך. — 2. Wunderbar sein. a) בעיני der Person: von der Verwirklichung der erhaltenen Verheissungen Sach. 8, 6 *(bis)*, mag es in jenen Tagen wunderbar erscheinen בעיני שארית העם הזה בימים ההם גם בעיני יפלא; von der durch das Walten Jahwes herbeigeführten Wendung in der Geschichte Israels Ps. 118, 23 היא נפלאת בעינינו. — b) Mit מן der Person, für jemand zu wunderbar sein: Prov. 30, 18 שלשה המה נפלאו ממני; Hi. 42, 3 נפלאות ממני, Dinge, die für mich zu wunderbar sind. — 3. נפלאות sind: a) die ausserordentlichen, über die Grenzen des Natürlichen hinausliegenden Erweise göttlicher Macht, mit denen Gott für sein Volk gewirkt, also die Wunder der Geschichte, Ex. 3, 20; 34, 10; Jos. 3, 5; Jud. 6, 13; Jer. 21, 2; Mi. 7, 15; Ps. 9, 2; 26, 7; 40, 6; 71, 17; 72, 18; 75, 2; 78, 4. 11. 32; 86, 10; 96, 3; 98, 1; 105, 2. 5; 106, 7. 22; 107, 8. 15. 21. 24. 31; 111, 4; 136, 4; 145, 5; Neh. 9, 17; 1 Chr. 16, 9. 12. 24. Aber auch die von Gott gewirkten, dem Menschen unerklärlichen Vorgänge in der Natur, die Wunder der Schöpfung, Ps. 139, 14; Hi. 5, 9; 37, 14*). Endlich all das Übernatürliche, in das Gebiet des Glaubens Gehörende, was die Thora Gottes enthält Ps. 119, 18. 27. — b) In der Aussage von Menschen sind 'נ die über seine Kräfte hinausgehenden Pläne und Entwürfe Ps. 131, 1. — c) Als Adverbium: Hi. 37, 5 ירים בקלו נפלאות auf wunderbare Weise; Dan. 8, 24 נפלאות ישחית, er richtet ungeheuerliches Unglück an; 11, 36 ידבר נפלאות אל אל ועל, er redet lästerlich. — **Pi'el** nur לפלא נדר Lev. 22, 21; Num. 15, 3. 8, kulttechnischer Ausdruck zur Be-

<hr>

*) Wohl auch V. 17, wo נפלא von Budde, Beiträge zur Kritik des Buches Hiob 125, mit Recht als Schreibfehler erklärt wird, hervorgerufen durch das vorhergehende נפלאות und nicht erst darnach umgebildet.

zeichnung der Abtragung eines Gelübdes. — **Hiph'il** 1. Kulttechnischer Ausdruck. a) Wie Pi'el mit dem Objekte נדר: Lev. 27, 2. —
b) Weihen, wohl ursprünglich eine Besonderung machen, synonym
mit קדש: nur Num. 6, 2 יפלא נדר לנדר. — 2. Allgemein religiöser
Ausdruck, zum 'פ machen, in der Aussage von Gottes wunderbarem
Handeln. a) Akkusativ der Sache: Deut. 28, 59 את־מכתך, die Plagen
zu ausserordentlichen machen; Jes. 28, 29 עצה, Ps. 31, 22 חסדו, wunderbaren Rat, Gnade bethätigen. — b) את der Person: Jes. 29, 14 להפליא
הפלא את־העם־הזה, ein gegen alle menschliche Erwartung und Erfahrung sich vollziehendes Handeln Gottes am Volke. — c) Im
Infinitiv mit ל zur näheren Bestimmung des Hauptverbums: Jo. 2, 26
עשה עמכם להפליא; und umgekehrt: Jud. 13, 19 מפלא לעשות; II Chr.
26, 15 הפלא להעזר. — **Hithpa'el** die Wundermacht beweisen, mit ב
an jemandem: Hi. 10, 16, Subjekt Gott.

Ausserhalb des theologischen Sprachgebrauches:
Niph'al 1. Zu schwierig sein. a) מן der Person: Deut. 17, 8 vom
Rechtshandel, der dem Richter zu schwierig vorkommt. — b) בעיני
desjenigen, dem unter den obwaltenden Umständen ein Unternehmen
zu schwierig erscheint: II Sam. 13, 2. — 2. Ausserordentlich sein:
1, 26 נפלאתה אהבתך לי מן. — **Hiph'il** der absolute Infinitiv zum Adverbium erstarrt II Chr. 2, 8.

Die sinnliche Grundbedeutung bestimmt richtig Baudissin,
Studien II, 27, dahin, dass פלא ursprünglich das „Ausgesonderte"
ist. Die Wurzel פל hat jedenfalls die Grundbedeutung „spalten,
trennen"; vgl. arab. *falaǧa, falaḥa, falaḳa*. Vermutungsweise verbindet Barth, Etym. St. 6, פלא mit فأل „Omen", was immerhin
möglich ist. Ist aber die Grundbedeutung „trennen", so ist es
nicht notwendig, mit Barth ein zweites, von unserem obigen Denominativ verschiedenes Verbum anzunehmen, das in der Kult-
sprache im Pi. und Hiph. in der Bedeutung „weihen" beziehungs-
weise „ein Gelübde abtragen" oben belegt wurde. Das Getrennte,
aus der Masse des Gewöhnlichen Gesonderte ist einerseits das
Aussergewöhnliche, andererseits das für Gott Bestimmte, Geweihte.

E. In fünf Konjugationen.

1. Kal — Niph'al — Pi'el — Pu'al — Hithpa'el.

פרד von פֶּרֶד **Kal** ausser dem Inf. abs., der Jos. 21, 10 neben
dem Verbum fin. im Pi'el sich findet, nur das passive Particip

gebräuchlich. 1. Von Gott: gepriesen. Gen. 9, 26; 14, 20; 24, 27; Ex.
18, 10; Deut. 33, 20; 1 Sam. 25, 32. 39; II Sam. 18, 28; 22, 47; I Reg.
1, 48; 5, 21; 8, 15. 56; 10, 9; Ez. 3, 12; Zach. 11, 5; Ps. 18, 47; 28, 6;
31, 22; 41, 14; 66, 20; 68, 20. 36; 72, 18. 19; 89, 53; 106, 48; 119, 12; 124, 6;
135, 21; 144, 1; Ruth 4, 14; Esr. 7, 27; I Chr. 16, 36; 29, 10; II Chr.
2, 11; 6, 4; 9, 8. — 2. Von Menschen: gesegnet. a) ברוך Gen. 27, 29. 33;
Num. 22, 12; 24, 9; Deut. 7, 14; 28, 3 *(bis)*. 4. 6 *(bis)*; 33, 24; I Sam.
25, 33 *(bis)*; 26, 25; I Reg. 2, 45; Jes. 19, 25; Jer. 17, 7; 20, 14; Ps. 118, 26;
Ruth 2, 19. — b) ברוך יי Gen. 24, 31; 26, 29; ברוכי יי Jes. 65, 23. —
c) ברוך לי Jud. 17, 2; 1 Sam. 15, 13; 23, 21; II Sam. 2, 5; Ps. 115, 15;
Ruth 2, 20; 3, 10. — d) ברוך אברם לאל עליון Gen. 14, 19. — 3. Von Dingen:
gesegnet Deut. 28, 5; Prov. 5, 18. — **Niph'al** sich segnen mit jemandem, mit ב der Person, wobei nach Gen. 48, 20 die Segensformel
zu bilden ist: Gen. 12, 3; 28, 14 בך בל משפחת האדמה; 18, 18 ונברכו בו כל גויי
הארץ. — **Pi'el** im allgemeinen eine ברכה sprechen. I. Segnen.
1. Subjekt ist Gott. a) Die Wirkungskraft des göttlichen Segens
manifestiert sich in zahlreicher Nachkommenschaft, dann weiterhin
in der Vermittlung irdischer Wohlhabenheit im allgemeinen. α) Akkusativ der Person. α') Allein: Gen. 1, 28; 5, 2; 9, 1; 12, 2. 3; 17, 16
(bis). 20; 22, 17 ברך אברכך; 24, 35; 25, 11; 26, 3. 12. 24; 28, 3; 30, 27. 30;
32, 27. 30; 35, 9; 48, 3. 16; Ex. 20, 24; Num. 6, 24. 27; Deut. 1, 11; 7, 13
(bis); 14, 24; 15, 6; 26, 15; II Sam. 6, 11. 12; 7, 29; Jes. 51, 2; 61, 9;
Ps. 5, 13 תברך צדיק (parall. רצון תעטרנו); 28, 9 את נחלתך (neben היטיבה
ועשה); 45, 3; 67, 2. 7. 8; 107, 38; 115, 12 *(ter)*. 13; 147, 13; I Chr. 4, 10
אם ברך תברכני; 13, 14; 17, 27; 26, 5; II Chr. 31, 10.   β') Dazu ein sachlicher
Akkusativ: Gen. 49, 25 וברכך ברכת שמים מעל; Deut. 12, 7; 15, 14 אשר,
womit dich Jahwe, dein Gott, gesegnet hat; Jes. 19, 25 אשר .. ברכה
ברכו יי; statt des sachlichen Akk. ein Objektssatz mit לאמר Gen.
1, 22.   γ') Ein näherer, den Segensumfang erläuternder Umstand:
Gen. 24, 1 den Abraham בכל; Deut. 2, 7; 14, 29; 24, 19 בכל מעשה ידך;
15, 18; 16, 15 בכל אשר תעשה; 23, 21 בכל מעשה ידך ובכל משלח ידך;
ידך; 15, 10 בכל מעשיך בכל .. בגלל הדבר הזה. — ברך ד') ב des Ortes: 15, 4
וברכך יי בארץ; 28, 8; 30, 16 ebenfalls בארץ.   ε') מן des Ortes:
Ps. 128, 5; 134, 3 מציון.   ζ') ב des Segensinhaltes: Ps. 29, 11 את עמו
בשלום *)*. — η') כאשר יברכך יי אלהיך Deut. 16, 10; עדה ברכני Jos.
17, 14. — β) Akkusativ der Sache: Gen. 2, 3 השביעי את יום; Ex. 20, 11

אֶת־יְיָ הֹשֵׁבְתְּ; Gen. 27, 27 שָׂדֶה; 39, 5 בִּגְלַל יוֹסֵף .. אֶת־בֵּית; Ex. 23, 25
אֶת־לַחְמְךָ יָאֲכִילֶךָ; Deut. 28, 12 אֵת כָּל־מַעֲשֵׂה יָדְךָ; 33, 11 חֵילוֹ; Jer. 31, 23
וִיהֹצְדֵּק חַי הַקֹּדֶשׁ; Ps. 65, 11 צִמְחָהּ; 132, 15 צֵידָהּ אֲבָרֵךְ; Prov. 3, 33 בֵּית
צַדִּיקִים; Hi. 1, 10 מַעֲשֵׂה יָדָיו; 42, 12 אַחֲרִית אִיּוֹב מֵרֵאשִׁתוֹ; der Akkusativ
ist zu ergänzen I Chr. 17, 27.   γ) Bloss adverbielle Bestimmung:
Hag. 2, 19 מִן־הַיּוֹם הַזֶּה.   δ) Absolut: Num. 23, 20; Ps. 109, 28. —
b) Grussformel: Ruth 2, 4 יְבָרֶכְךָ יְיָ. — 2. Subjekt der Mensch. a) Der
Elternsegen. α) Akkusativ der Person: Gen. 27, 4. 25 בַּעֲבוּר תְּבָרֶכְךָ;
19. 31 נַפְשִׁי תְּבָרְכֵנִי. 23. 27. 30. 33. 34. 38; 28, 1. 6 (bis); 48, 9. 15; 49, 28 (bis).
β) Dazu ein sachlicher Akkusativ: Gen. 27, 41 הַבְּרָכָה אֲשֶׁר בֵּרֲכוֹ אָבִיו. —
γ) Zum persönl. Akkusativ: 27, 7 לִפְנֵי יְיָ לִפְנֵי יְיָ מוֹתִי.   δ) לִפְנֵי מוֹתִי
27, 10; בֵּרַךְ הַהִיא לֵאמֹר 48, 20. — b) Priestersegen; Subjekt Mose,
Aaron, die Priester. α) Akkusativ der Person. α') Allein: Ex. 39, 43;
Lev. 9, 22. 23; Num. 6, 23; II Chr. 30, 27.   β') Dazu der Akkusativ:
בְּרָכָה Deut. 33, 1.   β) = Gottes: Jahwe sonderte den Stamm Levi
aus, dass er die Lade trage, vor Jahwe als sein ständiger Diener
stehe und Deut. 10, 8 לְבָרֵךְ בִּשְׁמוֹ; 21, 5 בְּשֵׁם יְיָ; Aaron und seine
Söhne wurden ausgesondert, damit sie Jahwe dienten I Chr. 23, 13
וּלְבָרֵךְ בִּשְׁמוֹ עַד־עוֹלָם. — c) Subjekt sind Propheten und andere Gottes-
männer. α) Akkusativ der Person. α') Allein: Num. 22, 6; 23, 25
בָּרֵךְ לֹא תְבָרֲכֶנּוּ; 24, 1; Deut. 27, 12; Jos. 8, 33; 14, 13; 22, 6. 7; 24, 10
וַיְבָרֶךְ בָּרוֹךְ אֶתְכֶם; I Sam. 2, 20; II Chr. 6, 3.   β') אֲדֹנֵיהֶם יְיָ
II Sam. 6, 18; I Chr. 16, 2.   γ') בְּלֶק־קְהַל יִשְׂרָ' קוֹל גָּדוֹל לֵאמֹר אֵת I Reg.
8, 55.   β) Sachlicher Akkusativ: I Sam. 9, 13.   γ) בֵּרַךְ בֵּרֵךְ Num.
23, 11; 24, 10.   δ) Absolut 23, 20. — d) Subjekt sind Menschen
überhaupt, die in Bethätigung ihrer freundlichen oder dankbaren
Gesinnung gegen einen anderen diesen segnen. α) Akkusativ der
Person. α') Allein: Gen. 12, 3; 27, 29; Num. 24, 9 מְבָרְכֶיךָ; Gen. 14, 19;
Ex. 12, 32; Deut. 24, 13; II Sam. 14, 22; 21, 3; I Reg. 1, 47; 8, 66;
Ps. 72, 15; 118, 26; Prov. 30, 11; Hi. 31, 20. - β') Dazu noch = Gottes:
Ps. 129, 8 בֵּרַכְנוּ אֶתְכֶם בְּשֵׁם יְיָ.   β) ל der Person: Neh. 11, 2 הָעָם לְכֹל
הַמִּתְנַדְּבִים.   γ) = Gottes und mit לֵאמֹר eingeführter Objektsatz: Gen.
48. 20; die Stelle erläutert auch, in welchem Sinne = בָּרַךְ überhaupt
zu fassen ist. Besteht dort בְּךָ יְבָרֵךְ יִשְׂרָאֵל darin, dass man יָשִׂים
= אֱלֹהִים sprechen wird, so ist in den Stellen, in denen jemand mit
dem Namen Jahwes segnet, dieses soviel, als eine mit den Worten
יְיָ בְּרָכָה gebildete Segensformel sprechen.   δ) Mit einem näheren
Umstande: Ps. 62, 5 בְּפִיו (Gegens. יְקַלֲלוּ בְּקִרְבָּם)[*]. — II. Jemanden

---

[*] Ps. 49, 19 ist der Text ganz verderbt, der Sinn nicht mehr erkennbar.

segnend. 1. Begrüssen. a) Akkusativ der Person: Gen. 47, 7. 10:
I Sam. 13, 10; 25, 14: II Sam. 6, 20: I Reg. 8, 14: II Reg. 4, 29 (bis):
10, 15: I Chr. 16, 43. — b) Dazu ein näherer Umstand: Prov. 27, 14
וַיְבָרֲכֵהוּ בְּקוֹל גָּדוֹל בַּבֹּקֶר הַשְׁכֵּים. — 2. Beglückwünschen: II Sam. 8, 10:
I Chr. 18, 10 לְבָרֲכוֹ עַל אֲשֶׁר נִלְחַם. — 3. Verabschieden: Akk. der
Person: Gen. 24, 60: 32, 1: II Sam. 13, 25: 19, 40. — III. Benedeien,
vom Menschen, wie von der leblosen Schöpfung ausgesagt. 1. Gott
den Herrn. a) Akkusativ Gottes. α) Allein: Jos. 22, 33: Jud. 5, 2. 9:
13, 21: Ps. 16, 7: 66, 8 (parall. הַשְׁמִיעוּ קוֹל תְּהִלָּתוֹ): 103, 1. 2. 20. 21. 22 (bis):
104, 1. 35: 134, 1. 2: 135, 19 (bis). 20 (bis): 145, 10: Neh. 8, 6: I Chr.
29, 20: II Chr. 20, 26: 31, 8: mit dem Akkusativ שֵׁם Ps. 96, 2: 100, 4:
שֵׁם קָדְשְׁךָ 145, 1. שֵׁם כְּבֹדֶךָ 21: שֵׁם בְּרָכָה Neh. 9, 5.   β) Dazu den Grund
des Benedeiens in Gestalt eines Objektssatzes: Gen. 24, 48 אֲשֶׁר אִירַי..
אֲשֶׁר הִנְחַנִי בְּדֶרֶךְ אֱמֶת.   γ) עַל des Grundes: Deut. 8, 10 אֱלֹהֶיךָ אֲשֶׁר..
עַל הָאָרֶץ הַטֹּבָה.   δ) Ein Umstand des Ortes: Ps. 26, 12 בְּמַקְהֵלִים:
68, 27 בְּמַקְהֵלוֹת: I Chr. 29, 10 לְעֵינֵי כָל הַקָּהָל.   ε) Ein Umstand der
Zeit: Ps. 34, 2 בְּכָל עֵת: 63, 5 בְחַיָּי (parall. בְּשִׁמְךָ אֶשָּׂא כַפָּי): 145, 2
(parall. וַאֲהַלְלָה שִׁמְךָ לְעוֹלָם וָעֶד): 115, 18 מֵעַתָּה וְעַד עוֹלָם: Neh. 9, 5
מִן הָעוֹלָם וְעַד הָעוֹלָם. — b) לְ Gottes: I Chr. 29, 20. — 2. Götzen: Jes. 66, 3 מְבָרֵךְ
אָוֶן. — IV. Euphemismus für „fluchen, lästern". Ein solcher liegt
nach einigen vor Ps. 10, 3 בֹּצֵעַ בֵּרֵךְ נִאֵץ יְיָ: richtiger aber wohl die Auffassung von Kautzsch: „Denn der Gottlose lobsingt (Jahwe und
thut dabei), was ihn gelüstet; und der Habgierige preist (und) lästert
(zugleich) Jahwe". Sicher dagegen liegt Euphem. vor: a) Mit
Akkusativ: אֱלֹהִים I Reg. 21, 10. 13: Hi. 2, 9. — b) Dazu eine nähere
Bestimmung: 1, 5 בִּלְבָבָם. 11 עַל פָּנֶיךָ; 2, 5 אֶל פָּנֶיךָ*). — Pu‘al 1. Ge-
seguet sein. a) Menschen: Num. 22, 6 (Particip): Jud. 5, 24 (bis):
Ps. 37, 22 (Part.); 112, 2: 128, 4: Prov. 22, 9. — b) Sachliche Sub-
jekte: Deut. 33, 13 מְבֹרֶכֶת יְיָ אַרְצוֹ: II Sam. 7, 29 מְבֹרָךְ בִּרְכָתְךָ יְבֹרַךְ בֵּית עַבְדְּךָ:
Prov. 20, 21: I Chr. 17, 27 (Part.). — 2. Gepriesen sein, in der Doxo-
logie יְהִי שֵׁם יְיָ מְבֹרָךְ Ps. 113, 2: Hi. 1, 21. — Hithpa‘el 1. Sich
segnen. a) Mit בְּ desjenigen, der zur Bildung der Segensformel genannt wird. α) Gottes: Jes. 65, 16 בֵּאלֹהֵי אָמֵן: Jer. 4, 2 בּוֹ גּוֹיִם.
β) Menschen: Gen. 22, 18; 26, 4 בְּזַרְעֲךָ כֹּל גּוֹיֵי הָאָרֶץ; Ps. 72, 17 בּוֹ
כָל גּוֹיִם. — b) בְּ des Ortes: Jes. 65, 16 הַמִּתְבָּרֵךְ בָּאָרֶץ. — 2. Sich
glücklich schätzen: Deut. 29, 18 וְהִתְבָּרֵךְ בִּלְבָבוֹ לֵאמֹר שָׁלוֹם יִהְיֶה לִּי.

Während Kal nur im Part. gebräuchlich, Niph. und Hithpa.
in ihrem Vorkommen auf wenig Stellen sich beschränken, zeigt

---

*) Vgl. Wetzstein, Exkurs über אֲנָשָׁה bei Delitzsch, Psalmen⁴.

Pi'el schon sehr früh häufige Verwendung und muss als im Sprachgebrauch älteste Konjugation bezeichnet werden. Wie der Araber
seine Denominativa سلم, رجّب, رغّم bildet im Sinne von „er hat
gesagt السلام عليكم u. s. w.", so ist ברך = eine Segensformel mit
'פ ברכה gebrauchen. Ist nun der Inhalt der ברכה in den ältesten
Stellen durchgehends zahlreiche Nachkommenschaft und reiche
Güterfülle, so weist schon dies darauf hin, dass der sinnliche
Grundbegriff auf „ausbreiten, erweitern" zurückgeht. Thatsächlich
ist von hier aus der Teich ברכה genannt. Dazu kommt im Hebr.
die Analogie, dass die Begriffe des Glückes, Wohlseins durch Worte,
denen die sinnliche Bedeutung der Weite (רחב, רוח, ישע und die
Gegensätze צר, צרה) zu Grunde liegt, wiedergegeben werden. Die
Erklärung von Friedr. Delitzsch, Proleg. 46, dass der Stamm ברך
„von der Bedeutung des Schreitens, Tretens zu der des Vorwärts-
kommens, Gelingenhabens, wovon dann die Worte für Segen, segnen,
sich entwickelt", muss demnach als verfehlt bezeichnet werden*);
nicht minder aber auch die Erklärung Nestles, der „die Knie
beugen" als Grundbedeutung statuiert**).

דבר von דָּבַר **Kal** ausgenommen den Infinitiv Ps. 51,6 nur das
Particip. 1. Subjekt ist Jahwe. a) Von seinem offenbarenden, der
Manifestation seines Willens geltenden Reden. α) אל der Person.
α') Allein: Gen. 16,13.   β') Dazu sachlicher Akkusativ: Ex. 6,29
את כל־אשר אני דבר אליך; Jon. 3,2 הקריאה אשר אנכי דבר אליך.   β) Der
blosse Akkusativ: Jes. 45,19 אני יי דבר צדק. — b) Vom verheissenden
Reden: Jer. 32,42 את־כל־הטובה אשר אנכי דבר עליהם ד'. — c) Vom richterlichen Sprechen Gottes: Ps. 51,6 למען תצדק בדברך. — 2. Subjekt
ist das im Auftrage Gottes redende Organ desselben, ein Engel,
der Prophet. a) אל der Person: Jer. 38,20 לאשר אני דבר אליך; Dan.
10,11 בדברים אשר אנכי דבר אליך ד'. — b) 'פ באזני: Deut. 5,1
אדרחקים; Jer. 28,7 הדבר הזה אשר אנכי דבר באזניך ד' את־החמשפטנים אשר .. באזניכם. —
c) = der Person: Sach. 1,9.13.14; 2,2.7; 4,1.4.5; 5,5.10; 6,4 המלאך
הדבר בי. — d) באשר אדני ד' Num. 32,27. — 3. Subjekt ist der
Mensch. a) Reden im guten Sinne. Es folgt ein sachliches Objekt. α) Allein: Num. 27,7; 36,5 כן; Jes. 33,15 מישרים; Am. 5,10
תמים; Prov. 16,13 ישרים; Ps. 28,3; Esth. 10,3 דבר שלום.   β) Dazu

*) Vgl. Fleischer, Kleinere Schriften I. 1. S. 74 ff. und die dort ver-
zeichneten Erklärungen, welche Beidâwî zu Sur. 25,1 gibt.
**) Marginalien und Materialien, S. 78.

eine nähere Bestimmung: Ps. 15, ₂ אמר דבר בלבבו. — b) Im schlechten
Sinne. Es folgt sachliches Objekt. α) Allein: Mi. 7, ₃ דבר ישר ;
Ps. 101, ₇ שקר ; 63, ₁₂ דברי שקר ; 5, ₇ ; 58, ₄ דברי כזב . — β) Dazu אל
der Person: Jer. 40, ₁₆ שקר .. אל ישמעאל . γ) על, wider jemanden:
Ps. 31, ₁₉ צדיק עתק ; 109, ₂₀ דברי רע על נפשי . — Niph'al 1. Von religiöser, auf gegenseitige Ermahnung und Stärkung des Glaubens
abzielender Unterredung: Mi. 3, ₁₆ אז נדברו יראי ה' איש אל רעהו . —
2. Im schlechten Sinne sich bereden: Wider Gott Mal. 3, ₁₃ נדברתם
עלי ; wider den Propheten Ez. 33, ₃₀ הנדברים בך ; wider den Eiferer
für Gott und seine Satzungen Ps. 119, ₂₃ בי נדברו . — Pi'el A. Subjekt ist Gott. I. Reden im Sinne von offenbaren, seiner Willens-
meinung Ausdruck verleihen. 1. Mit dem Objekte דבר bzhw. דברים.
a) Allein: Deut. 18, ₂₁. ₂₂ הדבר אשר לא דברתיו ; Jes. 24, ₃ כי ה' דבר
את הדבר הזה als Schluss eines Orakels; 38, ₇ אשר דבר ה' ;
Jer. 34, ₅ כי אני דברתי נאם ה' ; Ez. 12, ₂₅ אדבר את אשר אדבר דבר .
₂₈ אשר אדבר דבר ויעשה ; I Reg. 22, ₃₈ כדבר ה' אשר דבר . — b) Dazu
ein Objektssatz: Ex. 20, ₁ את כל הדברים האלה לאמר . — c) אל der
Person, zu jemandem. α) Bloss dieses: 1 Sam. 3, ₁₇ מה הדבר אשר ה' ;
I Reg. 6, ₁₂ אליך ; ויקם את דברי אשר דברתי אלדוד אביך ; Jer. 19, ₂
אליך . את כל הדברים אשר אדבר ; 30, ₂ את כל הדברים אשר דברתי אליך ;
36, ₄ את כל הדברים אשר דבר אליו ; Ez. 3, ₁₀ את כל דברי אשר אדבר אליך
אליך אשר 'ש ; Hi. 42, ₇ את הדברים האלה אל איוב ; II Reg. 10, ₁₇ דבר ה'
אשר דבר אל אליהו . β) Hinzu ein Objektssatz: II Reg. 15, ₁₂ היא
דבר ה' אשר דבר אל יהוא לאמר . γ) ביד des Propheten: I Reg. 12, ₁₅;
II Chr. 10, ₁₅ אל ירבעם ; את דברו אשר דבר ה' ביד אחיה ; I Reg. 16, ₁₂
כדבר ה' אשר דבר אל בעשא ביד יהוא הנביא . δ) על in Bezug auf, betreffs
jem.: Jos. 14, ₆ אל משה איש האלהים על ארדתי ; הדבר אשר דבר ; II Reg.
10, ₁₀ את כל הדברים אשר דבר ה' על בית אחאב ; Jer. 36, ₂ מדבר ה' ..
הדבר אשר דבר ה' אל ה' . ε) ל des Bezuges: 46, ₁₃
הנביא לבא . ζ) Sonst ein näherer Umstand: Deut. 5, ₁₉ את הדברים
את עשרת הדברים אשר ; 10, ₄ האלה .. אל כל הקהל בהר מתוך האש קול גדול
באו ה' 'ה את הדברים הזה ; Jos. 14, ₁₀ ד' ה' אלבים בהר מתוך האש מן הקהל
אל ; Jes. 16, ₁₃ זה הדבר אשר דבר ה' אל מואב . — d) על zu jemandem:
Jer. 10, ₁ עלכם ; אשר דבר ה' אל הדברים . — e) את zu jemandem: II Sam. 7, ₇;
I Chr. 17, ₆ לאמר ... הדבר דברתי את אחד . — f) ל zu jemandem: I Reg.
13, ₂₆ דבר ה' אשר דבר לו . — g) עם mit jemandem: Deut. 9, ₁₀ ככל
הדברים אשר דבר ה' עמכם בהר מתוך האש ביום הקהל . — h) ביד durch jemanden. α) Bloss dieses: Jer. 37, ₂ אל דברי ה' אשר דבר ביד ירמי' ; sonst
nur I Reg. 14, ₁₈; 15, ₂₉; 16, ₃₁; 17, ₁₆; II Reg. 14, ₂₅; 24, ₂ כדבר ה'

אשר דבר ביד פ‍.   β) Dazu ein Objektssatz: 9,₃₆ 'ה אשר היא יי דבר.
ביד עבדו .. לאמר.   γ) אל in betreff: Jer. 50,₁ אל‑בבל יי 'ה אשר הדבר.
אל‑הארץ 'ב ביד 'יהי. — i) על, in betreff jemandes: I Reg. 2,₄ וידבר‑את.
אשר‑'ה עלי לאמר; der Objektssatz ohne Einführung: II Reg. 19,₂₁;
Jes. 37,₂₂. — 2. Mit Präpositionen. a) Zu jemandem reden. α) אל
der Person. α') Allein: Gen. 18,₃₃; Ex. 4,₁₀; 6,₂.₁₃; Num. 7,₈₉;
11,₂₅; Deut. 1,₄₃; Jer. 9,₁₁; 14,₁₁; 23,₂₁; II Chr. 33,₁₀.   β') Hinzu‑
kommt ein sachlicher Akkusativ. α') Num. 15,₂₂ .. האלה את כל‑המצות
אל‑כמשה; 32,₃₁ את אשר 'ה יי אל‑עבדיך; Deut. 5,₂₁ אלוך .. כל‑אשר.
את אשר אני מדבר אליך; Ez. 2,₈ את כל‑המצוה תחקרם יהמשפטים ₂₈
Ps. 85,₉ שלום אל‑עמו.   β') Dazu noch בית: Lev. 10,₁₁ את כל‑החקים
אשר 'ה יי אליהם בידמשה.   γ') Ausser dem sachlichen Akkusativ
noch eine Zeitbestimmung: I Sam. 15,₁₆ אשר דבר יי אלי הלילה.
γ') Ein Objektssatz eingeführt mit לאמר. α') Gen. 8,₁₅ וידבר אלהים
אל‑נח לא'; Ex. 6,₁₀.₂₉; 13,₁; 14,₁; 16,₁₁; 25,₁; 30,₁₁.₁₇.₂₂; 31,₁;
40,₁; Lev. 4,₁; 5,₁₄.₂₀; 6,₁.₁₂.₁₇; 7,₂₂.₂₈; 8,₁; 12,₁; 14,₁; 17,₁;
18,₁; 19,₁; 20,₁; 21,₁₆; 22,₁.₁₇.₂₆; 23,₁.₉.₂₃.₂₆.₃₃; 24,₁.₁₃; 27,₁;
Num. 1,₄₈; 3,₅.₁₁.₄₄; 4,₂₁; 5,₁.₅.₁₁; 6,₁.₂₂; 8,₁.₅.₂₃; 9,₉; 10,₁; 13,₁;
15,₁.₁₇; 16,₂₃; 17,₁.₉.₁₆; 18,₂₅; 20,₇; 25,₁₀.₁₆; 26,₅₂; 28,₁; 31,₁;
34,₁.₁₆; 35,₉ אל‑משה לא'; וידבר יי Lev. 10,₈ אל‑אהרן; 11,₁; 13,₁;
15,₁; Num. 2,₁; 4,₁.₁₇; 14,₂₆; 16,₂₀; 19,₁ אל‑משה יאל‑אהרן; Deut.
2,₁₇ אלי; Jos. 20,₁ אל‑יהושע; Jes. 7,₁₀ ויוסף יי דבר אל‑אחז לאמר; 8,₅
אלי יי; I Chr. 21,₉ אלנד חזה דויד.   β') Dazu noch eine Orts‑
bestimmung: Lev. 1,₁ אלי מאהל מועד; 25,₁ בהר סיני; Num.
3,₁₄ במדבר סיני; 33,₅₀; 35,₁ אל‑משה בערבת מואב על‑ירדן;
Deut. 1,₆ אלינו בחרב. — γ') Eine Zeitbestimmung: 32,₄₈ אל‑משה
בעצם היום הזה.   δ') Ort und Zeitbestimmung: Num. 1,₁ אל‑משה
במדבר‑סיני בשנה השנית; 9,₁ במדבר סיני באהל מועד באחד לחדש.
δ') Ein Objektssatz ohne Einführung: Num. 18,₈ וידבר יי אל‑אהרן
ואני יי.   ε') Eine Ortsbestimmung: Ex. 6,₂₈ אל‑משה בארץ מצ';
29,₄₂ אליך שם; Deut. 4,₁₂ אליכם בחרב מתוך האש. ₁₅ מתוך האש;
Ps. 99,₇ אליהם בעמוד ענן. — ζ') Eine Zeitbestimmung: Lev. 16,₁
אל‑משה אחרי מות; Jer. 36,₂ אליך מיום .. ועד היום הזה.   η') Sonstige
nähere Bestimmungen: Ex. 33,₁₁ אל‑משה פנים אל‑פנים; Ps. 2,₅ אלימו
באפו. — θ') Mit באשר. α') Num. 22,₈ כאשר ידבר יי אלי; Ez. 2,₂
באשר דבר אלי.   β') I Reg. 5,₁₉ כאשר דבר יי אל‑דויד אבי לאמר.
β) על der Person. α) Allein: Hos. 12,₁₁ על‑הנביאים.   β') Dazu ein
näherer Umstand: Ez. 36,₅ .. קנאתי באש על‑שארית הגוים.   γ) ל der
Person. α') Allein: Gen. 24,₇.   β') Dazu ein Objektssatz mit לאמר:

I Reg. 21, 23; direkt untergeordnet II Sam. 23, 3.   γ') בִּיד durch jemanden: Num. 17, 5 באשר ד' רי בידרבשה לי.   δ') Sonst ein näherer Umstand: Ps. 89, 20 בחזון לחסידך. — b) Mit jemandem reden. α) את der Person. α') Allein. α'') Deut. 5, 24 את־האדם; Jer. 7, 22 את־אבותיכם. β'') אֶת Gen. 17, 22.   γ'') אִיתך I Reg. 22, 24; Ez. 3, 22. 27; אֹתך Ez. 2, 1; II Chr. 18, 23; את Ez. 3, 24.   β') Hinzukommt ein sachlicher Akkusativ. α'') Gen. 17, 3 אֶתּ אלהים לאמר.   β'') Überdies noch ל des Bezuges: Ez. 44, 5 את כל־אשר אני מדבר אֹתך לכל־חקית יי'.   γ') Eine Ortsbestimmung: Num. 3, 1 את־משה בהר סיני; Gen. 35, 13. 14 במקום אשר־ד'. 15 שם; Ex. 31, 18 אֹתו בהר סיני; 25, 22 אֶתּ. את אל־מל הכפרת. δ') Sonst eine nähere Bestimmung: I Reg. 8, 15; II Chr. 6, 4 את בפי ד'ר.   β) עם der Person. α') Allein: Ex. 19, 9; 20, 19; 33, 9; Num. 22, 19; Jud. 6, 17 (Part.).   β') Dazu ein sachlicher Akkusativ: Jos. 24, 27 את כל־אמדי יי.   γ') Eine Ortsbestimmung: Ex. 20, 22 מן־השמים; Neh. 9, 13 עמהם; Num. 11, 17; Hos. 12, 5 שם.   δ') Mehre nähere Bestimmungen: Deut. 5, 4 עמכם בהר מתך האש .. פנים בפנים.   γ) ב der Person. α') Allein: Num. 12, 2 (bis); II Sam. 23, 2; Hos. 1, 2. β') Dazu ein näherer Umstand: Num. 12, 6 בחלום; in Gestalt eines Zustandssätzchens 12, 8 פה אל־פה. — c) Durch jemanden. α) בִּיד der Person. α') Dazu sachlicher Akkusativ: II Reg. 10, 10 את אשר־ד' ביד עבדי אליהו.   β') Ein Objektssatz mit לאמר: II Reg. 21, 10; Jes. 20, 2.   γ') באשר ד' רי ביד ע Num. 27, 23; I Sam. 28, 17; II Reg. 17, 23.   β) ב der Person: I Reg. 22, 28; II Chr. 18, 27. — d) Wider jemanden: I Sam. 3, 12 את כל־אשר ד' אל־בית. — 3. Von jemandem oder etwas reden. Es folgt der Akkusativ. a) Von Personen: Ez. 38, 17 האתה־הוא אשר־דברתי בימים קדמונים ביד עבדי. — b) Von Dingen. α) Der Akkusativ allein: 39, 8 היא היום אשר דברתי.   β) Dazu eine Zeitbestimmung: Jos. 14, 12 את־ההר הזה אשר־דבר יי ביום ההיא.   γ') אל במקום אשר דבר אליך I Reg. 13, 22 der Person und ein Objektssatz: I Reg. 13, 22 את־עירי המקלט אל־האבל.   δ') Mehre nähere Bestimmungen: Jos. 20, 2 אשר־ד' אליכם בידרבשה לכיב שמה. — 4. Reden. a) Sachlicher Akkusativ. α) Allein. α') Ein Nomen: Num. 23, 17; 24, 13; Jer. 23, 35. 37; Ps. 85, 9.   β') Ein Objektssatz. Ohne Einführung: I Reg. 13, 3; Jes. 1, 2; 52, 6 (Part.); Jer. 23, 17: mit לאמר Jes. 16, 14.   γ') Das sachliche Objekt ist dem Sinne nach zu ergänzen. In der ständigen Formel אני יי דברתי: Num. 14, 35; Ez. 5, 15. 17; 17, 21. 24; 21, 22. 37; 22, 14; 23, 34; 24, 14; 26, 5. 14; 28, 10; 30, 12; 34, 24; 36, 36; 37, 14; בי יי דבר I Reg. 14, 11; Jes. 21, 17; 22, 25; 25, 8; Jo. 4, 8; Ob. 1, 18; אני אנל דברתי Jes. 1, 20; 40, 5; 58, 14; כרפי יי צבאות דבר Mi. 4, 4; דבר

Jes. 48,₁₅. β) Ein zweiter Akkusativ dazu in Gestalt eines Objektssatzes mit לאמר: Lev. 10,₃. γ) Ein näherer Umstand, wobei jedoch das allgemeine Objekt aus dem Kontext zu ergänzen ist: I Reg. 8,₂₄; II Chr. 6,₁₅ וידבר בפיך; Ez. 5,₁₃ בראתי יי דברתי בקנאתי. — b) Bloss irgend ein näherer Umstand: Deut. 4,₃₃; 5,₂₃ דבר אלהים מתוך־האש; Jes. 45,₁₉; 48,₁₆ לא בסתר; Ez. 36,₆ בקנאתי ובחמתי; 38,₁₉ בקנאתי באש־עברתי; Hi. 33,₁₄ באחת ידבר־אל ובשתים; Ps. 62,₁₂ אחת. — c) באשר דבר יי (Gen. 24,₅₁; באשר דברתי Jud. 6,₃₆.₃₇. — d) Absolut: I Sam. 3,₉.₁₀; II Sam. 7,₂₉; Jes. 65,₁₂; 66,₄; Jer. 5,₁₃; 13,₁₅; Ez. 1,₂₈ (Part.); 10,₅; 13,₇; 22,₂₈; Am. 3,₈; Ps. 50,₁; Hi. 11,₅. — II. Gebieten, befehlen. 1. Mit dem Objekte דבר bzhw. דברים. a) Allein: Ex. 24,₃ כל־הדברים אשר־די'. יי עשה. — b) Dazu אל der Person: 4,₃₀ כל־הדברים אשר־די' יי אל־משה; Num. 22,₂₀ אם־לקרא לך באו האנשים. — 2. Mit Präpositionen. a) אל der Person. α) Dazu ein sachlicher Akkusativ: Jos. 11,₂₃ ככל אשר די' יי אל־משה. β) Ein Objektssatz ohne Einführung: Ex. 32,₇; 33,₁ אשר־דברתי לך. γ) באשר ד' יי אל־פ': Num. 5,₄; Jos. 4,₈; Deut. 2,₁; באשר ד' אלהי יי Gen. 12,₄; Jud. 6,₂₇; אלהים יי Hi. 42,₉. — b) על der Person. Dazu ein Objektssatz ohne Einführung: Jer. 42,₁₉. — c) את der Person. α) Dazu ein sachlicher Akkusativ: Ex. 34,₃₂ את כל־אשר ד' יי אתו. β) באשר ד' אתי אלהים Gen. 17,₂₃. — d) ל der Person. α) Dazu ein sachlicher Akkusativ: Ex. 32,₃₄ אתהכם אל אשר־דברתי לך. β) באשר ד' יי אלהי אביך לך Deut. 1,₂₁; באשר ד' לך 26,₁₈. — 3. Gebieten. α) Mit sachlichem Akkusativ: אשר Ex. 16,₂₃; I Sam. 16,₄; Jer. 19,₅; ככל אשר Ex. 9,₈; 23,₂₂; 24,₇; Num. 23,₂₆. — b) באשר דבר יי Deut. 31,₃; באשר דבר 26,₁₉. — III. Voraussagen. 1. Mit Präpositionen. a) אל der Person: Ex. 9,₁₂ באשר ד' יי אל־משה. — b) ביד der Person: 9,₃₅ באשר ד' יי ביד־משה. — 2. Voraussagen. a) Sachlicher Akkusativ: Gen. 21,₂ למועד אשר־די'; את אלהים. — b) באשר דבר יי Ex. 7,₁₃.₂₂; 8,₁₅. — IV. Verheissen. 1. Mit dem Objekte דבר bzhw. דברים. a) Allein: I Reg. 8,₂₀; II Chr. 6,₁₀ ויקם יי את־דברו אשר ד'; II Reg. 20,₉ עשה יי את־הדבר אשר ד'. — b) Dazu אל der Person: Jos. 21,₄₃; 23,₁₅ הדבר הטוב אשר־ד' יי אל. — c) על der Person: Jos. 23,₁₄ הדברים הטובים אשר ד' יי אלהיכם עליכם; II Sam. 7,₂₅; I Chr. 17,₂₃ הדבר אשר דברת על־עבדך על־ביתו. — d) אל und על der Person: Jer. 33,₁₄ את־הדבר הטוב אשר דברתי אל־בית ישׂ' ועל־בית יהודה. — e) ל der Person: I Reg. 8,₂₆ (Keth.); II Chr. 6,₁₇ דברך אשר דברת לעבדך. — f) ביד der Person: I Reg. 8,₅₆ דברו הטוב אשר ד' ביד משה עבדי. — 2. Mit Präpositionen. a) אל der Person. α) Dazu ein sachlicher Akkusativ: II Sam. 7,₂₈ אל־עבדך הזאת הטובה. β) Ein

Objektssatz ohne Einführung: Ex. 32, 13 אירבה את־זרעכם.   γ) Sonst eine nähere Bestimmung: II Sam. 7, 19 אל־בית־עבדך למרחוק.   δ) באשר 'ה אל־בשה Jos. 1, 3. — b) על der Person. α) Dazu ein sachlicher Akkusativ: Gen. 18, 19 עלי 'אשר־ד את; Num. 10, 29 'נדיבי דבר־טוב על־יש; I Sam. 25, 30 את־הטובה עליך; I Chr. 17, 26 על־עבדך הטובה הזאת. β') In Gestalt eines Infinitives: Jer. 18, 9 עליג־ ישר־ממלכה לבנות. γ') Sonst ein näherer Umstand: I Chr. 17, 17 על־בית־עבדך למרחוק. δ') באשר 'ה על־דוד אביך לאבי — c) ל der Person. α) Dazu ein sachlicher Akkusativ: Gen. 28, 15; I Reg. 8, 24. 25; II Chr. 6, 15. 16 את אשר; Deut. 9, 28 הארץ. β) באשר דבר יה אלהי אביהך לך Deut. 6, 3; 27, 3; 10, 9 לך ־־ ה 'באשר; 9, 3 'באשר ד ־־ לך; 18, 2; Jos. 13, 14; I Reg. 5, 26 לך; Deut. 12, 20; 15, 6; 29, 12; להם Jos. 13, 33; 22, 4; לכם Deut. 1, 11; 11, 25; Jos. 23, 10. — d) ביד der Person: I Reg. 8, 53 ביד משה 'באשר ד. — e) על der Person: in betreff jemandes verheissen: I Chr. 22, 11 עליך 'באשר ד; II Chr. 23, 3 על־בני ־־ ה 'באשר ־דיד. — 3. Verheissen. a) Mit einem sachlichen Akkusativ. α) I Reg. 8, 56 בכל 'אשר ד; Jes. 63, 1, wo in אני מדבר בצדקה das ב gestrichen werden muss. - β) Ein Objektssatz ohne Einführung: Ps. 60, 8; 108, 8 בקדשי דבר אלהים*). γ) Der Akkusativ ist zu ergänzen: Num. 23, 19 ולא יקימנה ידבר; Jes. 46, 11 את־דברי אף־אביאנה. δ) באשר ־־ דבר Deut. 6, 19; Jos. 14, 10. 12; I Reg. 8, 20; II Chr. 6, 10; דבר Gen. 21, 1; Ex. 12, 25; דברת 'באשר II Sam. 7, 25; I Chr. 17, 23. — b) Zum sachlichen Akkusativ ein Infinitiv: Deut. 19, 8 אשר הארץ. — V. Drohen. 1. Mit dem Objekte דבר bzhw. דברים. Dazu על der Person: I Reg. 2, 27 על־בית 'ד אשר יה דבר את; II Reg. 10, 10 על־בית יה אשר־'ד .. אתאב דבר יה: Am. 3, 1 עליכם 'ה יה אשר הזה הדבר את־; Jer. 25, 13 אשר־'ד עליה דבר־כל־את־; Dan. 9, 12 על־שפטינו 'אשר־ד דברינו את־. — 2. Mit Präpositionen. a) אל der Person. α) Dazu ein sachlicher Akkusativ. α') Ein Nomen: Jer. 36, 31 אלהם 'אשר־ד הזאת את־הרעה; 40, 2 אל־המקום הזה כל־הרעה את; 51, 12 אל־ישבי אשר־'ה את; 36, 7 אל־העם 'אשר־ד יה והתמה הזה את. β') Ein Infinitiv: 51, 62 אל־המקום הזה דבר 'ד יה אשר באשר; β) 27, 13. — b) על der Person. α) Allein: 18, 8 עליו דברתי אשר הגוי .. הגוי. β) Dazu kommt ein sachlicher Akkusativ. α') Bloss dieser. α") Ein Nomen: I Reg. 22, 23; II Chr. 18, 22 רעה עליך דבר 'ד יה; Jer. 19, 15; 35, 17 עליה דברתי אשר הרעה את; 26, 13. 19 על דבר אשר הרעה את; β") Ein Infinitiv: 18, 7 עלי 'ד ושר לבנ־ת ול־ממלכה. β') Neben dem sach-

lichen Akkusativ noch ein Infinitiv: II Reg. 22, 19 אשר־דברת עליהם־קים‎.
הזה .. להיות לשמה‎ . γ') Eine Angabe des Grundes: Jer. 11, 17 דבר‎
עליך רעה בגלל רעת בית־י‎; 16, 10 .. עלינו את כל־הרעה הגדולה הזאת‎. —
c) ב der Person, jemandem: 31, 20 ב־ דברי בו‎. — 3. Drohen. a) Sachlicher Akkusativ. α) אשר‎ 32, 24. β) Ein Infinitiv: II Reg. 14, 27
לכחית את־שם ישראל‎; Ez. 6, 10 לעשות להם הרעה הזאת‎. γ) Der Akkusativ
ist zu ergänzen: Jer. 4, 28. — b) Ausser dem sachlichen Akkusativ
noch ein Infinitiv: Ex. 32, 14 הרעה אשר ד' לעשות לעמו‎; Jon. 3, 10 הרעה‎.
אשר ד' לעשות־להם‎. — c) כאשר דבר יי‎ Jud. 2, 15; II Reg. 24, 13; כאשר ד'‎
Jer. 40, 3. — VI. Mahnend reden. 1. Liebevoll mahnend: Hos. 2, 16
ודברתי על־לבה‎. — 2. Warnend. a) אל der Person: Jer. 22, 21; 35, 17. —
b) Dazu der absolute Infinitiv: 7, 13; 35, 14 ואדבר אליכם השכם ודבר‎. —
c) Absolut: Ps. 50, 7. — VII. Als Richter sprechen. 1. Jemanden
zur Rechenschaft ziehen: Jer. 1, 16 ודברתי משפטי אותם על־כל־רעתם‎. —
2. Strafgericht halten: 4, 12 ועתה גם־אני אדבר משפטים אותם‎. — B. Subjekt
sind die Götter. 1. Reden, im Sinne von wahrsagen: Sach. 10, 2
התרפים דברו־און‎. — 2. Reden = einen Rechtsspruch thuen: Ps. 58, 2
האמנם אלם צדק תדברון‎. — C. Subjekt ist ein Organ Gottes, das in seinem
Auftrage als Verkünder seines Willens, als Vermittler der Offenbarung an die Menschen redet. I. Reden als Vermittler des Willens
Gottes an die Menschen. 1. Mit dem Objekte דבר‎ bzhw. דברים‎.
a) Allein: Num. 22, 35 את־הדבר אשר־ידבר‎; .. הדבר‎ 38 ידבר אלהים בפי‎
אתו אדבר‎; II Reg. 20, 19; Jes. 39, 8 דבר־יי אשר דברת‎; Jer. 22, 1 ודברת‎
שם את־הדבר הזה‎; 23, 28 אשר אתי דברי דבר אמת‎; Ez. 14, 9 יהנביא‎
כי־יפתה ידבר דבר‎; Ex. 4, 30; Num. 16, 31 את כל־הדברים‎; II Reg. 1, 17
כדבר־יי אשר־דבר אליהו‎*). — — b) Dazu אל der
Person, zu jemandem. α) Bloss dieses: Ex. 19, 6 אלה הדברים אשר‎
תדבר אל־בני ד'‎; Num. 11, 24 וידבר את דברי יי אל־העם‎; 14, 39 האלה‎
אל־כל־בני‎; 22, 35 ואפס את־הדבר אשר־א' אליך‎; Deut. 31, 1; 32, 45
את־הדברים האלה אל־כל־ישר'‎; Jud. 2, 4 את־הדברים האלה אל־כל־בני יש'‎; I Reg.
13, 11 הדברים אשר דבר אל־המלך‎; II Reg. 1, 7 את־הדברים האלה אליכם‎; Jer.
7, 27 את־כל־הדברים האלה‎; 43, 1 אל־כל־העם את־כל־דברי יי‎; Ez. 2, 7
את־דברי אליהם‎; 11, 25 ואדבר אל־הגולה את כל־דברי יי‎; I Sam. 9, 21 אלי כדבר הזה‎;
II Sam. 7, 17; I Chr. 17, 15 ככל הדברים האלה יכבל החזיון הזה כן דבר ד'‎
אל־דיד‎; Jer. 34, 8 אליהם בדברים האלה‎. β) Hinzukommt ein Objektssatz: 38, 1 הדברים אשר ד' יי'‎ .. הדבר אשר ד' יי'‎; 45, 1 מדבר אל־כל־העם לאמר‎;
27, 12 בכל־הדברים האלה לאמר‎. γ) Eine nähere Be-

---

*) II Reg. 7, 17 ist כאשר‎ verschrieben aus כדבר‎.

stimmung: Deut. 1, 1 אלה הדברים אשר דבר 'מ 'ה אל־כל־ישראל בעבר הירדן; Jer. 34, 6 את כל־הדברים האלה בירושלם. — c) עם der Person, zu jemandem: 26, 2 וּדִבַּרְתָּ אֶת .. כל־ערי יהודה. — d) אל und עם, zu jemandem. α) 11, 2 וְדִבַּרְתָּ הַבְּרִית הַזֹּאת ודברתם אל־איש יהודה ועל־ישבי '־*). β) Es folgt ein Objektssatz: 25, 2 ודברת אל־כל־עם יהודה ואל. כל־ישבי. — e) עם der Person: Dan. 10, 11 וּבְדַבְּרוֹ עִמִּי אֶת־הַדָּבָר. 15 כְּדַבְּרוֹ .. הָאֵלֶּה חִיָּה. — f) בְּשֵׁם, im Namen Jahwes. α) Bloss dieses: Deut. 18, 19 דְּבָרַי אֲשֶׁר יְדַבֵּר בִּשְׁמִי. 20 אֲשֶׁר לֹא דָּבַר בִּשְׁמִי; Jer. 29, 23 וַיְדַבְּרוּ דָבָר בִּשְׁמִי שֶׁקֶר, wo das nachhinkende שֶׁקֶר sich deutlich als Glosse zu erkennen gibt; 1 Chr. 21, 19 אֲשֶׁר דִּבֶּר בְּשֵׁם יְיָ. — β) Dazu noch אֶל der Person: Jer. 44, 16 הַדָּבָר אֲשֶׁר־דִּבַּרְתָּ אֵלֵינוּ בְּשֵׁם יְיָ. — g) בְּאָזְנֵי 'פ: Deut. 31, 28 אֵת הַדְּבָרִים הָאֵלֶּה. 30 בְּאָזְנֵיהֶם אֵת כָּל־קְהַל יִשְׂרָאֵל; Jer. 26, 15 בְּאָזְנֵיכֶם אֵת כָּל־הַדְּבָרִים הָאֵלֶּה. — h) Sonst eine nähere Bestimmung: Deut. 18, 22 אֲשֶׁר יְדַבֵּר בְּזָדוֹן; Jer. 26, 7 מְדַבֵּר אֵת כָּל־הַדְּבָרִים הָאֵלֶּה. — 2. Mit Präpositionen. a) Zu jemandem reden. α) אֶל. α') Allein. α'') Ex. 4, 15 וְדִבַּרְתָּ אֵלָיו; 7, 7 בְּדַבְּרָם אֶל־פַּרְעֹה; 34, 31 וַיְדַבֵּר מֹשֶׁה אֲלֵהֶם; Lev. 24, 23; Num. 17, 17 וַיְדַבֵּר .. אֶל־בְּנֵי; 20, 8 וְדִבַּרְתֶּם אֶל־הַסֶּלַע; Deut. 20, 2 וְדִבֶּר הַכֹּהֵן אֶל־הָעָם; Jer. 26, 2 אֲשֶׁר צִוִּיתִךָ לְדַבֵּר אֲלֵיהֶם. 8 אֶל־כָּל־הָעָם; Ez. 3, 1 וְדַבֵּר אֶל־בֵּית יְיָ; II Chr. 25, 16 בְּדַבְּרוֹ אֵלָיו. β'') Das Schema אל .. יאמר .. אל דבר: Lev. 1, 2; 18, 2; 23, 2. 10; 25, 2; 27, 2; Num. 5, 12; 6, 2; 15, 2. 18. 38; 33, 51; 35, 10 דַּבֵּר אֶל־בְּנֵי יִשְׂרָאֵל וְאָמַרְתָּ אֲלֵהֶם; Lev. 19, 2 אֶל־כָּל־עֲדַת בְּנֵי־יִשְׂרָאֵל; Ez. 20, 27 אֶל־בֵּית יְיָ; 33, 2 אֶל־בְּנֵי־עַמֶּךָ; Num. 8, 2 אֶל־אַהֲרֹן; Lev. 17, 2; 22, 18 דַּבֵּר אֶל־כָּל־בְּנֵי יְיָ; 15, 2 אֲלֵהֶם; וְדִבְּרוּ אֶל־בְּנֵי יְיָ יֹאמְרָה; Num. 18, 26 וְאֶל־הַלְוִיִּם תְּדַבֵּר אֶל־בְּנֵי יְיָ יֹאמְרָה; Ez. 3, 11 וְדִבַּרְתָּ אֲלֵיהֶם וְאָמַרְתָּ אֲלֵיהֶם. β') Dazu ein sachlicher Akkusativ: Ex. 6, 29 דַּבֵּר אֶל־פַּרְעֹה .. אֲנִי אֵת כָּל־אֲשֶׁר אֵלֶיךָ; 34, 34 אֶל־בְּנֵי; Lev. 23, 44 וַיְדַבֵּר יְיָ .. אֶל־בְּנֵי יִשְׂרָאֵל; Deut. 1, 3 אֶת כָּל־אֲשֶׁר יְיָ; 4, 45 אֲשֶׁר דִּבֶּר .. אֶל־בְּנֵי יְיָ; אֵלֶּה הָעֵדֹת וְהַחֻקִּים וְהַמִּשְׁפָּטִים אֲשֶׁר דִּבֶּר 'ה 'מ; 5, 24 אֵלֵינוּ אֶת כָּל־אֲשֶׁר אֲצִוֵּנוּ; 18, 18 אֲלֵיהֶם אֵת כָּל־אֲשֶׁר; Jos. 5, 14 אֶל־הָעָם אֵת מִשְׁפַּט הַמְּלֻכָה; I Sam. 10, 25 וַיְדַבֵּר אֲדֹנִי בֵּית אֶל־עַבְדּוֹ; Jer. 1, 17 אֲלֵיהֶם אֵת כָּל־אֲשֶׁר אָנֹכִי אֲצַוֶּךָּ. γ') Ein Infinitiv mit לְ: Ex. 6, 27 הֵם הַמְדַבְּרִים אֶל־בְּנֵי יְיָ לְהוֹצִיא אֶת־בְּנֵי־יִשְׂרָאֵל; Num. 9, 4 לַעֲשֹׂת הַפֶּסַח. δ') Ein absoluter Infinitiv: Jer. 25, 3 וָאֲדַבְּרָה אֲלֵיכֶם אַשְׁכֵּים וְדַבֵּר. ε') Ein Objektssatz. α'') Eingeführt mit לֵאמֹר: Lev. 4, 2; 7, 23. 29; 12, 2; 23, 24. 34; Num. 9, 10; Jos. 20, 2 דַּבֵּר אֶל־בְּנֵי יִשְׂרָאֵל לֵאמֹר; Ex. 16, 12 אֲלֵהֶם; Num. 16, 24 אֶל־הָעֵדָה; Lev. 21, 17; 6, 18 אֶל־אַהֲרֹן; Num. 6, 23 אֶל־אַהֲרֹן; Sach. 2, 8 הֲלֹךְ דַּבֵּר אֶל־הַנַּעַר; Ex. 12, 3 דַּבְּרוּ אֶל־כָּל־עֲדַת יִשְׂרָאֵל לֵאמֹר; וְיִקְחוּ לָהֶם.

*) Vgl. Graf z. St.

Lev. 11, 2 'יש בני אל; 24, 15; Num. 27, 8 תדבר 'יש אל־בני; 31, 3 וידבר
אל־ראשי; 16, 5 משה אל־יהם; 26 אל־קרח יאל־כל־עדתו. אל־העדה; 30, 2 אל־ראשי
ודברי; 20, 5 משה והכהנים הלוים אל־כל־יש'; Deut. 27, 9 תכבית לבני ישראל
'לא אל־חטב השטרים; I Reg. 21, 19 (bis) ידבר אלי; I Chr. 21, 10 אל־דויד;
II Reg. 8, 1 דבר אל־האשה; Jer. 27, 16 יאל־כל־חטב הזה דברת; יאל־הכהנים
Sach. 6, 8 וידבר אלי; II Reg. 7, 18 כדבר איש האלהים אל־המלך. .   β'') Ohne
Einführung: Ex. 9, 1; Num. 5, 6; II Sam. 24, 12; II Reg. 1, 3 (bis).
10. 12. 15. 16; Ez. 12, 23; 37, 19. 21; 40, 4. 45; 41, 22.   ε') Der Akkusativ
ist zu ergänzen: Ex. 7, 2; Lev. 21, 24; Num. 17, 21.   ι') ל, für jemanden: Ex. 4, 16 אל־חטב ידבר־הוא לך.   ϑ') ב des Mittels: Ez. 3, 4
ודברת כדברי אל־הם; I Reg. 13, 18 ידבר דבר אלי בדבר יי. -   ι') Im
Namen Gottes zu jem. reden. α'') בשם יי אל־פ': Jer. 26, 16; Dan. 9, 6;
II Chr. 33, 18 (Part.).   β'') Dazu noch ein sachlicher Akkusativ:
I Reg. 22, 16; II Chr. 18, 15 אלי תקראב בשם יי.   ϰ') Sonstige nähere
Bestimmungen: Ez. 24, 18 בבקר אל־העב; Ex. 6, 9 בן אל־בני יש'; I Reg.
14, 5 כזה וכזה תדבר אליה. — β) כל der Person: Jer. 6, 10 אל־מי אדברה.
γ) ל der Person: Jes. 30, 10 דבר־לנו חלקית. — b) Mit jemandem.
α) את der Person. α') Ez. 20, 3 את־זקני יש' ואדבר אלהם.   β') Ex.
34, 33 וידבר אתם אפ; 35, 2 ויאדברה אתם; וידברת איתם; γ') Jer. 5, 5
Ez. 14, 4 דבר־איש ואדברה אליהם *).   β) עם derselben: Ex. 20, 19 דבר־אתה
עמנו; Dan. 8, 18; 10, 19 בדברו עמי; 9, 22 וידבר עמי. — c) Über jemanden,
על der Person. α) Dazu ein sachlicher Akkusativ: Neh. 6, 12 הנבואה
דבר עלי. — β) Ein Infinitiv mit ל: I Reg. 14, 2 היאדבר עלי למלך ***). —
d) Im Namen Jahwes reden. α) בשם יי Deut. 18, 22; בשמך Ex. 5, 23;
בשמי Jer. 20, 9.   β) Dazu ein sachlicher Akkusativ: Sach. 13, 3
שקר ד' בשם יי. — e) Im Namen fremder Götter: Deut. 18, 20 בשם
אלהים אחרים. — f) 'פ באזני, dazu ein Objektssatz: Ex. 11, 2 דבר־נא
באזני העם וישאלו. — 3. Reden. a) Mit sachlichem Akkusativ. α) Ein
Nomen: Ex. 7, 2; Jer. 1, 7 את כל־אשר־צוה יי; את כל־אשר אצוך; 26, 8
Num. 24, 13; I Reg. 22, 14; II Chr. 18, 13 אדבר, näml. was Jahwe eingibt; Ex. 4, 12; I Sam. 9, 6 אשר; I Reg. 22, 13; II Chr. 18, 12 טוב;
Num. 22, 38 מאומה. Die falschen Propheten: Jer. 23, 16 חזון לבם ידברו;
Ez. 13, 8 דברכם שוא; Sach. 10, 2 רין דברו. והחלמית השיא ידברו. β) Ein
Infinitiv: Ez. 3, 18; 33, 8 לחזהיר רשע. ולא דבר. — b) Mit einem Adverbium: Num. 23, 5. 16 כזה תדבר; Jer. 9, 21 כה דבר. — c) Absolut:
Ex. 12, 31; Num. 23, 12; Deut. 18, 20; I Sam. 15, 16; Jer. 1, 6; 20, 8;

_____

*) Num. 26, 3 ist der Text nicht mehr verständlich.
**) Vgl. Klostermann z. St.

Ez. 24, 27; 29, 3; Dan. 8, 13 (Part.); 10, 19. — II. Befehlen. 1. Mit dem Objekte דבר: Jos. 4, 10 לדבר אליהם ... אשר־צוה יי אלי. —
2. Mit Präpositionen. a) אל. jemandem. α) Dazu ein Objektssatz, eingeführt mit לאמר: Ex. 30, 31; 31, 13; Lev. 9, 3 ואל־בני יש׳.
β) Direkt untergeordnet: Lev. 10, 12. γ) Das Verbum des Objekts-satzes lehnt sich in der Form des Jussiv mit ן an den vorher-gehenden Imperativ: Ex. 6, 11 דבר אל־פר׳ .. וישלח; ferner nach dem Imperativ דבר אל־בני ישראל: Ex. 14, 2 וישבו. 15 ויסעו; 25, 2: Num. 19, 2 ויקחו; Lev. 16, 2 דבר אל־אהרן אחיך ואל־יבא. 22, 2 דבר אל־אהרן ואל־בניו וינזרו; in Anlehnung an einen vorhergehenden Jussiv Ex. 28, 3 ודברת אל־כל־חכמי־לב ... ועשו. δ) Der Akkusativ ist zu ergänzen: Ex. 16, 10 בדבר אהרן אל־כל־עדת בני־יש׳. ε) Jos. 4, 12 כאשר ד׳ אליהם משה. — b) ל, jemandem: Sach. 9, 10 ודבר שלם לגוים. — 3. Befehlen: כאשר ד׳ משה Lev. 10, 5; Num. 17, 12; Jud. 1, 20. — III. Verheissen. Es folgt אל der Person. a) Zwei Akkusative: Deut. 13, 3 האות והמופת אשר־דבר אליך לאמר. — b) II Reg. 4, 17 כעת הזה אליה אשר־דבר. — IV. Zu Jahwe reden. 1. Vom Offenbarungsverkehr zwischen Gott und Mose: לדבר אתו Ex. 34, 34. 35; Num. 7, 89; בדברו אתו Ex. 34, 29. — 2. Vom mitt-lerischen Verkehr zwischen Gott und Prophet. a) Die Person Gottes ist genannt. α) אל derselben. α') Allein: Gen. 18, 27. 31 לדבר אל־אדני. 29 אלי. β') Dazu ein Objektssatz: Num. 27, 15 משה אל־יי לאמר.
γ') = des Mittels: Deut. 3, 26 דבר אלי עוד בדבר הזה. β) לפני Gottes: Ex. 6, 12 משה לפני יי לאמר. — b) Die Person, für die der Prophet fürbittend eintritt, mit על: Jer. 18, 20 זכר עמדי לפניך לדבר עליהם טובה. — c) Absolut: Gen. 18, 30; Ex. 19, 19. — 3. Jahwe zur Rede setzen, eine Rechtsverhandlung mit ihm halten: Jer. 12, 1 משפטים אדבר אתך. — D. Subjekt ist der Mensch. I. Reden; im sündhaften Sinne. 1. Mit dem Objekte דבר. a) דבר דבר Geschwätz vollführen: Jes. 58, 13; ähnlich Hos. 10, 4 דברו דברים, wo wohl der Infinitiv zu lesen sein wird; Jer. 5, 11 דבר כדברים האלה הזה. — b) Jes. 8, 10 דברו דבר parall. mit יעצו עצה, wider Gottes Volk einen Plan fassen. —
2. Mit Präpositionen. a) Zu jemandem: Jud. 16, 10 אלי כזבים. —
b) Mit jemandem: Ps. 12, 3 איש את־רעהו שוא .. שפת; 109, 2 אתי לשון שקר. c) Über jemanden. a) על Gottes: Hos. 7, 13 עלי כזבים. β) אל Gottes: Hi. 42, 7. 8 לא דברתם אלי כלה. — γ) אל und על: II Chr. 32, 19 אל־אלהי ירושלם כעל אלהי עמי הארץ. — d) Wider jemanden. α) Mit אל. Nur אל־יי; dazu ein Akkusativ: Jes. 32, 6 דבר תועה; Jer. 28, 16 סרה. β) על.
α') Allein: II Chr. 32, 16 עבדיו דברו על־יי האלהים ועל יחזקיהו. β') Dazu ein Akkusativ: Deut. 13, 6; Jer. 29, 32 דבר סרה על־יי; Dan. 11, 36 על אל

אלים ידבר :פלאי.‏ γ) = der Person. α') Allein: Num. 21, 7 דברנו
בני יכך ;12, 8 בעברי במשה; Ps. 78, 19 באלהים; 50, 20 באחיך (parall.
בבנאבך תקי‏־‏דפי); Hi. 19, 18 בי, wider Hiob die eigenen Kinder.
β') Dazu ein Objektssatz ohne Einführung: Num. 21, 5 באלהים ובמשה
למה יגי. γ') Eine Angabe des Grundes: 12, 1 במשה על‏־‏אדות האשה. —
c) Vor Jahwe laut, murrend reden: Num. 14, 28 באזני. כאשר ד׳ —
3. Reden. a) Mit sachlichem Akkusativ. α) Allein: Jes. 59, 3; Jer. 9, 4;
Mi. 6, 12 שקר; Jes. 59, 4; Ps. 41, 7; 144, 8. 11 שוא; Jer. 9, 7; Ps. 34, 14
מרמה; Hi. 13, 7 ‏־‏מיה; Jes. 32, 6 נבלה; 58, 9 און; Prov. 2, 12; 23, 33
תהפכת; Hi. 27, 4 עולה; Jes. 59, 13 יסרה ‏־‏עשק; Ps. 12, 4 (Part.) גדלות;
38, 13 ‏־‏הוית; 94, 4 עתק; Prov. 24, 2 עמל; Hi. 2, 10 הנבלות אחת כדבר;
Jer. 8, 6 ‏־‏לואי‏־‏כן; 9, 4 ידברו לא יאמרו; Ps. 35, 20 שלום לא. β) Dazu ein
dat. comm.: Hi. 13, 7 שלה תדברו הלאל. γ) Sonst ein näherer Umstand: Ps. 12, 3 יבל בלב; חלקות שפת; 73, 8 מרום ידברו ‏־‏עשק; 75, 6 עתק ‏־‏תדבר;
Dan. 11, 27 ידברו כזב אחד ‏־‏שלחן ושני‏־‏המלכים. — b) Mit einem näheren Umstande: Ps. 17, 10 ‏־‏בגאות; 73, 8 ‏־‏בר; Hi. 34, 35 ‏־‏לא־בהשכיל. — c) Absolut:
Ps. 41, 7. — 2. Vom sittlich guten Reden. a) Mit Präpositionen.
α) Mit jemandem etwas: Jer. 9, 7 ‏־‏אתו־ברעהו שלום; Sach. 8, 16 איש אמת אי‏
אי‏־‏רעהו. β) Wegen jemandes: Ps. 122, 8 ארברה‏־‏נא ורעי אחי למען
בך שלום. — b) Sachlicher Akkusativ: Jes. 32, 4 צחות; Zeph. 3, 13
ולא‏־‏ידברו כזב; Ps. 52, 5 צדק; 37, 30 משפט; 49, 4 תבונות; Prov. 8, 6
נגידים; 23, 16 מישרים. — II. Reden: 1. Lobpreisend. a) Mit Präpositionen. α) אל Gottes: II Sam. 7, 20 אליך לדבר עוד דוד יוסיף‏־‏ומה.
β) ל Gottes: II Sam. 22, 1; Ps. 18, 1 הזאת השירה את‏־‏דברי לד׳.
γ) ב, von etwas: 119, 46 בעדתיך נגד ‏־‏בעדתיך. — b) Mit Akkusativ.
α) Allein: Jud. 5, 12 ‏־‏שיר; Jes. 38, 15 מה‏־‏אדבר; Ps. 145, 11 יאמרו ‏־‏כבודך.
21 רַ תהלת; derselbe ist zu ergänzen 40, 6. β) Dazu eine nähere
Bestimmung: 66, 14 בצר‏־‏לי ידברו‏־‏שפתי .. נדרי. — c) Absolut: Deut. 32, 1. —
2. Betend. a) אל־הדבר הזה Ex. 33, 17. — b) Mit Präposition: Jos.
10, 12 לד׳ ביום יד׳. — c) Betend reden. α) Ein sachliches Objekt.
α') Allein: Deut. 18, 17 דבר‏ אשר הטיבו. β') Dazu eine nähere Bestimmung: 23, 24 בפיך דברת אשר נדבה. β) Mit verschiedenen adverbiellen Bestimmungen: Jud. 6, 39 הפעם ‏־‏אך; 1 Sam. 1, 13 על‏־‏לבה;
16 ערה‏־‏הנה דברתי יכעסני שיחי מרב; Ps. 39, 4 בלשוני; Dan. 9, 21 בתפלה. —
γ) Absolut: Jes. 65, 24 (Part.); Ps. 116, 10; Dan. 9, 20 (Part.). —
3. Klagend: Hi. 7, 11 רוחי בצר‏־‏; 10, 1 נפשי מר. — III. Tröstend, von
religiöser Tröstung: Jes. 40, 2 ‏־‏דברו ירושלם על‏־‏לב. — IV. Belehrend. a) Von
etwas, mit ב: Deut. 11, 19 בם näml. האלה הדברים‏־‏את. — b) Über etwas,
mit על: I Reg. 5, 13 (bis). — c) כליל באזני Prov. 23, 9. — d) Absolut:

15*

Hi. 32,₇ רבים ידעו (parall. וירב שניב ידעי חכמה הבה). — **Puʿal** nur von
den Heilsverheissungen Jahwes an die Stadt Gottes: Ps. 87,₃ נכבדות
מדבר בך. — **Hithpaʿel** 1. Reden, vom Offenbarungsverkehre Gottes
mit Mose: Num. 7, ₈₉ הקול מדבר אליו מעל הכפרת. — 2. Sich unter-
reden: vom Offenbarungsverkehre Jahwes mit dem Propheten: Ez. 2,₂
ואשמע את מדבר אלי: 43,₆ ואשמע מדבר אלי מהבית.

Ausserhalb des theologischen Sprachgebrauches:
Kal reden. a) אל der Person: Hi. 2,₁₃ ואין רבר אליו דבר. — b) Das
passive Particip: Prov. 25,₁₁ דבר דבר על-אפניו. — **Piʿel** I. Reden.
1. Mit dem Objekte דבר bzhw. דברים. a) Allein: Gen. 24,₃₃; Deut.
1, ₁₄; Jos. 22,₃₀; Jud. 8,₃; I Sam. 17,₃₁; 20, ₂₃; II Sam. 19,₃₀; I Reg.
2, ₂₃; II Reg. 6. ₁₂; 18, ₂₇; Jes. 36, ₁₂; Eccl. 7, ₂₁; כדבר ריסף אשר 'ד
Gen. 44,₂; דבר הזה II Sam. 17,₆; דברים האלה Gen. 44, ₇; I Sam.
17, ₂₃; 18, ₂₄. — b) Dazu אל der Person. α) Bloss dieses: Gen. 44,₆;
45, ₂₇ (bis); Num. 22, ₇; Deut. 5, ₂₅; I Sam. 24, ₁₇; 28, ₂₁; II Sam.
11, ₁₉; 14, ₁₂. ₁₅; I Reg. 21, ₄; Esr. 8, ₁₇; דבר הזה Gen. 32, ₂₀; II Sam.
14, ₃; כל-הדברים האלה I Sam. 25, ₉.   β) Dazu ein Objektssatz mit
לאמר: Gen. 39, ₁₇. ₁₉; Ex. 14, ₁₂; ohne Einführung Gen. 41, ₂₈. —
c) 'ב באזני: Gen. 20, ₈; 44, ₁₈; Jos. 20, ₄; Jud. 9, ₃; I Sam. 11, ₄;
18, ₂₃. — 2. Mit Präpositionen. a) Zu jemandem reden. α) אל der
Person. αʹ) Allein: Gen. 19, ₁₄; 27, ₅; 42, ₂₄; 43, ₁₉; 45, ₁₂ (Part.);
50, ₁₇; Deut. 5, ₂₅; 20, ₈. ₉; 25, ₈; Jud. 13, ₁₁; 21, ₁₃; I Sam. 14, ₁₉;
17, ₂₈; 18, ₁; 25, ₁₇; II Sam. 13, ₁₃; 14, ₁₀ (Part.); 20, ₁₆; I Reg. 21, ₆;
II Reg. 5, ₁₃; 22, ₁₄. — βʹ) Dazu kommt ein sachlicher Akkusativ.
αʺ) Ein Nomen: I Reg. 10, ₂; Jer. 38, ₂₅. — βʺ) Ein Infinitiv mit ל:
I Sam. 19, ₁. — γʺ) Ein Objektssatz mit לאמר: Gen. 23, ₃; 27, ₆;
34, ₂₀; 42, ₁₄; 50,₄; Ex. 7, ₉; Num. 23, ₂₆; 24, ₁₂; Jos. 9, ₂₂; 21, ₂;
Jud. 9, ₁; I Sam. 18, ₂₂; 25, ₄₀; II Sam. 19, ₁₂; I Reg. 12, ₃. ₇. ₉. ₁₀
(bis). ₁₄; 13, ₂₇; 21, ₂; 22, ₁₃; II Reg. 8, ₄ (Part.); Jer. 38, ₈; II Chr.
10, ₃. ₇. ₉. ₁₀ (bis). ₁₄; 18, ₁₂.   δʺ) Eingeführt mit כי: I Reg. 21, ₆.
εʺ) Ohne Einführung: Gen. 41, ₁₇; Lev. 10, ₁₉; I Reg. 13, ₇. ₁₂; 21, ₅;
II Reg. 1, ₇. ₉. ₁₃.   ζʺ) Der Akkusativ ist zu ergänzen: II Sam.
14, ₁₅.   γʹ) על, um einer Person willen: I Reg. 2, ₁₈ עליך אל-המלך. —
δʹ) ל, für eine Person: II Reg. 4, ₁₃ לך אל-המלך.   εʹ) אל ד' בה Gen.
24, ₃₀; I Reg. 12, ₁₀; כאזב Jud. 8, ₈; II Chr. 34, ₂₂.   ζʹ) כאשר ד' אל
Gen. 27, ₁₉; Ex. 1, ₁₇; 33, ₁₁; Jer. 39, ₁₂. — β) ל der Person. αʹ) Allein:
Jud. 14, ₇.   βʹ) Dazu ein sachlicher Akkusativ. αʺ) Ein Nomen:
Gen. 49, ₂₈.   βʺ) Die direkte Rede ohne Einführung: Ez. 32, ₂₁.
γʹ) על, wegen jemandes: I Reg. 2, ₁₉ לדברי-לך על-אדניהו.   δʹ) כאשר ד'

לבם Jos. 9, 21. — b) Mit jemandem. α) את der Person. α') Allein:
Gen. 34, 6: 45, 15: Jer. 38, 25: Ps. 127, 5: Dan. 1, 19.   β') Dazu ein
Objektssatz, eingeführt mit לאמר: Gen. 23, 8: 34, 8: 41, 9; Jos. 17, 14:
22, 15: Ez. 33, 30: II Chr. 10, 10: ohne Einführung Jos. 22, 21.
γ') Ein näherer Umstand: II Sam. 3, 27 בשלי אתו.   β) עם der
.Person. α') Allein: Gen. 29, 9: I Sam. 17, 23; I Reg. 1, 11. 22; II Reg.
6, 33: Esth. 6, 14, durchweg in Zustandssätzchen nach dem Schema
עודנו מדבר עמם: ausserdem nur I Sam. 9, 25*): Dan. 10, 17.   β') Dazu
ein sachlicher Akkusativ: II Chr. 9, 1. — c) Vor jemandem reden,
לפני der Person: Num. 36, 1; Esth. 8, 3. — d) באזני 'ם. α) Allein:
I Sam. 25, 24: II Sam. 3, 19. — β) Dazu ein sachlicher Akkusativ.
α') II Sam. 3, 19 כל־אשר־טוב בעיני ישׂ' את. — β') Ein Objektssatz mit
לאמר: Gen. 23, 13: 50, 4; ohne Einführung Jud. 9, 2. — 3. Von jemandem oder etwas reden. a) Von jemandem: I Sam. 19, 3 כי
אל־אבי. — b) Von etwas. α) Akkusativ der Sache: Gen. 19, 21.
β) Dazu eine nähere Bestimmung: 23, 16 אשר דבר באזני 'ר הכסף. —
4. Freundlich reden. a) Mit dem Objekte דבר: I Reg. 12, 7: II Chr.
10, 7 אליהם דברים טובים. — b) Mit Präpositionen. α) Zu jemandem.
α') אל, dazu sachlicher Akkusativ: Jer. 12, 6 טובות: Hi. 40, 27 רכי.
β') את, dazu sachlicher Akkusativ: II Reg. 25, 28; Jer. 52, 32 טבות.
β) Von jemandem: I Sam. 19, 4 בדוד טוב אל־שׁאול. — γ) Für jemanden: Esth. 7, 9 טוב על־המלך. — c) Mit persönlichem Akkusativ:
Gen. 37, 4 דברו לשלום. — 5. Unfreundlich, im Bösen reden. a) אל
der Person: Gen. 24, 50 אליך רע אר־טוב. — b) את derselben, dazu das
Objekt קשׁה Gen. 42, 7. 30. — c) עם derselben: 31, 24. 29 מטוב עד־רע:
II Sam. 13, 22 למרע ישׂר־טוב. — 6. Eine Sprache reden. a) Mit Präpositionen. α) אל der Person. α') II Reg. 18, 26; Jes. 36, 11 ארמית:
36, 11 יהודית. — β') 28, 11 בלעגי שׂפה ובלשׁון אחרת ידבר אל־העם הזה.
β) עם der Person: II Reg. 18, 26 עמנו יהודית באזני העם. — γ) ל der
Person: Dan. 2, 4 למלך ארמית. — b) Ohne Nennung der Person, zu
der man redet: Jes. 19, 18 (Part.) שׂפת כנען; Neh. 13, 24 (bis) אשׁדודית
bzw. יהודית. Von der richtigen Aussprache eines Wortes: Jud. 12, 6
כן ולא יכין לדבר**). — 7. Reden. a) Mit sachlichem Akkusativ.
α) Allein. α') Derselbe ist nominaler Natur: Gen. 44, 16: Deut. 5, 25:
Jud. 7, 11; I Sam. 20, 26: II Sam. 14, 19; Jer. 5, 15: Hos. 13, 1: Prov.
18, 23: Esth. 6, 10. — β') Ein Objektssatz ohne Einführung: Jud. 20, 3;

---

*) Vgl. Wellhausen. Der Text der Bb. Sam. 72.
**) Esth. 1, 22 עמו ומדבר כלשׁון ist Schreibfehler; vgl. Ryssel z. St.

I Sam. 4, 20; I Reg. 20, 11; II Reg. 1, 9; Jes. 40, 27; Hi. 34, 33.
γ) Er ist dem Sinne nach zu ergänzen: I Reg. 13, 25; Eccl. 1, 8.
β) Zum sachlichen Akkusativ die direkte Rede, eingeführt mit לֵאמֹר:
II Sam. 20, 18; Jer. 33, 24; וַיְדַבֵּר ה' לֵאמֹר I Reg. 12, 12; II Chr. 10, 12. —
b) Mit einem näheren Umstande. α) Bei sich reden: Gen. 24, 15 אֶל־לִבּוֹ;
Eccl. 1, 16 עִם־לִבִּי; 2, 15 בְּלִבִּי.   β) Von Mund zu Mund: Jer. 32, 4 פֶּה
אֶת־פֶּה; 34, 3 פִּיהוּ אֶל־פִּיךָ.   γ) Mit dem Munde: 44, 25 בְּפִיכֶם לֵאמֹר.
δ) Vom Boden her: Jes. 29, 4 מֵאֶרֶץ.   ε) Mit verschiedenen Adverbien: Gen. 18, 32 אַךְ־הַפַּעַם; Ex. 10, 29 כֵּן; I Reg. 2, 30 כֹּה; II Reg. 5, 1
בֹּאֲךָ וּבֹאֲךָ. — c) ה' אֲשֶׁר דִּבֶּר Gen. 18, 5; Ex. 12, 32; Num. 23, 2; I Reg.
2, 31. 38; Esth. 6, 10. — d) Absolut: Gen. 24, 15. 33; 34, 13; Ex. 4, 11;
Jud. 9, 37; 15, 17; 19, 30; II Sam. 2, 27; 13, 36; 14, 12. 18; 17, 6; I Reg.
1, 42; 2, 14. 16; II Reg. 2, 11; 18, 26; Jer. 3, 5; 10, 5; Ps. 77, 5; 115, 5;
120, 7; 135, 16; Hi. 1, 16. 17. 18 (Part.); 16, 4. 6; 18, 2; 21, 3 (bis); 32, 16. 20;
33, 2. 31. 32; 37, 20; 40, 5; 42, 4; Cant. 5, 6; Eccl. 3, 7; Dan. 10, 16 *). —
II. Zureden. 1. Von der Obrigkeit gegenüber den Untergebenen.
Bloss אֶל der Person: Deut. 20, 8. 9; 25, 8. — 2. Vom freundschaftlichen Zureden. a) ה' עַל־לֵב פ' Gen. 34, 3; 50, 21; Jud. 19, 3; II Sam.
19, 8; Ruth 2, 13; II Chr. 30, 22; 32, 6. — b) Bloss אֶל der Person:
Gen. 39, 10; II Sam. 12, 18; Ruth 1, 18. — III. Werben: I Sam. 25, 39
בָּאֲבִיגַיִל לְקַחְתָּהּ לוֹ לְאִשָּׁה. — IV. Forensischer Terminus. 1. Streiten:
I Reg. 3, 22 לִפְנֵי הַמֶּלֶךְ. — 2. Bei der Gerichtsverhandlung. a) Eine
Sache verfechten: Hi. 9, 35; 13, 3. 13. — b) Entgegnen nach ver-
nommenem Rechtsbeweise: Jes. 41, 1; Hi. 13, 22; vielleicht auch Prov.
21, 28. — c) Sein Recht beweisen: מִשְׁפָּט ה' Jes. 32, 7. — 3. Eine
richterliche Entscheidung fällen. a) II Sam. 14, 13 יְדַבֵּר הַמֶּלֶךְ הַדָּבָר
הַזֶּה כְּאָשֵׁם **). — b) II Reg. 25, 6 אִתּוֹ מִשְׁפָּט; Jer. 39, 5; 52, 9 אִתּוֹ
מִשְׁפָּטִים. — Pu'al nur Cant. 8, 8 שֶׁיְּדֻבַּר־בָּהּ, wenn man um sie wirbt.

Die Denominierung geschah am frühesten im Pi'el. Ob die
Grundbedeutung in دُبْر „hinten sein", syrisch דבר „vorwärts treiben,
führen, leiten" vorliegt, und demnach zu erklären sei „die Worte
hinter einander treiben, ordnen" (Buhl im H.W.B. [12]), möchte ich
bezweifeln. Es ist dieser Stamm دُبْر von unserem דבר wohl als
verschieden zu trennen, und für letzteren scheint mir in דְּבוֹרָה
„Biene" als der Summenden ein Hinweis auf die Grundbedeutung
zu liegen.

---

*) Offenbar Schreibfehler ist II Chr. 22, 10; vgl. II Reg. 11, 1.
**) Vgl. Wellhausen, Der Text der Bb. Sam. 192.

II. **Kal** — **Niph'al** — **Pi'el** — **Hiph'il** — **Hithpa'el.**

בין von בִּין. **Kal** 1. Geistig wahrnehmen. a) Von Gottes Allwissenheit: Ps. 139, 2 בַּנְתָּה לְרֵעִי מֵרָחוֹק. — b) Von Menschen, nur das Particip Jer. 49, 7 נְבֹנִים*), Einsichtige, von denjenigen, die von Gott absehend auf ihre Klugheit bauen. — 2. Aufmerken. a) Von religiöser Sammlung und Betrachtung: Deut. 32, 7 בִּינוּ שְׁנוֹת דֹּר־וָדֹר. — b) Einer Sache eine durch die That sich manifestierende Beachtung schenken. a) Akkusativobjekt: Ps. 5, 2 בִּינָה הֲגִיגִי יְיָ; 50, 22 בִּינוּ־נָא זֹאת. β) Absolut: 94, 8 בִּינוּ. — **Niph'al** sich verständigen lassen, ein Verständiger sein. Das Verbum fin. nur Jes. 10, 13 נְבֻנוֹתִי, wodurch Assurs König sich einer von Gott absehenden, selbst sich genügenden Klugheit rühmt. — 2. Das Particip. a) Im guten Sinne: Bezeichnung desjenigen, der die rechte Lebensweisheit besitzt, welche in der Befolgung der Gebote Gottes, der Einsicht, dass nur bei Jahwe Segen und Heil, sich zeigt. Wenn die anderen Völker von den Satzungen und Rechten hören, werden sie ausrufen Deut. 4, 6 עַם־חָכָם וְנָבוֹן; dem Salomo gewährt auf sein Gebet der Herr I Reg. 3, 12 לֵב חָכָם וְנָבוֹן; das Volk, das Jahwe nicht kennt, heisst Jer. 4, 22 כְּסִילִים הֵמָּה וְלֹא נְבוֹנִים; in der Mahnung Hos. 14, 10 (parall. חָכָם); daher Bezeichnung einer ganzen Menschenklasse, die definiert ist Prov. 16, 21 לְחֲכַם־לֵב יִקָּרֵא '; es steht darum im Parall. mit חָכָם 1, 5; 17, 28; 18, 15; im Gegensatz zum כְּסִיל 14, 6; 19, 25; zum כְּסִיל לֵב 14, 33; 15, 14; zum חֲסַר־לֵב 10, 13. — b) Im schlechten Sinne von denen, die einer nicht aus Gott und Gottes Wort geschöpften Klugheit sich rühmen. Jes. 5, 21 וְנֶגֶד פְּנֵיהֶם נְבֹנִים (parall. חֲכָמִים בְּעֵינֵיהֶם); 29, 11 וּבִינַת נְבֹנָיו תִּסְתַּתָּר. — c) Der Zauberkundige: Jes. 3, 3 ' לַחַשׁ in einem Paar genannt mit חֲכַם חֲרָשִׁים. — **Polel** nur Deut. 32, 10 יְבוֹנְנֵהוּ, von Gottes Fürsorge für sein Volk. — **Hiph'il** 1. Einsicht bethätigen. 1. Unterscheiden. a) In der Bitte Salomos um ein Herz I Reg. 3, 9 לְהָבִין בֵּין־טוֹב לְרָע. — b) Mit Akkusativ: Ps. 19, 13 שְׁגִיאוֹת מִי־יָבִין; das Treiben der Frevler 94, 7 וְלֹא יָבִין אֱלֹהֵי יַעֲקֹב. — 2. Verstehen, begreifen, nicht bloss von der Verstandesthätigkeit an sich, sondern mit Rücksicht auf die das religiös-sittliche Gebiet betreffende Erkenntnis. a) Akkusativ der Sache: Jes. 40, 21 הֲלוֹא הֲבִינֹתֶם מוֹסְדוֹת הָאָרֶץ; Jer. 9, 11 מִי הָאִישׁ הֶחָכָם וְיָבֵן אֶת־זֹאת, wo das allgemeine

---

*) Schwally, Z.A.W. VIII, 201: „Da in dieser Bedeutung nicht בֵּן, sondern nur נְבוֹנִים gebräuchlich ist, so wird entweder so zu emendieren oder wahrscheinlicher נְבוֹנִים für den Plural von בֵּן zu halten sein.“

Objekt auf den im Ungehorsam des Volkes liegenden Grund der
Verwüstung des Landes zurückgeht; Hos. 14, 10 ‎בי חכם ויבן אלה‎
nämlich wohl alle im Vorhergehenden entwickelten Wahrheiten;
Mi. 4, 12 ‎ולא הבינו עצתו‎ (parall. ‎לא ידעו מחשבות ‎‎יי‎); der Thor Ps. 92, 7
‎לא־יבין את־זאת‎, näml. die Unerforschlichkeit der Gerichte Gottes; als
Zweck der Sprüche gilt es, Prov. 1, 2 ‎להבין אמרי בינה‎; in genauerer
Inhaltsangabe V. 6 ‎להבין משל ומליצה‎: Frucht des Weisheitsstrebens
‎אז תבין 2, 5 יראת יי‎. 9 ‎צדק ומשפט‎; die Einladung der Weisheit 8, 5
‎הבינו פתאים ערמה וכסילים הבינו לב‎; von Gott sind des Mannes Schritte
bestimmt 20, 24 ‎ואדם מה־יבין דרכו‎; Böse 28, 5 ‎לא־יבינו משפט‎; 29, 7
‎לא־יבין דעת‎; dagegen die Jahwe suchen, 28, 5 ‎יבינו כל‎; in der Rechtfertigung über den Ausbruch des Schmerzgefühles Hi. 6, 30 ‎אם־חכי לא־יבין‎
‎הוות‎; nicht auf rein profanes Wissen bezieht sich die Frage 15, 9
‎מה .. תבין ולא עמנו הוא‎; den Weg zur Weisheit 28, 23 ‎אליהם הבין דרכה‎;
nicht die Greise 32, 9 ‎יבינו משפט‎ (parall. ‎יחכמו‎): zu Gottes Wundern,
die kein Mensch versteht, gehört 36, 29 ‎אם־יבין מפרשי־עב‎; ähnlich
38, 20 ‎ותבין נתיבות ביתו‎; ‎יבין‎*); Gott I Chr. 28, 9 ‎מבין מחשבות‎. —
b) Infinitiv mit ‎ל‎: I Reg. 3, 11 ‎הבין לשמע משפט‎; in der Schilderung
der neuen Zeit vom Verstande der Unbesonnenen Jes. 32, 4 ‎יבין‎
‎לדעת‎. — c) Ein Objektssatz: 43, 10 ‎ותבינו כי אני הוא‎. — d) Das
pronominale Akkusativobjekt ist ausgelassen. Der Götzendiener 44,18
‎לא ידעו ולא יבינו‎; Gott, der die Herzen wägt, Prov. 24, 12 ‎היא־יבין‎;
Hiob gesteht Hi. 42, 3 ‎הגדתי ולא אבין‎. — e) ‎ב‎ der Sache: Dan. 1, 17
‎הבין בכל־חזון וחלמות‎. — f) Absolut: Jes. 6, 9 ‎שמעו שמוע ואל־תבינו‎.
10 ‎ולבבו יבין‎; Hos. 4, 14 ‎עם לא־יבין‎; in der Mahnung, in der Bethätigung der Lebensgesinnung nicht zu sein wie das Tier Ps. 32, 9
‎אין הבין‎; dem Viehe gleich wird der Mensch 49, 21 ‎ביקר ולא יבין‎;
die ungerechten Richter 82, 5 ‎לא ידעו ולא־יבינו‎; Dan. 10, 12 ‎נתת את־לבבך‎
‎להבין‎: nicht die Gottlosen, wohl aber die ‎משכילים‎ 12, 10 (bis) ‎יבינו‎. —
f) Das Particip. α) Verständig bezüglich der Gesinnung: Prov. 8, 9
(parall. ‎מצאי דעת‎); 17, 10. 24 (Gegens. ‎כסיל‎); 28, 2. 7. 11.　　β) Kundig.
α') Im schlechten Sinne: Dan. 8, 23 ‎מבין חידות‎. β') Im guten Sinne:
Esr. 8, 16 ‎מבינים‎ wahrscheinlich als Lehrer auftretende Priester.
γ) Sachverständig bezüglich kultischer Funktionen. α') Mit ‎ב‎:
II Chr. 34, 12 ‎מבין בכל־‎. — β') Absolut: Sachverständig bezüglich des
Tragens der hl. Lade und der Geräte I Chr. 15, 22; bezüglich des
kultischen Gesanges, 25, 7. 8. — 3. Achten, wahrnehmen mit einem

*) Hoffmann: ‎תָּבִין‎ = ‎תְּבִיאֵנוּ‎.

gewissen Affekte. a) Auf die Götter achten: Dan. 11, 37 *(bis)* יבל־אלהי
אבתיו bzhw. יבל־בל־אלוה. — b) Eine Sache. α) Akkusativ derselben,
welche Gegenstand der religiösen Reflexion ist: Jes. 57, 1 בינן בארן
(parall. יבל־לב שׂם), das pronominale Objekt ist ausgelassen.
β) ל derselben: Deut. 32, 29 יבינו לאחריתם, wenn Israel im wahren
Sinne weise wäre; der Kluge, um nicht einen Fehltritt zu begehen,
Prov. 14, 15 יבין לאשׁרי. γ) אל derselben: Die Frevler Ps. 28, 5 בל
יבינו אל־פעלת יי; Jahwe dagegen 33, 15 המבין אל־כל־מעשׂיהם. — II. Einsicht verschaffen, klug machen, belehren. a) Akkusativ der Person.
α) Allein: Jes. 40, 14 יבינהו in der Schilderung von Jahwes Weisheit; im Gebete um Einsicht von Gott Ps. 119, 34. 73. 125. 144. 169 הבינני;
das Thor deiner Worte V. 130 יבין פתים; Hi. 32, 8 תבינם שׁדי תבינם;
die Leviten Neh. 8, 9 המבינים את־העם. β) Dazu ein zweiter Akkusativ der Sache: Jes. 28, 9 יבין שׁמועה את־מי יורה; Ps. 119, 27 דרך־פקודיך
הבינני; der Engel, der zu Daniel kam, Dan. 10, 14 לבינך את אשׁר-
יקרה. γ) ל der Sache: Neh. 8, 7 מבינים את־העם לתורה. — b) ל der
Person. α) Allein: Dan. 11, 33 ומשׂכילי עם יבינו לרבים; von den Leviten,
welche unterwiesen II Chr. 35, 3 (Qere, Part.) לכל־ישׂראל. β) Dazu
ein sachlicher Akkusativ: Hi. 6, 24 הבינו לי ומה־שׁגיתי (parall. החרישׁו);
in dem Befehle an Gabriel Dan. 8, 16 הבן להלז את־המראה. — c) Akkusativ der Sache: Jes. 28, 19 הבין שׁמועה vom Verständlichmachen
der an Israel ergehenden Straflektion. — d) ב der Sache: II Chr.
26, 5 המבין בראית האלהים[*]). — **Hithpolel** 1. Auf etwas oder jemanden
achten, vom Überlegen und Erwägen religiöser Wahrheiten und
Erfahrungssätze. a) Akkusativ der Sache. α) Jes. 43, 18 קדמניות;
Ps. 107, 43 חסדי יי; 119, 95 עדתיך; Hi. 37, 14 התבונן אל. β) Derselbe
ist zu ergänzen: 23, 15. — b) Mit Präpositionen. α) אל der Person:
Jes. 14, 16 אליך, den gestürzten Tyrannen Babels. — β) ב derselben:
Hi. 30, 20 עמדתי ותתבנן בי von Gottes starrem Hinblicken auf Hiob
als Gegensatz der Erhörung seiner Bitten. — γ) על der Sache:
Ps. 37, 10 על־מקומו, des Frevlers Wohnstätte. δ) עם derselben: Hi.
38, 18 עד־רחבי־ארץ. — c) Absolut: Jes. 1, 3 in der Klage über das
ungetreue Volk; Jer. 2, 10; 9, 16 in der Ermahnung zur Reflexion. —
2. Gewahr werden, klar erkennen. a) Akkusativ der Sache: Hi. 26, 14
עם גבורתו, Gottes Macht, die in seiner Weltregierung sich manifestiert. — b) ב derselben. α) Dazu ein inneres Objekt: Jer. 23, 20
באחרית הימים תתבוננו בה בינה, nämlich dass der Zorn Jahwes nicht

---

[*]) Dan. 9, 22 יבן ist Schreibfehler; vgl. Kautzsch, Textkr. Erl. z. St.

ablässt, bis er das Strafgericht ausgeführt.   β) Ohne dieses innere Objekt, sonst gleichlautend mit obiger Stelle 30, 24. — 3. Verständig sein oder werden. a) Mit komparativem מִן: Ps. 119, 100 מִזְּקֵנִים. — b) מִן des Ausgangspunktes: 119, 101 מִפִּקּוּדֶיךָ.

Ausserhalb des theologischen Sprachgebrauches: **Kal** 1. Auf etwas achten, die Geistesthätigkeit darauf richten. a) Akkusativ der Sache: Dan. 9, 2 בִּינֹתִי בַּסְּפָרִים. — b) בְּ derselben: 9, 23 וּבִין בַּדָּבָר. — 2. Sich etwas merken: 10, 1 וּבִינָה אֶת־הַדָּבָר. — **Niph'al** nur das Particip. 1. Klug, erfahren: Gen. 41, 33. 39 נָבוֹן 'וְחָ; Deut. 1, 13 נְבֹנִים וִידֻעִים; Eccl. 9, 11 נְבֹנִים neben חֲכָמִים und יֹדְעִים. — 2. In Genitivverbindung: I Sam. 16, 18 נְבוֹן דָּבָר 'וּ, des Wortes mächtig. — **Hiph'il** 1. Eine Unterscheidung machen, äusserlich unterscheiden. a) Durch das Gesicht. α) Mit Akkusativ: Prov. 7, 7 אֶרֶא בַבְּתָאיִם אָבִינָה בַּבָּנִים נַעַר (parall. וָאֵרֶא).   β) Mit בְּ: Hi. 9, 11 (parall. לֹא־אֶרְאֶה); 23, 8 an beiden Stellen לֹא־אָבִין לוֹ*). — b) Durch das Gehör: Prov. 29, 19 בַד לֹא יִוָּסֶר der Sklave. — c) Allgemein gewahr werden. α) Eine Person, לְ derselben: Hi. 14, 21 וְלֹא יָבִין לָמוֹ, der Tote seine hinterbliebenen Kinder.   β) Eine Sache, Akkusativ derselben: 23, 5 אֶשְׁמְעָה מַה־יֹּאמַר אֵלָי וְאָבִינָה. — 2. Unterscheiden, erkennen, von der durch äusseren Sinneseindruck vermittelten Erkenntnis, dem Schlusse, der aus einer Reihe äusserer Vorgänge gezogen wird. So erkannte Eli aus dem wiederholten Rufe I Sam. 3, 8 וַיָּבֶן עֵלִי כִּי; David aus dem Flüstern der Höflinge II Sam. 12, 19 וַיָּבֶן דָּוִד כִּי. — 3. Begreifen, verstehen, von reiner Verstandesthätigkeit. a) Akkusativ der Sache. α) Prov. 14, 8 der Gescheite חָכְמַת עָרוּם הָבִין.   β) Neh. 8, 2 כֹּל מֵבִין לִשְׁמֹעַ.   γ) Das allgemeine Objekt „es" ist zu ergänzen: Jes. 29, 16 לֹא הֵבִין; Dan. 8, 27 וְאֵין מֵבִין; 12, 8 וְלֹא אָבִין; Neh. 8, 3 הַמְּבִינִים diejenigen von den Kindern, die es verstehen konnten; 10, 29 כֹּל יוֹדֵעַ מֵבִין. — b) לְ der Sache: Hi. 13, 1 mein Ohr hat es gehört וַתָּבֶן לָהּ. — c) בְּ der Sache: Dan. 9, 23 וְהָבֵן בַּדָּבָר; Neh. 8, 8 וַיָּבִינוּ בַּמִּקְרָא. — d) Das Particip in Genitivverbindung: Dan. 1, 4 מְבִינֵי מַדָּע. — 4. Aufmerksamkeit bethätigen, aufmerken. a) Auf eine Person. α) Akkusativ derselben: Prov. 23, 1 בִּין תָּבִין אֶת־אֲשֶׁר לְפָנֶיךָ.   β) עַל derselben: Dan. 11, 30 וְהֵבִין עַל־עֹזְבֵי.   γ) בְּ derselben: Esr. 8, 15 וָאָבִינָה בָעָם וּבַ 'כֹּ. — b) Auf eine Sache. Mit בְּ derselben: Dan. 10, 11 הָבֵן בַּדְּבָרִים; Neh. 8, 12 הֵבִינוּ בַּדְּבָרִים; 13, 7 וָאָבִינָה בָרָעָה. — c) Absolut: Die Hirten Jes. 56, 11 לֹא יָדְעוּ הָבִין; Dan. 8, 5 (Part.). 17. — 5. Einsicht bethätigen, vernünftig

---

sein oder handeln: Hi. 18, ₂ ‏בינו‎, nehmet Verstand an!; II Chr. 11, ₂₃ ‏ויבן‎, er handelte klug; das Particip I Chr. 27, ₃₂ ‏איש מבין‎. — **Hithpolel** eig. eine Unterscheidung für sich machen. 1. Durch das Gesicht, mit den Augen mustern, genau betrachten. a) Eine Person. α) ‏אל‎ derselben I Reg. 3, ₂₁. β) ‏על‎ derselben: Hi. 31, ₁. b) Eine Sache, Akkusativ derselben: Jes. 52, ₁₅ ‏אשר לא ספר להם ראו והתבוננו‎. — 2. Durch das Gehör, hinhorchen auf jemanden, mit ‏עד‎ Hi. 32, ₁₂. 3. Allgemein gewahr werden, bemerken, 11, ₁₁*).

Während das Verbum in den spätesten Produkten der biblischen Litteratur eine sehr häufige Verwendung findet, ist es in den ältesten selten und auch da niemals im Kal; denn die Form ‏יבן‎ können wir doch wohl in jedem Falle mit Recht für das Imperf. Hiph ansehen**).

Die allgemeine semitische Wurzel ‏בין‎ hat die sinnliche Grundbedeutung „scheiden, trennen", wie noch بَان, بَيْن zeigt. Das Syr. kennt wie das Hebr. nur denominierte Formen: übrigens ist auch im Arab. أبان „klar sein, einleuchten" ein Denominativ.

III. Kal — Niph'al — Pi'el — Hoph'al — Hithpa'el.

‏נקם‎ von ‏נקם‎ **Kal** Rache nehmen. 1. Subjekt ist Gott. a) Jemanden rächen: I Sam. 24, ₁₃ ‏ונקמני יהוה ממך‎. — b) Etwas: Deut. 32, ₁₃ ‏נקם ישיב לצריו‎. — c) Verschiedene nähere Bestimmungen. α) Nah. 1, ₂ (Part.) ‏נקם יהוה לצריו‎. β) ‏על‎ des Grundes: Ps. 99, ₈ (Part.) ‏אל נשא היית להם ונקם על עלילותם‎. — d) ‏נקם נקמה‎ Ez. 24, ₈. — e) Absolut: ‏נקם יהוה‎ Nah. 1, ₂ (bis). — 2. Subjekt sind Menschen. a) An jemandem: Jos. 10, ₁₃ ‏עד יקם גוי איביו‎. — b) Für jemanden an einem anderen Rache nehmen: Num. 31, ₂ ‏נקם נקמת בני ישראל מאת‎***). — c) Absolut: Lev. 19, ₁₈. — 3. Dingliches Subjekt: Das auf Jahwes Geheiss über Israel kommende Schwert Lev. 26, ₂₅ ‏חרב נקמת נקם ברית‎. — **Niph'al** 1. Sich rächen. a) Gott. Stets ‏מן‎ der Feinde. α) Allein: Jes. 1, ₂₄ ‏אנחם מצרי‎; Jer. 46, ₁₀ ‏להנקם מצריו‎. β) Dazu dat. comm., jemandem zur Rache an einem anderen verhelfen: 15, ₁₅ ‏והנקם לי‎. — b) Menschen. α) ‏ב‎ der Person, an jemandem: Jud. 15, ₇; I Sam. 18, ₂₅; Jer. 50, ₁₅; Ez. 25, ₁₂†). β) ‏מן‎ der Person, an jemandem.

---

*) Vgl. Hoffmann z. St.

**) Z.D.M.G. 37, ₅₃₂.

***) Ez. 25, ₁₂ ist nach Siegfried-Stade statt ‏נקם נקמם‎ zu lesen ‏נקמה‎.

†) Siegfried-Stade lesen: ‏ינקמו נקם‎.

α') Allein: I Sam. 14, 24; Esth. 8, 13.   β') Dazu eine nähere Bestimmung: Jud. 16, 28 רקם במפלשתים אנקמה ..   — γ') ינקבו
קם נשאם בם Ez. 25, 15. — 2. Passivisch: Ex. 21, 20 נקם ינקם, es muss bestraft werden. — **Piʻel** rächen, nur Gott Subjekt: II Reg. 9, 7
אתנקמת דמי עבדי .. ביד איזבל; Jer. 51, 36 אתנקמתך. — **Hophʻal** gerächt werden:
Gen. 4, 15 קם יקם שבעתים; 24 בלהרג קין שבעתים ושבעה. der Thäter, wenn der von ihm Getroffene noch einen oder zwei Tage leben bleibt, Ex. 21, 21 לא יקם כי. — **Hithpaʻel** sich rachgierig erweisen. a) Jahwe: Jer. 5, 9. 29; 9, 8 בגוי אשר־כזה לא תתנקם נפשי. —
b) Das Particip als Bezeichnung der Feinde der Gemeinde: Ps. 8, 3;
44, 17.

Die sinnliche Grundbedeutung ist zweifelhaft; gewöhnlich nimmt man „schlagen" an, aber ohne es nachweisen zu können.

IV. Kal — Piʻel — Hiphʻil — Hophʻal — Hithpaʻel.

נחל von נחלה **Kal** 1. In Besitz, als Eigentum nehmen. a) Subjekt ist Gott. α) Akkusativ der Person: Ex. 34, 9 verzeihe uns unsere Missethaten ונחלתנו.   β) Mit zwei Akkusativen: Sach. 2, 16 את־יהודה
חלקו. — γ) Mit ב nach Analogie der Verba des Herrschens: Ps. 82, 8
בכל־הגוים. — b) Menschen; Terminus für die Bezitznahme Kanaans.
α) Mit Akkusativ: Ex. 23, 30 את־הארץ.   β) Ohne Objekt: 32, 13
וינחלו לעילם. — 2. Erbbesitz haben oder empfangen, u. z. ist נחלה
der bei der Verteilung des Landes auf die Stämme und einzelnen Glieder entfallende Erbbesitz. a) נחל ב. α) Allein: Num. 35, 8 בפר
ינחל אשר נחלתו. — β) Dazu בני יש' בתוך בני ירו' 18, 23. 24; Jos.
17, 6. γ) בארץ: Deut. 19, 14; der Akkusativ הנחלה ist wohl zu ergänzen Jos. 14, 1 ואלה אשר־נחלו בני־ישר' בארץ כנען. — b) Mit dem Akkusativ: des Landes Ez. 47, 14 איש כאחיו איש־אותה näml. הארץ; der Städte, Ps. 69, 37 וינחליה זרע עבדיו näml. ערי יהודה. — c) Mit verschiedenen näheren Bestimmungen. α) Die zum Erbbesitz Berechtigten sollen ihn haben: Num. 26, 55 למבות אבתם־לשבות.   β) 32, 19
כי לא נחל אתם מעבר לירדן והלאה. — γ) Aaron soll keinen Erbbesitz haben: 18, 20 בארצם; die Simeoniten erhielten Erbbesitz: Jos. 19, 9
בתוך נחלתם. δ) Absolut: 16, 4. — 3. Als Erbbesitz austeilen*).
a) Mit sachlichem Akkusativ: Num. 34, 18; Jos. 19, 49 לנחל את־הארץ. —
b) Dazu ל der Person: Num. 34, 17 אשר־ינחלו לכם את־הארץ האנשים. —

---

*) Es ist aber doch wohl an diesen sub 3. verzeichneten Stellen Piʻel zu lesen. Vgl. Dillmann z. St.; Kautzsch, Textkr. Erl. z. St.

4. Etwas zu eigen empfangen: Wer Zuflucht nimmt zu Jahwe, Jes. 57, 13 יִנְחַל־אָרֶץ; die Völker der Erde werden herzukommen und sprechen Jer. 16, 19 אַךְ־שֶׁקֶר נָחֲלוּ אֲבוֹתֵינוּ; der Gesetzestreue Ps. 119, 111 נָחַלְתִּי עֵדְוֹתֶיךָ לְעוֹלָם; die Weisen Prov. 3, 35 כָּבוֹד; die Unschuldigen 28, 10 טוֹב. — **Pi'el** jemandem etwas als Erbbesitz austeilen. a) Num. 34, 29 לְנַחֵל אֶת־בְּנֵי יִשְׂרָאֵל בְּאֶרֶץ כְּנַעַן. — b) Jos. 13, 32 בְּעַרְבוֹת מוֹאָב. — c) Besondere Ausdrucksweisen: in der Überschrift 14, 1 אֲשֶׁר נִחֲלוּ ... בְּגוֹרַל נַחֲלָתָם; in der Unterschrift 19, 51 אֵלֶּה .. הִנְחִלוּ ... בְּגוֹרָל בְּשִׁלֹה לִפְנֵי יי פֶּתַח אֹהֶל מוֹעֵד. — **Hiph'il** 1. Zum Besitze verleihen. Subjekt ist Gott. a) Mit dem Objekte נַחֲלָה. α) Allein: Jes. 49, 8 לְהַנְחִיל נְחָלוֹת שֹׁמֵמוֹת. β) Dazu Akkusativ der Person: Jer. 12, 14 וְהִנְחַלְתִּים אֲשֶׁר־עַמִּי. — b) Das Land: Deut. 12, 10 בְּנַחֵל אֱלֹהֵיכֶם אֶתְכֶם; 19, 3 אֲשֶׁר־יי אֱלֹהֶיךָ; Jer. 3, 18 אֲשֶׁר הִנְחַלְתִּי אֶת־אֲבוֹתֵיכֶם. — c) I Sam. 2, 8 וְכִסֵּא כָבוֹד יַנְחִלֵם; Sach. 8, 12 אֶת־שְׁאֵרִית הָעָם הַזֶּה אֶת־כָּל־אֵלֶּה. — 2. Erbbesitz verteilen. a) Von Jahwe ausgesagt: Deut. 32, 8 בְּהַנְחֵל עֶלְיוֹן גּוֹיִם. — b) Von der Austeilung des Landes unter Josua. Mit doppeltem Akkusativ: Deut. 1, 38 הִיא יַנְחִלֶנָּה אֶת־יִשְׂרָאֵל; 3, 28 אֶת־הָאָרֶץ; 31, 7 אוֹתָם; תַּנְחִילֶנָּה; Jos. 1, 6 אַתָּה הַזֶּה אֶת־הָאָרֶץ. — c) Mit Rücksicht auf die privaten Verhältnisse der Einzelnen von Besitzverleihung als Erbe. α) Deut. 21, 16 בְּיוֹם הַנְחִילוֹ אֶת־בָּנָיו אֶת אֲשֶׁר־יִהְיֶה לוֹ; Ez. 46, 18 מֵאֲחֻזָּתוֹ יַנְחִל אֶת־בָּנָיו. β) I Chr. 28, 8 וְהִנְחַלְתֶּם לִבְנֵיכֶם אַחֲרֵיכֶם עַד־עוֹלָם näml. הָאָרֶץ, הַטּוֹבָה. — **Hoph'al** besitzend gemacht werden, nur Hi. 7, 3 הָנְחַלְתִּי לִי יַרְחֵי־שָׁוְא, von der Zuteilung der Heimsuchungen durch Schicksalsmächte. — **Hithpa'el** 1. Als Erbbesitz verleihen: Lev. 25, 46 וְהִתְנַחַלְתֶּם אֹתָם, das Suffix geht auf die Kinder der Beisassen. — 2. Erbbesitz erhalten. a) Num. 32, 18 אִישׁ נַחֲלָתוֹ. — b) ל der Norm und Akkusativ des Landes, welch letzterer 33, 54 תִּתְנַחֲלוּ לְמִשְׁפְּחֹתֵיכֶם אֶת־הָאָרֶץ zu ergänzen, während er ausdrücklich sich findet Ez. 47, 13 לְשִׁבְטֵי־שֶׁבֶט. — c) Num. 34, 13 הָאָרֶץ אֲשֶׁר תִּתְנַחֲלוּ אֹתָהּ בְּגוֹרָל; dazu noch ל der Norm 33, 54 לְמִשְׁפְּחֹתֵיכֶם.

Ausserhalb des theologischen Sprachgebrauches: **Kal** 1. Erben. a) Im eigentlichen Sinne: Jud. 11, 2 בְּבֵית־אָבִינוּ. — b) Jemanden beerben, seinen Besitz durch Plünderung an sich nehmen: Zeph. 2, 9 יִנְחָלוּם. — 2. Zum Besitz erlangen: Prov. 11, 29 רוּחַ; 14, 18 אִוֶּלֶת. — **Hiph'il** 1. Etwas vererben im eigentl. Sinne: Prov. 13, 22 יַנְחִיל בְּנֵי־בָנִים טוֹב. — 2. In Besitz geben, die redend eingeführte Weisheit 8, 21 אֹהֲבַי יֵשׁ. — **Hithpa'el** jemanden für sich in Besitz nehmen: Jes. 14, 2 וְהִתְנַחֲלוּם ... לַעֲבָדִים וְלִשְׁפָחוֹת.

Der für die Etymologie so schwierige Stamm ist jedenfalls derselbe wie in خِلَة „Hochzeitsgeschenk". Vielleicht liegt der allgemeine Begriff des „Teilens, Zuteilens" zu Grunde.

F. In sechs Konjugationen.

1. Kal — Niph'al — Pi'el — Pu'al - Hiph'il — Hithpa'el.

קָדֹשׁ von קָדַשׁ*) **Kal** 1. 'ק d. h. gottgeweiht, gottzugehörig werden.
a) Den Charakter des 'ק annehmen, von Personen und Sachen ausgesagt: Ex. 29, 21 הִיא יִקְדַּשׁ durch Besprengung mit Blut; וּבְהֹנָם
V. 37; 30, 29 בָּהֶם, Berührung der hl. Geräte; כֹּל אֲשֶׁר־יִגַּע Lev.
6, 11 בָּהֶם. 20 בִּבְגָדֶיהָ: nur von Dingen Hag. 2, 12. — b) Dem Heiligtume verfallen: Num. 17, 2. 3 die Räucherpfannen der Korachiten;
Deut. 22, 9 Saat und Erträgnis des mit Zwiefältigem besäten Wein-
berges. — 2. Heilig sein: Jes. 65, 6 קְדַשְׁתִּיךָ**); dagegen ist I Sam.
21, 6 בִּכְלִי וְיִקְדַּשׁ כִּי־הַיּוֹם אַף nicht mehr verständlich***). — **Niph'al**
1. Sich als 'ק erweisen, nur von Gott ausgesagt. a) Mit ב des-
jenigen, an dem die Erweisung geschieht. α) Allein: Lev. 10, 3 אֶקָּדֵשׁ
(parall. אֶכָּבֵד)†); Num. 20, 13; Ez. 28, 22 (parall. וְנִכְבַּדְתִּי). β) לִפְנֵי
derjenigen, vor denen diese Selbsterweisung Jahwes geschieht, לְעֵינֵי
הַגּוֹיִם Ez. 20, 41; 28, 25; בָּם לְעֵינֵי הַגּוֹיִם הָרַבִּים 39, 27; לְעֵינֵיהֶם nämlich הַגּוֹיִם
38, 16; לְעֵינֵיהֶם בָּם 36, 23. — b) ב zur Einführung der Art der Er-
weisung: Jes. 5, 16 בִּצְדָקָה. — 2. Geheiliget werden. a) Gott: Lev.
22, 32 'וְנִקְדַּשְׁתִּי בְּתוֹךְ בְּנֵי וג. — b) Das Stiftszelt: Ex. 29, 43 וְנִקְדַּשׁ. — **Pi'el**
1. Den Charakter des 'ק verleihen, ihn auf jemand oder etwas Pro-
fanes übertragen, weihen. 1. Von Jahwe ausgesagt. a) Mit sachlichem Akkusativ: Ex. 29, 44 אֶת־אֹהֶל מוֹעֵד וְאֶת־הַמִּזְבֵּחַ. — b) Mit
persönlichem Akkusativ: 29, 44 אֶת־אַהֲרֹן וְאֶת־בָּנָיו; auch von der Weihe
der in das Feld rückenden Soldaten Jer. 22, 7 וְקִדַּשְׁתִּי עָלֶיךָ. —
2. Menschen, gew. Priester. a) Weihen, mit folgendem Akkusativ.
α) Sachen: den Altar Ex. 29, 36. 37; 40, 10; Lev. 8, 15; 16, 19; Num. 7, 1;
die hl. Geräte Ex. 30, 29; 40, 11; Lev. 8, 11; die Wohnung samt Ge-

---

*) Baudissin, Der Begriff der Heiligkeit im A. T. (Studien zur sem.
Religionsgeschichte II).

**) Zum Suffix Kautzsch § 117, 4; Anm. 3.

*** Vgl. Baudissin a. a. O. S. 65, Anm. 1; ferner Kautzsch, Textkr.
Erl. z. St.

† Von Baudissin mit Unrecht passivisch gefasst.

räten Ex. 40, 9; Lev. 8, 10; Num. 7, 1; den Vorhof des Tempels
I Reg. 8, 64; II Chr. 7, 7; Mauern und Thore Neh. 3, 1 (bis).
β) Priester: Ex. 28, 3. 41; 29, 1. 33; 30, 30; 40, 13; Lev. 8, 12. 30; den
Eleasar weiht man I Sam. 7, 1 יי את־אלעזר וישב. γ) Kriegsvölker,
jedenfalls durch gottesdienstliche Feier: Jer. 51, 27. 28 קדשו עליה גוים. —
δ) Die Erstgeburt: Ex. 13, 2 קדש־לי כל־בכור. — b) Den gestörten
Charakter der Heiligkeit wiederherstellen, von neuem weihen. α) Akkusativ: Num. 6, 11 der Nasiräer את־ראשו durch eine חטאת; II Chr.
29, 5. 17 יי את־בית. β) Absolut, mit Bezug auf den Tempel: 29, 17. —
c) Unabsichtliche Übertragung des Heiligkeitscharakters. Jedoch,
wenn durch die Priester Heiligung des Volkes bewirkt werden kann.
Ez. 44, 19 vermittelst der Berührung ihrer Gewänder, oder 46, 20 der
Berührung mit dem Schuld- oder Sündopfer oder der Mincha, so
wird dies wohl kaum bedeuten den Verfall zum Eigentum des
Heiligtumes bewirken, so dass die betreffenden unvorsätzlich Ge-
heiligten als Sklaven dem Heiligtum anheimfallen würden, sondern
mit grösserer Wahrscheinlichkeit die Auferlegung der für die ge-
weihten Personen geltenden Reinigkeitsvorschriften besagen. —
II. Durch Lustrationen heiligen. 1. Vorbereitung zu kultischen Handlungen. Da Jahwe am dritten Tage vor den Augen des ganzen
Volkes auf den Berg Sinai herabfahren wird, soll Mose das Volk
heiligen Ex. 19, 10. 14; Josua heiligt das Volk, das sich an Gebanntem
vergriffen, Jos. 7, 13; Samuel vor dem Opfermahle I Sam. 16, 5 קדשו
את־. — 2. Sühne für begangene Sünden. Hiob seine Söhne Hi. 1, 5
ויקדשם. — III. Als 'ק behandeln, respektieren. 1. Sachliche Objekte:
Ex. 20, 8; Deut. 5, 12 לקדשו näml. את־יום השבת; Jer. 17, 22. 24. 27; Neh.
13, 22 את־יום השבת; Ez. 20, 20; 44, 24 ואת־שבתתי; Lev. 25, 10 את שנת
החמשים; Ex. 29, 27 את חזה התנופה ואת שוק התרומה. — 2. Personen. a) Jahwe: seine Macht und Grösse zur Anerkennung bringen
Deut. 32, 51; in diesem Sinne sagt Jahwe von sich selbst Ez. 36, 23
את־שמי הגדול ... ואקדש. — b) Priester: Lev. 21, 8 וקדשתו, seine Würde
und Erhabenheit respektieren. — IV. Für heilig erklären. 1. Subjekt ist Jahwe. a) Mit sachlichem Objekte: Gen. 2, 3 את־ näml.
ויקדש אתו יום השביעי; Ex. 20, 11 ויקדשהו näml. את־יום השבת; Lev. 21, 23 אני
יי מקדשם, näml. die hl. Geräte; Ex. 19, 23 den Berg Sinai. — b) Mit
persönlichem Objekte: Ex. 31, 13; Lev. 20, 8; 21, 8 אני יי מקדשכם,
Israel; Ez. 20, 12 אני יי מקדשם, Israel; 37, 28 מקדש 'י את־ישראל; Lev. 22, 32
אני יי מקדשכם; 9. 16 את ... יי מקדשם die Priester. — 2. Subjekt sind
Menschen; das sachliche Objekt ist בלב מלחמה Jer. 6, 4; Jo. 4, 9; Mi. 3, 5;

גֵּים Jo. 1, 14; 2, 15; קָהֵל 2, 16; von einer Festfeier für Baal II Reg.
10, 20 עֲצָרָה לְבַעַל. — **Puʻal** geweiht sein. a) Priester: Ez. 48, 11;
II Chr. 26, 18. — b) Feste: Esr. 3, 5; Gaben: II Chr. 31, 6. — c) Die
Vollstrecker des göttlichen Zornes nennt der Herr selbst Jes. 13, 3
מְקֻדָּשַׁי, die zum Krieg durch Opfer und Weihen vorbereitet worden
sind. — **Hiphʻil** I. Etwas zum 'ק machen oder bestimmen. 1. Subjekt ist Jahwe. a) Im technischen Sinne weihen: Zeph. 1, 7 הִקְדִּישׁ
קְרֻאָיו. — b) Als durch Jahwe selbst zum Ausdruck gebrachte Be-
stätigung, dass jemand oder etwas Jahweeigentum sei, also von
göttlicher Erwählung in Gebrauch. α) Sachliche Objekte. α') Der
Akkusativ allein: I Reg. 9, 3; II Chr. 7, 16 אֶת־הַבַּיִת הַזֶּה; 30, 8 מִקְדָּשׁוֹ. —
β') Dazu לְ: I Reg. 9, 7; II Chr. 7, 20 הַבַּיִת אֲשֶׁר 'ה לִשְׁמִי. — γ') בְּ des
Ortes: II Chr. 36, 14 אֶת־הַבַּיִת יי אֲשֶׁר 'ה בִּירוּשָׁלַיִם.   β) Lebewesen.
α') Akkusativ: Jer. 1, 5 בְּטֶרֶם תֵּצֵא מֵרֶחֶם הִקְדַּשְׁתִּיךָ, ich habe dich in
ein besonderes Verhältnis zu mir gestellt, dich zu meinem Propheten
erkoren.   β') Dazu לְ der Person: Num. 3, 13 לִי; לְבִכּוֹר־כֹּל; 8, 17 אֹתָם
לִי. — c) Im übertragenen Sinne: In der an Gott gerichteten Bitte
des Propheten Jer. 12, 3 וְהַקְדִּישֵׁם לְיוֹם הֲרֵגָה*). — 2. Subjekt sind
Menschen. a) Dem Jahwe als Eigentum übergeben, weihen. α) Ak-
kusativ der Sache. α') Allein: Ex. 28, 38 הַקְּדָשִׁים אֲשֶׁר יַקְדִּישׁוּ בְּנֵי 'ה;
Lev. 27, 17. 18 שָׂדֵהוּ; V. 19 הַמַּקְדִּישׁ אֹתִי, das Feld; Jos. 20, 7 Asylstädte;
II Sam. 8, 11 Silber und Gold; II Reg. 12, 19 כָּל־הַקֳּדָשִׁים; I Chr. 26, 26
הַקֳּדָשִׁים. 26 alles, was Samuel und Saul und Abner und Joab geweiht hatten. — β') Dazu לְ der Person: Lev. 22, 2. 3 die קָדָשִׁים dem
Jahwe; 27, 22 אֶת־שְׂדֵה מִקְנָתוֹ לִי; Jud. 17, 3 הַקְדֵּשׁ הִקְדַּשְׁתִּי אֶת־הַכֶּסֶף לִי;
II Sam. 8, 11; I Chr. 18, 11 גַּם־אֹתָם הִקְדִּישׁ הַמֶּלֶךְ ד' לִי, näml. die goldenen, silbernen und ehernen Gegenstände; II Chr. 2, 3 לְהַקְדִּישׁ לוֹ
ist der Akkusativ בַּיִת, 30, 17 לְהַקְדִּישׁ לִי der Akkusativ הַפְּסָחִים zu
ergänzen; desgleichen ist der Akkusativ in der von der Ablieferung
des Zehnten handelnden Stelle zu ergänzen Neh. 12, 47 וּמַקְדִּשִׁים לַלְוִיִּם
וְהַלְוִיִּם מַקְדִּשִׁים לִבְנֵי א'.   γ') Ein zweiter Akkusativ und לְ der Gottheit: Lev. 27, 14 אִישׁ כִּי־יַקְדִּשׁ אֶת־בֵּיתוֹ קֹדֶשׁ לִי. — δ') Partitives מִן und
לְ der Gottheit: 27, 16 וְאִם מִשְּׂדֵה אֲחֻזָּתוֹ יַקְדִּישׁ אִישׁ לִי.   β) Lebewesen. α') Akkusativ: 27, 26 לֹא־יַקְדִּישׁ אִישׁ אֹתוֹ, Erstgeburten unter
dem Vieh. — β') Dazu לְ der Gottheit: Deut. 15, 19 תַּקְדִּישׁ לִי אֱלֹהֶיךָ. —
γ') Zwei Akkusative: I Chr. 23, 13 Aaron wurde ausgesondert לְהַקְדִּישׁוֹ
קֹדֶשׁ קָדָשִׁים.   γ) Ohne Akkusativ: 26, 27 מִן־הַמִּלְחָמוֹת וּמִן־הַשָּׁלָל.

---

*) Baudissin a. a. O. S. 64, Anm. 1.

δ) Absolut: Lev. 27, 15 (Part.); I Chr. 26, 28*). — b) Den gestörten Charakter der Heiligkeit wiederherstellen, von neuem weihen: II Chr. 29, 19 בל־הכלים את, die König Ahas beiseite geworfen hatte. — II. Jemanden als heilig behandeln, respektieren: Jes. 8, 13 אתיי בבאות יי; 29, 23 את; קדישו. — קדישו שבי יחקדישו את־קדוש יעקב. — III. Jemandem als heilig die Ehre geben, ihn verherrlichen, nur mit Beziehung auf Jahwe: Num. 20, 12 יען לא־האמנתם בי להקדישני לעיני בני ישראל; 27, 14 להקדישני במים לעיניהם. — **Hithpa'el** 1. Für sich etwas weihen: Jes. 30, 29 ליל התקדש־חג, die Nacht, da man das Fest weiht. Andere nehmen die Worte passivisch „Geheiligtwerden eines Festes". — 2. Sich in den Zustand eines 'p versetzen, durch Lustrationen, Enthaltungen u. a. Als Vorbereitung zu kultischen Handlungen ausgesagt von Priestern, Ex. 19, 22 וגם־הכהנים הנגשים אלי יי יתקדשו; I Chr. 15, 12 התקדשו אתם ואחיכם. 14 ויתקדשו הכהנים והלוים zur Heraufbringung der Lade Jahwes; II Chr. 5, 11 alle Priester, die im Heiligtume zugegen waren; 29, 34 die Priester, die opfern sollten; 30, 3 הכהנים לא־התקדשו למדי. 24 ויתקדשו כהנים לרב; dagegen scheint 31, 18 der Text verderbt zu sein. Von Priestern und Leviten 30, 15; von Leviten 29, 5. 15; sie waren darauf bedacht V. 34 להתקדש כהנים; 35, 6. Von Laien Num. 11, 18; Jos. 3, 5; 7, 13; I Sam. 16, 5; Vornahme einer religiösen Ceremonie ist auch bei Bathseba, nachdem sie Umgang gepflogen mit David II Sam. 11, 4 והיא מתקדשת מטמאתה. Von abgöttischem Kultus Jes. 66, 17 המתקדשים והמטהרים אל־הגנות. — 3. Sich kultisch rein halten: Lev. 11, 44 durch Beobachtung der Speisegebote; 20, 7 durch Enthaltung von Nekromantie und überhaupt durch Gehorsam gegen das Gesetz. — 4. Sich als 'p erweisen, von Gott ausgesagt durch Machterweisungen Ez. 38, 23 (parall. והתגדלתי).

Man wird wohl auch hier annehmen dürfen, dass nach dem vorliegenden Sprachgebrauche Pi'el als älteste Konjugation anzusehen ist, wie dies bei dem den direkten Gegensatz besagenden חלל auch der Fall ist. Die etymologische Frage hat ausführlich Baudissin a. a. O. S. 19 ff. erörtert.

II. **Kal — Niph'al — Pi'el — Pu'al — Hithpa'el — Hothpa'al.**

טמא von טמא **Kal** 1. Levitisch unrein sein oder werden. a) Personen. α) Mit einer Zeitbestimmung im Akkusativ, die Kindbetterin

---

*) Der Zusammenhang erfordert aber בל־הַמְּקֻדָּשׁ; Kautzsch, Textkr. Erl. z. St.

Lev. 12, 2 *(bis)* שבעת ימים bzhw. חדוה נדת דותה. 5 שבעים; wegen Aussatz 13, 46 כל־ימי אשר הנגע בו; wegen Todesgemeinschaft Num. 19, 11. 16
שבעת ימים.   β) ערהטרא wird unrein, wer berührt Aas Lev. 11, 24. 39;
ein unreines Tier V. 27; wer in ein aussätziges Haus tritt 14, 46;
wegen krankhafter oder natürlicher Ausflüsse 15, 5–8. 10. *(bis)*. 11. 16.
18. 19. 21 23. 27; durch alle diese Möglichkeiten 22, 6; wer Reinigungs-
wasser berührt Num. 19, 21; wer den unrein Gewordenen berührt
V. 22; durch einen Leichnam Ez. 44, 25.   γ) Mit ל dessen, wodurch
man unrein wird Lev. 22, 5 *(bis)*. -- δ) Absolut, durch Berührung
von Aas oder Getier 11, 26. 36; der Aussätzige 13, 14; wer bei einem
flüssigen Weibe liegt 15, 24; wegen Todesgemeinschaft Num. 19, 20. —
b) Sachen. α) ערהטרא, durch Aas Lev. 11, 32; durch Ausflüsse
15, 17. - β) Absolut, durch Aas 11, 32—35; in einem aussätzigen
Hause 14, 36; wegen Befleckung durch Ausflüsse 15, 4 *(bis)*. 9. 20 *(bis)*;
der durch einen Toten Verunreinigte macht alles unrein Num. 19, 22;
Hag. 2, 13 *(bis)*. — 2. Profan sein oder werden. a) Personen. Der
Ehemann, der Ehebruch oder widernatürliche Unzucht treibt, Lev.
18, 20. 23 לטמאה־בה; wer Wahrsagegeister befragt 19, 31 בהם לטמאה;
geistige Hurerei beging das Jerusalem sinnbildende Weib mit den
Söhnen Babels Ez. 23, 17 בטמאתם; die Israeliten Ps. 106, 39 ויטמאו
(parall. ויזנו בבלליהם). — b) Sachen. α) ב des Mittels: die Stadt
Ez. 22, 4 בגלליך. — β) Absolut. Das Land, in welchem Schand-
thaten der Unzucht getrieben werden, Lev. 18, 25. 27; die Stadt, die
sich Götzen anfertigte, Ez. 22, 3. — **Niph'al** sich verunreinigen.
1. Levitisch, durch den Genuss unreiner Tiere: Lev. 11, 43 בם, nämlich בכל־השרץ. — 2. Durch Sünden. a) Unkeuschheit. α) בכל־אלה
18, 24, näml. widernatürliche Unzucht. -- β) Absolut, vom ehe-
brecherischen Weibe: Num. 5, 13. 14 *(bis)*. 20. 27. 28. 29. — b) Götzendienst. α) Mit ב des Mittels: Ez. 20, 30 (Part.) בדרכם אבותיכם. 43 בם,
näml. Wandel und schlimme Thaten; 23, 7 בגלוליהם. 30 בגלוליהם. —
β) Dazu noch ל dessen, an was man sich verunreiniget, 20, 31, durch
das Darbieten euerer Opfergaben, dadurch, dass ihr Söhne durch
das Feuer gehen lasset, verunreiniget ihr euch לכל־גלליכם. - γ) Absolut: Jer. 2, 23; Ez. 23, 13; Hos. 5, 3; 6, 10. — **Pi'el** 1. Für levitisch
unrein erklären. a) Eine Person: Lev. 13, 3. 8. 11. 15. 20. 22. 25. 27. 30. 41. —
b) Tiere: 20, 25. — c) Kleider und Stoffe: 13, 59. — 2. Profan, unrein
machen. a) קדשי עם sollen nicht verunreinigen das Haus Israel und
seine Könige: Ez. 43, 7 בזנותם ובפגרי מלכיהם במותם. 8 בתועבותם. —
b) Das Heiligtum Jahwes. α) ב des Mittels: Ez. 5, 11 את־מקדשי

בְּבֶל־שִׁקּוּצַיִךְ וּבְל־תּיֹעֲבֹתַיִךְ. β) Blosser Akkusativ: durch andere Kult-
objekte Lev. 20, 3; Ez. 23, 38 אֶת־מִקְדָּשִׁי; Jer. 7, 30; 32, 34 לַטַּמֵּא, nämlich
das Haus, אֶת־הַמִּקְרָא שִׁמְצֵלָּיו; II Chr. 36, 14 אֶת־בֵּית יְיָ; durch Unreinigkeit Lev. 15, 31 אֶת־מִשְׁכָּנִי; Num. 19, 13 אֶת־מִשְׁכַּן יְיָ. 20 אֶת־מִקְדַּשׁ יְיָ;
durch Menschenblut Ez. 9, 7 אֶת־הַבַּיִת; durch Verwüstung Ps. 79, 1
אֶת־הֵיכַל קָדְשֶׁךָ. — c) Menschen. α) בְּ des Mittels: Götzendienst
Ez. 20, 26 בְּמַתְּנוֹתָם; 23, 17 בְּתַזְנוּתָם; Hurerei 22, 11 אֶת־כַּלָּתוֹ בְזִמָּה.
β) Der blosse Akkusativ: eine Jungfrau durch Schändung pro-
fanieren, Gen. 34, 5. 13. 27; durch Ehebruch אֵת־אֵשֶׁת רֵעֵהוּ Ez. 18, 6. 11. 15;
33, 26. — d) Das Land. α) בְּ des Mittels: Ez. 36, 17 בְּדַרְכָּם וּבַעֲלִילוֹתָם.
18 בְּגִלּוּלֵיהֶם. — β) Der blosse Akkusativ des Landes, das profaniert
wird durch Unzucht Lev. 18, 28; Mordthaten Num. 35, 34; durch das
an dem Gehenkten haftende Verbrechen Deut. 21, 23; durch Götzendienst Jer. 2, 7. — e) Das Lager, blosser Akkusativ Num. 5, 3, durch
einen Verunreinigten. — f) Der Nasiräer durch Todesgemeinschaft:
Num. 6, 9 רֹאשׁ נִזְרוֹ. — g) Opferstätten für heidnischen Kult profanieren d. h. unbrauchbar machen: II Reg. 23, 8. 10. 13. 16; Götzenbilder Jes. 30, 22. — **Puʻal** verunreiniget sein im kultisch-rituellen
Sinne: Ez. 4, 14 וְנֶפֶשׁ לֹא בְטֻמְאָה. — **Hithpaʻel** sich verunreinigen.
a) Levitisch. α) Mit בְּ wodurch: Lev. 11, 43 בָּהֶם näml. הַשֶּׁרֶץ.
β) Mit לְ: durch Getier 11, 24; an einer Leiche 21, 1. 3. 11; Num. 6, 7;
Ez. 44, 25. - γ) Absolut: Lev. 21, 4; Hos. 9, 4. — b) Durch widernatürliche Unzucht: Lev. 18, 24 בְּכָל־אֵלֶּה. 30 בָּהֶם, die gräulichen Sitten;
durch Götzendienst Ez. 14, 11 בְּכָל־פִּשְׁעֵיהֶם; 20, 7 בְּגִלּוּלֵי מִצְרַיִם. 18 בְּגִלּוּלֵיהֶם;
37, 23 בְּגִלּוּלֵיהֶם וּבְשִׁקּוּצֵיהֶם וּבְכֹל פִּשְׁעֵיהֶם. — **Hothpaʻal** sich verunreinigen
lassen, vom geschiedenen Weibe, das mit einem anderen Manne Um-
gang gepflogen: Deut. 24, 4.

Der etymologische Zusammenhang und der sinnliche Grundbegriff von טָמֵא kann mit Bestimmtheit nicht gegeben werden. Infolge des Umstandes, dass das Verbum namentlich viel bei Vergehen der Unzucht, wie überhaupt geschlechtlichen Vorgängen gebraucht wird, möchte ich vermuten, dass die sinnliche Vorstellung
des Befleckens, Beschmutzens zu Grunde liegt.

III. Kal — Polel — Polal — Hiphʻil — Hophʻal — Hithpolel.

חִיל הִיל (חוּל) von חִיל **Kal** 1. In Krämpfe verfallen, Ausdruck
gewaltigen, durch Gott gewirkten Schreckens. a) בִּפְנֵי der Person:
Die Völker vor dem heranziehenden Israel Deut. 2, 25 יִרְגְּזוּן וְחָלוּ מִפָּנֶיךָ;
an das ungehorsame Volk wendet sich Jahwe selbst mit der Frage

Jer. 5, 22 תחיל לא מפני אם; die Völker vor dem von Jahwe gesandten Gerichtsheere Jo. 2, 6 יחילו מפניו. — b) Sonst eine nähere Bestimmung: Die Menschen beim Herannahen des Gerichtstages Jahwes Jes. 13, 8 יחילון כיולדה; die Ägypter 23, 5 יחילו כשמע צר; Gaza beim Anblick des über Tyrus hereinbrechenden Gottesgerichtes Sach. 9, 5 מאד יחיל. — c) Absolut: Wenn Jahwe Feuer anlegen wird an Ägypten, Ez. 30, 16 סין תחיל חול; hieher gehört wohl auch Mi. 4, 10 ב' בת יגחי חולי. — 2. Sich winden. a) Ausdruck gespannter Erwartung, deren Ziel die Erlösung: Jes. 26, 18 ילדני כמו חלנו. — b) Vor Schmerz: Bei dem über das Land hereinbrechenden Strafgericht Jer. 4, 19 אוחילה*); das verstockte Volk, obzwar getroffen von den Schlägen des Herrn 5, 3 לכאחלו; vielleicht gehört hieher auch Hos. 8, 10**). — 3. In Zittern geraten, Wirkung auf die leblose Natur, hervorgerufen durch die Theophanie. a) Vor Gott. α) Ps. 96, 9 חילו הארץ־כל מפני. — β) 114, 7 ארץ חולי אדון מלפני; I Chr. 16, 30 מלפניו חילו הארץ־כל. — b) Absolut: Jer. 51, 29 ותחל הארץ ותרעש; Hab. 3, 10 יחילו הרים; Ps. 77, 17 יחילו (parall. ירגזו); 97, 4 הארץ ותחל. — 4. Kreissen, nur von Städten ausgesagt: In negativen Aussagen von jenen, die durch Gottes Strafgericht kinder- und volkslos geworden, Jes. 23, 4; 54, 1; in positiven Aussagen von jenen, die durch Wiederbegnadigung wunderbar rasch wieder bevölkert werden, wie Zion 66, 7. 8, durchweg in absoluter Aussage. — **Polel** kreissend gebären, Ausdruck für göttliches Hervorbringen überhaupt. a) Mit persönlichem Objekte: Deut. 32, 18 יחללך אל. — b) Mit sachlichem: Ps. 90, 2 ותחולל ארץ***). — **Polal** 1. Geboren werden. a) Menschen. α) Ps. 51, 7 בשני. β) Hi. 15, 7 גבעות לפני. — b) In der Schilderung des vorweltlichen Daseins der Weisheit: Prov. 8, 24 תהמות־באין. 25 גבעות לפני. — 2. In Schrecken versetzt werden: Hi. 26, 5 יחוללו הרפאים. — **Hiph'il** in Schrecken versetzen: Ps. 29, 8 קדש מדבר יחיל מדבר יי יחיל יי קול. — **Hoph'al** geboren werden: Jes. 66, 8 אחד ביום ארץ, das Land gesetzt für die Bewohner, die auf Gottes Veranlassung dasselbe wunderbar rasch wieder bevölkern. — **Hithpolel** Qual leiden, von innerer Seelenpein: Hi. 15, 20 מתחולל הוא רשע ימי־כל.

---

*) Vgl. Kautzsch, Textkr. Erl. z. St.

**) Kautzsch: „Ich will sie nun in die Enge treiben, dass sie gar bald unter dem Tribut an den Grosskönig sich winden sollen.“ Dagegen Wellh. nach LXX: מלך ממשא מעט יחדלו.

***) Richtiger ist wohl Polal zu lesen.

Ausserhalb des theologischen Sprachgebrauches:
Kal 1. In Zittern geraten, mit בְּ vor jemandem: I Sam. 31, 3;
I Chr. 10, 3. — 2. Kreissen, vom gebärenden Weibe: Jes. 26, 17 תָּחִיל;
45, 10 תְּחִילִין; das Particip Jer. 4, 31 חוֹלָה. — **Polel** 1. Kreissen:
Hi. 39, 1 חֹלֵל אַיָּלוֹת. — 2. Gebären: Jes. 51, 2 תְּחוֹלֶלְכֶם. — 3. Hervorbringen: Prov. 25, 23 Wind vom Norden תְּחוֹלֵל צָפוֹן; ob auch 26, 10,
ist bei dem verstümmelten Texte nicht zu entscheiden. — 4. Kreissen
machen: Der Donner Ps. 29, 9 יְחוֹלֵל אַיָּלוֹת. — **Hithpalpel** von sehr
heftigem Schmerze ergriffen werden: Esth. 4, 4.

Kal tritt am frühesten im theol. Sprachgebrauche auf. Das
sinnliche Etymon liegt in حَوِلَ „drehen" vor. Vgl. Nöldeke Z.D.M.G.
37, 536.

Register der behandelten Verbalstämme.

מ

	Seite
מהר	12
ריט	195
מול	60
מית	199
משר	106
מכר	164
מלך	87
מלל (preisen)	28
מלל (beschneiden)	61
משש	89
מעל	12
מרר	41
משל	71

ן

	Seite
נאף	72
נאר	28
נבא	114
נבט	128
נבל (verunreinigen)	28
נבל (ein Thor sein)	73
נגד	139
נדב	96
נדר	13
נהה	13
נחל	28
נהר	14
נוא	41
נזר	106
נחל	236
נחש	29
נחת	194
נבל	177
נכר	97
נסה	30
נסס	52
נקה	150
נקם	235
נקש	98
נשך	89

ס

	Seite
סיח	42
סבל	178
סלל	52
ספר	61

(Fortsetzung ס)

	Seite
ספר	170
סקל	153
סהר	182

ע

	Seite
עבר	14
עבט	89
עוד	42
עוה	90
עול	31
עוף	96
עשר	31
עמר	52
שגג	135
ענן	31
עקש	16
עבש	61
עפל	133
עקב	16
ערב	17
ערל	18
ערם	43
ערף	18
עשר	130
עשן	18
עשר	44
עתר	159

פ

	Seite
פאר	133
פלא	212
פלה	107
פלל	134
פלס	31
פנק	32
פסח	73
פרה	90
פרץ	18
פשע	62
פתה	191
פתל	52

צ

	Seite
צדק	206
ציה	117